台湾蕃人事情

伊能嘉矩・粟野伝之丞【著】
笠原政治・江田明彦【解説】

草風館

臺灣
蕃人事情

復命書

小職等

茲ニ謹ミテ復命ス曩ニ大命ヲ承ケテ蕃人教育施設準備ニ關スル調査ニ從事シ之ヲ畢ルニ至ルマテ其日タル一百九十日其程タル五百餘里初メ臺北ノ東南ナル屈尺方面ノ蕃地ニ起程シ大嵙崁、五指山、南庄、大湖、東勢角、埔里社各方面ノ山谷ヲ跋渉シ漸次南ニ進ミ水沙連ノ蕃境ヲ經テ林圯埔、蕃薯寮各地ヲ踏査シ海路恒春ニ赴キ所謂瑯嶠一帶ノ蕃界ヲ視察シ又航シテ卑南ノ地ニ至リ轉シテ臺東ノ谷野ヲ横斷シ遠ク奇萊方面ノ蕃境ニ入リ而シテ其踏査ヲ遂ルヲ得タリ顧フニ臺東以外ノ地ハ險路峩々トシテ空ニ盤リ溪流奔激シテ雲ヲ起シ或ハ斷岸絶壁ノ崩ントシテ崩レサルガ如キ奇險ノ狀ハ實ニ筆舌ノ能ク盡ス所ニアラス小職等此ノ如キノ境界ニ遇フ毎ニ中道ニシテ大命ヲ廢センコトヲ恐レ自ラ勇ヲ鼓シテ進ミ或ハ荊棘ヲ穿チ或ハ藤葛ヲ縋シ猿懸狙杙シテ絶壁ヲ攀チ深ク其境ニ入リテ踏査ヲ完ウセンコトニ勉メリ獨リ如何セン屢々天爲ト人爲トノ障碍ニ困メラレ或ハ陰霖連日溪流漲溢シテ行路ヲ絶チ或ハ賊匪前路ニ出沒シテ猖獗ヲ極ルアリ爲ニ其豫定ノ企畫ヲ中止シ既定ノ方向ヲ變更セザル可ラザルノ已ヲ得ザルニ遭遇セシコト三五回ノミニアラザルナリ

蕃人ニ至リテハ類ネ獰猛頑强ナリ常ニ排外ノ思念甚タ熾ニシテ異族ノ其境ニ入ルヲ喜ハス且首級戮取ノ多少ヲ以テ勇怯ヲ判ツノ習慣アリ故ニ其山ニ入ルヲ奇貨トシ危害ヲ加ヘタルノ例實ニ尠シトセス現ニ小職等ノ如キモ亦此禍ニ陷ントセシコト前後二回、幸ニシテ均ク未然ニ避ルヲ得タリト雖若シ此危機ニ遭フトキハ固ニ十分ノ査察ヲ完ウスルコト能ハス又若シ彼ノ習慣上蕃地ニ入ル可ラサルノ時季ニ遇フ時ハ如何ナル數手段ヲ盡スモ亦其境ニ入

ルヲ得ス空ク境外ニ在リテ時限ノ經過ヲ待タサル可ラサルアリ故ニ蕃地踏査ノ困難ハ決シテ平地實察ノ比スヘキニアラス且風餐露宿ノ結果ハ屢々瘴癘ノ犯ス所ト爲リ其輕症ノ時ニ在テハ奮テ之ニ耐ヘンコトヲ勉メタリト雖其較々重體ノ時ニ至テハ到底山河ノ險ヲ冒スコト能ハス仍豫想ノ及ハサル種々ノ障碍之ニ加ハリ其勞苦常ニ多キカ爲ニ隨テ豫定ノ日數ヲ超過シ而シテ其功蹟或ハ之ニ伴ハサルハ小職等ノ誠ニ遺憾トスル所ナリ

案スルニ臺灣ニ於ケル蕃人ハ其種族固ト一ナラス中ニ就キテ熟蕃ト稱セラ、或部族ヲ除クノ外ハ概シテ混沌ノ未鑿タルヲ免レザルモ尚其開化馴熟ノ度ニ於テ多少ノ差アリ此差度ノ各樣ナル彼等ヲ啓發シテ化育センニハ須ラク施爲ヲ一律ノ規ニ求メス偏ニ其進步ニ應スル緩急ノ取捨ヲ制シテ其宜キニ適合セシメサル可ラス是ニ於テ小職等ハ蕃人教育施設準備ノ一トシテ各蕃族ニ現有スル開化發達ノ程度ヲ査察シ以テ適當ナル施設ノ方案ヲ立ンコトニ勉メタリ其結果ハ本案各部ノ記述ニ於テ既ニ之ヲ審ニセリト雖茲ニ聊之ヲ概言セントス

埔里社ハ殆ト全島ノ中央ニ位セリ即チ此地ヲ中心トシテ南北ノ二大部ニ分ツヘシ而シテ南部ノ各蕃族ハ之ヲ北部ノ蕃族ニ比シ既啓知識ノ程度ニ於テ著キ發達ヲ認メタリサレハ此等ノ蕃社ニ學校ヲ設置シテ教育ヲ施ストキハ其成功ヲ年月ノ後ニ見ルヲ期ス可キモ北部ノ蕃族ニ至テハ其性慓悍ニシテ今日猶盛ニ首級戮取ノ風ヲ存シ且既啓知識ノ程度最低キヲ以テ姑ク適當ナル特別機關ヲ設ケサル可ラサルノ必要ヲ感セリ

加之蕃地蕃人ヲ査察シ其將來善後ノ事宜ヲ畫センニハ單ニ蕃地ノ限域ニ注目スルノミニ止メ蕃人ヲ孤立セシメテ研究スルニ止ム可ラス乃チ蕃地一帶ノ方域カ全臺趨勢ノ上ニ於テ果シテ如何ナル地步ヲ占ムルカ將タ蕃人ヲ化育スルノ結果ハ治臺經理ノ上ニ如何ナル影響ヲ及ス可キカ均ク之ヲ考覈セサル可ラス是ニ於テ一面ニハ蕃地々理上ノ觀察ヲ遂ルト同時ニ

他ノ接壤交界ニ在ル既開地方ノ狀勢及ヒ之カ交涉關係ノ出來ヲ審ニシ一面ニハ生蕃其物ノ現狀ヲ探究スルト同時ニ熟蕃ノ事情ヲ詳悉シ之ヲ既往ニ稽ヘ以テ將來ノ結果ヲ判スルノ資ト爲サンコトヲ期シタリ

夫レ斯ノ如クニシテ其查察ノ時日短キニアラサレトモ幾多ノ障碍ハ常ニ其日數ニ伴フノ效果ヲ收ルヲ妨ケ跋涉ノ路程亦長カラサルニアラサレトモ之ヲ蕃地ノ廣袤ニ比スレハ未タ十ノ二ニ及ハス而シテ文獻ノ以テ考フヘク杞徵ノ以テ據ルヘキモノ尠キカ故ニ其考ヲ資ケ據ヲ確ニスヘキ舊記文書ヲ蒐メ或ハ口碑傳說ヲ采ランカ爲ニ爾後幾多ノ日子ヲ費シ且屢々瘴癘ノ冒ス所ト爲リシ餘響ハ全ク身體ノ健康ヲ缺キ多クハ筆ヲ病褥ニ執リシヲ以テ成稿隨テ難クシテ遂ニ復命ノ今日ニ遲延スルヲ致セリ而シテ資料蒐采亦原ト期スル所ニ適ハス成案ノ竟ニ粗雜ヲ免レサリシハ實ニ慙愧ノ至ニ堪ヘサルナリ然レトモ實際ニ查察スル所ヲ直寫シ可及的細緻ノ考證ヲ加ヘタリシハ自ラ妄誕不經ノ點無キヲ確信シ亦其責ニ任セントス但方案ノ果シテ蕃人教育施設ノ萬一ニ裨補アル可キヤ否ニ至テハ一ニ長官閣下ノ明斷ニ之レ仰クノミ謹言

明治三十二年一月九日

民政部事務囑託　伊能嘉矩

民政部事務囑託　粟野傳之亟

臺灣總督府民政長官後藤新平殿

臺灣

蕃人事情目次

臺灣番人事情

第一編　番族誌

第一章　緒　説

臺灣ニ於ケル各番族ノ實情ヲ記述スルニ當リ其記事ノ錯雜ヲ避ケ簡閲ニ便セシカ爲ニ事實ノ性質ニ從ヒ分類彙集シテ左ノ七大目トナセリ

一、各番族ノ地理的分布
二、番社並ニ戸數人口
三、統制的現狀
四、土俗
五、慣習
六、創世的口碑
七、生業

(一)各番族ノ地理的分布　臺灣ニ於ケル番人ハ悉ク同種族ノ者ニアラスシテ風俗習慣並ニ言語等ヲ異ニセル幾多ノ種族ヨリ成ル此等ノ各種族ノ番人ハ各々山河ヲ劃シテ區域ヲ分チ宛然封建割據ノ勢ヒヲナシツヽアリ乃チ其山河界域ノ形勢ヲ審察シテ各番族ノ地理的分布ノ現狀ヲ記述セリ

(二)番社並ニ戸數人口　臺灣ニ於ケル各番族ノ占居スル處多クハ峻山幽谷加之埔里社以北ノ番地ハ慓悍ナル番族ノ占居セル處ニシテ異人種ノ嘗テ入リタルコトナキ番社頗ル多シ此ノ如キヲ以テ此番族ニ屬スル番社ノ精査ノ如キ今日ニ於テハ到底之ヲ完クスルコト能ハサルナリ舊淸國政府ノ記錄ノ如キ半ハ文獻ノ徵ス可キモノヲ失ヒ其遺存ノ舊記ニ見又有識ノ漢人並ニ番人ニ就キテ聞クモ常ニ異辭ナキヲ保セス是ニ於テ其較々信據ス可キモノト實地踏査シタルモノトヲ擧ケタルヲ以テ定メテ調査ニ漏レタルモノモアル可シ

戸數人口等ハ元撫墾署ノ調査シタルモノニ基キ尙踏査シタル番社ハ實地ニツキテ調査ヲ試ミ異數アレハ之ニ訂正ヲ加ヘタリト雖固ヨリ其概數ヲ擧クルニ過キサルナリ其詳細ナル統計ノ如キハ今日ニ於テハ到底ナシ能ハサルヲ以テ他日ノ調

査ヲ待タンノミ

(三)統制的現狀　茲ニ統制的現狀ト稱スルモ固ヨリ完全ナル統治制御ノ現狀ヲ指スニアラスシテ單ニ社會組織、酋長ノ統御並ニ刑罰及ヒ家族組織等ノ大體ヲ概記スルノミ要スルニ臺灣ノ各蕃族ハ巳ニ社會組織ノ界域ニ進ミツヽアルモ其組織ニ於テハ渾テ單一ナリ

(四)土俗　各蕃族ノ土俗ハ更ニ項ヲ分チテ住所衣飾及ヒ飲食ノ三項トナセリ而シテ其記スル所ハ主トシテ實査スル所ニ因リテ其大要ヲ擧クノミ仍ホ普ク尋子博ク究ムルニ及ハヽ必ス特殊ノ現狀ヲ存スルモノモアル可シ然レトモ些細ナル各種ノ土俗ノ現狀ハ理蕃施設ノ上ニ關係ヲ及ホスコト多カラサル可シト認メ煩ヲ避ケテ之ヲ省略セリ

(五)慣習　各蕃族ノ慣習ハ之ヲ結婚、生兒、疾病、埋葬、祭祀及ヒ馘首ノ六項ニ分テリ元來慣習ニ屬スル事實ノ過半ハ躬其現時ニ遭遇スルニアラサレハ實歷スルヲ得サルモノニ屬シ而シテ幸ニ其時ニ遇フモ機會ノ輙ク得難キヲ以テ主トシテ蕃人ニ諮詢スル所ヲ記述セリ故ヲ以テ其答フル所或ハ一部落ノ特俗ニカヽリ一般ノ通習ト認メ難キモノナキヲ保セス此等ハ勉メテ附記ヲ添ユルニ注意セリト雖時ニ錯誤ナキ能ハサル可シ乃チ更ニ他ノ調査者ノ訂補ヲ待タンノミ

(六)創世的口碑　各蕃族間ニハ文字ノ行ハルヽコトナク過去ノ事ハ單ニ口耳授受ノ間ニ傳ハリ居ルノミ從ヒテ蕃人ノ移住變遷等ノ事跡ヲ攷フルノ資料ハ主トシテ其口碑傳説ニ求メサル可ラス勿論口碑ハ甲ニ傳フル所必スシモ乙ノ説ク所ト符合セス部落ノ異ナル每ニ其傳説ヲ同クセサルヲ常トス乃チ中ニ就キテ其最モ廣ク行ハルモノヲ擇ミ聊カ由來ヲ考フルノ資料トナセリ

(七)生業　臺灣ニ於ケル各蕃族ノ生業ハ大同小異ナルモ之ヲ精細ニ觀察スルトキハ各蕃族間ニ於テ多少進歩ノ度ヲ異ニシ或ハ處ニヨリテ或ハ特殊ノ生業發達シ居ルナト種々注目ス可キ點少カラス故ニ是等ノ實査シタルモノハ其大要ヲ記シ以テ理蕃施設ノ參考ニ供セリ

各蕃族ノ生業中同一ナルモノハ「アタイヤル」族ノ生業ノ部ニ於テ之ヲ詳記シ其他ノ蕃族ノ部ニハ之ヲ省略シ唯特殊ノモノ及ヒ特ニ注意ス可キモノヽミヲ記セル所モ亦少カラス

生業ノ部ニハ其實生業ニアラスシテ手藝ニ屬ス可キモノヲモ加ヘタリ是レ新ニ項目ヲ設クルノ煩ヲ避ケンカ爲ナリ

各蕃族ノ生業ハ實地目擊シタルモノト蕃人ニツキ諮詢シタルモノトヲ記セルヲ以テ或ハ一部落ニ止マリ全部落ニ通セサルモノモアル可シ此等ハ後ノ調査者ノ訂補ヲ待タンノミ

各蕃族誌ノ終リニ總説一章ヲ設ケ各蕃族ノ土俗慣習生業其他ノ事項ヲ總括シ之ヲ比較的ニ列叙シ以テ其進歩ノ程度並

ニ發達ノ順序等ヲ明カニシ理蕃施設ノ參考ニ供セリ

第二章　各說

臺灣ニ於ケル蕃人ハ之ヲ風俗習慣言語等ヨリ觀察スル時ニハ決シテ一樣ナルモノニアラスシテ之ヲ分類シテ八族トナスコトヲ得可シ卽チ「アタイヤル」「ウセスム」「ツオオ」「ツアリセン」「スパヨワン」「プユマ」「アミス」及ヒ「ペイポ」等是ナリ以下順ヲ逐フテ此等ノ各蕃族ニ於ケル土俗習慣及ヒ生業等ニツキ記ス可シ

第一、「アタイヤル」族

埔里社ヲ中心點トシテ此ヨリ其東西ニ一線ヲ劃セハ顏面ニ刺墨ヲ施シ居ルモノト否トノ分布區域ヲ兩斷スルコトヲ得可シ卽チ此線ノ以北ニ於ケル蕃人ハ顏面ニ刺墨ヲ施シ居ルモ以南ニ於テル蕃人ハ之ヲ施サヽルナリ而シテ此等ノ顏面ニ刺墨ヲ施セル一群ノ蕃人ヲ「アタイヤル」ト稱ス

原來「アタイヤル」ナル語ハ此等ノ蕃人ノ自稱ニシテ自他ノ種族ト區別スル稱呼ナルカ故ニ之ヲ採リテ此群ノ蕃人ニ名ケタルナリ

「アタイヤル」族ノ蕃人ハ臺灣ノ蕃人中最下等ニ位セルモノニシテ今日モ猶ホ依然トシテ馘首ノ風盛ニ行ハレ之カ爲年々掠首セラルヽモノ百ヲ以テ數フ可シ加之性慓悍ニシテ排外思想極メテ强ク統治上最モ至難ナルハ此蕃族ナリ從ヒテ此族ノ蕃人ニ對スル諸調査モ亦充分ニ之ヲナスコト能ハサルカ故ニ他ノ蕃族ノ調査ニ比シテ不充分ナルハ到底免レ能ハサル所ナリ地理ニ於テ特ニ然リトナス

地理的分布

「アタイヤル」族ノ分布ハ其區域頗ル廣大ニシテ埔里社以北ノ山地ハ前山後山ヲ問ハス悉ク此蕃族ノ住居地ニシテ慥ニ臺灣山地ノ二分ノ一ハ此蕃族ノ所領ニ屬ス

此ク廣大ナル區域ニ分布シ居ルヲ以テ各地多少其風俗習慣等ヲ異ニス殊ニ其差異ノ甚シキハ埔里社ヲ中心トシテ南北ニ一線ヲ劃セハ此線ハ著シク風俗習慣等ヲ異ニセル蕃人ノ分界線トナル可シ其東部ト西部トノ蕃人ハ言語相通セス加之諸種ノ點ニ於テ著シキ差異アルヲ以テ次ノ如ク分ツヲ便トス

(一)東部　「アタイヤル」

(二)西部「アタイヤル」

此ク分類セシハ獨リ地理上ニノミ基キタルノミナラス多少人類學上ニモ基キタルモノナリ何トナレハ此兩者ハ其風俗習慣等ヲ異ニシ加之言語ハ兩者全ク相通セサルヲ以テナリ

(一)東部「アタイヤル」

東部「アタイヤル」ハ埔里社ナル分界線以東ノ山地ヨリ奇萊方面ノ山地ニ至ル間ニ分布シ居レリ要スルニ後山ニ於テハ南ハ魚煮溪ヲ以テ界トシ北ハ宜蘭地方ノ蕃人即チ西部「アタイヤル」ト何レノ地ニ於テ界シ居ルカ不明ニ屬ス而シテ前山ニ於テハ埔里社ノ顔面ニ刺墨ノアル蕃人ト刺墨ノナキモノトノ分界線ハ即チ「東部アタイヤル」ノ南方ノ境界線タリ其北端ハ後山ト同シク不明ナリ

(二)西部「アタイヤル」

西部「アタイヤル」ハ東部「アタイヤル」ノ分布地ヲ除キタル山地ハ悉ク彼ノ所領地ニシテ北ハ屈尺及ヒ宜蘭方面ヨリ南ハ埔里社方面マテノ間ニ分布シ居レリ而シテ西部「アタイヤル」ト東部「アタイヤルト」ノ境界ハ後山ノ何レノ地ニ在ルカ不明ナリ

西部「アタイヤル」ハ此ク廣大ナル區域ニ分布シ居ルモ其言語ハ大概相通シ其風俗習慣等ヲモ亦大同小異ナリ

「アタイヤル」族ノ蕃人ニハ蕃社全体ノ移住ナルモノアルヲ以テ小社ノ位置ハ時々變更スル故ニ地圖ノ如キモ其製圖當時ノ位置ヲ示スニ止マレリ然レトモ自ラ區域アリテ其所領地内ニ限ラレ居レリ此ク蕃社ノ移轉スル所以ハ畑ヲ耕作スルニハ全ク天然肥料ノミニヨルヲ以テ肥料ノ盡クルトキハ土地ヲ轉換ス然ルニ其畑地ノ遠クシテ耕作ニ不便ナルトキニハ其家ヲ畑ノ近傍ニ移轉スルニ至ル要スルニ蕃社ノ移轉ハ西部「アタイヤル」ニ多クシテ東部「アタイヤル」ニハ殆ントナキカ如シ

蕃社及ヒ戸數人口

「アタイヤル」族ノ蕃人ハ性慓悍ニシテ馘首ノ風大ニ流行シ異人種ノ蕃社内ニ入ルヲ忌ミ動モスレハ之ヲ殺害セントスルノ風アルヲ以テ蕃社内ニ入ルコトハ極メテ危險ニシテ「ヴオヌム」「ツオオ」「ツアリセン」及ヒ「ズパヨワン」等ノ蕃族ノ蕃社内ニ入ルト同日ノ比ニアラサルナリ

此ノ如キヲ以テ蕃地ヲ踏査スルコトハ頗ル危險ニシテ異人種ノ嘗テ入リタルコトナキ蕃社其多數ヲ占ム從ヒテ此族ニ屬スル蕃社ニシテ調査ニ漏レタルモノモ多カル可シ特ニ戸數人口等ノ如キハ勿論充分ナル調査ヲナシ能ハサルヲ以テ唯其大數ヲ示スニ止ルノミ此族ニ屬スル蕃社次ノ如シ

(一)東部「アタイヤル」

(1)霧大社　十五小社ヨリ成ル
(2)萬大社　四小社ヨリ成ル
(3)斗卡大社　八小社ヨリ成ル
(4)太魯姑內社　四小社ヨリ成ル
以上前山
(5)太魯姑外社　五小社ヨリ成ル
(6)木瓜大社　八小社ヨリ成ル
以上後山

而シテ前山ナル五指山大湖東勢角方面ノ山後ト後山ナル宜蘭奇萊ノ山後トニ於ル一帶ノ山地ハ未タ嘗テ踏査ノ其界域ニ及ヒタルモノナク概言スレハ全ク暗黑ノ蕃境ナリ西部「アタイヤル」ニ屬スル蕃人中此方面ニアル一族ノ現狀ヲ傳ヘテ曰ク彼等ハ顏面ニ刺黑ヲ施スコト我カ族ト同一ナルモ言語通セス習俗同カラス乃チ地ヲ鑿チテ穴居シ時トシテ岩窟ノ間ニ居ヲ占メ土ニ米粟ヲ産セスシテ單ニ蕃薯ヲ食トシ鹽ニ乏キカ爲メニ其味ヒヲ知ラス性殺ヲ嗜ミ會マ我カ族ト相遇ヘハ直ニ弓矢ヲ放チテ抗敵ヲ試ム故ニ我カ族亦之ヲ恐ルヽコト甚タシト時ニ之ヲ口碑ノ中ニ傳ヘテ「昔彼ノ族手ヲ以テ麾ケハ我カ族立ロニ斃レタリキ」ト言ヘリ西部「アタイヤル」ハ之ヲ「マカヤトフ」ト呼フ

此等ノ點ヨリ推考スルモ西部「アタイヤル」ト異類ノ蕃人ノ居ルコトハ事實ナリ此等ノ蕃人ハ無論顏面ニ刺墨ヲ施シ居ルモノナレハ是レ恐クハ東部「アタイヤル」ナラン宜蘭方面ニ於ケル南澳蕃ハ何レニ屬ス可キモノカ不明ニ屬スト雖小笠原拔手ノ實話ニヨレハ宜蘭方面ノ溪頭蕃ト同一ナルモノナリト云ヘリ然レトモ悉ク同一ノモノナリヤ否ハ實査ノ上ナラテハ斷定シ難シ

霧、萬、斗卡、及ヒ太魯姑內社等ノ社ハ何レモ埔里社ノ東北眉溪及ヒ濁水溪等ノ上流地ニアリ而シテ木瓜社及ヒ太魯姑外社等ハ後山奇萊地方ノ山地ニアリ卽チ木瓜社ハ木瓜溪ノ上流地ニ太魯姑外社ハ新城地方ノ得其黎溪及ヒ三棧溪ノ上流地ニアリ

(二)西部「アタイヤル」

西部「アタイヤル」ニ屬スル蕃社ハ臺灣ノ蕃族中最モ廣大ナル面積ニ分布シ且ツ踏査セサル所多キヲ以テ調査ニ漏レタル

モノ定メテ多カル可シト信ス

(I)屈尺方面

馬來社　七小社ヨリ成ル

但「ローホン」社ヲ加フ此社ノ蕃人ハ嘗テ流行病ノタメ多數ノ蕃人死亡シテ一社ヲナシ能ハサルヲ以テ四散シテ附近ノ社ニ合シ居リシカ竺紹琨氏ノ撫蕃ニ著手セシ以來漸次ニ集リ來リ今日ニ於テハ再ヒ一社ヲ結ヒタリト云フ

(II)大嵙崁方面

(イ)水流東方即チ酋長タイモ、ミセルノ支配ノ社十九社ヨリ成ル

(ロ)竹頭角山方面即チ酋長ユカン、ナホ支配ノ社十二社ヨリ成ル

(ハ)後山方面即チ酋長ワタン、セールノ支配ノ社十五社ヨリ成ル

但此ニ後山ト稱スルハ分水嶺以東ノ稱ニアラス此地方ニテ後山ト稱スルハ專ラ山奥ノ意ヲ有スルモノニテ他地方ト其意義ヲ異ニセリ

(III)咸菜硼方面　十一社ヨリ成ル

(IV)五指山方面　十一社ヨリ成ル

(V)大湖方面

(イ)大南勢社　三小社ヨリ成ル

(ロ)小南勢社　三小社ヨリ成ル

(ハ)洗水坑社　四小社ヨリ成ル

(ニ)馬凹社　七小社ヨリ成ル

(ホ)沙武鹿社　二小社ヨリ成ル

(ヘ)酋長「マライ」支配ノ社　三小社ヨリ成ル

(ト)叭厝素及ヒ生那毬社　二社ヨリ成ル

(チ)鹿場社　二小社ヨリ成ル

(VI)東勢角北勢方面

(イ)酋長「コーケー」支配ノ社　六社ヨリ成ル

(ロ)司馬限社　五小社ヨリ成ル

(VII)東勢角南勢社方面

(イ)阿冷社　四小社ヨリ成ル

(ロ)眉猫蚋社　八小社ヨリ成ル

(ハ)稍來社　一社ヨリ成ル

(ニ)白毛社　一社ヨリ成ル

(ホ)油竿來完社　一社ヨリ成ル

此外打竿及ヒ中心社ト稱スルモノアリシカ今日ハ頭目死去ノ後ハ四散シテ阿冷各社ニ分合セリト云フ

此方面司馬限社ノ東方埔里社方面霧社斗卡社等ノ北方ニ白狗社ナルモノアリ西部「アタイヤル」ニ屬ス可キモノカ將タ東部「アタイヤル」ニ屬ス可キモノカ蹈査セサルヲ以テ明ナラス

(8)宜蘭方面

此方面ハ蹈査シタルモノナキヲ以テ全ク暗黒ナル部分ナリ左ニ記スルモノハ元宜蘭撫墾署ノ調査ヲ其儘記スルニ過キス

(イ)溪頭蕃社　十一社ヨリ成ル

但シ屈尺方面宜蘭ニ近キ處ニマニボ及ヒガヂガン社アリ此分ハ元大嵙崁及ヒ宜蘭撫墾署ノ調査ニ漏レ居ルヲ以テ何レニ屬ス可キヤハ不明ナリ今假ニ溪頭蕃中ニ加ヘタレトモ或ハ同社異名ノモノモアルナラン

(ロ)南澳蕃社　十五社ヨリ成ル

以上擧ゲタル蕃社ノ外ニ調査ニ漏レタルモノモ定メテ多カラン就中最モ不明ナルハ宜蘭方面ニシテ次ハ大嵙崁及ヒ五指山方面ナリ此等ノ方面ハ慓悍ナル蕃人ノ住居地ナルヲ以テ蹈査上頗ル困難ヲ感ス

此等ノ蕃社ノ戸數及ヒ人口ノ調査ハ埔里社以東ニ於ケル元撫墾署調査ノモノニ多少訂正ヲ加ヘタルモノナルモ甚タ不完全ニシテ其大數ヲ示スニ過キサルナリ

東部「アタイヤル」

社名	小社數	戸數	男	女	合計	一戸ノ平均人口

社名	小社數	戸數	男	女	合計	一戸平均人口
霧大社	一五	五二七			二四五〇	四、六
萬大社	四	一二〇			四五〇	三、七
斗卡大社	八	二五八			八二〇	三、二
太魯姑內社	四	一五〇			九七〇	六、五
太魯姑外社	五	一八五	四九三	四九二	九八五	五、三
木瓜社	八	一八二	三四九	三〇一	六五〇	三、六
共計	四四	一四二二			六三二五	
總平均		三二、三			一四三、七	四、五

總社數　四十四社
總戸數　一千四百二十二戸
總人口　六千三百二十五人
一小社平均戸數　三十二戸三分
一小社平均人口　百四十三人、七分
一戸平均人口　四人五分

西部「アタイヤル」

社名	小社數	戸數	男	女	合計	一戸平均人口
馬來社	七	一一四			五三〇	四、六
水流東方面卽「アタイモ、ミセル」支配ノ社	一九	四三二	八八五	八四五〇	一七三〇〇	四、〇
竹頭角山方面	一二	三五三	六七一	七四三〇	一四一四〇	四、

後山方面「ワタン、セール」支配ノ社	一五	二六九	四七六	六〇三〇	一〇七九	四、
咸菜硼方面	一一	一一三三			三九六六	三、五
五指山方面	一一	五六七			一八二二	三、二
大南勢社	三	四三			一六六	三、八
小南勢社	三	五三			一九〇	三、六
洗水坑社	四	五六			二八八	五、一
馬凹社	七	七九			二九一	三、七
沙武鹿社	二	三三			一二五	三、八
酋長「マアイ」支配ノ社	三	三五			一六八	四、八
叭曆素及ヒ生那熱社	二	一三			五九	四、五
鹿塲社	二	一二	三一	三六	六七	五、六
北勢方郎酋長「ユーケー」支配ノ社	六	一六六			九一〇	五、四
司馬限社	五	一五五			六七〇	四、三
阿冷社	四	一一九			〇 五七〇	四、
眉猫蚋社	八	六〇			三〇〇	五、
稍來社	一	一〇			一二〇	一二
白毛社	一	四〇			二二〇	五、五
油竿來完社	一	二八			一五〇	五、三

溪頭蕃社	一一	一七五		○七〇〇	四、
南澳蕃社	一五	四〇〇		○一六〇〇	四、
共計	一五三	四一四五		一七、一三五	
總平均		二七		一一二	四、七

但シ戸數中○ヲ附シタルハ一戸ノ人口ヲ四ト見ナシテ人口ヲ割リテ其結果ヲ戸數ト見ナシタルモノナリ

總社數　百五十三社
總戸數　四千百四十五戸
總人口　一萬七千百三十五人
一小社平均戸數　二十七戸
一小社平均人口　百十二人
一戸平均人口　四人七分

今東西兩「アタイヤル」ノ戸數人口ヲ合スレハ次ノ如シ

總社數　百九十七社
總戸數　五千五百六十七戸
總人口　二萬三千四百六十人

此外ニモ猶ホ調査ニ漏レシ蕃社モアル可ケレハ此ニ若干ノ數ヲ加ヘサル可ラス

統制的現状

一、社會的組織

「アタイヤル」族ノ社會的組織ハ家族單一制ニシテ自治體統制ナリ乃チ一社ハ一家族タルカ如キノ關係ヲ有シ酋長ハ其ノ家族ノ長タル位置ニ立ツモノトス而シテ凡ソ一社ノ領有區域ニ至リテハ限定アルト同時ニ一社共有ノ姿ヲ爲シ各家ニ於テ其ノ家族ノ多少等ニ應シ便宜開墾耕作スルモノトス「アタイヤル」ハ時ニ彼ノ定住的社會組織ノ最モ幼稚ナル時代ヲ表スルモノトセラル、同地共耕ノ風ヲ存セサルニアラサレトモ是レ寧ロ特殊ノ風習トイフヘクシテ決シテ普通ノ慣習ト稱

スヘカラス即チ是レ一家族ニ於テ近キ分家若クハ別居ノアリタル場合ニ於テ尚ホ依然舊ニ依リテ合力共作スルニ過キサルモノニシテ此ノ場合ヲ除クノ外ハ各々墾耕ノ區域ヲ分チテ互ニ侵耕スルコトナシ

「アタイヤル」一族ニ於テ時ニ大社小社ノ團合ヲ爲スモノアリ大社トハ小社ノ或ル數社ヲ總ヘタル一團ノ稱呼ニシテ乃チ一ノ聯合同盟組織ニ外ナラス蓋シ之レカ起因ニ至リテハ或ル幾多ノ獨立社カ自強ノ必要ヨリ便宜相聯合シ及ヒ拔群ノ強大蕃社ノ生セシトキ之ト共存スルノ必要上乃チ和親聯合スルモノニシテ凡ヘテ此ノ場合ニ於テハ最優ナル一社ノ酋長盟主ノ地位ニ立チ諸事ノ協定ヲ爲スモノトス而シテ若シモ其ノ同盟ノ必要消滅スル場合ニ於テハ自カラ聯合ノ實ヲ失フニ至ルハ事實ニシテ現ニ屈尺方面ナル「マライ」大大社ノ如キ嘗テ「マライ」ト呼ヘル有力ナル酋長ノアリタルトキ附近八社ヲ聯合シタル稱呼ナルモ「マライ」ノ死スルト共ニ聯合ノ實ナキニ至リツヽアルカ如キ是レナリ

其ノ他合社ナルモノアリ乃チ或ル一社ニ於テ其ノ人口ノ甚シク減少スル等ノ事情アルトキ附近ノ他社ニ合シテ一社ヲ成スモノニシテ現ニ五指方面ナル「ヒイライ」社ノ如キ嘗テ尖筆山ヲ中心トシ其ノ四方ニ分布占居セル數社カ漸ク弱小ニ趨ケル爲メ各社合シテ該一社ヲ形成セシモノニシテ合社ノ適例ト爲スニ足ル

二、酋長ノ統治

一社ノ酋長ハ自然ノ慣行ニ於テ世襲ノ姿ヲ爲スモ該酋長ニシテ若シ繼嗣ナク或ハ繼嗣者ニシテ才勇ナキトキニハ他ノ才勇拔群ノ者推サレテ酋長トナルヲ常トス

凡ソ一社ノ酋長タルモノハ其ノ社ノ安寧ヲ維持スル爲メニ固ヨリ有效ノ權能ヲ有スルモ大事ニ至リテハ渾テ社內ノ長老ト協議シ實際ニ於テ其ノ權威ヲ縱ニスル如キノ形迹アルヲ認メス殊ニ「アタイヤル」族ニ在リテハ酋長ハ乃チ家族ノ長ナルカ故ニ酋長ト社衆トノ關係ハ恰モ父子ノ關係ノ如ク時ニ社衆ノ酋長ヲ呼フニ父トイヘル語ヲ以テシ酋長亦社衆ヲ呼フニ子トイヘル語ヲ以テスルコトアリ

(附)刑罰

社衆ノ犯罪ニ對スル治罪ハ酋長ノ權ニ屬ス原來「アタイヤル」族ニ認メラルヽ罪惡ノ行爲ノ重モナルモノ三アリ曰

一、姦罪
二、非理ノ爭論
三、竊盜

即チ是ナリ姦罪ノ中有夫姦ヲ以テ重罪トシ之ヲ處スルノ刑罰ハ男女トモニ死刑即チ之レヲ斬殺スルヲ常トス無夫姦ニ至リテハ殆ント制裁ナキ如クナルモ時ニ出獵等ニ際シ一ノ所獲ナキ場合ニ於テ此ク社內ニ不祥事ノ生スルハ私姦者アルニ因ルモノト迷信ヨリシテ之ヲ私姦ノ罪ニ歸シ即チ私姦者ヲ搜索シテ之ヲ責メ物品ヲ出シテ贖罪ヲ爲サシメ尙ホ其ノ私姦ノ初期ヲ遡究シ其ノ間負傷シタリシ社蕃ハ亦該負傷ノ原由ヲ私姦者ニ歸シ賠償ヲ爲サシムルコトアリ

非理ノ爭論トハ互ニ理非曲直ヲ爭ヒテ決セス裁ヲ酋長ニ求メ酋長カ認メテ非理トナセル一方ヲ木棍ヲ以テ其ノ臂部ヲ打ツモノトス

竊盜ト認ムル行爲ニ至リテハ其ノ範圍極メテ狹ク概シテ他ノ什器ヲ盜取スル場合ニ於テ之レヲ罪ト認ムルノミ他ノ耕作物ノ少部ヲ取リ去リ食用ニ供スル如キハ決シテ罪ト認メス中ニハ空腹ノ際他ノ家屋ニ入リ隨意ニ其ノ食物ヲ取リ食スルカ如キ行爲スラ之レヲ盜ト認メサルヲ多シトス而シテ或ル蕃社ノ如キ盜ヲ爲ストキハ非命ニ死スヘシトノ迷信ヲ傳フルモノアリ盜ナル行爲ヲシテ稀有ノ犯罪タラシムル一因ヲナシツヽアリ

或蕃社ニ於テハ一種ノ規約アリ即チ社內ニ物品ヲ放置シ居ルニ拘ラス其上ニ茅葉ノ結ヒタルモノヲ載セ置クトキハ如何ナルモノモ之ヲ拾ヒ取ルコトヲ得ス若シ之ヲ取リタルモノハ竊盜トシテ罰セラレ且ツ天罰ヲ受クルモノト信シ居レリ

然ルニ茲ニ面白キ事アリ蕃人カ交換其他用事ノタメニ漢人部落ニ出ツルトキニ彼等ノ銃器其他ノ物ヲ茅草ノ間ニ隱クシ茅葉ヲ結ヒテ其上ニ置クヲ常トス若シモ漢人ノ之ヲ見出ストキハ必ス拾ヒ取ルナリ此時ニ當リ蕃人官ニ訴ヘテ曰ク茅葉ヲ結ヒ置キタルニモ拘ハラス我等ノ物品ヲ取リ去リタリ云々ト特ニ知ラス漢人ト蕃人ト其風俗ヲ異ニシ茅葉ヲ結フト否ハ漢人ニ何等ノ効ナキヲ

蕃社ニ於ケル治罪ハスヘテ隨時情ニ依リ事ニ應シ其ノ處罰ノ輕重ヲ定ムルモ常ニ公平ナル裁決ヲ與フルニ注意シ姦罪ノ如キ現行ノ發覺ヲ除クノ外ハ嫌疑者ヲシテ馘首ノ場所ニ至ラシメ其ノ實否ヲ檢シテ罪ノ有無ヲ決シ又タ理非ノ爭論ニ於テ二人同シク一獸ヲ射殺シタリト主張シテ止マサル時ニハ體ヲ剖キテ銃丸ヲ檢シ其ノ孰レノ射殺ニカヽルカヲ決定スルカ如キ是レナリ

三、家族組織

自己ヲ本位トシ本系傍系ヲ問ハス尊上卑下トモ凡ソ三代ヲ以テ近親ノ關係者ト認ム

而シテ族制上ヨリ之ヲ言ヘハ重モニ「マレイ」種族ニ行ハルヽ特色タル分類族制ニ屬シ且ツ今ハ全ク男系統ノ家族組織ヲ存スレトモ嘗テ女系統ニ屬シタルヘキハ祖先トイヘル語ト祖母トイヘル語ト同一ニシテ共ニヤーキ(yaki)トイフニ徵シ

及ヒ生児ノ命名ハ母親之ヲ為ス等ノ慣習アルニ照ラシテ明カナリトス

土俗

今「アタイヤル」族ノ土俗ヲ記スルニ當リ東西二部ニ於テ多少異ル所アルヲ以テ特ニ之ヲ分叙セントス

一、住所

「アタイヤル」族ノ古居區域ハ概シテ峭拔崎嶇ノ山腹ニ位置シ住居ノ配置ハ西部「アタイヤル」ニ在リテハ散點部落ヲ為シ殊ニ其ノ北半部ニ至リテハ比隣相距ルコト近キモ一二町ヲ隔テ遠キハ十數町餘ニ及ヒ谷ヲ隔テ山ヲ越ヘテ隣家ニ至ルモノ少ナシトセス漸ヤク南半部ニ進ムニ隨ヒ二三家乃至四五家ノ接近存在スルアリ又十餘家ノ一所ニ集メ設ケラル、コトアルヲ見ル東部「アタイヤル」ニ至リテハ三四間或ハ町許ヲ隔テ、數十ノ家屋不規則ニ建設セラレテ集團部落ヲナス

（一）家屋　ノ構造ハ其ノ形式ノ大體ニ於テハ西部及ヒ東部トモ異ナルアルヲ見サレトモ其ノ外形ノ款式ニ至リテ其趣ヲ異ニスルモノアリ

西部「アタイヤル」ノ家屋ノ外形ハ概シテ四段ノ進歩ヲ表シ隨ヒテ四様ノ款式ヲ有セリ第一式ノ構造ハ最モ原形ヲ存スルモノニ近ク先ツ四柱ヲ地ニ立テ後柱ハ前柱ヨリモ低ク之レニ横柱及ヒ支柱ヲ加ヘ其ノ上ニ自然ノ草木ヲ覆ヒ懸クルモノニシテ殆ント屋根ト壁トノ區別ナシトイフモ不可ナキ粗略ノ構造トス第二式ノ構造ハ前者ニ比スレハ一歩ヲ進メ屋根ト壁トヲ區別シ箇々ニ草木ノ葉ヲ以テ覆フモノトス更ニ一歩ヲ進メシモノハ草木ノ葉ヲ混用スルコトナク一種ナル茅葭若クハ割竹ノ類ヲ用ヒ屋根ハ一面傾斜ヲ為ス第三式ノ構造ハ第二式ノ家屋ノ後者ニ一歩ヲ進メ乃チ其ノ家屋二個ヲ前後ニ合セルタ如キ狀ヲ為スモノニシテ六柱ヲ本柱トシ中央ノ二柱ヲ少シク高クシテ支柱ヲ横タヘ二面傾斜ノ屋根ト為ス更ニ一歩ヲ進メシモノハ柱數ヲ増加シ尚ホ屋内ニ中央柱ヲ有スルモノアルニ至ル第四式ノ構造ハ一家單房ノ構造ヨリ分房的形狀ニ進ミタルモノニシテ茅葭若シハ割竹等ヲ用ヒテ隔障トス

家屋ノ廣袤ハ第一式ノ構造ニ在リテハ矮小不定僅カニ身ヲ屈シテ入リ數人ヲ容ル、ニ過サルモ第二、三、第四式ノ構造ニ進ミテハ概シテ長方形ナルヲ多數トシ梁行二三間乃至五六間桁行一二間乃至三四間梁高一丈乃至六七尺、檐高五六尺乃至七八尺トス

東部「アタイヤル」ニ至リテハ前者第三式ノ構造ニ屬スル家屋ヲ堀リ下ケタル地面上ニ建設セシモノニシテ其ノ深サ三四尺乃至六尺トシ更ニ其ノ餘土ヲ周圍ニ積ミ上ケ内緣ニハ石盤石片ヲ横堆シ更ニ或ル間隔ヲ定メテ木柱ヲ立テ地面上ノ外

壁ニハ木片ヲ横列シ屋根ハ二面傾斜トシ必ス裏面ニ竹片ヲ敷キ詰メテ屋根裏ヲツクリ茅又ハ石盤石片等ニテ葺クヲ普通トスサレハ外部ヨリ見ルトキハ其ノ高サ極メテ低キ如クナルモ内部ヨリ之レヲ見レハ梁高一丈内外、檐高六七尺ナルヲ普通トシ而シテ梁行五六間乃至七八間桁行二三間乃至四五間トシ支木ヲ挿シ込メル一木幹ヲ階トシテ出入ス

家屋内ノ装置ニ至リテハ西部及ヒ東部トモ甚タシキ差異アルヲ見ス屋内ハ渾ヘテ土床トシ壁ニ沿ヒテ若干ノ寢臺ヲ設ク寢臺ハ縦五尺横三尺許高サ一尺内外ナルヲ普通トシ木材ヲ外縁トシ籐莖ヲ並列シテ床トナス而シテ壁ノ上方ニ沿ヒ銃架、懸鈎、及ヒ棚アリ土床ノ中央ニハ三石塊ヲ鼎置シテ竈トナシ或ル一隅ニハ水器、炊具等ヲ雜陳シテ厨房トナス屋内ノ一方概シテ出入口ヨリ正面ノ方向ノ高所ニ獸類ノ下顎骨ヲ懸クルヲ例トス

(二)穀物倉　ハ四條又ハ六條ノ支柱ヲ地ニ立テ高サ四尺許ニシテ床ヲ張リ周圍ハ竹、蔢、木片等ヲ以テ之ヲ覆ヒ屋根ハ二面傾斜ニシテ茅又ハ竹ニテ葺キ支柱ト床トノ接着部ニ木板ヲ圓形ニセル鍔ヲ挿入シ鼠害等ヲ防クノ用ニ供ス其ノ位置ハ或ハ家屋ノ近傍ニ設ケ或ハ耕地ノ中央ニ設クル等一定セス

(三)家畜舍　ニ二種アリ一ヲ雞舍トシ一ヲ豚柵トス雞舍ハ西部「アタイヤル」ニ在リテハ竹又ハ木ヲ支柱トシテ矮小ナル草小舍ヲ造ルヲ普通トシ東部「アタイヤル」ニ在リテハ穀倉ノ如クニ床ヲ高クセル小舍トナスヲ普通トス豚柵ハ多クハ木柵ヲ構ヘテ其ノ内ニ放飼ス

二、衣飾

(一)衣服　西部「アタイヤル」ノ衣服ノ欵式ハ大體ニ於テ五種ト爲スヘシ第一種ハ長サ腰部ニ達スル開襟無袖ノ衣服、第二種ハ前者ト同一形狀ニシテ稍ヤ短ク長サ少カニ下腹ニ達スルモノ第三種ハ筒袖二個ヲ左右ヨリ連續セルモノ及ヒ該筒袖ヲ第一種ノ無袖衣ニ附着セシモノ第四種ハ凡ソ方二尺四五寸乃至三尺五六寸ノ方布衣、第五種ハ方五尺内外ノ方布衣トス第一種ノ衣服ハ其ノ常用衣トモイフ可クシテ男女トモ之レヲ用ヒ其ノ寒時ニ際シテハ第二種ノ衣服ヲ前者ノ上ニ着用ス第三種ノ筒袖ノミヲ連續セルモノハ概シテ北部方面ニ行ハレ無袖衣ト併セ穿ツトキハ恰モ筒袖アル衣服ヲ纏ヘルカ如キ觀ヲ爲ス而シテ漸ク南部方面ニ至レハ單獨ナル筒袖ナク多ク第一種ノ衣服ニ附着セラル第四種ノ方布衣ハ外出ノ際又ハ寒時ニ一方ノ肩ヨリ一方ノ腋ニ恰モ袈裟狀ニ掛ケ纏ヒ第五種ノ方布衣ハ一ノ防寒衣ヲ兼ヲ寢具トシテ用ユ

東部「アタイヤル」ノ衣服ノ欵式モ亦大體ニ於テ五種トナスヘシ第一種ハ西部ノ第一種ト同シク第二種ハ西部ノ第三種ノ後者乃チ有袖衣トシ以上ハ男子ノ所用トス第三種ハ西部ノ第二種ニ筒袖ヲ附シタルモノニシテ女子ノ所用トス第四種ハ西部ノ第四種ト同シク第五種ハ西部ノ第五種ニ同シキモ其ノ質厚緻ニシテ恰モ綢緞ノ如キモノモアリ。

渾ヘテ材料ハ自ラ織製スル布ヲ用ヒ或ハ白地ナルアリ或ハ其ノ附近山地ニ自生スル薯莨ト稱スル草根ヲ用ヒテ染メ出セル茶褐色ノ糸ヲ交ヘ或ハ支那人ヨリ得ル黒赤等ノ色糸ヲ交ヘ織レルアリ而シテ其ノ織紋ハ直線及ヒ角ヨリ成レル並列摸樣トス

又タ褌ハ男子ニ在リテハ長サ五六寸幅一寸五分内外ノ布片ヲ紐ニ付シ腰圍ニ結ヒテ陰部ヲ蔽フヲ原形トシ之レト共ニ支那人ヨリ得ル黒布ヲ腰ノ周圍ニ卷キ前方ニテ兩端ヲ一結シ結目ヲ垂レテ陰部ヲ蔽フ女子ハ方三四尺ノ布片ヲ左方ヨリ右方ニ腰ニ纏ヒ細帶ニテ結束ス

其ノ他外出ノ際男子ハ方形ノ胸掛ヲ着ケ女子ハ脚袢ヲ穿ツ

(二)帽　男子ハ籐條ヲ細カニ割キテ緻密ニ編ミタル半圓形ノ帽ヲ用ヒ或ハ熊皮等ヲ以テ其表面ヲ覆フモアリ

女子ハ帽ヲ用ヒス支那人ヨリ得ルトコロノ長サ四五尺ノ黒布ヲ以テ頭部ニ結束シ末端ヲ左右ニ垂ル

(三)装飾　「アタイヤル」族ハ身體ノ装飾トシテ胸飾、手釧、臂釧ヲ為ス胸飾ハ植物ノ實、獣類ノ齒牙及ヒ珠玉ノ類ヲ連綴セルモノヲ胸ニ懸ケ手釧ハ支那人ヨリ得ル眞鍮線ヲ環狀ニ屈シタルモノヲ用ヒ臂釧ハ男子ノ專用ニシテ猪牙二個乃至四個ヲ環狀ニ縫合シタルモノヲ及ヒ眞鍮線ヲ環狀ニ屈シタルモノヲ用ユ

又タ耳飾アリ兩耳朶ニ孔ヲ穿チ徑四五分ノ竹管ヲ嵌入ス竹管ハ長短一定セス短キモノ五六分ヨリ長キモノ四五寸ニ至ル概シテ北部方面ニ行ハル、モノハ長ク漸ク南スルニ隨ヒ漸ク短キヲ常トス竹管ニハ彫刻アルモノアリ無キモノアリ或各種ノ附飾ヲ加フモノアリ加ヘサルモノアリ

(四)身體ノ毀飾　装飾ノ一種トシテ身體ノ或ル部分ヲ毀傷スルノ風亦タ行ハル其ノ一ハ刺墨ニシテ其ノ二ハ缺齒ナリトス

刺墨ノ欵式ハ男女ニヨリテ趣ヲ異ニス男子ノ刺墨ハ装飾ノ一タルト同時ニ成丁ノ表號トシテ認メラル、モノニシテ前額ノ中央及ヒ頷部ニ徑凡ソ三分許ノ横直線ヲ重ネテ成リタル一線ヲ施シ額部ニ在リテハ長サ一寸内外、頷部ニ在リテハ其ノ二分ノ一ナルヲ普通トス罕ニハ三條五條ヲ並刺スルモアリ女子ハ亦タ單ニ装飾ノ意ヲ以テ如上ノ刺墨ヲ為スト同時ニ装飾ニ兼ネテ成年ノ標表トシテ左右ノ兩耳邊ヨリ口側ニ三曲線ヲ引キ其ノ下ニ網巾紋狀ノ一列ヲ刺シ其ノ下ニ左右ノ兩耳ヨリ口端ニ三曲線ヲ引キ再ヒ網巾紋狀ノ一列ヲ刺シ更ニ其ノ下ヲ通シ耳ヨリ耳マテノ間ニ三曲線ヲ引ケルモノヲ普通ノ欵式トス其ノ他胸部、手腕、腿脛等ニ刺墨ヲ為スノ風アルモ寧ロ一方面ニ限ラレシ殊俗若クハ一ノ好奇的隨意ノ刺墨ニシテ普通ノ欵式ト認ムヘカヲサルヲ以テ之レヲ略ス刺墨ノ方法ハ一社内一二ノ施術者アリテ之レヲ為スモノニテ植物

ノ刺芒若クハ支那人ヨリ得ル裁縫用ノ針ヲ用ヒ膚面ニ當テ木片ニテ打チ込ミ血ヲ洗ヒ煮煙ヲ塗ルモノトス而シテ女子ノ口周刺墨ヲ爲ストキノ如キハ豫メ其ノ手足ヲ緊縛シテ動搖シ得サラシメ被刺者ハ痛苦ノ爲メニ絶息スルコトアリトイフ

缺齒モ亦タ成年ニ近キ頃ニ及ヒ男女トモニ之ヲ行ヒ男子ニ在テハ前齒二枚ヲ除キ左右各二、女子ハ同ク左右各一ヲ拔クモノニシテ其ノ法ハ木片又ハ鐵片ヲ齒ニ當テ石塊又ハ鐵片ニテ打チ缺クモノトス

因ニイフ「アタイヤル」族ハ亦タ耳ヲ大ニスルノ舊慣アリシモノヽ如ク「大ナル耳」トイヘル意義ヲ表スル語ヲ以テ優勝者ヲ讃美スルニ用ユル稱呼ノ語トナシツヽアルニ徴シテ知ラル而シテ支那人ノ舊記中耳朶ノ肩ニ達スルモノアルコトヲ記シタルモノアリ蓋斯種ノ殊俗ヲ指示セルモノナルヘシ

三、飲食

(一)食物　食物ハ粟、米、蕃薯芋等ヲ主食物トシ煮熟シテ之レヲ食ス副食物ハ其種族甚タ少ク普通ハ瓜類、落花生、薤、のげしノ類並ニ鳥獸魚ノ肉等ナリ平常ハ水ニ鹽ヲ和シタルモノヲ飲ミツヽ主食物ヲ食スルノミニテ副食物ト共ニ食スルコトハ甚タ稀ナリ其ノ副食物ハ鹽ヲ和シテ調味ヲ爲スヲ知レリ其他食品ノ種類ニヨリ或ハ生ニテ之レヲ食シ或ハ燒キテ之レヲ食シ或ハ蒸シテ之テ食スル等一ナラス

食事ハ概シテ手ニテ摘ミ食ス罕ニ扁長ナル箆狀ノ木片ヲ造リ拾ヒ食スルモアリ

(二)酒　酒ハ粟又ハ米ヲ蒸シ(木製ノ蒸籠ヲ用ヒ)支那人ヨリ得ル所ノ酵麴ヲ混シ水ヲ和シ甕中ニ充テヽ草木ノ葉ヲ覆ヒ釀成ス概ネ三四日ニシテ醱酵ストイフ醱後籐製ノ濾酒籃ニテ濾過シ糟ヲ去リ飲用ス

飲酒ニ附帶シテ一言スヘキハ合吻同飲ノ殊俗ナリ乃チ二人喙ヲ接合シ一器ノ酒ヲ同時ニ飲ムノ風ニシテ亦タ一種ノ表好意ノ飲禮トモ稱スヘキモノタリ

(三)煙草　ハ自ラ栽植シ其ノ葉ヲ日ニ乾カシ揉ミテ之ヲ用ユ煙管ハ短キ竹根ニ丁字狀ニ吸軸ヲ貫キシモノニシテ好ミテ豚脂ヲ点火セル煙草ノ上ニ載セテ吸引ス

(四)發火法　ハ現時鑽燧法ヲ用ユ器具ハ支那人ヨリ得、火煤ハ芭蕉ノ纖緯ヲ取リテ自ラ之ヲ製ス而シテ同族中ノ或ルモノニ傳フル口碑ニヨレハ其ノ往時未タ燧ヲ有セサリシ時ニ於テハ木片ヲ摩擦シテ發火セシトイフ

慣　習

一、結婚

結婚ハスヘテ任意結婚ニシテ男女自ラ好配ヲ求ム婚期ハ兒童ノ級ヨリ成年ノ列ニ入リタル時ヲ多シトシ結婚ノ式ハ女家

ニ於テ行ヒ後男家ニ伴フモノトス西部「アタイヤル」ニ在リテハ近親知己ヲ會シテ飲酒歌舞スルニ過キサルモ東部「アタイヤル」ニ至リテハ高サ二丈ニ近キ高架ヲ搆ヘ新夫新婦ヲシテ婚後五日ノ間此ノ架上ニ臥サシムルノ殊俗アリ

渾テ一夫一婦ニシテ近親ノ關係者間ノ相婚ヲ准サス且同族結婚ニシテ異族ト婚セス多クハ娶婦法ナルモ贅婿法亦タ行ハル又タ二男ニシテ一女ヲ娶ラントスル時ノ如キ二人馘首ノ途ニ上リ先ツ馘首シ得タルモノ之ヲ娶ルコトヲ得ルモノトス乃チ一種ノ競爭結婚ナリ

二、生誕

嬰兒生ルレハ母親自ラ冷水ニテ洗浴シ生後凡ソ十日許リヲ經テ母親之レニ命名スルヲ常例トス而シテ其ノ父親及ヒ家人トモ此ノ期間ハ馘首及ヒ狩獵ノ途ニ上ラス

渾テ名ハ限定セラレ男女ノ差別アルヲ常トス然レトモ又共通ナルアリ而シテ子ハ其父母ノ名ヲ自已ノ名ニ冠シテ呼フヲ通例トス例ヘハ「タイモ」ト云ヘルモノ其父ノ名ヲ「ワタン」ト云フトセハ乃チ「ワタン、タイモ」ト呼フカ如シ

三、疾病

疾病ヲ以テ亡魂ノ祟孽トナシ之レヲ驅除スルトキハ疾病癒ユヘシト信シ巫覡トモイフヘキ老婦アリテ之レカ驅除ヲ爲ス乃チ女巫ハ「チヤリヤナン」ト稱スル黄色ナル管玉狀ノモノ一箇ヲ携ヘ口ニ咒句ヲ誦シツヽ一竹莖ヲ膝頭ニ挾ミテ水平ニ保チ玉ヲ竹莖上ニ載セテ徐カニ手ヲ放チ玉ノ竹莖上ニ留マルヲ以テ亡魂ノ去レル兆トシ手ヲ以テ玉ヲ扇キテ驅魂ヲ爲スノミ

蕃人間ニ於ケル疾病ノ普通ナルモノハまらりや熱ニシテ東部「アタイヤル」ノ地ヲ堀リテ造リタル家屋ニ住スルモノニ最モ多ク次ハ眼病、腸胃病ニシテ皮膚病モ亦少カラス特ニ外傷ノ膿爛シタルモノ頗ル多ク時トシテ呼吸病ヲ見ルコトモアリ現ニ屈尺、五指山及ヒ大湖方面ノ蕃人ニシテ血痰ヲ吐キ居ルモノヲ目撃セリ某醫學士ノ話ニヨレハ肺臟チストマ病ナル可シト蓋シ此病ハ漢人ニ往々見ル所ナリ時トシテ天然痘ノ社内ニ流行スルコトアリ此時ニハ其家族ハ患者ヲ棄テヽ他ニ離隔シ其快復スルマテ再ヒ歸ルコトナシ患者ノ十中八九ハ死亡スト云フ

要スルニ「アタイヤル」族ノ蕃人ハ他ノ蕃族ニ比シ病者多ク特ニ赤子ノ時ニ最モ多キカ如シ

四、埋葬

家ニ死者アレハ擧家慟哭シ死屍ニ新衣ヲ穿タシメ膝ヲ屈シテ蹲踞ノ狀ヲ爲サシメ鹿皮或ハ方布ニ包ミ土中ニ埋葬ス埋葬ノ位置ハ西部「アタイヤル」ニ在リテハ死者ノ坐臥セル寢臺ノ下トシ東部「アタイヤル」ニ在リテハ屋外便宜ノ地トス

斯クテ凡ソ三日ノ間家人業ヲ休ミテ外出セス而シテ西部「アタイヤル」ニ在リテハ十日乃至月光復舊ノ日乃チ凡ソ一ケ月ヲ經テ其舊家ヲ棄テ、去リ別ニ新家ヲ營ムヲ例トス又タ死者ノ日用用ヒシ什器ハ死者ト共ニ副葬シ家人ハ或ル定日ノ間身體ノ裝飾ヲ爲サス

而シテ家ノ內外ヲ問ハス一旦死者ヲ葬リタル地ニハ再ヒ近ツクコトナシ且ツ其葬所ノ位置ヲ示シ死者ノ事ヲ語ル事ノ如キハスヘテ之レヲ厭忌スルノ風アリ

五、馘首

「アタイヤル」族ハ臺灣ノ各蕃族中馘首ノ風最モ盛ニ行ハレツヽアルモノナリ彼等ノ馘首ノ目的ハ今ヤ種々ナル希望ト迷信トニ基因セリ今試ミニ要ヲ擧ケテ之ヲ言ヘハ

一、年ヲ新ルノ祭祖ノ儀式ノ準備トシテ必要ナリ

二、男子カ成丁ノ列ニ伍スヘキ準備トシテ必要ナリ若シモ馘首ヲ爲シ得サレハ(特別ノ事情アルヲ除クノ外)成丁ノ列ニ入ルヲ得ス

三、良配ヲ得ルノ條件トシテ必要ナリ乃チ二男一婦ヲ望ムトキノ如キ馘首者之ヲ娶ルヲ得

四、勇擧ヲ得ルノ要因トシテ必要ナリ隨テ酋長タルノ資格ノ必備要件ノ一トシテ認メラル

五、疫病ノ禳除ヲ爲スニ必要ナリ乃チ天然痘ノ流行ノ如キ馘首ヲ爲スニヨリテ除病シ得ヘシトノ迷信ヲ抱キツヽアリ

六、理非ノ爭論ニ勝利ヲ得ルノ要件トシテ必要ナリ

七、嫌疑ヲ解除シ罰ヲ免カルヽニ必要ナリ

而シテ其ノ馘首ノ方法ニ至リテハ或ハ擧社ノ壯丁隊伍ヲ編シテ遠征ニ上ルコトアリ或ハ一人單行勇進ヲ企ツルアリ其ノ要因ノ如何ンニヨリテ一ナラス

其ノ馘首ヲ完フシテ歸社スルヤ擧社歡呼シテ之ヲ迎ヒ首ヲ圍ミテ飲酒歌舞終夜ノ宴ヲ張ル宴了リテ之ヲ人頭架ノ上ニ列ス

人頭架ハ一社ノ共有ニ係リ酋長之ヲ保管シ屋外ニ木又ハ竹ヲ支柱トシ高サ凡ソ三四尺許ニ架ヲ搆ヘ架上ニ新舊ノ頭顱ヲ並置保存ス乃チ「アタイヤル」族ニ在リテハ屋外愛藏ノ風ヲ存セリ其ノ數少ナキモ十餘、多キハ數百ニ上ルモノアリ

祭　祖

「アタイヤル」族ハ稻若クハ粟(方面ノ異ルニヨリテ一定セス)ノ收穫ノ了レル後、月ノ圓形ニ復セル日ヲトシ祭祖ノ儀式

ヲ行フ乃チ其ノ年ノ豐收ヲ了リシヲ祖先ノ靈ニ謝シ次回ノ收穫ノ豐カナランコトヲ祈ルカ爲メナリトス

祭祖ノ儀式ハ家々新收ノ穀物ヲ用ヒテ餅ヲ製シ酒ヲ釀シ擧社一地ニ會シ酒ヲ地ニ灑キテ祖靈ヲ祭リ了リテ飲酒歌舞凡ソ一ケ月内外ニ及フ而シテ此期間ハ異族人ノ社内ニ入ルヲ准サス以爲ラク若シモ異族ノ入ルコトアレハ祖靈ノ譴怒ヲ致スト

要スルニ「アタイヤル」族ハ邀福避禍ノ事ヲ以テスヘテ祖靈ノ冥護ニヨリテ得ヘシト信スルモノニシテ宗教上祖先拜ノ形成ヲ爲シツヽアルモノトイフヘキナリ

祭祖ノ期日ニ先タツ凡ソ一二月前其準備トシテ馘首ノ途ニ上ル去レハ支那人ノ被害ハ此ノ期ヲ以テ最モ多シトス

「アタイヤル」族ノ創世的口碑

同族ニ傳フル創世的口碑ハ大體ニ於テ二種トナスヘシ一ハ北部ノ方面ノ同族ニ傳フルモノニシテ一ハ南部方面ノ同族ニ傳フルモノナリ

北部方面ノ口碑ニ曰ク

昔シ南方ノ山中ニ一巨石アリ或ル時分裂シテ一男一女ヲ生セリ男ヲ「アヤム」トイヒ女ヲ「ヤアヴオ」ト云フ而シテ二人夫婦トナリテ八男二女ヲ生メリ此ノ時マテハ天ニ日月ナカリシカ初メテ日ヲ生シ後ニ月ヲ生レ晝夜ノ別成レリ而シテ當時一ノ鉄器ナク石ノ武器ヲ用ヒ石ニテ食物ヲ炊ケリ其ノ後子孫四方ニ分岐シテ各社ノ祖トナレリ云々

以上ノ口碑ハ蓋シ同族ノ最モ古ルキ由來ヲ傳フルモノナルヘシ蓋シ「アタイヤル」族ノ臺灣ニ定住セシハ最モ久シキモノヽ如ク其ノ口碑ニ傳ヘテ當初一ノ鉄器ヲ有セス石器ノミヲ用ヒシトイフハ當時ノ實況ヲ傳フルモノナルニ似タリ

南部方面ノ口碑ニ曰ク

昔シ廣濶ナル平原ニ二人ノ「アタイヤル」ヲ生セリ是レ我カ祖先ニシテ後子孫繁殖セシカ異族人ノ來リテ我カ地ヲ掠ムルアリ我ハ衆寡敵セス終ニ山中ニ退ケリ

蓋シ「アタイヤル」族モ初メヨリ山中ニ占居ノ人類ニアラスシテ或ル時代ニハ西部臺灣ノ沃野ニ生活ヲ營ミシコトアルモ生存ノ競爭ハ彼等ヲシテ失敗ノ地ニ立タシメ終ニ止ムナク山中ニ退居スルニ及ヘルナリ現ニ今ノ臺中平原ニ占居セル「ペイポ」族ノ一部ナル「パセツヘ」トイヘル一群カ其ノ未タ支那化セサリシ往時ニ於テ「アタイヤル」族ト此ノ平原ノ或ル部ニ於テ衝突セシコトアルハ事實ニシテ當時生存競爭ノ結果「パゼツヘ」ノ女子ハ「アタイヤル」ノ女子ニ摸擬シテ口周ノ刺墨ヲナセシコトスラアリシトイフ而シテ其ノ時代ハ詳ナラサルモ「アタイヤル」ハ最後ニ「パゼツヘ」ノ爲メニ敗ラレ山

邊ニ退カサルヘカラサルニ至リタリシモノヽ如シ其ノ他ノ地方モ此ト同樣ノ事ニヨリテ山中ニ住居スルニ至リシモノナランソ

生　業

「アタイヤル」族ノ蕃人間ニ於ケル生業ハ處ニヨリテ多少異ルモ農業及ヒ狩獵ハ其重モナルモノニシテ此外魚籐、薯榔（染料）等ノ天產物採集手工、織布、並ニ裁縫等ニシテ東部「アタイヤル」ノ一部分ニ於テハ家禽及ヒ家畜ヲ飼養セリ要スルニ「アタイヤル」族ノ生業ハ其程度頗ル低クシテ「ヴオヌム」及ヒ「ツオオ」等ノ蕃族ニ比スレハ數等下リ居ルト云フモ敢テ不可ナカル可シ

此等ノ蕃人ノ通貨トシテ通用シ居ル所ノモノハ珠類及ヒ鐵器等ハ普通ニシテ北方ノ蕃人ハ重ニ珠類ヲ通貨トシテ使用シ居ルモ南スルニ從ヒテ漸次實用品ナル鐵器ヲ使用シ既ニ東部「アタイヤル」ニ至レハ全ク珠類ヲ使用セスシテ鐵器ノミヲ使用スルニ至レリ而シテ漢人部落ニ接近シ居ル所ノモノハ銀貨並ニ臺灣錢ヲ使用シ居ルモ眞ノ價値ハ之ヲ知ルモノ少ク特ニ銀貨ノ如キハ止タ其光澤ノ燦爛タルヲ愛スルノミ

蕃社內ノ產物ト彼等ノ日用品トヲ交換賣買スルニハ一々通事ノ手ヲ經テ之ヲナス多クハ物品交易ニシテ銀錢ヲ使用スルコト甚タ稀ナリ

一、農業

「アタイヤル」族ノ蕃人ニ於ケル農業ハ處ニヨリテ差異アリ東部ト西部トニ於テ特ニ然リトナス要スルニ北方ヨリ南スルニ從ヒテ漸次進步シ居ルモ未タ水田ヲツクルモノナクシテ唯畑ノミヲツクリ居レリ東部「アタイヤル」ノ蕃人間ニ於ケル農業ハ西部「アタイヤル」ニ比シテ一般ニ進步シ居ルモ深山ニ住居シ漢人ト交通セサル處ニ至リテハ其程度甚タ低クシテ僅カニ粟或ハ蕃薯等ヲ種作シ居ルノミナリト云フ而シテ最モ進步シタル所ノ農業ト雖「ヴオヌム」及ヒ「ツオオ」族ノ蕃人間ノモノニ比シ劣等ナルハ事實ナリ

東部「アタイヤル」ノ蕃人ノ種作シ居ル農作物ハ粟、稻、蕃薯、芋仔、落花生、玉蜀黍、苧仔、薑及ヒ烟草等ハ重ニシテ此外匏仔及ヒ薤等ヲモ作クル處アリ蕃人ノ種作スルモノヽ中ニテ最モ有名ナルハ苧仔ナリ苧仔ハ到ル處之ヲ種作シ其產額モ亦多ク且ツ其質良好ナリト云フ

西部「アタイヤル」ノ農業ハ漢人部落ニ接近シテ最モ進步シ居ル所ノ蕃社ノ農業ト雖東部「アタイヤル」ノモノニ比セハ稍々劣リ居レリ然レトモ漢人部落ニ遠キ山奧ニ住居シアルモノニ至リテハ兩者トモニ更ニ徑庭ヲ見サルナリ

西部「アタイヤル」ノ蕃人ノ種作シ居ル農作物ハ粟、稻、蕃藷、芋仔、落花生、瓜類、玉蜀黍、薑、苧仔及ヒ烟草等ニシテ此中粟、米、蕃薯、苧仔及ヒ烟草等ハ到ル處ニ種作シ居ルモ其他ノモノニ至リテハ只纔ニ處ニヨリテ之ヲ種作シ居ルノミ要スルニ西部「アタイヤル」ハ或ル部分ハ東部「アタイヤル」ニ比シテ農作物ノ數ノ多キコトアルモ其耕作法ハ一般ニ劣レリ又兩者共ニ漢人部落ニ接近シ居ル處ニテハ農作物ノ種類多クシテ此ニ遠カルニ從ヒテ漸々此種類ヲ減スルカ如シ

此族ノ種作セル農産物中交換物ノ重モナルモノハ苧仔ナリ從テ其産額モ多ク殊ニ五指山以南ハ有名ナル産地ニシテ盛ニ種作レ居レリ奬勵ノ方法宜シキヲ得ハ後來一大物産トナル可シ

農作物ハ大概一年一作ニシテ二作ヲナスモノハ殆ントナシト云フテ可ナリ輪作法ハ發達セスシテ一タヒ收穫ノ後ニハ全ク荒蕪スルマヽニ放置シ翌年再ヒ此ニ農作物ヲ種作セントスルトキニハ先ツ前年種作セル農作物ノ枯レ殘リノ物ヲ燒キ拂ヒ然ル後小鍬ヲ以テ耕耘シ此ニ更ニ農作物ヲ種植スルコトハ年々歳々變ルコトナシ到ル處皆然ラサルナシ

稻及ヒ粟ハ重モナル食物ナルヲ以テ注意シテ之ヲ栽培スルモノヽ如シ多クハ散種ナルモ南方ニ至レハ畦ヲツクリテ下種スル處モアリ此等ノ作物發芽シテ五六寸ニ至リタル頃即チ下種ノ後月光再ヒ圓ニ復シタル時ニ至リ先ツ雜草ヲ取リ去リ而シテ尺餘ニ達シタル時ニハ其根ニ土ヲカタルヲ普通トス此等ノ仕事ハ何レモ婦女子ノ業ニシテ男子ハ僅ニ之ヲ補助スルノミ然レトモ下種及ヒ收穫ノ時ニハ男女共ニ之ヲ爲シ稻粟既ニ豊熟スレハ穗ノ下五六寸ノトコロヨリ之ヲ刈リ取ルカ又之ヲ扱キ取リテ一攫ミヲ一束トナシ此ヲ乾燥シタル後穀倉ニ入レテ貯藏スルコト他ノ蕃族ト同一ナリ

次ニ苧仔ハ蕃人ノ衣服ヲ製スル蕃布ヲ織リ又ハ重モナル交換物トナリ居ルヲ以テ到ル處ニ於テ之ヲ種作シ居ルヲ見ル而シテ其栽培スル方法ハ頗ル簡單ニシテ早春ヨリ能ク耕耘シ其株ヲ移植シタル後ハ培養除草等ハ少シモ爲サス既ニシテ苧仔ノ充分成長シタル時ニ至リテ刈リ取リ其葉ヲ去リテ纖維ヲ採ルナリ其方法頗ル簡單ニシテ苧仔ヲ中程ヨリ二ツニ折リ皮部ノミヲ取リ更ニ青竹ノ先端ヲ二ツニ割リタルモノヽ間ニ挾ミテ之ヲ引クトキハ表皮ハ悉ク剝キ去ラレ内皮ノミ殘ルナリ而シテ此ヲ日光ニ乾スモノトス如此シテ製造スルヲ以テ其色ハ多少綠色ヲ帶ヒ居ルヲ常トス

此族ノ蕃人ハ肥料ヲ施用スルコトヲ知ラサルヲ以テ唯天然肥料ニヨルノミ尤モ作物ノ枯レ殘リタルモノヲ燒クノ風習アルヲ以テ知ラス識ラス肥料トナルヘシト雖決シテ充分ナルモノニアラサルカ故三四年ノ後ニハ天然肥料ノ盡クルヲ以テ勢ヒ土地ヲ轉換セサル可ラス大概三四年每ニ土地ヲ轉換スルモノヽ如シ去レハ第四年目ニハ農作物ヲ種植セスシテ多クハ魚藤或ハ通草ヲ植ユルヲ常トセリ

此族ノ蕃人ノ使用シ居ル農具ハ小鍬及ヒ鍬等ニシテ小鍬ニハ大小數種アリ小鍬ハ地ヲ堀ル唯一ノ農具ニシ唐鍬ハ之ヲ使

用スルコトヲ知ルモノ甚タ少シ鎌ハタヽ成熟ノ時ニ之ヲ使用スルノミ

天然肥料ノミニヨリテ耕作シ居ルヲ以テ其肥料ノ盡クルト共ニ三四年毎ニ土地ヲ轉換ス故ニ時々新ニ土地ヲ開墾セサル可ラス蕃人ノ開墾ヲナス方法ハ到ル處大同小異ニシテ概子次ノ如シ

耕地ハ大概斜面ノ地ニシテ平地甚タ少シ蓋小鍬ノ如キ不完全ナル農具ハ平地ノ開墾ニハ適セスト雖モ斜面ノ地ニハ容易ナルヲ以テ小鍬ノ如キ農具ノ發達セシモノナル可シ開墾セントスル所ノ樹木ハ十一二月ノ頃ヨリ其樹枝ヲ伐リ初メ而シテ後火ヲ放チ之ヲ燒キ拂ヒテ然ル後ニ耕ス又處ニヨリテハ樹木ハ地上四五尺位ヨリ切倒シタル後之ヲ燒キ猶ホ燒ケ殘リノ株ハ取リ去リ得ルモノハ成ル可ク之ヲ去リ然ル後之ヲ耕ス要スルニ前者ハ北方ニ普通ニシテ後者ハ南方ニ普通ナリ

此族ノ蕃人間ニハ其家屋ノ周圍ヘ柑仔ヲ栽培シ居ルコトヲ間々目撃スルコトアリ然レトモ甚多カラス

此ノ如ク「アタイヤル」族ノ蕃人間ニ於ケル農業ハ他ノ蕃族ニ比シテ一般ニ其程度低キヲ知ルヘシ

二、狩獵

臺灣ノ蕃人中狩獵ノ最モ盛ナルハ此族ノ蕃社ナル可シ

獵期ハ十二月ノ交ヨリ五月頃マテノ間ニシテ多少農事ノ閑ナル時ナルヲ以テ此間ハ男子ハ重ニ鳥獸ノ狩獵ニ從事ス

蕃人ノ狩獵ヲナス時ニハ一社ノ壯丁擧リテ之ヲナス時ト一社ノ一小部落ノミニ於テ之ヲナス時トアリ渾テ狩獵ノ時ニハ十二三歳ノ男子モ亦之ニ加ハルヲ常トス

狩獵ニ使用スル目的ヲ以テ蕃人一般ニ犬ヲ飼養ス一人ニシテ十頭内外ノ犬ヲ飼養シ居ルモノモアリ此等ノ犬ハ何レモ漢人ノ飼養ノモノニ比シ其形小ニシテ其脚ハ短シ然レトモ東部「アタイヤル」ノ前山ニ住居スル蕃人ノ飼養シ居ルモノハ西部「アタイヤル」ノモノニ比シテ一般ニ其形大ナルカ如シ蕃人ノ犬ヲ愛スルコト甚シク器ヲ同フシテ食シ寢臺ヲ共ニシテ眠ルモノアリ

此族ノ蕃人ノ獵取スル所ノモノハ他ノ蕃族ノモノト大同小異ニシテ鹿、羌仔、山羊、猴、山猪及ヒ山猫等普通ニシテ稀ニ熊、石豹ノ類ヲ獲ルコトアリ此等ノ皮、鹿類ノ角並ニ其骨等ハ此族ノ重モナル交換物タリ

此等ノモノヲ獵取スル方法ハ各蕃社概子次ノ如シ

蕃人ノ鳥獸ヲ獵取スル方法ハ第一ハ銃殺スルコト第二ハ鎗鏢ニテ突キ殺スコト第三ハ蹄係(ワナ)ニテ捕フルコト第四ハ弓矢ニテ射殺スルコト等ナリ而シテ此等ノ方法ハ何レノ蕃族ニモ行ハレ居ル所ノモノニシテ獨リ此蕃族ノミニ行ハレ居ルモノニハアラサルナリ

銃ハ前装、後装、連發銃及ヒ火縄銃ニシテ最モ普通ニ使用セラルヽハ前装銃ニシテ後装銃並ニ連發銃等ニ至リテハ僅ニ漢人部落ニ近キ處ノ蕃社ニ於テ之ヲ見ルノミ而シテ火繩銃ハ漢人部落ニ遠キ深山中ニアル蕃社ニ專ラ使用セラル是レ蕃人ノ銃ヲ得ルニハ漢人ノ手ヨリスルヲ以テナリ要スルニ此族ノ蕃人ハ生存上精鋭ナル銃器ヲ得ントスルニ汲々トシテ之ヲ得ルカ爲メニハ如何ナル財寶ヲモ顧ミサルナリ去レハ蕃丁ハ概シテ銃器ヲ有シ若シ之ヲ有セサレハ殆ント恥辱ノ如ク思ヒ居ルモノヽ如シ而シテ銃器ノ多クハ蕃人ノ手ニ入リシハ明治二十八年ニシテ清兵臺灣ヲ去ル時ニアリシト云フ

蕃人ノ使用シ居ル鎗鏢ハ其鋒ハ七八寸ノモノニシテ之ニ六七尺ノ竹ノ柄ヲ附ケタルモノ普通ナリ銃器ヲ所有セサルモノ常ニ之ヲ使用ス山奥ノ蕃社ノモノハ之ヲ巧ニ擲ケツケテ山猪及ヒ鹿等ヲ獵獲ス

蹄係(ワナ)ニハ大小數種アリ此器ヲ用ヒテ山猪、羌仔ノ類ヲ捕フ弓矢ハ今日ニ於テハ山奥ノ蕃社ノモノ之ヲ使用スルノミ矢ニハ水中ノ魚ヲ射ルモノト鳥獸ヲ射ルモノトノ二種アリ鳥獸ヲ射ルモノニハ鎗ノ鋒ノ如キ鏃及ヒ三叉狀ノ竹鏃ヲ付シ魚ヲ射ルニハ釘ヲ付シ居レリ而シテ兩者共ニ羽根ヲ付セス

蕃人ノ常ニ帶ヒ居ル刀仔ハ所謂臺灣刀ト稱スルモノニシテ反リノ充分ナルモノナリ刀仔ハ蕃人ノ日用品ニシテ或ハ馘首ノ利器トナリ或ハ鳥獸ヲ剖ク庖刀トナリ或ハ薪ヲ伐ル山刀トナリ其他百般ノ用ヲナスモノニシテ十二三歳ノ頃ヨリ外出スル時ニハ寸時モ身體ヲ離サヽルモノトス

要スルニ此族ノ蕃人ハ馘首ノ風盛ニ行ハレ居ルト狩獵ノ盛ナルトニヨリ熱心ニ武器ノ精鋭ナルモノヲ求メ且ツ其使用ニ手肢ヲ鍛錬シ居ルヲ以テ他ノ蕃族ニ比シテ大ニ武術ハ進歩シ居ルモノヽ如シ

三、漁魚

此族ノ蕃人ノ魚ヲ漁スル方法ハ次ノ如シ

第一ハ魚藤ト稱スル植物ノ根ヲ石ニテタヽキ其液汁ヲ溪流ニ流カシテ魚ヲ麻醉セシメテ之ヲ捕フ而シテ之ヲ行フトキハ未明ヨリ魚藤ヲ溪流ニ流シ初ムルナリ然ルトキニハ三四時ノ後ニハ魚ハ麻醉シテ水上ニ浮ヒ出ツ之ヲ攩(タモ)網其他ノモノヲ以テ捕フ此ノ魚藤ノ液汁ヲ流シテ魚ヲ捕フルトキニハ少クモ十人以上ヲ要スルカ故ニ一社若クハ一小部落擧リテ之ヲナス蕃人ハ溪流ノ緩カナル處ニアリテ魚ノ浮ヒ出ツルヲ待チ居レリ

第二ハ水中ノ魚ヲ簎(ヤス)ニテ突キ或ハ矢ニテ射テ之ヲ捕フルコトナリ此法ハ常ニ大ナル魚ヲ捕フルニ用ユ

第三ハ溪流ヲ堰キ止メ水ヲ少クシテ其中ニ居ル魚ヲ捕フルコトニテ此法ハ到ル處普通ニ行ハルヽ所ノモノナリ

此等ノ外東部「アタイヤル」ノ蕃人ハ鈎ヲ以テ魚ヲ釣ルコトヲ知リ居ルモ西部「アタイヤル」ノモノニハ之ヲ見サルナリ

三、籐、薯榔等ノ天産物採集

臺灣ノ蕃人ハ各蕃族ヲ通シテ多少天産物ヲ採集シテ彼等ノ日用ニ充テ且ツ交換物トナシ居レリ特ニ「アタイヤル」族ニ於テ最モ盛ナリ

蕃人ノ採集スル天産物ハ次ノ如シ

一、籐　二、薯榔　三、魚籐　四、通草　五、石斛及ヒ木斛　六、木耳　七、茯苓

籐ハ到ル處ノ蕃地ニ産出ス蕃人ハ農事ノ閑ナル時ニ之ヲ採集ス籐ハ五六千尺以上ノ高山地ニハ繁生シ居ルヲ見ス尤モ蕃人ノ住居シアル處ニハ最多ク繁生シ居ル處タリ或蕃社ニ於テハ交換物ノ重モナルモノニナリ居レリ

薯榔ハ或植物ノ根ニシテ此ヲ以テ蕃人ハ布及ヒ糸ヲ染メ漢人ハ此ヲ以テ魚網ヲ染ム到ル處之ヲ産出ス

魚籐ハ籐ノ如キ植物ニシテ其根ヲ掘リテ自己用或ハ交換物ニ供セリ又魚ヲ捕フルトキニハ之ヲ石ノ上ニテ敲キ溪流ニ流ストキハ魚ハ痲酔シテ水上ニ浮ヒ出ツ故ニ蕃人ハ多ク之ヲ使用シテ魚ヲ捕フル具トス或蕃社ニ於テハ畑ノ天然肥料ノ盡キタル時ニハ魚籐ヲ栽培スルノ習慣アリ

通草ハ臺地到ル處多少之ヲ産セサルナク就中大嵙崁方面特ニ多シ其髓ヲ取リテ簪ヲ製シ又らいす、ぺいぱあヲ製スル原料ニ供ス大嵙崁方面ノ蕃人ハ盛ニ之ヲ栽培セリ

此等ノ外石斛、木斛及ヒ茯苓等ハ漢人ノ藥品トナスモノナルヲ以テ之ヲ採リテ交換物ニ供ス茯苓ハ甚タ稀ニシテ松樹ノアル蕃社ニ之ヲ産スルノミ木耳ハ漢人ノ大ニ好ム所ノモノナレハ蕃人ハ之ヲ採リテ漢人ト賣買交換ス

此族ノ蕃人ハ單ニ天産物ヲ採集シテ日用或ハ交換物ニ供シ居ルモ漸次特トリ天産物ニノミ依ラスシテ自ラ之ヲ栽培スルノ傾向ヲ生スルニ至レリ

四、手工

此族ノ蕃人ノ手工ト稱ス可キモノハ所ニヨリテ多少異ルモ籐細工、木工、編網及ヒ木斛細工等ナリ

籐細工ハ到ル處ニ發達シ西部「アタイヤル」ハ一般ニ進歩シ特ニ東勢角地方ハ大ニ進歩シ居ルモ東部「アタイヤル」ハ西部ノ如ク發達セス蕃人ノ製造スルモノハ帽及諸種ノ入物等ハ普通ニシテ此等ハ渾テ男子ノ業トセリ

木工ハ木板ヲ製スルコト機器其他日用品ノ製造等ニシテ其使用シ居ル所ノ道具ハ唯一ノ刀仔アルノミ故ニ極メテ不便ナル方法ニヨリテ製造シ居レリ

蕃人ノ製造スル網ノ重ナルモノハ斗干(タツカン)ニシテ外出スルトキニハ此中ニ諸種ノ物ヲ入ル、唯一ノ携帶品ナリ「アタイヤル」

族中網製造ノ最モ發達シ居ル處ハ東勢角地方ナルモ此ヲ「ワアリセン」「スパヨワン」及ヒ「ブユマ」等ノ蕃族ノモノニ比セハ劣ルコト萬々ニシテ同日ノ比ニアラス

木斛細工ハ「ツオオ」族ノモノト大同小異ニシテ木斛ノ莖ノ肉ヲ取リ去リ之ヲ日光ニ乾カシテ諸種ノ裝飾用ニ供セリ

五、織布及ヒ裁縫

此族ノ蕃人ハ到ル處布ヲ織ルコトヲ知ル其方法ハ他ノ蕃族ト同一ニシテ其機器不完全且筬ヲ用キサルヲ以テ其幅均一ナラス或部分ハ廣ク或部分ハ狹クシテ實用上不便少カラサルナリ且ツ脚ノ長ノ二倍ヨリ長ヲ伸スコト能ハサルナリ

布ヲ織ル材料ハ苧仔絲ニシテ木綿絲ヲ使用スルコトヲ見ス尤モ機器不完全ナルヲ以テ木綿絲ノ如キ斷レ易キモノヲ使用スルコト能ハサルナリ絲ハ悉ク手縒リナルヲ以テ一反ノ布ヲ織ルニハ非常ナル勞力ヲ要ス横絲ニハ色絲ヲ使用スルコトアリ此色糸ハ色ノアル布ヲ解キ其絲ニ再ヒ縒リヲカケタルモノナリ

如此シテ織リ出スヲ以テ長キ時間ト多クノ勞力トヲ要スルモ猶ホ良好ナルモノヲ得ルコト能ハサルナリ

織布ノ最モ發達シタル處ハ東部「アタイヤル」ニシテ種々ノ摸樣織ヲナスニ至ル西部「アタイヤル」ニ於テハ東勢角地方最モ發達シ居ルモ未タ東部「アタイヤル」ニ及ハサルナリ

次ニ此蕃族ノ裁縫ハ先ツ臺灣ニ於ケル蕃族中最モ拙劣ノ位置ニアリト云フ方可ナリ縫目揃ハス且直ナラス又布ヲ裁ツニハ剪刀ヲ使用セス唯引キ裂クノミ而シテ長ヲ計ルニハ尺度ヲ使用セス上肢ヲ標準トシテ其長ヲ計ルヲ常トス

第二、「ヴオヌム」族

埔里社ノ南方、千達萬山並ニ濁水溪以南ノ地ニ顔面ニ刺墨ヲ施サス且「ツオオ」族ト同シク男子ハ一種ノ胸掛及ヒ腹掛ヲ纏ヒ居ル所ノ蕃人ノ一群アリ彼等ハ自身ヲ「ヴオヌム」ト稱シ居レリ今此族ニ「ヴオヌム」ト名ケシハ即チ彼等ノ自稱ニ因リタルナリ

地理的分布

「ヴオヌム」族ノ分布ハ其區域廣大ニシテ北ハ埔里社ノ南方ヨリ起リ南ハ蕃薯寮方面ニ及ヘリ此廣大ナル區域ニ分布シ居ルヲ以テ便利ノ爲地理上ノ關係ヨリシテ次ノ數群ニ分ツ可シ

一、水沙連化蕃

二、濁水溪蕃（元林圮埔撫墾署ノ名命ニヨル）

三、「バヌワン」蕃

四、「セブクン」蕃

此分類ハ勿論人類學上ヨリ分チタルモノニハアラスシテ唯其分布ヲ説明スル爲ニ其分布シ居ル位置ニ從ヒテ地理上ヨリ分類シタルモノニ過キサルナリ

一、水沙連化蕃ハ埔里社ト集々街トノ間ナル高地ニ住居セリ今日彼等ノ住居セル處ハ多クハ清暦光緒初年ニ移住セシ處ニシテ唯頭社ノ原位置ニ住居セルノミ此彼等ノ移住セシハ全ク漢人移住ト共ニ祖先傳來ノ耕地ヲ失ヒ遂ニ今ノ處ニ移住セルモノナリト云フ

二、濁水溪蕃ハ干達萬山及ヒ濁水溪以南ト陳梛蘭溪以北並ニ分水嶺以西ノ間ニ住居セリ口碑ニヨレハ此等ノ蕃人ハ古昔平地ニ住居シ在リシモノナリシカ漢人住移ト共ニ逐ヒ拂ハレテ今日ノ如ク交通不便ナル山地ニ移住セルモノナリト云フ蕃社ハ濁水溪ノ支流ナル汝々溪並ニ汝々溪ノ支流ニ沿フテ分布シ居レリ地勢ニ從ヒテ各處ニ小群ヲ成シ部落ヲ作リ居レリ

三、「バヌワン」蕃(バーヌワン」トハ「ヴォヌム」ヨリ訛傳セシモノ歟)

「バヌワン」蕃ハ後山卽チ分水嶺ノ東面ナル臺東地方ノ山地ニ住居セリ北ハ秡仔庄ヨリ南ハ鹿寮(務祿臺トモ稱ス)ニ至ル間ノ山地ニ分布シ居レリ此等ノ者ハ人口ノ增殖スルニ從ヒテ濁水溪沿岸ノ地ヨリ此處ニ移住セルモノナラン

四、「セブクン」蕃

蕃薯寮方面ニ關山ト稱スル一萬尺以上ノ高山アリテ其位置ハ分水嶺ヨリ稍西方ニ偏在セリ「セブクン」蕃ハ此山ヲ中心トシテ此四周ニ分布シ居レリ此等ノ者モ亦濁水溪沿岸ヨリ移住セルモノニシテ現ニ「ツオオ」族ニ屬スル漢人ノ所謂四社生蕃ト稱スル蕃社ヨリ土地ヲ借リテ耕地ヲ開キ居ル處モアリト云フ

要スルニ「ヴォヌム」族ノ分布ハ其區域廣クシテ「ツオカ」族ヲ抱擁シ居レリ

番社並ニ戸數人口

「ヴォヌム」族ハ左ノ蕃社ヨリ成立ス

一、水沙連化蕃ハ五社ヨリ成ル五社共ニ各自獨立シタルモノニシテ屬清時代ニ於テハ漢人ノ總通事若クハ化蕃總理ヲキ置テ社中ノコトヲ處決セシメタリ

(一)頭社

(二)水社
(三)埔里社　（今日ニ於テハ部落ヲナサスシテ漢人ト雜居セリ）
(四)猫蘭社
(五)轄轆社
此外ニ眉社ト稱スルモノアリテ水沙連化蕃ノ中ニ含マレ居レトモ此社ノモノハ系統上「アタイヤル」族ニ屬ス可キモノナリ

二、濁水溪蕃ハ六大社ヨリ成立ス
一、干達萬大社　十二小社ヨリ成ル
二、卓大社　十五小社ヨリ成ル
三、喀大社　九小社ヨリ成ル
四、丹大社　十四小社ヨリ成ル
五、巒大社　二十四小社ヨリ成ル
六、郡大社　十一小社ヨリ成ル

三、「バヌワン」蕃ハ踏査セサルカ爲大社小社等ノ關係ヲ調査スルコト能ハサルヲ以テ元臺東撫墾署ノ調査セシモノヲ次ニ掲ク可シ（明治三十年調査）
(一)卓溪（タケー）社
(二)外嶺爾（ガリニー）社
(三)內嶺爾（ナリニー）社
(四)座主板（ソリハン）社
(五)崙仔頂（ラガテン）社
(六)半崙店（タンロテン）社
(七)秡使利（ペシリー）社
(八)蚊仔厝（マザツー）社
(九)異祿閣社

(十)加志尾仔社（カシパナ）
(十一)異馬福社（エパフ）
(十二)那母岸社（ナモガモ）
(十三)八打拿社（パタロン）
(十四)轆々社（ラクラク）
(十五)福全社（フツトン）
(十六)稜仔沙古社（パルサコ）
(十七)八沙古社（パサコ）
(十八)網網社（マンテオ）
(十九)大崙坑社（タロケー）
(二十)打訓社（タークン）
(二十一)異喃社（タリシアナ）
(二十二)大里仙社（クイツアケン）
(二十三)高山中社（エプトン）
(二十四)與勿東社（ナシタ）
(二十五)納食達社（エルク）
(二十六)與實骨社（エピ）
(二十七)暇未社（サンプル）
(二十八)新武路社（タナ）
(二十九)丹那社（ハン）
(三十)利行社（ケンボイ）
(三十一)抗尾社（ターロン）
(三十二)大崙社（ターラクラク）
(三十三)大轆々社

（三十四）大坑頭（タークンタオ）社
（三十五）新坑頭（シンケンタオ）社
（三十六）下仙路（ハサンロ）社
（三十七）異卓辦（エトマン）社
（三十八）無樂散（ムラソア）社
（三十九）霜山脚（サンサカー）社
（四十）猴六頭（バラタオ）社
（四十一）霜山木（ソアサボク）社
（四十二）吻々（ブッブッ）社
（四十三）里厨（リト）社
（四十四）蛤水（ハツイ）社
（四十五）里答（リトウ）社
（四十六）異肉母（エバモ）社
（四十七）下肉容（エバユク）社

以上記セシ如ク四十七社ヨリ成立スルモ此中ニハ大社ト小社トノ關係ヲ有スルモノ多カル可シト信ス

四、「シブクン」蕃ハ各獨立シタル社ニシテ左ノ六社ヨリ成ル

一、雁爾溪頭（ガニケータオ）社
二、透仔火（トアホイ）社
三、碼裡散（マリサム）社
四、内本鹿（ライブンロク）社
五、浦來溪頭（ホーライケータオ）社
六、霜山（シクソア）社

此等ノ九大蕃社内ノ戸數人口ヲ左ニ表ヲ以テ示ス可シ但元林圯埔、埔里社、蕃薯寮、臺東等ノ撫墾署ノ調査ニヨル（明治三十年）

社名	小社數	戶數	男	女	男女合計	一戶ニ於ケル人口平均
水沙連化蕃	五	八八			四四八	五
干達萬大社	一二	二〇〇			一〇〇〇	五
卓大社	一五	五〇〇			二五〇〇	五
喀大社	九	二〇〇			一〇〇〇	五
丹大社	一四	二〇二			二八二八	一四
巒大社	二四	一七〇	八〇六〇	六七二〇	一四七八〇	八、七
郡大社	一一	一三六	六三八	五八六	一二二四	九
バヌワン蕃	四八	四三五	二三九六	一八七一	四二六七	九、九
シブクン蕃	六	一四一	九四八	九一七	一八六五	一、三二
合計	一四四	二〇七二			一六六一〇	
總平均數	一六	一四、三			一一五	八、三

備考

巒、郡、バヌワン及ヒシブクン等ノ四大社ハ元撫墾署員ノ實地踏査セシ結果ナレハ正確ニ近カル可シト信ス故ニ此等ノ四大蕃社ノ統計ヲ次ニ掲ク

小社數　八十九

戸數總數　八百八十二戸

一小社戸數平均十戸

人口總數　八千八百三十四人（男四千七百八十八人 女四千〇四十六人）

一戸ニ於ケル人口總平均　　十八　五人四分 四人六分

統制的現狀

(一)社會的組織

「ヴォヌム」族ノ社會的組織ハ家族單一制ヨリ一歩ヲ進メシ家族聯合制ニシテ一ノ自治體統制ナリ

「アタイヤル」族ニ於テハ大社小社ノ關係ハ大社トハ小社ノ或ル數社ヲ總合セル一團ノ稱呼ニ屬スレトモ「ヴォヌム」族ニ至リテハ自ラ趣ヲ異ニシ大社小社トモニ實體的ナル一社ノ稱呼ニシテ大社ノ稱呼ハ卽其ノ盟主ノ地位ニ在ル社ヲ指示シ小社ノ稱呼ハ卽チ其同盟ノ下ニ在ルノ各社ヲ指示スルモノタリ

(二)酋長ノ統治

一社ノ酋長ハ凡ソ一社內酋長タルヘキ家格アル已定ノ家アリ該家族中ヨリ勇譽アリ且才幹アルモノヲ擧ク而シテ前酋長ノ繼嗣ニシテ勇才アルトキハ當然其ノ後ヲ承クヘキヲ慣例トス

一社ノ酋長ハ一社ノ安寧ヲ維持スル爲有力ナル權能ヲ有スルモ大事ニ至リテハ渾テ社內ノ長老ト協議シ之ヲ專斷スルコトナシ又タ大社ノ社長タルモノハ固ヨリ聯盟各社ノ盟主トシテ或ル大事ノ協定ヲ爲スニ際リ首位ニ立ツヲ常トスルモ各一社ノ統治ニ干涉ヲ及ホスモノニアラス

(附)刑　罰

社衆ノ犯罪ニ對スル治罪ハ酋長ノ權ニ屬ス原來「ヴォヌム」族ニ認メラル、罪惡ノ行爲ノ重モナルモノ二アリ曰ク

一、姦罪

二、非理ノ爭論

卽チ是レナリ姦罪ハ有夫ノ姦通ニ限ラル、モノニシテ無夫ノ姦通ハ論セス又非理ノ爭論トハ互ニ理非曲直ヲ爭ヒテ決セス裁ヲ酋長ニ請ヒ酋長カ認メテ非理トナセル一方ハ刑罰ヲ受ケサル可ラス刑罰ハ笞罰卽木棍ニテ臀部ヲ打ツヲ普通トシ姦罪ニハ其ノ正夫ヲシテ姦通者ヲ打タシムルコトアリ支那化「ヴォヌム」卽チ水沙連化蕃ニ至リテハ現時尙ホ燒キツ、アル薪ヲ以テ打ツノ風ヲ存セリ

「ヴォヌム」族ニハ盜ニツキテノ制裁ナシ原ト同族ニハ縱令他ノ見サル地ニ於テ窃取ヲ行フモ巫覡トモイフヘキモノヲシテ呪術ヲ行ハシメハ該盜品ノ原所ニ還ルヘシトノ迷信ヲ傳ヘアリテ卽此ノ迷信ノ支配ハ盜罪ノ發達ヲ限制スルモノ、如シ

治罪ノ方法ハ情ニ依リ事ニ應シテ隨時其ノ罰ノ輕重ヲ定ム

(三)家族組織

自己ヲ本位トシ本系傍系ヲ問ハス尊上卑下トモ凡ソ三代ヲ以テ近親ノ關係者ト認ム

族制ヨリ言ヘハ分類族制ニ屬シ且ツ男系統ノ家族組織トス

而シテ「ヴオヌム」族ノ家族組織ノ一特徴ハ所謂ル共同相續トモイフヘキ組織ノ痕迹ヲ有シ一家十數口即近キ血統ノ關係ノ相同居スル風アリテ其ノ家長ハ乃チ族長タルノ性質ヲ有シツヽアリ乃チ「アタイヤル」族ノ一蕃社ノ組織ト「ヴオヌム」族ノ一家ノ組織トハ其ノ本然ノ性質ニ於テハ同一點ニ歸スルヲ認メラル

土俗

(一)住所

一、家屋　ノ構造ハ地ヲ堀リ下クルコト一二尺、木幹又ハ竹ヲ柱トシ葭莖ヲ蔽フテ壁トシ或ハ石磐石片ヲ積堆シテ柱壁トシ屋根ハスヘテ二面傾斜ニシテ石若クハ茅葺又ハ木ノ皮葺(松柏科ノ植物)アリ其大サハ梁行四五間乃至七八間、桁行二三間乃至四五間トシ梁高七八尺檐高四五尺ナルヲ普通トス

家屋内ノ裝置ニ至リテハ土上ニ石磐石ヲ敷キ詰メ壁ニ沿フテ寢所ヲ設ク寢所ハ北部方面ニ在リテハ「アタイヤル」族ノ寢臺ト同型ノ構造ナルモ南部方面ニ至リテハ隔障ヲ設ケテ小分房ノ狀ヲ爲ス其他出入口ノ正面ニ當ル一方ノ壁ニ沿フタル部分ヲ米粟ノ貯藏所トシ別ニ穀物倉ヲ設ケス其竈及ヒ厨所ノ裝置ニ至リテハ「アタイヤル」族ト大同小異トス但或蕃社ニ於テハ竈ハ石磐石ヲ以テ四角ニ疊ミテ造リタルモノアリ又屋外即出入口アル方向ノ地ハ廣場トシ時ニ石ヲ敷キ各種ノ作事場ニ用ユ

二、共同會所　「テヴアサン」ト呼フ一種ノ建物アリ是平素未婚男子ノ宿泊所ニ充テ有事ノ日ハ共議所ト爲ス今ヨリ百年前後ニハ其風盛ニ行ハレ居ルコト漢人ノ記錄ニ見ユルモ今ハ其ノ俗、中絕ニ傾キ或ル蕃社ニハ建物ノ形骸ヲ存スレトモ其ノ實ヲ失ヒツヽアルモノアリ獨リ漢化「ヴオヌム」即水沙連化蕃ノ間ニ於テハ單ニ未婚男子ノ宿泊所トシ其ノ風ヲ存セリ

建物ノ構造ハ丸木ヲ柱トシ四壁ヲ設ケス床ヲ板トシ且高サ三四尺ニ高ク張リタルヲ常型トス

三、家畜舍　ニ二種アリ一ヲ雞舍トシ一ヲ豚舍トシ雞舍ハ石ヲ疊ミ或ハ木ヲ搆ヘテ箱狀ニ造リ豚舍ハ木檻トス

(二)衣飾

一、衣服　ハ男女ニヨリテ其欵式ヲ異ニセリ男子ノ衣服ハ長サ腰部ニ達スル開襟無袖ノ衣服ニシテ其材料ハ自織ノ布及ヒ鞣皮トス女子ノ衣服ハ丈短ク僅カニ下腹ニ達スル筒袖アル衣服ニシテ現時ハ重モニ支那人ヨリ得ル所ノ白、黒等ノ布類ヲ材料トス

衣服ノ裝飾ハ男衣ニ在リテハ之ヲ織紋トシ女衣ニ在リテハ之ヲ縫紋トシ直線及ヒ角ヨリ成レル並列摸樣ナルモ概シテ簡粗ニシテ寧ロ重キヲ實用ニ置クニ傾ケリ

男子ハ一種ノ胸掛及ヒ腹掛ヲ纒フ其製法ノ一ハ凡ソ方一尺許ナル自織ノ布片ヲ斜メニ三角狀ニ折リ紐ニテ前胸ニ纒ヒ他ノ一法ハ凡ソ一尺五寸四方許リナル布片ヲ同狀ニ斜折シ胸掛ノ下ヨリ腹部ニ纒フ

褌ハ男子ニ在リテハ上記ノ腹掛ヲ用ユルモノハ其ノ下端ノ垂レテ陰部ヲ蔽フヲ以テ褌ノ代用トナスト雖トモ其胸掛ノミヲ纒フモノハ長一尺巾七八寸ノ黒布ニ紐ヲ付シテ腰ニ纒ヒ陰部ヲ蔽ヒ又黒布ヲ腰周ニ巻キ結ヒ目ヲ前ニ垂レテ陰部ヲ蔽フモアリ女子ニ在リテハ長三尺巾二尺許ノ黒布ヲ用ヒ其上端ニ紐ヲ付シタルモノニシテ同形二枚ヲ製シ左右ヨリ兩側ニ結ヒ合ハスモノトス

又女子ハ外出ノ際脚袢ヲ纒フヲ常トス

二、帽　ハ鞣皮ヲ用ヒテ造リ頭狀ニ準シタル半圓形ノ帽ニシテ前庇ナク長キ後垂アリ

女子ハ帽ヲ用ヒス支那人ヨリ得ル長四五尺ノ黒布ヲ以テ頭ヲ包ムノミ

三、裝飾　「ヴォヌム」族ハ身體ノ裝飾トシテ胸飾、手釧、臂釧ヲ爲ス其ノ大體ノ欵式ニ於テハ「アタイヤル」族ノ裝飾ト大同小異ナルモ男子ノ長老カ徑一寸内外ノ角製扁圓狀ノ白玉ヲ胸ニ掛クル特風アリ

又タ頭箍アリ男子ハ徑四五分ノ扁方形白角ヲ連貫セルモノヲ頭周ニ纒フコトアリ

耳飾ハ「ヴォヌム」族ニ在リテハ耳朶ニ小孔ヲ穿チ細針ニテ新月狀ニ磨キタル夜光貝ヲ垂下シ女子ハ支那人ヨリ得ル耳飾ヲ用ユ而シテ平素ハ耳孔ニ色糸。皮紐ノ類ヲ貫クニ過キサルモノ多シ

四、身體ノ毀飾　裝飾ノ一トシテ缺齒ヲ爲ス其方法ハ上顎ノ前齒二枚ヲ除キ左右ノ犬齒各二枚ヲ拔クモノニシテ強キ麻糸ヲ以テ齒ヲ緊縛シ他人之ヲ外ニ引キ上ケテ拔キ去ルトイフ漢化「ヴォヌム」乃チ水沙連化蕃ハ「アタイヤル」族ノ如ク鉄片ニテ打チ缺キ且之ヲ行フニハ毎年一回祭祖ノ日ニ於テス概シテ齒ヲ缺クトキニハ酒ヲ飲マシメ充分ニ酔ヒタルトキニ之ヲナスト云ノ

(三)飲食

一、食物　食物ハ粟、米、蕃薯等ヲ主食物トシ處ニヨリテハ玉蜀黍及ヒ芋仔等ヲ以テ主食物ヲ助クルコトアリ此等ハ何レモ煮熟シテ之ヲ食ス其ノ副食物ハ荳類、葱、南瓜、匏仔等ノ植物性食物並ニ鹿、山猪、及ヒ魚等ノ動物性食物ニシテ此等ノ物ハ何レモ鹽ヲ和シテ調味ヲ爲スヲ知レリ其他食品ノ種類ニヨリ或ハ生ニテ之レヲ食シ或ハ燒キテ之レヲ食シ或ハ蒸シテ之ヲ食スル等一ナラス

食事ハ概シテ手ニテ摘ミ食スルモノ多キモ木片ニテ匙狀ノモノヲ製シ食物ヲスクヒ及ヒ液料ヲ汲飲スルニ用ヰルアリ又飲料水ハ水筧ヲ以テ社内ニ引キ此ヲ木船又ハ瓶ノ如キモノニ湛ヘテ貯フル地方モアリ

二、酒　ハ粟又ハ米ヲ舂キテ粗粉トシ粥狀ニ炊キ其ノ一半ヲ或ル器ニ分チ之レヲ口中ニ嚙ミテ唾液ニ和シ他ノ一半ニ和シテ甕中ニ充テ口ニ獸皮ヲ覆ヒ釀成ス三四日ニシテ卽チ醱酵ス醱酵後籐製ノ濾酒籃ニテ濾シ糟ヲ去リテ飲用ス「アタイヤル」族ノ如ク合吻同飲ノ殊俗ヲ存ス

三、煙草　ハ自ラ種植シ其葉ヲ日ニ乾カシ粗刻シテ之レヲ用ユ煙管ノ製「アタイヤル」族ニ同シ

四、發火法　ハ現時鑽燧法ナルモ嘗テ擦木法ヲ行ヒシ遺風ヲ存シ現ニ漢化「ヴオヌム」乃チ水沙連化蕃ニ行ハル、祭祀ノ儀式ニハ火錐ヲ用ヰテ臺木ニ揉ミ生シタル火ヲ蘘束ニ移スヲ實見シタリキ

因ニ云フ支那人ノ舊記ニヨレハ「ヴオヌム」族ハ炊煮ニ固有ノ土器ヲ用ユルコトヲ記スルモ今ハ全ク其ノ風ヲ絶チ且ツ遺物ヲモ留存セサルモノ、如シ而シテ支那人ハ該土器ヲ形容シテ圓底縮口トイヘリ

慣習

(一)結婚

結婚ハ渾テ任意結婚ニシテ男女各自ニ好配ヲ求メテ結婚ス其式ノ慣例トシテ新夫ハ衆ヲ擁シテ女家ニ至リ僞似メ掠奪ヲ行ヒ女ヲ挾ミテ家ニ歸リ數日ヲ隔テ近親知己ヲ會シテ飲酒歌舞ス而シテ漢化「ヴオヌム」乃チ水沙連化蕃ニツキテ實査スル所ニヨレハ歡飲ノ際僞似ノ爭鬪ヲ爲シ一人血ヲ流スニ至ルヲ以テ祥トナスノ風アリトイフ

中ニハ交換結婚ノ行ハル、モノアリ乃チ甲男ハ一人ノ姉ヲ有シ乙男ハ一人ノ妹ヲ有ストセハ甲姉ヲ乙男ニ妻ハシ乙妹ヲ甲男娶ルカ如キノ風是ナリ

總テ一夫一婦ノ習慣ニシテ且近親間ノ相婚ヲ准サス又娶婦法ノミ多ク行ハル

(二)生誕

嬰兒生ルレハ之レヲ冷水ニテ洗浴シ生後三日目ニ父母之ニ命名ス時トシテハ三歲頃マテ名ヲ命セス單ニ小兒トイヘル意

義ヲ表スル語ヲ以テ呼フコトアリ

名ニ表家名及ヒ表人名ノ別アリ表家名ハ何家ノ血統ニ屬スルカヲ表スル爲表人名ハ其自己ヲ表スル爲ニシテ呼ヒ方ハ表家名ヲ先キニシ表人名ヲ後ニス例ヘハ「リトアン（家名）サセラン（人名）」ノ如シ

（三）疾病

疾病ヲ以テ亡魂ノ祟孽トナシ之ヲ驅除スルトキハ疾病癒ユヘシト信シ巫覡トモイフヘキ老婦アリテ之カ驅除ヲ爲ス女巫ハ兩手ニ茅莖ヲ攜ヘ口ニ咒句ヲ誦シツヽ病者ノ全身ヲ拂フコト數回時トシテハ誦咒シナカラ病者ノ身体ヲ按摩スルコトモアリ

疾病ノ最モ夥多ナルモノハ「マラリヤ」熱ニシテ患者ノ十中六七ハ此病ナリ眼病腸胃病之ニ次ク皮膚病又之ニ次ク特ニ外傷ノ膿爛シアルモノ多シ中央山脈ニ近キ處ニ住居シ在ルモノニハ甲狀腺腫ニカヽリ居ルモノ多ク而シテ男子ニ少クシテ女子ニ多シ特ニ中年以上ノ婦人ニ見ルトコロタリ

（四）埋葬

家ニ死者アレハ擧家慟哭シ死屍ノ膝ヲ屈シテ蹲踞ノ狀ヲ爲サシメ鹿皮ニ包ミ土中ニ埋葬ス埋葬ノ位置ハ家外ノ出入口ニ近キ所ヲトシ深サ五六尺ノ穴ヲ鑿チ其四邊ヲ石片ニテ圍ミ其ノ中ニ葬リ蓋フニ石ヲ以テシ土ヲ覆フ但兒童ノ屍ハ之ヲ屋内ニ埋ム

斯クテ家人ハ出外セサルコト四五日ヨリ十日ニ及フ死者ノ什器ハ之ヲ副葬ス

（五）馘首

「ヴオスム」族ニ在テハ今ヤ馘首ノ風漸ク薄ラキ或ル部落ノ如キ全ク其ノ風ヲ絶テリト云フモ不可ナシ尤今ヨリ六七十年前ノ頃マテハ馘首ノ風盛ニ行ハレタリシコトハ漢人ノ手ニ成リシ舊記手錄ノ中ニ屢々見ル所ナリ今ノ漢化「ヴオヌム」乃チ水沙連化蕃スラ此ノ風ヲ存セシモノヽ如ク清曆雍正四年ニ「テヴアト」社乃チ漢人カ所謂ル水社ヲ征セシトキ八十五個ノ頭顱ヲ搜出シタリトノ事支那人ノ記錄ニ見ユ

「ヴオスム」ノ俗其家屋ノ附近ニ低キ一面傾斜ノ側壁ナキ茅屋中地上尺許ニ板ヲ横ヘテ架トセルモノヲ搆フ是乃チ頭架ニシテ其馘首ノ風薄ラケルモノハ重モニ獸頭ヲ列シツヽアリ

「ヴオスム」ニ行ハルヽ馘首ノ目的ハ之ヲ要言スレハ左ノ二點ニ歸ス

一、勇譽ヲ得ルノ要因トシテ必要ナリ乃チ馘首ノ多寡ハ勇健ヲ高下スル標準タリ

二、良配ヲ得ルノ條件トシテ必要ナリ一男一婦ヲ望ムトキノ如キ馘首者之ヲ娶ルヲ得馘首ノ儀式ハ頭顱ヲ一木ノ上ニ支ヘ草木葉ヲ附飾シ擧社之レヲ圍ミテ置酒會飮ヲナス

(六)祭祖

「ヴォヌム」族ハ稻ノ下種ノ際及ヒ收穫ノ後祭祖ノ儀式ヲ行フ是乃其年ノ豐收ヲ了リシヲ祖先ノ靈ニ謝シ次年ノ收穫ノ豐カナランコトヲ祈ルカ爲ナリトス

儀式ハ酋長ノ家ニ於テ行フ先ツ草一束ヲ上座ニ結ヒ懸ケ祖靈ノ來リ臨ムノ位地トシ新收ノ米ヲ用ヒテ餅ヲ製シ酒ヲ釀シ右手ノ食指ヲ酒ニ浸タシ拇指ニテ地ニ彈キ灑クコト三回シ祭リ了リテ會飮ス而シテ祭祖ノ期間ハ異族人ノ社内ニ入ルコトヲ准サス漢化「ヴォヌム」乃チ水沙連化蕃ニ於テ實査スル所ニヨレハ此ノ日舊來用ヒ來リシ火ヲ消シ新タニ木ヲ擦リ火ヲ取ルノ風アリ之レヲ改火トイフ以爲ク此日火ヲ改メサレハ社内必ス火ノ災アリト

「ヴォヌム」族ノ創世的口碑

同族ニ傳フル創世的口碑ニ曰

我カ一族ハ昔海中ノ一島ヨリ移リ來リシ者ニシテ初メ平地ニ定住セリ嘗テ大洪水起ル際水中ニ一巨蛇アリテ我一族ヲ食ハントセシニ巨蟹アリテ之ヲ殺シ遂ニ無事ナルヲ得タリ

之ニヨリテ同族ノ口碑ニハ移住的ナル創世説ヲ傳フルコトヲ知ルヘシ而シテ同族ノ當初臺灣西部ノ平原ニ住ミシハ事實ニシテ現ニ埔里社平原ノ如キ現在地名ノ因タル「ポリ」社トイヘルハ「ヴォヌム」ニ屬スル土蕃ノ棲住區域稱呼ニシテ現時猶ホ其ノ南方ナル日月潭ヲ中心トセル附近ノ平地ニ漢化「ヴォヌム」乃チ支那人ノ所謂水沙連化蕃ヲシテ住マシメツヽアルモノ即其往時棲區ノ一遺痕ヲ遺存スルモノタリ

舊記ニヨレハ水沙連方面ノ蕃社二十餘アルコトヲ記スルモ現存スル水沙連化蕃ノ社數今ハ五分ノ一ニ過キス而シテ元ト支那人ノ此方面ニ出入セシハ康熙ノ初年ニ於テ已ニ盛ンナリシトイヘハ漸次山中ニ驅逐セラレシモノナルカ如シ

生業

「ヴォヌム」族ノ蕃人ノ生業トシテ擧ク可キモノハ農業及ヒ狩獵ハ其重モナルモノニシテ次ハ家禽及ヒ家畜ノ飼養、漁魚、手工、裁縫、並ニ織布等ナリ

一、農業

「ヴヌオム」族ハ其分布シ居ル區域甚タ廣大ナルヲ以テ農業ノ進歩ニ種々ノ程度アリ最モ進歩シタルハ水沙連化蕃ニシテ

其他ハ伯仲ノ間ニアリト云フモ敢テ不可ナキナリ

蕃人ノ耕種シアル作物ハ稻、粟、蕃薯、芋仔、玉蜀黍、落花生、綠豆、長豇(ナガサヽゲ)、南瓜、匏仔、葱、薑、烟草及ヒ苧仔等ニシテ此中稻、粟、蕃薯、玉蜀黍等ハ主食物トナリ居ルヲ以テ其產額モ亦從ヒテ多シ而シテ烟草(臺東バヌワン蕃社產)苧仔落花生等ハ重モナル交換品タルヲ以テ產額モ亦多シ此族ノ蕃人モ亦肥料ヲ使用スルコトヲ知ラサルヲ以テ土地轉換ヲナサヽル可ラス然レトモ水沙連化蕃ハ永ク漢人ト交通セル結果トシテ今日ニ於テハ肥料ヲ施用スルコトヲ知リ且ツ水田ヲ作リ土地轉換ヲナサヽルニ至レリ水沙連化蕃ヲ除クノ外ハ何レモ天然肥料ニ依リテ種作シ居ルノミ

水沙連化蕃ノ農業ハ大ニ進歩シ水牛ヲ以テ田園ヲ耕作スルマテニ達シ漢人ト大差ナキニ至レリ蓋此蕃人ハ淸曆康熙ノ末年ヨリ既ニ漢人ト交通シ特ニ近來ハ雜居スルモノモアルニ至リシカハ此等ハ大ニ進歩ヲ促シタルモノナル可シ然トモ水沙連化蕃ヲ除キテハ「ツオオ」族ト大同小異ニシテ寧ロ少シク劣レルカ如シ

水沙連化蕃ヲ除ク他ハ水田ヲ作ラスシテ畑ノミヲ作リ其耕作法ハ他ノ蕃社ト同シク小鍬ヲ以テ耕シ居ルノミ除草ハ陸稻及ヒ粟ノ如キ主食物トナル可キモノナレハ下種ヨリ收穫時期マテノ間ニ一二回之ヲナスモ其他蕃薯及ヒ落花生ノ如キニ至リテハ殆ント自然ノ儘ニナシ置クノミ除草ハ女子ノ常職ニシテ男子之ヲ補助スルコト他ノ蕃社ト同一ナリ

「ツオオ」族ノ蕃人ハ陸稻及ヒ粟ノ既ニ穗ヲ出シ成熟セントスルトキニハトリオドシ或ハナリコヲ造リテ鳥獸ノ來リテ作物ヲ荒ラスコトヲ防禦シ居ルモ此族ノ蕃社ニハ嘗テ此等ノモノヲ見ス然トモ成熟期ニ至レハ畑ノ近傍ニ小屋ヲ作リテ番ヲナシ居ルハ一般ナリ

陸稻及ヒ粟ノ成熟シタルトキニハ穗ノ下五六寸ノ處ヨリ之ヲ刈リ取リテ一ト攫ミヲ一把トナシ此ヲ室內其他ノ處ニ吊ルシテ能ク乾燥セシメタル後室內ナル穀倉ニ之ヲ貯藏ス

此族ノ蕃人ノ使用シ居ル農具ハ水沙連化蕃ノモノハ漢人ト同一ナルモ其他ハ唐鍬、小鍬、鎌、山刀等其重モナルモノニシテ普通使用シ居ル所ノモノハ小鍬及ヒ鎌等トス

臺東地方ノ「バヌワン」蕃社ヨリ烟草ノ良好ナルモノヲ多ク產出ス其香味ハマニラ產ニモ劣ラスト云フ一二月ノ交下種六七月ノ交其葉ヲ摘ミ採リテ陰乾シニナシタル後更ニ數百枚ノ葉ヲ德利狀ニ捲キ此上ヲ籐ニテ緊縛シテ貯フ一家ニシテ德利狀ノモノ二三百本ヲ製スル處アリト云ヘハ後來一大物產トナル可シ烟草ハ到ル處之ヲ產出スルモ「バヌワン」蕃社ニハ特ニ良質ノモノヲ產出ス此蕃族ニハ菓樹ヲ栽培スルノ風アリ「バヌワン」蕃社特ニ然リトナス其重モナルモノハ芭蕉、柑仔、及ヒ柚仔等ナリ柑仔ハ漢人ノ所謂水柑ト稱スルモノニシテ其味ヒ頗ル佳ナリ

要スルニ「ヴォスム」族ノ農業ハ水沙連化蕃ニ於テハ漢人ト交通頻繁ナル結果トシテ大ニ進歩セルモ其他ノ蕃社ノ幼稚ナルハ大同小異ニシテ殊ニ干達萬、卓、咯等ノ蕃社ハ比較上劣レルカ如シ

二、狩獵

農業ト狩獵トハ密接ノ關係ヲ有シ農業進歩シタル社ニ於テハ狩獵盛ナラサルモ之ニ反シテ農業ノ割合ニ進歩セサル社ニ於テハ狩獵盛ニ行ハル水沙連化蕃ハ專ラ農業ヲ業務トシ稀ニ狩獵ヲナスノミ其他ノ蕃社ニ於テハ農業ハ重モナル生業ニシテ狩獵ハ農事ノ閑ナル時ニ之ヲナスノミ且自ラ獵期アリテ其年十二月ヨリ翌年五六月頃マテノ間ニ於テ最モ盛ニ之ヲナストエフ

此地方ニ於テ獵獲スル重ナルモノハ猴、鹿、山猪、羌仔、山羊等ニシテ稀ニ熊、石豹ノ類、及ヒ獺等ヲモ獵獲スルコトアリ獺ハ濁水溪蕃社ニテ重モニ獵獲スト云フ

狩獵ノ方法ハ次ノ如シ

第一ハ銃器ニシテ次ハ蹄係、稀ニ鎗鏢、刀仔及ヒ弓矢ヲ以テ捕フルコトアリ此等ハ到ル處ニ於テ行ハル、方法ナリ銃器ニハ後裝前裝等ノ銃ヲ有スルモ普通ハ前裝銃ナリ而シテ交通不便ナル處ニ於テハ多ク火繩銃ヲ用ヒ鎗鏢及ヒ弓矢ニテ狩獵スルコトハ甚タ稀ニシテ銃器ヲ有セサルモノ之ヲ使用スルノミ刀仔ハ濁水溪蕃ニ於テハ埔里社方面ニ於ケル「アタイヤル」族ノモノト異ルコトナク大ニシテ充分ナル反リヲ有スルモノナリ

三、漁魚

漁魚ノ方法ハ山地ニ住居セルモノハ他ノ蕃社ト大同小異ニシテ矠(ヤス)ヲ以テ水中ノ魚ヲ突キテ捕フルコト、溪流ヲ堰キ止メ水ヲ少クシテ捕フルコト等ハ普通ナルモ水沙連化蕃ニハ一種ノ方法行ハレ居レリ水社ニ日月潭ト稱スル湖水アリ此附近ノ蕃人ハ次ノ如キ方法ニヨリテ魚ヲ漁シ居レリ

湖邊ノ魚類ノ多ク集リ來ル處ニ竹ヲ細ニ割リタルモノヲ編ミテ竹簀ヲ造リ此ニテ方形或ハ長方形ニシテ六七尺四方或ハ縱一間ト横二間ナル魚梱即チ魚ノ集ル處ヲ造リ其一面ヲ開放シテ魚ノ自在ニ出入シ得ル樣ニナシ魚ノ充分ニ入リシト思フ頃ニ其開放シアル部分ヲ閉鎖シ此中ニテ魚籐ヲ揉ミ魚ヲ痲醉セシメテ捕フルナリ此法ニヨリテ魚ヲ捕フルハ十月十一月ノ交最モ盛ナリ

水沙連化蕃ノ或社ハ湖邊ニ住居スル結果トシテ舟ノ必要ヲ感シ不完全ナル獨木舟ヲ作リテ之ヲ使用シ居レリ

四、家禽及ヒ家畜ノ飼養

此地方ノ蕃人間ニ於テ家禽トシテ飼養セラルヽモノハ雞ノミニシテ到ル處之ヲ飼養セリ然レトモ一家ニシテ最モ多キモ十羽ヲ出テス雞ノ爲ニハ特別ニ小屋ヲツクリテ夜間ハ此中ニ入ルヽヲ常トス而シテ食餌ハ別ニ之ヲ與ヘスシテ自然ニ放置スルノミ

家畜ノ最モ多ク飼畜シ居ルモノハ豚ニシテ一家ニシテ七八頭モ飼畜シ居ルモノアリ食餌トシテハ定時ニ蕃薯並ニ其葉莖等ヲ煮テ之ヲ與フ

此等ノ外ニ水沙連化蕃並ニ郡大社ニ於テハ水牛並ニ赤牛ヲ飼養シ居レリ尤郡大社ニハ三四年前ヨリ飼養シ初メタルノミナレハ僅ニ三四頭ヲ飼養シ在ルノミナリ水沙連化蕃ハ大概之ヲ飼養シ居レリ

五、手工

此地方ノ蕃人ノ手工トシテ記ス可キモノハ簡易ナル木工、編蓆、製革、籐細工等ナリ

水沙連化蕃ハ手工ノ大ニ進歩シ居ルモ鑿、鋸、及ヒ錐等ヲ使用スルニ至ラス他ノ蕃社ニ比シテ唯一歩進ミタルノミナリ

簡易ナル木工トハ木匙、木製盆、木板製造、並ニ曲ケ物細工等ハ其重モナルモノニシテ木匙トハ木ニテ造リシ食匙、木製盆トハ木板ノ中ノ少シク窪ミタルモノニシテ食時ノ時ニ食物ヲ盛ル器ナリ而シテ此地方ノ中央山脉ニ近キ部分ハ冬時頗ル寒キヲ以テ木板ヲ製シテ寢臺ノ周圍又ハ壁ニ代用ス此木板ヲ造ルニハ刀仔ト斧トヲ以テセリ次ニ此地方ノ高山ニハ檜杉ニ類セル松柏科ノ植物アルヲ以テ此ヲ薄ク裂キテ曲ケ物ヲ製造ス曲ケ物ノ大ナルモノハ徑二尺高サ三四尺ノモノアリ此中ニ食物又ハ衣服ヲ入レ居レリ

編蓆ハ郡、巒、大社並ニ「バヌワン」及ヒ「セブクン」蕃等ニ發達シ居ルモ他ニハ之ヲ見サルナリ材料ハ月桃ト稱スル植物ニシテ此葉柄ヲ陰乾シニシタルモノヲ以テ製造ス

鞣皮ノ製造ハ「バヌワン」及ヒ「セブクン」蕃等ニ盛ニ行ハレ其他ノ蕃社ニハ普通ナラス其製法「ツオオ」族ノ蕃人カ爲スト同一ノ方法ニシテ最初斷チ庖刀ヲ以テ毛ヲ切リ去リ其後脂肪及ヒ肉等ヲ去リタル後此ヲ濡シテ揉ミ或ハ棒ノ如キモノヲ心棒トシテ幾タヒモ磨擦シテ製ス

籐細工ハ彼等日用ノ辨當、笊、籃並ニ箕等ノ器具ヲツクルノ必要ヨリシテ發達シ居レリ

六、裁縫並ニ織布

裁縫ハ別ニ他ニ比シテ發達セルヲ見ス頭布即チ女子ノ頭部ヲ纒フ五六尺ノ黒キ布片ニハ裝飾ノ意ヨリシテ種々ノ縫ヒヲナスノ習慣アルヲ以テ幾分カ裁取ノ發達セルコト「ツオオ」族ト同一ナリ

織布ハ漢人部落ニ接近シ木綿ヲ自由ニ交換シ得ラル處ニハ發達セサルモ「セブクン」並ニ「バヌワン」蕃ノ如ク交通不便ナル處ノ蕃社ニハ能ク發達セリ而シテ「バスワン」及ヒ干達萬、卓及ヒ咯等ノ蕃社ニテハ赤色ノ絲ヲ織リ込ムノ習慣アルモ他ノ蕃社ニ於テハ稀ニ之ヲ見ルノミ

要スルニ此族ノ蕃人ハ「アタイヤル」族ノモノニ比シテハ大ニ進歩シ今日ニ於テハ水沙連化蕃ノ如キハ銀錢ヲ使用シ通事ノ手ヲ借ラスシテ漢人ト直接ニ交換賣買ヲナスニ至レリ

第三　ツオオ族

嘉義ノ東南ニ阿里山ト稱スル高山アリ此四周ニ蕃人ノ一群住居セリ漢人之ヲ阿里山蕃ト稱ス而シテ彼等自身ハ「ツオオ」ト稱シ居ルガ故ニ此ノ自稱ノ語ヲ採リテ「ツオオ」ト名ケタリ

地理的分布

「ツオオ」族ニ屬スル蕃人ハ阿里山ヲ中心トシテ四方ニ擴カリ北ハ濁水溪ノ支流、陳柳蘭溪ヲ以テ「ヴオヌム」族ノ蕃地ニ界シ南ハ山杉林及ヒ六龜里等ノ地方ニ及ヒ東ハ中央山脈ニ達シ西ハ山ノ盡クル處ヲ以テ其境界トナス此ノ如ク廣大ナル面積ノ間ニ分布シ居ルモ多少群居スルノ傾向アルヲ以テ或部分ニハ全ク蕃人ノ住居セサル處モ亦多シ

蕃社並ニ戸數人口

ツオオ族ハ左ノ蕃社ヨリ成立ス

一、知母朥(デボラ)大社　十小社ヨリ成ル
二、達邦(タッパン)大社　十三小社ヨリ成ル
三、全仔(ツアンナー)大社　二小社ヨリ成ル
四、鹿猪(ロクテー)大社　二小社ヨリ成ル
五、簡仔霧(カナブ)大社　四小社ヨリ成ル
六、悖仔(ポラア)社　一社ヨリ成ル
七、藤橋雁(ガンニ)社　三小社ヨリ成ル
八、敗剪(パイツイン)社　一社ヨリ成ル
九、美壠(ビーラン)社　二小社ヨリ成ル

十、塔蠟給（タラル）社　　一社ヨリ成ル

此ク「ツオオ」族ハ十大社三十九小社ヨリ成立ス

此等ノ外既ニ漢人化シテ今日ハ漢人同様ナル衣服ヲ著ケ同様ナル家屋ニ住シ支那語ヲ使用スルモノアリ漢人之ヲ四社熟蕃ト稱ス此等ノ者ハ其系統上「ツオオ」族ニ屬ス可キモノナリ現時山杉林地方ニ住居セリ

此族ノ蕃社内ニ於ケル戸數及ヒ人口ハ左ノ如シ

但元林圯埔並ニ蕃薯寮撫墾署調査ノ數ニ多少訂正ヲ加ヘシモノナリ（明治三十年調査）

社名	小社數	戸數	男	女	計	一戸人口平均
知母勝大社	一	六五	四五二	三九三	八四五	一三
達邦大社	一三	七二	四一七	三七六	七九三	一一
全仔大社	二	一一	三四	二六	六〇	五、六
鹿猪大社	二	二四	一〇五	九一	一九六	八、二
簡仔霧大社	四	四一	一九八	一九七	三九五	九、六
悖仔社	一	九	二四	二二	四六	五、一
籐橋雁社	三	五八	一七五	一四四	三九一	五、五
敗剪社	一	一四	四八	三六	八四	六、
美壠社	一一	二六	八四	七三	一五七	六、
塔蠟給社	一	一一	三六	三〇	六六	六、
共計		三三一	一、五七三	一、三八八	二、九六一	七、六
總平均數		三、三一	一五七、三	一三八、八	二九六、一	七、六

一　各社ノ平均戸數　三十三戸一分
二　各社ノ平均人口數　二百九十六人一分
三　一戸ノ總平均ノ人口數　七人六分
四　一社ニ於ケル一戸ノ人口最多數　十三人
五　同　最少數　五人五分

統制的現狀

(一)社會的組織

「ツオオ」族ノ社會的組織ハ「ヴオヌム」族ト同シク家族單一制ニ一歩ヲ進メシ家族聯合制ニシテ一ノ自治體統制ナリ

「ツオオ」族モ亦大社小社ノ關係ヲ有シ其性質ハ猶ホ「ヴオヌム」族ノ如ク共ニ實體的ナル一社ノ稱呼ニシテ盟主ト同盟トノ關係ヲ示スモノナリ

「ツオオ」族ノ認ムル所ニヨレハ一社内「ヒヨフパ」ト稱スル一家族アリ即チ大地主トモ稱スヘキモノニシテ其蕃社ノ所在地及ヒ附近ノ山地谿谷等渾テ其所有ナリト信シ他ノ蕃人ハ之ニ對シテ小作人ノ如キ關係ヲ有シ毎年收穫ノ凡ソ十分一許ニ相當スル額ヲ該地主ニ納ムル慣例アリ又山ニ獵シ溪ニ漁スルトキモ其所獲ノ幾分ヲ山及ヒ溪ノ地主ニ納ムルヲ要スルモノトス

(二)酋長ノ統治

一社ノ酋長ハ猶ホ「ヴオヌム」族ノ如ク凡ソ一社内ニ於テ酋長タルヘキ家格アル已定ノ家アリ該家族中ヨリ勇譽アリ且ツ才幹アルモノヲ擧ク而シテ前酋長ノ繼嗣ニシテ勇才アルトキニハ當然其後ヲ承クヘキヲ慣例トス

一社ノ酋長ハ其社ノ安寧ヲ維持スル爲有力ナル權能ヲ有スルモ大事ニ至リテハ渾テ社内ノ長老ト協議シ之ヲ專斷スルコトナシ酋長ノ下ニ「オイヨン」ト呼フモノアリ乃チ酋長ノ補弼ニ任スルモノニシテ常ニ其意ヲ承ケテ諸事ヲ執掌ス又「モログ」乃チ支那人ノ所謂薩誠宜ノ制行ハル「モログ」ハ凡ソ一社内ニ傳告ヲ要スルコトアレハ未婚ノ男子ヲシテ鐵片ヲ筒狀ニ屈シ鐵舌ヲ附シタル鈴ヲ鳴ラシツヽ社内ヲ疾行スルモノニシテ一ノ通信機關ノ原形トス

(附)刑罰

社衆ノ犯罪ニ對スル治罪ハ酋長ノ權ニ屬ス原來「ツオオ」族ニ認メラルヽ罪惡ノ行爲ノ重モナルモノ二アリ

一、姦罪

二、非理ノ爭論

卽是ナリ姦罪ハ有夫ト無夫トヲ問ハス皆通シテ有罪トナシ非理ノ爭論トハ互ニ理非曲直ヲ爭ヒテ決セス裁ヲ酋長ニ請ヒ酋長カ認メテ非理トナセルモノヲ有罪トス而シテ其刑罰ハ笞罰卽チ木棍ニテ背及ヒ腰ヲ打ツモノニシテ有夫姦ニ在テハ其本夫タルモノ自ラ打ツヲ常トス又盜ニツキテハ別ニ制裁ナシ

治罪ノ方法ハ情ニ依リ事ニ應シ隨時其ノ輕重ヲ定ム

(三)家族組織

自己ヲ本位トシ本系傍系ヲ問ハス尊上卑下トモ凡ソ三代ヲ以テ近親ノ關係者ト認ム

族制ヨリ言ヘハ分類族制ニ屬シ且ツ男系統ノ家族組織トス

「ツオオ」族ニハ分産ノ制行ハレ父死スルトキハ長子其家ヲ繼承シ次子以下ハ渾テ父ノ家産ヲ均分シ別ニ一家ヲ爲ス

土俗

一住所

「ツオオ」族ノ占居區域ハ概シテ集團部落ニシテ家屋ハ樹木ノ蓊鬱叢生スル裏ニ三四間或ハ十數間ヲ隔テヽ不整位ニ建設セラル

(一)家屋　家屋ノ外形ハ恰モ「ボルテチ」ノ「ダヤク」種族ノ一部ニ行ハル、頭屋ノ或ルモノニ近似シ橢圓狀ヲナシ木幹又ハ竹ヲ柱トシ葭莖ヲ蔽フテ壁トシ屋根ハ渾テ茅葺ニシテ四面傾斜トス其ノ大サハ梁行四五間乃至六間桁行二三間乃至四間ヲ普通トシ高サハ梁高凡ソ一丈内外檐高凡ソ四五尺トス故ニ屋根ノ傾斜甚タ著ルシ

家屋内ノ裝置ハ土床ニシテ壁ニ沿フテ寢所ヲ設ク寢所ハ渾テ小分房ノ狀ヲ爲シ各々隔障ヲ造リ長五尺許幅三四尺許ノ寢臺ヲ据ユ「ツオオ」族モ亦「ヴオヌム」族ノ如ク米粟ノ貯藏所ヲ家屋内ニ設クルノ風アリ乃チ葭莖ヲ用ヒテ四壁ヲ造リ平素ハ其戸ヲ嚴鎖シテ妄リニ開クコトナシ其竈及ヒ厨所ニ至リテハ前記蕃族ノ現狀ト大同小異トス而シテ器什ヲ列スル爲ニ屋内ニ棚ヲ架スルコト最モ多シ

(二)共同會所　卽チ「クツヴア」ト呼フ建物アリ平素ハ未婚男子(年齡ノ定メナキモ凡ソ十三四歲ノ頃ヨリ)ノ宿泊所ニ充テ有事ノ日ハ共議所ト爲ス梁行七八間桁行五六間許ノ長方形ノ建物ニシテ床ハ高四尺許ニ張リ籐ヲ編ミテ敷キ詰メ渾テ四壁ヲ設ケス中央ニハ方形ノ爐ヲ設ケ刻段アル木幹ヲ梯子トシテ昇降ス

「クツヴア」ハ未婚男子ノ宿泊所タルト同時ニ一種ノ鍛錬塲トモ稱スヘキモノニシテ其ノ現行ノ裁制ニ於テ一ハ平素壁ナ

キノ室ニ起臥シ風雨ニモ暴露スルヲ厭ハサルノ膽勇ヲ養ヒ二ハ渾テ女子ノ室内ニ入ルヲ准サス且女子ノ所有物ヲ携帯スルヲ禁シ三ハ社内ニ條告ヲ要スル事項ノ通達ハ「タッヴァ」ニ宿泊スル任務ノ一トセラル、如キ是レナリトス

(四)獸骨架　ハ一家一架ヲ有シ床ヲ高ク張リ左右後ノ三面ニ棚ヲ設ケシ茅屋ニシテ棚上ニハ狩獵ニ於テ獲ル所ノ獸頭骨ヲ排置ス

(五)家畜舍　ハ豚舍アルノミ一面傾斜ノ茅舍ナリ

因ニ云フ「ツォオ」族カ穀倉ノ戸ヲ嚴鎖スルハ一種ノ迷信ニ因由スルモノニシテ若シモ吉夢ヲ見サルトキ其ノ戸ヲ開ケハ倉中ノ粟ハ盡ク朽腐スヘシト信シ時ニ之カ為ニ粟ヲ有スルモ食ニ供スルヲ得ザルコトアリトイフ

二衣飾

(一)衣服　ハ其大體ノ形式ニ於テ「ヴォヌム」ト同一ナリ男子ノ衣服ハ長サ腰部ニ達スル開襟無袖ノ衣服ニシテ其材料ニハ鞣皮最モ多シ女子ノ衣服ハ丈ケ短ク少カニ下腹ニ達スル筒袖アル衣服ニシテ現時ハ重モニ支那人ヨリ得ル所ノ白黑等ノ布類ヲ材料トス

男子ハ「ヴォヌム」ト同シキ自織ノ布ヲ斜メニ三角狀ニ折リタル胸掛及ヒ腹掛ヲ纏フ女子ノ胸掛ハ白布ヲ材料トシ凡ソ方一尺五寸ニシテ角端ヲ上下左右ニ向ケ紐ニテ胸ニ纏フ

褌ハ男子ハ亦「ヴォヌム」ノ如ク腹掛ノ下端ヲ垂レテ代用スルモ或ハ其下ニ長一尺巾七八寸許ナル黑布ニ紐ヲ付シタルヲ纏フコトアリ女子ハ長三尺許ノ黑布ヲ用ヒ其ノ上端ニ紐ヲ付シタルモノニシテ同形二枚ヲ製シ左右ヨリ腰ノ兩側ニ結ヒ合ハスモノトス

衣服ノ裝飾ハ女子ノ衣服ニ著シク見ル所ニシテ巧ミニ配合セル色線ヲ縫ヒ付ケテ飾紋トス

「ツォオ」族ノ男子ハ平素彈力アル木質ノ硬帶二枚ヲ以テ先ツ前方ヨリ後方ニ次ニ後方ヨリ前方ニ皮紐ヲ用キテ緊縮ス以為ラク山谷ノ馳驅ニ輕捷ナルカ為ナリト

其他「アタイヤル」族ノ筒袖ニ類セル皮製ノ筒袖アリ寒時又ハ出獵ノ際男子ノ無袖皮衣ト併セ著スルモノトシ尚ホ男子ハ皮製女子ハ布製ノ脚胖ヲ用ヒ又荊ヲ披キ棘ヲ馳スル際ニ皮製ノ手套及ヒ韈(厚皮ヲ足形ニ造リ足底ニ當テ周圍ニ皮紐アリテ之ヲ括ル)ヲ用ユ

(二)帽　ハ鞣皮ヲ用ヒテ造リ頭狀ニ準シタル半圓形ノ帽ニシテ前庇ナク長キ後垂アリ全ク「ヴォヌム」ト同型トス女子ハ帽ヲ用ヒス五尺許ノ黑布ヲ以テ中央ヨリ頭周ニ纏ヒ左右ニ卷キテ上部ニ結束ス

(三)裝飾　「ツオオ」族ハ身體ノ裝飾トシテ胸飾、手釧、臂釧ヲ爲ス其大體ノ欵式ハ前記蕃族ノ裝飾ト大同小異ニシテ又男子ノ長老ハ「ヴオヌム」ト同シク扁圓狀ノ白玉ヲ胸ニ掛ク

又頭笠アリ男子ハ徑四五分ノ扁方形白角ヲ連綴セルモノヲ頭冑ニ纒フコト「ヴオヌム」ニ同シ

耳飾モ亦「ヴオヌム」ト異ナラス然トモ比較的ニ之ヲ現用スルコト少數ナリトス

(四)身體ノ毀飾　即チ缺齒ヲ爲スノ風亦全ク「ヴオヌム」ニ同シ

三飮食

(一)食物　食物中一般ニ主食トスルモノハ米、粟、蕃薯、芋仔等ニシテ米及ヒ粟ハ朝一回之ヲ食スルノミ其他食スルモノハ他ノ蕃族ト同一ナルモ唯副食物ノ數ハ著シク增加セリ其重モナルモノハ玉蜀黍、落花生、長豇、芭蕉ノ實(嫩キモノヲ羹ヲ食ス)はだかほほづき、肉豆、獸及ヒ魚ノ肉等ナリ此外薑並ニ蕃椒等ノ香味食物ヲモ食用ニ供ス料理法ハ北方ノ蕃人ヨリ進歩シ食鹽ヲ加ヘテ能ク調味ヲナシ得ルニ至レリ但扱食具ハ「ヴオヌム」ノ如キ木匙狀ノ發達ヲ爲サス猶ホ「アタイヤル」ノ用ユル如キ木製ノ扁長ナル篦ヲ使用ス而シテ液料ヲ汲飮スルニ匏ノ太キ部分ノ一片ヲ切リ去レルモノヲ用ユ

飮料水ハ「ヴオヌム」族ノ如ク水筧ヲ以テ溪水ヲ社內ニ引キ又ハ水舟ニ之ヲ湛ハシムルノ習慣アリ

(二)酒　モ亦其ノ釀成法「ヴオヌム」ト同一ニシテ口ニ嚼ミ唾液ヲ和シテ醱酵セシム

(三)煙草　「ヴオヌム」ノ俗ニ同シク自ラ種植シ其ノ葉ヲ粗刻シテ用ユ

慣習

一結婚

結婚ハ任意結婚ニシテ初メ男子ハ「スス」ト呼ヘル鹿角製ノ釵ヲ女子ニ贈リテ好意ヲ通シ女子之ヲ受クレハ結婚ノ約諾成リシモノト認メラル

結婚ノ儀式トシテ新夫ハ社衆數名ト共ニ女家ニ赴キ僞似ノ强誘ヲ爲シテ新婦ヲ我家ニ伴フ翌朝新婦ハ逃レテ自家ニ歸リ三日ノ後更ニ社蕃ハ女家ニ至リ新婦ヲ伴ヒ來リ大ニ社衆ヲ會シテ歡飮ス

渾テ一夫一婦ノ法ヲ守リ又近親ノ相婚ヲ准サス且多クハ娶婦法ナレトモ贅婿法亦タ行ハル

二生誕

出產アレハ產後三日初メテ冷水ニテ洗浴ス或ハ冷水ヲ用ヒス温湯ヲ以テスルモノアリ而シテ隨時ニ父母ハ命名ヲナス

名ニ表家名及ヒ表人名ノ別アリ表人名ニ男女ノ差アリ其呼ヒ方ハ表家名ヲ先ニシ表人名ヲ後ニス例ヘハ男子ニ在リテハ「テツノアン（家名）パスラア（人名）」女子ニ在リテハ「テツノアン（家名）タニブ（人名）」トイフカ如シ

嬰兒ヲ負フニハ「サシヴイナ、」トイヘル方形ナル皮製ノ被ニ紐ヲ付セルモノヲ用ユ

三疾病

疾病ヲ以テ亡魂ノ祟孽トナシ祖先ノ靈ノ威稜ニヨリテ之ヲ驅除シ得ルモノヽ如クニ信シ巫覡トモイフヘキ老男女アリテ之カ驅除ヲ爲ス

巫ハ竹筒ニ酒ト米トヲ盛リタルモノ各一箇ヲ祖先ニ捧ケ兩手ニ茅莖ヲ採リ病者ノ全身ヲ拂ヒ酒及ヒ米ヲ屋外ニ棄ツ

蕃社內ニ於テ最モ普通ナルハまらりや熱、眼病、及ヒ腸胃ノ病等ナリ此外、外傷モ亦多ク之ヲ見ル所ナリ

石磐石ノ地盤ヲ成シ居ル所ノ蕃社ニハ甲狀腺腫ニカヽリ居ルモノ多シ男子ニ少クシテ女子ニ多ク且又少壯ノモノニ少クシテ中年以上ノモノニ多シ

要スルニ他ノ蕃族ニ比シテ疾病ニ罹ルモノ少キモノヽ如シ是蓋シ食物衣服共ニ北方ノ蕃人ニ比シテ進歩セル爲ナランカ

四埋葬

家ニ死者アレハ死屍ニ向ヒテ慟哭シ死屍ヲ屈シテ蹲踞ノ狀ヲ爲サシメ鹿皮ニ包ミ家屋內ノ出入口ニ近キ所ヲトシ深五六尺ノ穴ヲ鑿チ其中ニ葬リ蓋フニ石ヲ以テシ土ヲ覆ヒ地面ト平均ニス

斯クテ家人ハ身體ノ裝飾ヲ除去シ食ヲ廢スルコト一日出外セサルコト三四日ヨリ十日ニ及フ或ハ此期間其子ノ最幼者粗衣シテ葬窀ノ上ニ木板ヲ敷キ其上ニ終日終夜坐臥スル特風アルモアリ死者ノ器什ハ之ヲ副葬ス

五馘首

「ツオオ」族ハ今ヤ全ク馘首ノ風ヲ中止シタルモ嘗テ殺人馘首ノ風盛ニ行ハレ頭顱ヲ愛藏セシコトハ其共同會所乃チ「クツヴア」ノ中ニ其ノ祖先カ或ル時代ニ於テ生命ヲ賭シテ馘首セル人頭ヲ保存シ且ツ之ヲ勇譽ノ紀念視シツヽアリ殊ニ祭祖ノ儀式ニ唱フル歌謠ノ中ニハ祖先カ馘首ノ狀ヲ述フルモノアリ此ノ歌意ニヨレハ「ツオオ」族モ亦馘首ヲ以テ勇譽ヲ得ルノ要因ト爲シタルコトヲ知ラル

而シテ淸領ト爲ルニ及ヒテモ依然馘首ノ風ヲ絕タサリシカ淸曆康熙六十一年諸羅縣ノ知縣孫魯トイフ人懷クルニ恩ヲ以テシ威スニ兵ヲ以テセル結果各社蕃ヲシテ人ヲ殺サヽルコトヲ誓ハシメ初メテ撫ニ就キシヨリ漸次其ノ風薄ラキ遂ニ現狀ヲ爲スニ至レルナリトイフ

六祭祖

「ツオオ」族ハ稻ノ下種ノ際及ヒ收穫ノ後祭祖ノ儀式ヲ行フ又社内ノ草刈、水筒ノ改造等ニモ祭祖ノ事アリ

凡ソ「ツオオ」族ノ部落ニハ其部落ノ入口ニ一株ノ巨樹アリ樹下數株ノ木斛ヲ植ヱル地アリ是レ祖先ノ靈ノ留マル所ト信セラル、靈地ニシテ祭儀ノ日ニハ擧社ノ長老皆此樹下ニ會シ茅莖ヲ切リ三四條ヲ合セ「フクオ」ト呼ヘル木ノ内皮ヲ糸ノ如クニ剝キタルモノヲ以テ結束シタルヲ樹下ニ立テ新酒ヲ三回地ニ灌キテ祭ル

了リテ擧社ノ男女遞次各家ニ會飲シ一日ニシテ止ム而シテ「ツオオ」族ニ在リテハ祭儀ノ日ニ異族ノ入ルヲ忌マス

ツオオ族ノ創世的口碑

同族ニ傳フル創世的口碑ニ曰ク

我カ一族ハ初メ山ニ在ラスシテ「モイボル」ニ住ミシカ後ニ山ニ入ルニ至レリ

「モイボル」トハ「ツオオ」ノ今ノ嘉義平原ヲ指スノ稱呼ナリ而シテ其ノ何故ニ豊沃ノ平原ヲ棄テ、荒蕪ノ山中ニ入リタリシカハ現ニ蕃薯寮ノ東北ナル楠梓仙溪ノ峽谷ニ退隱セル支那化「ツオオ」即チ漢人ノ所謂四社熟蕃ノ由來ヲ察スレハ之ヲ知ルニ難カラス同蕃ノ口碑ニ曰ク

我カ一族ハ元ト今ノ臺南ノ東北地方ナル茄拔庄、噍吧哖庄、石排庄、頭社庄附近ニ住メリ然ルニ鄭氏ノ爲ニ逐ハレテ此ノ地ニ入レリ此時マテハ阿山里蕃（即チ未漢化ツオオ）ト同一ノ風俗ナリシカ清朝ニ歸附セル後之レヲ改メタリ

乃チ知ル「ツオオ」族ノ全體カ山ニ入リシハ艮シ此ノ一因ノミナラサルニセヨ此方面ニ漢人ノ往來セシハ殆ント三百年ニ近キヲ以テ爲メニ驅逐セラレテ漸次山ニ退キシモノナルヘシ

而シテ「ツオオ」族ノ山中ニ退ケル時期ニハ已ニ北隣ナル「ヴオヌム」族ハ其山中ニ占居シツ、アリタルモノ、如ク是ニ於テ再ヒ「ツオオ」「ヴオヌム」二族ノ衝突ハ開始セラレタリシト見エ今モ「ツオオ」族ニハ當時ニ於ケル戰勝ノ由來ヲ歌謠ノ中ニ傳ヘアリテ中ニハ「畏ルヘキ敵ノ生首ヲ楯ニ載セテ持チ歸ルヤ社中ノ婦女等ハ其ノ畏ルヘキヲモ忘レテ首ニ食ヲ與ヘタリ」トノ勇壯ナル事歷ヲ傳フルアリ而シテ兩者イツレカノ勝敗ハ衝突ノ中止トナリ各々界域ヲ分守スルニ至リシモノ、如シ

生業

「ツオオ」族ノ生業トシテ擧ク可キモノハ農業、狩獵、漁魚、家畜及ヒ家禽ノ飼養、手工、裁縫並ニ織布等ニシテ此中農業及ヒ狩獵ハ其重モナルモノナリ

一農業

「ツオオ」族ノ蕃人ハ今ヨリ殆ト二百年以前ニ於テ既ニ馘首ノ風ヲ絶チシヲ以テ專ラ農業ニ從事シアリシカハ農業モ漸次進步シ從ヒテ作物ノ數ヲ増加スルニ至レリ而シテ蕃社外ニ輸出スルモノハ農産物其重ナルモノナリ作物ハ陸稻、粟、蕃藷、芋仔、落花生、綠豆、長豇、肉豆、玉蜀黍、南瓜、匏仔、薑、蕃椒、はだかほゝづき、煙草、甘蔗等ニシテ陸稻、粟、蕃藷、落花生、綠豆及ヒ芋仔等ハ其産額モ亦從ヒテ多シ此等ノ外ハ其産額少シ作物ハ何レモ年一回ノ收穫ニシテ二回以上ノモノハ一モナシ

陸稻及ヒ粟ハ此蕃族ノ主食物ナルヲ以テ他ニ比シテ産額多キモ未タ他ニ輸出スルマテノ額ニ達セサルナリ

農作物中交換物トシテ他ニ輸出スル重モナルモノハ落花生、綠豆等ニシテ此等ノモノハ漢人ノ種作ノモノニ比シテ優レリト云フ

「ツオオ」族ノ蕃人ハ未タ肥料ヲ施用スルコトヲ知ラサルヲ以テ作物ハ天然肥料ニ依リテ生長スルノミ故ニ三四年モ經過スルトキニハ天然肥料ノ盡クルヲ以テ作物實ラサルカタメニ土地ヲ轉換セサル可ラス而シテ最モ良キ收穫ヲ得ル時ハ第二年目ナリト云フ

總テ蕃地ニハ殆ント平地ト稱ス可キモノナク傾斜セル地ノミナルヲ以テ水田ナク畑ノミナリ畑ハ多クハ畦ヲツクラスシテ散種スルヲ多シトス即チ粟、綠豆、落花生、蕃藷等ハ散種シ特リ陸稻ハ必ラス畦ヲツクリテ一株一株ニ正シク散植スル至レリ

陸稻、粟、落花生、蕃藷、綠豆等ハ一枚ノ畑ニ主植スルモ他ノ作物ハ大概此等ノ主植セル畑ニ間植スルヲ普通トス

下種ノ時ニハ小鍬ヲ以テ能ク耕シ且ツ除草ヲナシタル後ニ種子ヲ蒔キ附ク陸稻及ヒ粟ハ收穫時期マテハ大概一二回ノ除草ヲナス而シテ除草ヲナスハ多クハ婦女子ノ仕事ニシテ男子ハタヽ之ヲ助クルノミ

陸稻及ヒ粟ハ蕃人ノ主食物ナルヲ以テ最モ注意シテ耕作スルモノヽ如シ既ニ穗ヲ出タシ實ヲ結ハントスル時ニハとりおどし又ハなりこ等ヲ造リ此ヲ處々ニ配置シテ鳥獸ノ作物ヲ荒ラスヲ防禦シ居レリ既ニシテ種實ノ成熟セルトキハ鎌ヲ以テ穗ノ下五六寸ノ處ヨリ苅リ取リ此ヲ一把一把ニ括リテ室内ニ吊シ置キ乾燥セシメタル後此ヲ穀倉ニ貯藏スルヲ常トナス

此等ノ外ノ作物ハ時々除草スルノミニシテ此二者ノ如ク手入ヲナサヽルナリ

耕作ヲナスニ使用スル農具ハ何レモ漢人ヨリ交換シ得タル唐鍬(鋤頭)鎌仔、草刀、小鍬等ニシテ刀仔モ亦使用ス唐鍬ハ唯

開墾ノ時ニ之ヲ使用スルノミニシテ平時ハ之ヲ使用セサルナリ鎌仔草刀ハ稻粟等ヲ苅ル時ニ之ヲ使用シ小鍬ハ蕃人一般ニ使用スルモノニシテ耕作ニハ欠ク可ラサルモノナリ

此地方ノ蕃社ニテハ菓樹ヲ栽培スルノ習慣アリテ大概家屋ノ周圍ニ植エ居レリ其種類ハ柚仔、龍眼肉等其重モナルモノナリ

要スルニ「ツオオ」族ハ一般ニ農作物ノ數多ク、耕作モ亦丁寧ニシテ概シテ之ヲ言ヘハ農業ノ他ノ蕃族ニ比シテ著シク進歩セルハ事實ナリ

二、狩獵

「ツオオ」族ノ蕃人モ亦農業ノ傍ニ狩獵ヲナス而シテ彼等ノ獵スル所ノモノハ次ノ如シ

鹿、羌仔、山猪、山羊、山猫、猴、石豹、熊、山雞、鷲、其他ノ鳥獸ニシテ此中最モ多ク獵取スルモノハ鹿、羌仔、山猪、及ヒ猴等ナリ

此等ノモノヲ獵取スルニハ銃器ニテ之ヲ獲スルハ最普通ニシテ次ハ蹄係(ワナ)、稀ニ鏢(ヤリ)及ヒ弓矢ニテ獵スルコトアリ此等ハ何レノ處ニモ普通行ハレ居ルモノニシテ別ニ記スルノ必要ナシ唯此族ノ男子ハ悉ク腹筵ヲ締メ狩獵ノ時ノ疾走ニ便セシカ今ハ一般ノ風俗トナシ平時ニテモ之ヲ締メ居ルニ至レリ

狩獵ニ使用スルモノハ銃ヲ重モナルモノトシ又鏢、刀仔並ニ弓矢等ヲ使用シ鏢及ヒ弓矢ハ銃ヲ持タサルモノ之ヲ使用スルノミ此族ノ蕃人ハ今日全ク馘首ヲ止メタルヲ以テ刀仔ニ影響ヲ及ホシ唯日用ノ作業ニ適スル樣ニ製造シテ之ヲ使用シ居レリ即チ長サモ減シ反リモ少ク頗ル携帶ニ便利ナル樣造ルニ至レリ

三、漁魚

此族ハ漢人ト交通自在ナルヲ以テ漢人ノ漁具ノ蕃社内ニ入リ居ルアリ漁魚ノ法モ他ニ比シテ稍々進歩シ居ルモノヽ如シ

次ニ漁魚ノ方法ヲ記ス可シ

(イ)攩網(タモ)ヲ以テ魚ヲ捕フルニハ魚ノ溪流ニ群游シ居ルヲ急ニ之ニテ捕フルナリ

(ロ)魚筌ト稱シ内地ニ於ケル筊(ドウ)ノ如キモノニシテ竹ヲ細ニ割リテ圓筒狀ニツクリ一端ニハ二重ノ入口ヲツクリ他ノ一端ハ紐ヲ以テ縛リ魚ノ入リタルトキニ逸出スル能ハサル樣ナシタルモノナリ此ヲ溪流ノ淺クシテ頻繁ニ魚ノ往來スル處ニ沈メ置キ魚ノ入ルヲ待チテ引キ上ケ此中ニ入リシモノヲ捕フルナリ

(ハ)簎(ヤス)ヲ以テ魚ヲ突キテ捕フルコトハ普通ニ行ハレ居レリ稀ニ弓矢ヲ以テ水中ノ魚ヲ射テ捕フルコトアリ

(ニ)普通ニ行ハルヽモノハ溪流ヲ堰キ止メ水ヲ少クシテ魚ヲ捕フル法ナリ
此等ノ方法ハ各蕃族ヲ通シテ一般ニ行ハレ居ル所ノモノニシテ唯魚筌ヲ使用スルコトハ北方ノ蕃族ニ於テハ未タ見サル所ナリ

四、家禽及ヒ家畜ノ飼養

家禽トシテ飼養スルモノハ雞ノミニシテ家畜ハ豚ノミナリ雞豚ハ到ル處之ヲ飼養シ此等ノ爲ニハ別ニ小屋ヲ作リテ此中ニ飼養スルヲ普通トス
雞ニハ別ニ定マリテ食餌ヲ與ヘサルモ豚ニハ蕃薯及ヒ其葉莖ヲ水煮シタルモノヲ與フルヲ普通トス一家ニシテ最多キハ五六頭ノ豚並ニ六七隻ノ雞ヲ飼養スルニ至ル

五、手工

蕃人ノ手工ハ編蓆、製革、籐細工、木斛細工等其重モナルモノナリ
(イ)編蓆ハ埔里社以南ノ蕃人ニ一般ニ行ハルヽモノニシテ月桃ト稱スル蘘荷科ノ植物ノ葉柄ヲ以テ此カ材料トナス此族ハ獨リ蓆ノミナラス內地ノ竹行李ノ如キ物ヲモ造リテ物ヲ入ルヽノ具トナセリ
(ロ)革ノ製造法ハ漢人トノ交通以來其ノ傳習ヲ受ケタルモノニシテ今日ハ一般ニ行ハレ居レリ其方法ハ陰乾ニナシタル獸皮ヲ內地ノ斷チ庖刀ノ如キモノヲ以テ毛ヲ切リ去リ脂肪肉ナトヲ悉ク取リ去リ而シテ之ヲ水ニテ濡ヲシ能ク揉ミタル後更ニ杜ヲ心棒トナシテ此ヲ擦リ附ケ表面ノ部分ヲ磨リ取ルナリ
此ク表面ノ部分ヲ磨リ取リテ製造スルカ故ニ自然皮ハ薄クナルヲ以テ藥品ヲ用ヰ製スルコトヲ敎ヘナハ勞少シテ其結果宜シカル可キヲ信ス
(ハ)籐細工ハ此蕃社ニモ行ハレ居レトモ別ニ他ニ比シテ盛ナラス又巧ミナル點ヲ見ス寧ロ盛ナラサル方ナリ是レ漢人ノ器具ノ蕃社ニ入リシヲ以テナル可シ
(ニ)木斛細工
此族ノ蕃人ハ木斛ノ皮ヲ以テ種々ノ裝飾品ヲ製造ス特ニ進歩シタルハ此ニ色ヲ附クルコト是ナリ之ヲ以テ腹筵並ニ頭目ノ禮帽等ヲ製造ス木斛ヲ裝飾用トナスニハ木斛ヲ二ツニ割リ肉ヲ悉ク取リ去リ皮部ノミヲ殘シ此ヲ乾ストキハ黃色ニシテ麥藁ノ如キ觀アリ即チ此儘ニ用ヰ又ハ染メテ使用スルコトアリ手工ニ使用スル器具ハ刀仔、小刀、斧、等ニシテ此外別ニ他ノモノヲ見ス

(附)鍛冶工

此族ニ屬スル鹿猪大社ノ小社ナル和社ニ於テ鍛冶ヲナシ居ルヲ目撃セリ社中ノモノ共同シテ小屋ヲツクリ此中ニ石磐石ヲ中央ニ置キテ打砧トナシ此側ニ爐ヲ造リ風櫃、鋏等ハ漢人ヨリ得シモノヲ備ヘ居レリ鐵器ノ不用ニナリシモノヲ材料トシテ小鍬ヲ造リ或ハ之ノ「先キ掛ケ」位ヲナシ得ルト云フ

此鍛冶ヲナスコトハ嘗テ林圯埔街ニ出テシトキ漢人ノ冶工ヲナシ居ルヲ見テ此ニ擬シ工場ヲ摸造シテ鍛冶ヲナシタルモノ今日ノ如ク發達セルナリト云フ

此工場ハ共有ナルヲ以テ隨意ニ誰ニテモ及物ノ手入ヲナスコトヲ得可シ未タ專門ニ鍛冶ヲナスモノハ發達セサルナリ

六、裁縫並ニ織布

衣服ヲ裁縫スルコトハ女子ノミナラスシテ男子モ亦之ヲナス然レトモ織布ハ女子ニ限リ之ヲ爲ス

(イ)衣服ヲ造ル材料ハ蕃布、木綿及ヒ革ニシテ蕃布及ヒ木綿ヲ以テツクルモノハ女子ノミニシテ、革ヲ以テツクルモノハ男子多ク之ヲ用ユ衣服ノ制並ニ裁縫等ハ、ヴォスム」族ト同一ニシテ頭布及ヒ褌ニ縫ヒヲナスアリ而シテ啻ニ苧仔ヨリセル糸ノミナラス木綿糸ヲ以テ衣服ヲ縫フモノアルニ至リシハ一進歩ト見テ可ナリ共同會所ニ宿泊シ居ル者ハ女子ノ手ニ成リシモノヲ一切身体ニ着クルコトヲ得サルノ風習アルヲ以テ革ヲ以テ衣服ヲ製セサル可ラス此ヲ裁縫スルニハ斷チ庖刀ニテ革ヲ斷チ更ニ錐ノ如キモノヲ以テ孔ヲ穿チ此ニ苧仔糸或ハ細キ革ヲ通シテ縫フナリ革ヲ縫フ針ヲ有セサルヲ以テ實ニ不便ナルコトヲナシ居レリ

(ロ)布ヲ織ルコトハ他ノ蕃族ト同一ニシテ材料ハ苧仔糸ヨリ成リ機織器モ他ニ比シテ異ルトコロナシ

要スルニ「ツオオ」族ノ蕃人ハ殆ト二百年以前ヨリ馘首ノ風ヲ止メシ結果トシテ漢人トノ往來モ比較上多ク之カ爲ニ自然農業其他ノ事ノ進歩ヲ促シタルヲ以テ大ニ見ル可キモノアリ

第四「ツアリセン」族

鳳山地方ノ東北部ナル高山地ニ「ツアリセント」自稱スル蕃人アリ漢人ハ傀儡蕃或ハ加禮蕃ト稱ス漢人ノ此ク名ツケタルハ此蕃人ノ住居シ在ル處ノ山ノ名ヲ取リテ呼ヒタルモノナリ茲ニ彼等ノ一群ヲ「ツ.アリセン」ト名ケタルハ彼等ノ自稱ヲ採リタルナリ

地理的分布

「ツアリセン」族ノ蕃人ハ北ハ關山附近ヨリ南ハ率芒(スボンケイ)溪以北ト東ハ中央山脉ニ至ル間ニ分布シ居レリ

此族ノ住居セル蕃社ハ未タ踏査セサル部分多クシテ其大半ハ不明ニ屬ス「ツアリセン」族中最調査ノ行キ屆キ居ルハ下三社並ニ「カウ」社附近ノ蕃社ナリ

下三社ハ關山ノ南方ニ在リテ「ツオオ」族ノ蕃社及ヒ「ヴオスム」族ニ屬スル「セブクン」蕃社ト界ヲ接シ常ニ相往來シ居レリ

「カウ」社方面ノ蕃社ハ隘寮溪ト大路關溪トニ沿フテ分布セリ

蕃社及ヒ戸數人口

「ツァリセン」族ノ蕃社ハ實地踏査セシ區域ハ甚タ小部分ニシテ其大半ハ未タ踏査セサルヲ以テ不明ニ屬スル部分多シ「タカナウ」トイヘル蕃人アリ此族ニ屬スル蕃社ノ大部分ハ彼カ支配ノ下ニ隷屬ス此外ニモ猶ホ獨立シ居ルモノアリ即チ次ノ如シ(尙調査ニ漏レタル蕃社モ或ハアルナルヘシ)

左ニ記スル所ノモノハ元蕃薯寮撫墾署調査ノモノニ多少修正ヲ加ヘタルモノヨリ成ル

一、「タカナウ」直轄ノ社　二、
二、「ナマカウ」支配ノ社　二十六、
三、「ラウツー」支配ノ社　四十一、
　以上六十九社「タカナウ」ノ支配ニ屬ス可キモノ
四、下三社　三小社ヨリ成ル
五、力便社　五小社ヨリ成ル
六、獨立或ハ所屬不明ノモノ　二十八社
　合計一百五社

以上記セシ如ク「ツァリセン」族ノ蕃社ハ一百五社ヨリ成立ス然レトモ實地踏査シタルモノニアラサレハ調査ニ洩レタルモノモアル可シ左ニ記スル戸數人口共ニ唯其大數ヲ示スニ過キサルナリ此等ノ蕃社中戸數等精確ニ近キモノハ下三社ノミ

(一)下三社
戸數　百九十六戸
人口　九百九十三人

（二）「タカナウ」直轄　二社　内　男五百十五人　女四百七十八人
戸數　二百四十戸
人口　不明
（三）「ナマカウ」支配　二十六社
戸數　五百九十九戸
人口　不明
（四）「ラウツー」支配　四十一社
戸數　二千九百三十九戸
人口　不明
（五）力俚社
戸數　四百三十八戸
人口　不明
（六）所屬不明ノモノ　二十八社
戸數　八百三十戸（卽チ十八社ノ實數）
但二十八社中十社ハ其戸數人口共ニ不明ニ屬ス故ニ下三社並ニ「タカナウ」支配ノ蕃社ニ於ケル平均戸數三十三ヲ以テ不明ノ十社ニ乘スレハ三百三十戸ヲ得可シ
合計　一千百六十戸（卽チ二十八社ノ假定數）
人口　不明
總計戸數　五千五百七十二戸
今假リニ下三社ノ一戸ノ平均人口五人ヲ以テ一戸ノ人口數ト見ナシ總戸數ニ乘セハ二萬七千八百六十人ヲ得可シ故ニ「ツアリセン」族ハ二萬七千人内外ノ人口アルモノト見テ大差ナカル可シ

一、社會的組織

「ツァリセン」族ノ社會的組織ハ家族制ノ一歩ヲ進メタル村族制ニシテ其ノ統制ハ酋長專制ナリ乃チ各社ノ上ニ之レヲ總統スル大酋長アリ兼ネテ村族長タルノ姿ヲ爲シ所管各社及ヒ附近ノ土地山河ハ皆其ノ所有ナリトナス故ニ社蕃ニシテ土地テ開キテ耕作等ヲ爲サントスルニハ須ク大酋長ノ認承ヲ得サルヘカラスシテ之レト同時ニ大酋長ニ向ヒテ收穫物ノ幾分ヲ納ムルノ義務ヲ負フヘキモノトス其定額ハ農作物ニ在リテハ全收ノ凡ソ十分ノ三四トシ狩獵ノ所獲ノ如キハ概ネ後脚一ヲ納ムルヲ常例トス

二、酋長ノ統治

「ツァリセン」族ノ大酋長タルモノハ大酋長ノ家格アル家ノ直系ノ子孫ヲ以テ之ヲ承ケ其ノ管下ノ各社酋長モ亦大酋長ノ血族タル關係アルモノニシテ總テ世襲トシ其家族ノ死滅スルカ繼嗣ノ不才ニシテ任ニ堪ヘサルトキニハ大酋長ハ特ニ部下各社ノ酋長ト協議シ他社ノ酋長家ノ血統者ヲ擇ヒテ酋長ト爲ス

凡ソ一社ノ酋長ハ其社ノ安寧ヲ維持スル爲有力ナル制裁上ノ權能ヲ有スルモ大事ニ至リテハ旨ヲ大酋長ニ承ケテ決行シ而シテ酋長ノ命令スル所社衆タルモノ之ニ違反スルナキヲ當然ノ義務トス

（附）刑罰

社衆ノ犯罪ニ對スル治罪ハ酋長ノ權ニ屬ス原來「ツァリセン」族ニ認メラル、罪惡ノ行爲ノ重ナルモノ二アリ曰ク

一、姦罪

二、非理ノ爭論

卽是ナリ姦罪ハ有夫ト無夫トヲ問ハス通シテ有罪トナシ非理ノ爭論トハ互ニ理非曲直ヲ爭テ決セス裁ヲ酋長ニ請フニ及ヒ酋長カ認メテ非理トナセル一方ヲ以テ有罪トナスモノニシテ刑罰ノ輕キモノハ其頭髮ヲ兩手ニテ振リ動カシ苦痛ヲ感セシメ且其罪惡ヲ呵責シ重キモノハ無期ニ社外ニ放逐シ其所有物ヲ沒收シ又十日二十日等ノ期ヲ定メ社內ニ入ルヲ准サス改心ト認ムルトキ之ヲ赦免ス重罪ト雖モ死刑ニ處スルノ例ナシ

三、家族組織

自己ヲ本位トシ本系傍系ヲ問ハス尊上卑下トモ凡ソ三代ヲ以テ近親ノ關係者ト認ム

族制ヨリ言ヘハ分類族制ニ屬シ且男系統ノ家族組織ナリ而シテ其結婚ノ常習トシテ男子ノ女家ニ赴ク等ヨリ察スレハ嘗テ女系統ノ組織ヲナセシヲ知ラル

一、住所

(一)家屋　家屋ヲ建ツル所ハ多ク山腹ノ斜面地ニシテ其斜面ヲ堀リ割リテ家屋ノ後面側壁ヲ造リ渾テ石磐石片ヲ疊堆シテ柱壁トナシ更ニ木ノ巨幹ヲ梁桁トシ屋根ハ葺クニ石磐石片ヲ用ヒ二面傾斜トス其大サハ梁行四五間乃至六七間桁行三四間内外ニシテ常ニ長方形ヲ爲シ其高サ梁高八九尺檐高四尺内外トス家屋内ノ裝置ハ地床ニ敷クニ石磐石ヲ以テシ單房ナレトモ之ヲ三部ニ區分セリ出入口アル方向卽チ全面積ノ四分一程ノ部分ハ常居ノ座トモ稱スヘキ地ニシテ石床ヲ一段高クシ其兩側ノ石床ヲ更ニ高メテ寢所トス後面ノ壁ニ沿フタル方乃チ全面積ノ四分一程ノ部分ハ什具ノ整置ニ充ツル所ニシテ壁ニ沿ヒ棚架ヲ設ケ且其一方ニ獸類ノ頭骨ヲ懸ク而シテ或ル蕃社ニ至リテハ極メテ古ルキ人頭ヲ保存スルモアリト云フ其中間ノ四分二程ノ地ハ厨所トモ云フヘクシテ兩側ノ壁ニ沿ヒ竈ヲ設ケ厨具ヲ列ス又此ノ部分ノ一側壁ヲ外ニ開キテ放屎尿ニ供ス蓋便所ノ發達ノ原形トナスヘキカ此家屋内ノ部分ニハ各特殊ノ名稱ヲ有シ一ヲ「タラ」ト云ヒ二ヲ「パリザヤ」ト云ヒ三ヲ「カザルマナン」ト云フ

酋長タルヘキ家格アル家ノ外向ノ檐桷ニハ人面人體及ヒ蛇ノ形狀等ヲ彫刻ス其數少ナキモ十ニ上リ多キハ六十餘ニ至ルアリ蓋一種ノ裝飾タルト同時ニ尊長表示ノ記號ナルニ似タリ又南方ナル「スパヨワン」族ノ交界方面ニ在ル蕃社ニハ木柱ニ高サ三四尺ノ人體ヲ刻シ家ノ前面ニ立ツルモアリ其他酋長ノ家ノ内部ノ天井ニハ木板ニ人面ヲ浮キ彫ニセルヲ張ルヲ見ル家屋ノ前庭ハ殆ト家屋ト同面積ノ廣サニ石ヲ敷キ詰メ諸作事ノ場トシ周圍ハ低ク石ヲ疊ミテ牆トナス

(二)穀物倉　ハ家屋ニ接近シテ之ヲ設ケ其大體ノ形式「アタイヤル」族ノ穀倉ト同シ唯石ヲ用ヒテ壁トスルヲ異ナリトスルノミ

二、衣　飾

(一)衣服　ニ二種アリ第一種ハ男女共通ノ衣服ニシテ重ニ支那人ヨリ得ル所ノ布片ヲ材料トシ丈短クシテ僅ニ下腹ニ達スル筒袖ノ衣トシ其襟ヲ紐ニテ結束ス第二種ノ衣服ハ男子ハ鞣皮又ハ自織ノ布ニテ製シ長サ腰ニ至レル開襟無袖ノ衣トス女子ハ支那人ヨリ得ル所ノ黑靑布ヲ材料トシテ合襟筒袖ノ衣ヲ製ス其形ハ支那婦人ノ衫ト其固有衣服トノ折衷ヨリ成レルニ似タリ

褌ハ男子ノ用ユルモノハ長サ一尺巾二尺内外ノ布片ニシテ無數ノ褶襞ヲ作リタルモノトシ右腰ヨリ左邊ニ纒ヒ女子ノ用ユルモノハ前者ト同形ナレトモ長クシテ足ニ及ヒ纒ヒ方亦タ同シ其材料ハ支那人ヨリ得ル紺及ヒ黑色ノ布トス

(二)帽　ハ男子ノ專用トシ其狀「ヴォヌム」及ヒ「ツォオ」二族ノ皮帽ト同一ニシテ鞣皮ヲ用ヒテ造リ頭狀ノ半圓形トシ只前者ニ比スレハ後垂ノ稍短キノミ

(三)粧飾　身體ノ粧飾ノ重モナルモノハ頸及胸飾ニシテ男女トモ各種ノ珠類金屬鎖等ヲ頸ニ佩ラシ胸ニ垂ル又草葉花卉ヲ頭圍ニ纒フ而シテ是啻ニ粧飾ノ意ヲ寓スルノミニアラスシテ帽ノ用ヲ爲スニ在リトス耳飾ハ現用セラルヽコト多カラス且多クハ支那人ノ耳飾ヲ利用ス

(四)身體ノ毀飾　トシテ行ハルヽモノハ刺墨ナリ刺墨ノ款式ハ男女ニヨリテ趣ヲ異ニシ男子ノ刺墨ハ裝飾ノ一タルト同時ニ尊長表示ノ記號トシテ認メラルヽモノナリ是特リ酋長ノ血族ニ限リテ爲スモノト定メラル其方法ハ兩臂肱ヨリ起リテ肩ニ至レル數條線ト上胸ヨリ起リテ背後ニ至リ脊ノ中央線ノ左右ニ沿フテ下リ腰ニ終ル數條線トヨリ成リ其分子ハ長短ノ直曲二線ノ交錯並列トス

女子ノ刺墨ハ凡ソ十四五歲ノ頃ヨリ直線ノ並列及ヒ直曲二線ヨリ成ル散紋ヲ手甲ニ施ス

刺墨ノ法ハ「アタイヤル」族ニ同シク重ニ柚莿ニテ刺シ熬煙ヲ塗ルモノトス

三、飲　食

(一)食物　食物ハ粟、米、蕃薯、芋等ヲ主食物トシ煮熟シテ之ヲ食ス副食物ハ萓類、薤、白菜、瓜類、薑、魚及ヒ鳥獸等ノ肉ニシテ何レモ鹽ヲ和シテ調味ヲ爲ス其他食品ノ種類ニヨリ或ハ生ニテ之ヲ食シ或ハ燒キテ之ヲ食シ或ハ蒸シテ之ヲ食スル等其方法一ナラス

「ツァリセン」族ハ固有ノ食器ノ發達スルアリ常食物ハ籐ヲ編ミテ製セル平篋ニ盛リ木ニテ作レル匙ニテ扱食ス而シテ手食ノ風ハ漸次ニ減少セリ

(二)酒　粟、米ヲ舂キテ粗粉トシ水ヲ和シ炊キテ粥トナシ藜ノ種類ナル植物ノ花粉ヲ混シテ酵麹トナシ甕中ニ充テヽ釀成ス三四日ニシテ即チ醱酵ス「ツァリセン」族ハ表好意ノ方法トシテ二人同飮ヲ爲ス其法二個ノ桮杓ヲ連接セル如キ長形ノ飮器ヲ把リ二人並立シテ同時ニ各個ノ杯中ノ酒ヲ飮ムモノトス蓋前記各蕃族ニ行ハルヽ合吻同飮ノ俗ノ一歩ヲ進メシモノナルニ庶幾シ

(四)檳榔子　「ツァリセン」族ニハ檳榔子ヲ嚙ムノ風行ハル其方法ハ蒟葉ニ檳榔子ヲ包ミ石灰ヲ和シテ嚙ム

(五)發火法　鑽燧法ナリ

一、結　婚

結婚ハ任意結婚ナレトモ媒介ト父母ノ承諾トヲ要ス乃チ男子ニシテ其婦ヲ娶ラントスルトキ先ツ父母ノ同意ヲ得媒介者ヲ定メテ婦家ニ其意ヲ告ケ婦ノ父母承諾スルトキハ兩家酒ヲ贈リテ交換ス交換了レハ乃チ結婚ノ定確トナス爾後月餘ニシテ新夫ハ婦家ニ赴キ婚姻ノ式ヲ行フ婚姻ノ式ニハ社衆ヲ會同シ新夫婦先ツ二人同飮ヲ爲ス而シテ婦ノ生子セサル間ハ自家ニ居ラシメ生子後初メテ夫家ニ伴フヲ例トス若シ或ル年ヲ經ルモ生子ナキトキハ男子ハ婦家ニ遠カリ自然ノ結果離婚トナルノ風アリ娶婦贅婿ノ二法兩ツナカラ行ハル

二、生　誕

婦ニシテ妊娠スルトキハ其夫タルモノハ大ユ謹愼シ臨月ニ近ツケハ家内ニ閑居シテ出外セス又家屋内ノ裝置ヲ改メス破損ヲ修理セス蓋此特風ハ重ニ亞米利加土人中ニ行ハルヽ代娠謹愼(ラア、コウバアド)ノ原形ナルニ近シ已ニ出產スレハ夫ハ門出ニ祓除ヲ行ヒ謹愼ヲ解クモノトス

生子ノ日、家ニ酒肉ヲ具ヘテ會飮ヲナス而シテ宴ニ與カルヘキモノハ夫婦ノ現存者ニシテ其配ヲ失ヘルモノハ列スルコトナシ命名ハ生後六日目ニ於テ之ヲ行フ

嬰兒ヲ育スルニ「リオップ」トイヘル竹ニテ造レル圓キ搖籃ヲ用ユ名ニ限定アリ且酋長ノ家格アル家族ノ名ト尋常社衆ノ名トハ其ノ定語ヲ異ニシ冒用スルヲ准サス

三、疾　病

疾病ヲ以テ亡魂ノ祟孽トナシ祖靈ノ威稜ニヨリテ之レヲ驅除スルヲ得ヘシト信シ巫覡トモ云フヘキ婦女アリテ之カ驅除ヲ爲ス

驅除ノ方法ハ屋内ノ寢所ニ近ク草席ヲ敷キ檳榔子等ヲ陳テテ祖先ヲ祭リ女巫ハ口ニ咒句ヲ唱ヘツヽ麻糸ヲ手ニシテ病者ノ身邊ニ之ヲ振ヒ且兩手ヲ用ヒテ病者ノ身體ヲ按摩ス

疾病ノ最多ナルモノハまらりや熱ニシテ眼病、腸胃病等之ニ次ク皮膚病又之ニ次ク殊ニ外傷ノ爲ニ皮膚ノ膿爛シ居ルモノ多シ往々婦人ノ甲狀腺腫ニ罹ルモノヲ目擊セリ特ニ中年以上ノ婦人ニ多シトス

要スルニ此族ノ蕃人ハ病ニ罹ルモノ少ク殊ニ子供ノ時ニハ割合ニ病ニ罹ルモノ少キカ如シ蓋シ衣服ノ進步ト食物ノ良好トニ關係スルモノナラン

四、埋　葬

死者アルトキハ社内ノ知人皆來リ吊シ死屍ニ新衣ヲ着ケシメ膝ヲ屈シテ蹲踞ノ狀トシ自織ノ布ニ包ミ家屋內ノ廚所ノ部分(カヅルマナン)ノ地下六尺許ノ深サニ埋メ石ヲ蓋ヒ且其罅ニ灰ヲ固ク詰メテ臭氣ノ洩ル、ヲ防ク

斯テ家人出外セサルコト三日、月形ノ圓ニ復スルマテノ間(乃チ一ヶ月)ハ死者生前ノ什具ヲ外ニ出サス終リノ日ニ至レハ門前ニ於テ祓除ヲ爲ス

「ツァリセン」族ハ喪服ノ原形ト認ムヘキモノ、發達アリ卽チ(一)祖父母及ヒ父母ノ死ニ其子及ヒ孫(二)子ノ死ニ其父母(三)夫ノ死ニ其婦(四)婦ノ死ニ其夫(五)兄姉ノ死ニ其弟妹(六)弟妹ノ死ニ其兄姉ハ何レモ一定ノ期日間一定ノ喪服ヲ著ス其喪服ハ頭粧(マプル)身粧(ヴァイヤット)ノ差アリ頭粧ハ男子ハ頭布ニ青糸ヲ結ヒ垂レ女子ハ黑布ヲ角頭巾トシテ戴キ身粧ハ黑布ヲ頸及ヒ兩肩ヨリ腋下ニ纏フ

五、馘首

「ツァリセン」族モ亦原殺人馘首ノ多少ヲ以テ勇健ノ高下ヲ爲スノ風アリシ人類ニシテ漢人ノ記錄ニ徵スレハ凡ソ百五六十年前後ノ頃マテハ馘首ノ風盛ンナリシモノ、如ク且之ヲ屋內ニ愛藏スルノ風アリ其皮肉ヲ挖去シ塗ルニ金色ヲ以テシ之ヲ室內ノ一部ニ懸列セリ現時獸頭ヲ懸クルノ位置ハ卽チ往時人頭ヲ列子シ所ナリトイフ而シテ雍正元年以來數回淸政府ノ爲メニ討伐セラレ茲ニ其舊慣ヲ一變シ人頭ニ代フルニ獸頭ヲ以テスルノ風ヲ生スルニ至リシハ乾隆ノ末年乃至嘉慶ノ初年頃ナリシカ如シ當時漢人ノ一而今漸曉秋曹法、不掛人頭掛獸頭」ト詠セシハ此ノ移風ヲ形容セルモノナリ

六、祭祖

「ツァリセン」族ハ一年四回祭祖ノ儀式ヲ行フ其期ハ粟及ヒ稻ノ下種、收穫ノ終リタル後、月ノ圓形ヲナセル日ヲトシ爾來十日乃至四五十日間祭儀ヲ擧ク而シテ此期間異族人ノ入ルヲ准サス

「ツァリセン」族ノ創世的口碑

同族ニ傳フル口碑ニ曰

昔「タブラン」トイヘル山ノ頂ニ數個ノ瓶、天ヨリ下レリ其中ノ一瓶響キヲナシテ裂開シ一人ヲ生セリ之ヲ「タイル」ト呼フ「タイル」ハ後「オモラルダウ」トイヘル地ニ移リテ部落ヲ立テタリ(漢人ノ所謂ル「サンモハイ」社是レナリ)是我族大酋長ノ祖先ニシテ我カ一族ハ渾テ此一祖先ヨリ分岐セル末裔ナリ

同族ノ口碑ハ乃チ天降的創世說ニシテ「ツアリセン」族ナルモノ、此ノ方面ノ山中ニ占居セシコトノ如何ニ年ヲ經ルノ久シキカハ之ニヨリテ知ルヲ得ヘシ而シテ同族ノ社會的組織カ村族制ノ發達ヲナセルモ此古ルキ來歷ヲ有スルニ由ルヤ明

生業

「ツアリセン」族ノ蕃人間ニ於ケル生業ハ他ノ蕃人ト同シク農業及ヒ狩獵ハ其重モナルモノニシテ次ハ家禽及ヒ家畜ノ飼養、漁業、手工、鍛冶、石工、裁縫及ヒ織布等ナリ要スルニ漢人部落ニ接近スル蕃社ニ於ケル農業其他ノ生業ハ山奥ニ在ル蕃社ニ比シテ一般ニ進歩シ居レリ

一、農業

「ツアリセン」族ノ蕃人ハ其大半ハ今ヨリ百餘年前ノ頃馘首ノ風ヲ止メ農業ニ専ラ力ヲ盡シタルヲ以テ自然農業ノ進歩ヲナシ作物ノ數モ著シク增加シ居レリ

此地方ニ於テ耕種シ居ル作物ハ處ニヨリテ多少異ルモ陸稻、粟、蕃薯、芋仔、苧仔、樹豆、落花生、綠豆、蕹、玉蜀黍、白菜、烟草、南瓜、菜瓜、匏仔、薑等ニシテ著シク作物ノ數ヲ增セリ此中最多ク產出スルモノハ陸稻、粟、蕃薯、芋仔、樹豆、落花生、綠豆、苧仔等ナリ

此族ノ蕃人ハ今日ニ於テハ漢人ト交通自由トナリ居ルヲ以テ平地ニ畑ヲ開カントスル時ニハ隨意之ヲ開クコトヲ得可キモ却リテ傾斜セル土地ヲ撰ミテ畑ヲ開キ居レリ蓋シ農具ノ不完全ナルカ爲ニ平地ノ開墾ハ難クシテ傾斜セル土地ノ開墾ハ易キヲ以テナル可シ傾斜ノ急ナル部分ニハ石磐石ヲ以テ段ヲ造リ居ル處モアリ彼等ハ人造肥料ヲ施用スルコトヲ知ラサルヲ以テ天然肥料ノ盡ルトキニハ勢ヒ土地轉換ヲナサヽル可ラサルヲ以テ大概三四年ニシテ一轉換ス

下種耕作等ハ他ノ蕃族ニ比シテ丁寧ナルモノヽ如シ彼等ノ耕作セル畑ニハ他族蕃社ノ如ク雜草ノ繁茂シテ荒レ居ルハ多ク見サル所ナリ特ニ陸稻及ヒ粟ノ栽培シアル畑ノ如キハ能ク耨キラレ居ルヲ常トス除草ハ「ツオオ」其他ノ蕃族ノ如ク女子ノ業務ニシテ男子ハ僅ニ之ヲ補助スルノミ

陸稻及ヒ粟ノ成熟セントスルトキニハ畑ノ傍ニ小屋ヲ作リテ番ヲナシ鳥獸ノ荒スヲ防禦スルヲ常トス而シテ既ニ成熟シタル時ニハ穗ノ下五六寸ノ所ヨリ苅取リ一ト攫ミヲ以テ一把トナシ能ク乾燥シタル後穀倉ニ貯藏ス

此族ノ蕃人中鍛冶ヲ能クスルモノアリ故ニ農具ノ如キハ蕃人自ラ製造シ得ルヲ以テ他ノ蕃社ニ比シ農具ハ割合ニ進歩シ居レリ普通蕃人ノ使用シ居ルモノハ唐鍬、小鍬、鎌及ヒ刀等ニシテ小鍬ニハ大小數種アリテ大ナルモノハ殆ト唐鍬大ノモノアリ此ノ如キヲ以テ深ク地ヲ堀ルコトヲ得可シ

家屋ノ周圍又ハ畑ノ傍ニハ菓樹ヲ栽植スルノ習慣アリ芭蕉、龍眼肉、柑仔及ヒ柚仔等ハ最モ普通ニシテ彼等自ラ之ヲ食ス

ルノミナラス此ヲ以テ交換品ノ一トナシ居レリ

菓樹ノ外多ク檳榔樹ヲ社内ニ植エ居レリ蓋「ツアリセン」族ノ蕃人ハ盛ニ檳榔ノ實ヲ嚙ムノ習慣アルヲ以テナリ彼等ハ常ニ檳榔ノ實ヲ嚙ミ居ルヲ以テ終日口ヲ休ムルコトナシ

要スルニ「ツアリセン」族ノ農業ハ「ツオオ」族ノモノニ一歩ヲ進メタルモノト云フテ可ナリ

二、狩　獵

此族ノ漢人部落ニ接近シタル蕃人ハ農業ヲ專務トシ稀ニ狩獵ヲナスノミナレトモ山奥ニアル蕃社ニ於テハ比較上盛ナリ

獵期ハ農事ノ閑ナル時ニシテ其年十二月頃ヨリ翌年四五月頃マテナレハ大概ノ蕃社ニ於テ之ニ從事スルコトヲ得可ク唯其度數ニ多少アルノミ

此地方ノ蕃人ノ獵獲スル所ノモノハ鹿、山猪、羌仔、山羊、猴、豹、熊、山猫等ニシテ其中鹿、山猪、羌仔及ヒ猴等ハ最モ多ク其他ノモノハ稀ニ之ヲ獲ルノミ但熊及ヒ豹等ハ遠ク蕃社ヲ離レ森林深クシテ人跡稀ニ到ル處ニ棲ミ居ルノミ

獵器ハ到ル處同一ニシテ銃、刀仔、鎗及ヒ蹄繋(ワナ)等トシ弓矢ハ罕ニ用ユルノミ

此族ノ蕃社ニ入リテ第一日ニ觸ルヽハ銃器ヲ能ク磨キ必ス室内ノ中央ナル柱ニ立テ掛ケテ置クコトナリ而シテ銃ハ其蕃丁ノ數ノ二倍ハ慥ニ所持シ居レリ銃ノ種類ハ前裝、後裝ノ二銃ニシテ火繩銃ノ如キハ甚タ稀ナリ然トモ山奥ノ交通不便ナル所ニ到ルニ從ヒ火繩銃ノ數ヲ增スモノヽ如シ

刀仔ハ蕃人自身鍛錬スルモノニシテ長二尺内外幅一寸三四分直刄ニシテ唯尖端ノ部分ニ於テ僅ニ反リアルノミ是蕃人時間ト勞力トヲ惜マスシテ鍛錬シタルモノナレハ鉄ハ能ク鍛錬セラレ居ルモ切レ味ノ鈍キハ鋼鐵ノ附ケ方不完全ナルカ爲ナル可シ

鎗ハ實用ニ供セスシテ唯飾具ニ用井ルモノト思ハル其柄ハ二間餘モアリ且其柄ニ種々ノ彫刻ヲ施シテ裝飾トナシアルヲ以テ恐クハ實用ニ適セサル可ク而シテ蕃人ノ外出スルトキニハ鎗ヲ前ニ立テ行クノ習慣アリ此等ノ點ヲ以テ考フルトキハ蓋實用ヨリ虚飾ニ流レタルモノナルヲ知ル

蹄繋ヲ使用シテ山猪並ニ羌仔等ヲ獵獲スルコトハ他ノ蕃族ト同一ナリ

三、漁　魚

漁魚ノ方法ハ他ノ蕃族ト大同小異ニシテ猎(ヤス)ヲ以テ水中ノ魚ヲ突キ捕フルコト深流ヲ堰キ止メテ水ヲ少クシテ捕フルコト等普通ニシテ其他漢人ノ使用スル魚筌ヲ使用シテ魚ヲ捕フル蕃社モアリ然トモ前者ノ如ク普通ニ行ハレス

四、家禽及ヒ家畜ノ飼養

此地方ノ蕃人間ニ家禽トシテ飼養セラルヽモノハ雞ニシテ到ル處之ヲ飼養セサルナシ雞ヲ入ルヽ爲ニハ特別ニ石磐石ヲ以テ小屋ヲ造リ居レリ而シテ牝雞ヲシテ卵ヲ産マシムル爲ニ特別ニ籠ヲ造リ此中ニ藁筲ヲ充テテ穀倉ノ傍ニ懸ケアルヲ見タリ食餌ハ別ニ之ヲ與ヘスシテ自然ニ放置スルノミ要スルニ他ノ蕃社ニ比シテ多クノ雞ヲ飼養シ居レリ

蕃人ノ飼畜シ居ル家畜ハ豚ニシテ到ル所之ヲ飼畜ス一家ニシテ七八頭モ飼養シ居ル者アリ食餌ハ蕃薯並ニ其葉莖等ヲ滾テ之ヲ與フルヲ常トス此蕃社ノ豚ハ食餌ノ爲カ將タ飼畜ノ方法宜シキ爲カ他ノ蕃社ノモノニ比シテ一般ニ肥滿シ居ルカ如シ而シテ豚ヲ入ルヽ爲ニハ特ニ石磐石ヲ以テ豚小屋ヲ造レリ

(附)養　蜂

此族ノ蕃社ニ於テ蜜蜂ヲ飼養シ居ルヲ見タリ蜜蜂ヲ入ルヽ箱ハ石磐石ヲ以テ造リ家ノ一隅ニ置クヲ例トス而シテ蜜ヲ取ル時期ハ一定セサルモノヽ如シ是レ年中花アルヲ以テナル可シ其産額ハ至テ少シ

五、手　工

此地方ノ蕃人ノ手工トシテ記ス可キモノハ簡易ナル木工、編蓆、籐細工等ニシテ鞣皮ノ製造ハ行ハレアルヤ否不明ナリ然トモ彼等ノ平生著ケ居ル帽子ハ現ニ鞣皮ヲ以テ作リ居ルヨリ見ルトキニハ此族ノ一部ノ蕃社ハ或ハ製法ヲ知リ居ルナランＶ木工ノ中最發達シタルモノハ彫刻ナル可シ此蕃族中ニハ一種ノ風習アリテ酋長ノ家ニハ必ス軒頭又ハ室內ノ天井トモ稱ス可キ處ニ人ノ面部或ハ蛇形ノ彫刻ヲナシテ裝飾トス其結果トシテ今日ノ如ク彫刻ノ大ニ發達セルナル可シ彫刻ハ直線ヨリ成ルモノヽミナラス曲線ヨリ成ルモノヲモ亦巧ニ彫刻シ加之半浮キ彫リヲナスマテニ發達セリ

此等ノモノヲ彫刻スルニハ小刀並ニ鑿ヲ使用セリ蕃人ニシテ鑿ヲ使用シ居ルハ此族ノミナリ小刀ニハ大小數種アリテ何レモ自ラ之ヲ製ス鑿ハ漢人ト交　シテ之ヲ得タルモノナリト云フ食事ニ用ユル木匙モ蕃人自ラ製造ス之ヲ「ヴオヌム」族ノモノニ比セハ其形及ヒ造リ方共ニ數等ノ上ニ位セリ

木板ヲ製造スルニハ亦刀仔ト斧トヲ以テ削リテ製ス但未タ鋸ヲ使用スルニ至ラス

要スルニ此蕃人ハ木工ハ大ニ進歩シ而シテ木工ニ使用スル道具モ亦增加シ他ノ蕃族ニ於テ未タ使用セサル鑿ヲ使用スルニ至レリ而シテ小刀ニモ大小數種アリテ其製造スル物ニ從ヒテ各種ノモノヲ使用ス

草蓆ハ一般ニ之ヲ製造ス材料ハ他ノ蕃社ト同シク月桃ト稱スル植物ノ葉柄ニシテ此ヲ以テ草蓆ノミナラス行李ノ如キ衣服ヲ入ルヽモノヲモ製造スルニ至レリ

籐細工ハ彼等日用ノ器具ヲ製造スルノミニシテ交換品トナスマテノ發達ニ至ラス籐ハ山奥ノ蕃地ニ多ク産シ蕃人之ヲ採リテ漢人ト交換ス此族ノ蕃人ハ網ヲ編ムコト甚ダ巧ミニシテ其編ミ目ノ極メテ細カナルハ恰モ織リタルカ如キ觀アリ網ヲ造ルハ大概女子ノ職業ニシテ男子ハ稀ニ之ヲ造ルノミ此族ノ蕃人ニハ竹細工發達シ居レリ即チ女子ハ竹ヲ細カニ割リタルモノヲ編ミテ裝飾品其他ノ物品ヲ入ルヽ箱ヲ造リ又男子ハ支那人ノ笠ニ模シ竹ヲ以テ笠ヲ造リ居レリ

六、鍛冶工

臺灣ノ蕃族中鍛冶ノ發進セル所ハ「ツオオ」族ノ一部分ト此族ノ一部分トノミ然トモ「ツオオ」族ハ僅ニ小鍬ヲ製シ得ルノミナルモ此族ノ蕃人ハ諸般ノ物ヲ造ルヿヲ得刀仔小刀並ニ小鍬等ハ自ラ之ヲ造リ敢テ漢人ノ手ヲ借サルナリ加之時間ト勞力トニ關係セサルヲ以テ能ク鉄ハ鍛錬セラレ居ルモ割合ニ切レ味ノ鈍キハ刄ノ付ケ方ノ未タ充分ナラサル爲ナル可シ鍛冶ニ使用スル道具ハ一切漢人ノ物ヲ用ヰ原料モ亦漢人ヨリ得ルナリ其結果トシテ此族ノ蕃人ハ鐵ヲ珍重スルノ風アリテ漢人ノ蕃社ニ入ル時ニハ鐵片ヲ贈遺トシテ持參スルノ風アリト云フ

今日ニテハ蕃社中ニ鍛冶ヲ專務トナスモノアリ此ニヨリテ刀仔其他ノモノヲ製造ス其工賃ハ米穀布帛等ヲ以テ之ニ報ヒ銀貨ヲ使用スルコト稀ナリ

七、石工

「ツアリセン」族ハ大概中央山脉ノ石磐石ノ露出シ居ル所ニ住居セリ其結果トシテ石磐石ヲ應用シテ家屋ヲ造リ敷石トナス等種々ノ用ニ供ス此ク石磐石ヲ使用スルカ爲自然石磐劈開ノ術ニモ巧ミニシテ方七八尺ノ石ヲ室内又ハ庭ニ敷キ詰メテ居ルヲ目擊セリ此等ノ蕃人ニ硯或ハ石盤等ノ製造法ヲ敎ユルトキニハ後來一大物産トナリヌ可シ

八、裁縫及ヒ織布

臺灣ノ蕃人中衣服ノ最モ發達セルハ「ツアリセン」族ノ蕃人ナル可シ上著モ褌モ巧ニ出來居リテ毫モ醜体ヲ露サヽルナリ特ニ女子ノ衣服ノ如キハ殆ト西洋婦人ノ袴ノ如キ褶襞アルモノヲ著ケ居レリ

此ノ如ク衣服ノ發達シタル結果トシテ裁縫モ亦發達セリ特ニ褌ノ如キハ褶襞ノ多キヲ以テ其術ノ巧ミナル者ニアラサルヨリハ之ヲ裁縫スルコト能ハサルナリ而シテ褌其他ニ刺繡ヲナスニモ他ノ蕃族ノ如ク針目ノ揃ハスシテ唯色糸ヲ以テ飾トナスモノト趣ヲ異ニシ針目ノ能ク揃ヒ居ルヲ見ル糸ハ漢人ヨリ木綿糸ヲ交換シテ之ヲ使用ス然ルニ裁縫ノ此ク發達セルニ拘ハラス猶ホ尺度ヲ用ユルコトヲ爲サスシテ上肢ヲ以テ長ヲ計ルノミ

鳳山及ヒ臺南地方ニ於テ蕃布ノ有名ナルモノハ此族ノ蕃社ヨリ產出スルモノナリ今日ニ於テハ既ニ一物產トシテ漢人ノ

間ニ輸出セラル然トモ苧仔糸ノ晒シ方宜レカラサルト機織器ノ不完全ナルトヨリ色ハ純白ナラス且ツ其產額モ亦甚タ多カラス

第五　「スパヨワン」族

臺灣ノ南端ニ一群ノ蕃族アリ此ヲ「スパヨワン」ト稱ス原ト漢人ハ之ヲ呼ヒテ琅嶠蕃ト稱セシモ此族ノ一部ノ名稱ニシテ全体ヲ總括シタル稱呼ニハアラサルナリ即チ蕃人ノ自稱ヲ採リテ此族ニ名ケタリ

地理的分布

「スパヨワン」族ノ分布ハ前山ニ於テハ率芒溪ヨリ以南ノ地、後山ニ於テハ卑南平野ノ南方、知本溪以南ノ地等ノ間ニアリ此等ノ蕃人ハ次ノ小群ニ分ツヲ得可シ

一、恒春「スパヨワン」

（イ）上蕃社即テポモマク

（ロ）下蕃社即パリザリザオ

二、臺東「スパヨワン」即パクルカル

此ク分類セルハ地理上並ニ酋長ノ統治上ノ關係等ヨリ說明ニ便利ナル爲分チタルノミナラス多少基礎ヲ人類學上ニ取リタルナリ

一恒春「スパヨワン」

恒春「スパヨワン」ハ漢人ノ所謂琅嶠蕃ニシテ斯ク琅嶠ノ二字ヲ此蕃人ニ冠ラシメタルハ今日恒春城ノ在ル附近ノ地ヲ原ト琅嶠ト稱シタリシカハ此地名ヲ採リテ名ケタルナリ

恒春「スパヨワン」ノ分布ハ前山ニ於テハ率芒溪、後山ニ於テハ阿朗壹溪等ノ以南ノ地ニアリ此中上蕃社即「テポモマク」ハ楓港溪並ニ牡丹溪ノ以北ニシテ下蕃社即「パリザリザオ」ハ此等ノ溪流ノ以南ノ地ニアリ

上蕃社即「テポモマク」ノ在ル處ハ何レモ山地ニシテ交通不便ナル處ナルモ下蕃社ハ其大半平地或ハ高地ニアリテ交通不便ナル山地ニアルモノ少シ是兩蕃社ノ小群進步ノ度ニ大ナル差異ヲ生シタル所以ナル可シ

二、臺東「スパヨワン」

臺東「スバヨワン」即「パクルカル」ハ卑南平野ノ南方、知本溪ノ以南ト阿朗壹溪以北トノ間ニ分布シ其大半ハ交通不便ナ

ル山地ニアリ僅カニ卑南平野ノ附近ナル平地ニ二三ノ蕃社アルノミ而シテ平地ニ在ル蕃社ト山地ニ在ル蕃社トノ進歩ノ度ハ恰モ恒春「スパヨワン」ノ上蕃社ト下蕃社トニ於ケル關係ト同一ニシテ平地ニアルモノハ山地ニアルモノニ比シテ進歩ノ度高シ

蕃社及ヒ戸數人口

「スパヨワン」族ハ左ノ蕃社ヨリ成立ス

(一)恒春「スパヨワン」

恒春「スパヨワン」ハ二人ノ大酋長アリ上蕃社即「テポモマク」ニ一人下蕃社即「パリザリザオ」ニ一人アリテ之ヲ統治シ居レリ故ニ上蕃社下蕃社ト云ヘル名稱ハ獨リ地理上ノ關係ノミナラスシテ統管ノ異レルヲモ示セリ

(イ)上蕃社　二十三社ヨリ成ル

(ロ)下蕃社　十九社ヨリ成ル

但上蕃社中ニ臺東方面ニアル阿朗壹社ヲ加ヘタリ是上蕃社ノ所屬ナルヲ以テナリ

(二)臺東「スパヨワン」

此方面ノ蕃地ハ踏査セサルヲ以テ大社小社ノ關係ヲ知ルニ由ナシ故ニ元臺東撫墾署ノ調査ノモノヲ掲クルノミ

(1)羅打結社　(2)文里格社　(3)鴨阿籠社
(4)麻魯祿社　(5)大麻里社　(6)加莖邦社
(7)恩那博落社　(8)七家譚社　(9)猴仔蘭社
(10)麻里烏社　(11)多囉拐社　(12)呀唊那社
(13)馬里立社　(14)阿腊打蘭社　(15)斗里斗科社
(16)菘武洛社　(17)密老々社　(18)太武屈社
(19)好仔崙社　(20)八老南社　(21)讀古枯社
(22)情巴蘭社　(23)雨沐社　(24)雨沐銀那社

(25) 見那錯懶社（ケナサラン）
(26) 諸野葛社（ツラカツ）
(27) 大狗社（タカチ）
(28) 打腊打蘭社（タラタラン）
(29) 腊密密社（チヤラビ）
(30) 大得吉社（タテツキ）
(31) 呀里叭社（アリパ）
(32) 大板鹿社（タパンロク）
(33) 大竹高社（タチクコ）
(34) 遮角社（リヤコ）
(35) 古木社（トコボル）
(36) 大蟒鴨社（タボカス）
(37) 柴朗驛社（ツアランゲ）
(38) 馬有樂社（マウラ）
(39) 大里力社（タリリ）
(40) 簡那撫臉社（カナブル）
(41) 噶嗎社（トアマル）
(42) 叭里芒社（バリボン）
(43) 瓜洞安社（クヮトアン）
(44) 柴冷佛士社（サアゴス）
(45) 甘那壁社（カナピ）
(46) 鴿仔籠社（カウアルン）
(47) 加蓳勿蘭社（カクブラン）
(48) 大鳥萬社（タチヨバン）
(49) 拔仔洞社（バヤトン）
(50) 獅仔獅仔社（サヤサヤ）
(51) 八桃蘭社（パローラン）
(52) 姑仔崙社（クアルン）
(53) 大挖猫社（タホーバ）
(54) 万未老社（タピロ）
(55) 囉陸是社（ラレシ）
(56) 拕叫社（タウオー）
(57) 保棟社（ボートン）
(58) 西老社（サイロ）
(59) 淡毋洛社（タンブル）
(60) 大初落社（タチヨロ）
(61) 陳汝骨社（タンノクツ）
(62) 查武六社（サブロク）
(63) [illegible]那馬來社（カナマライ）
(64) 崑崙拗社（クナナウ）
(65) 加農格社（カノコ）
(66) 近廣社（キンカウ）
(67) 文腊撫社（ブナブ）

此ノ如ク臺東「スパヨワンハ」六十七社ヨリ成ルモ知本溪ト阿朗壹溪トノ間ハ僅ニ七八里ノ距離ニ過サレハ斯ク多數ノ番社ノアルコト疑ハシ恐ク其一社ト稱スルモノハ一小社中ノ小部落ヲ以テ一社ト見做シタルモノナラン此等ノ番社ノ戶數人口等左ノ如シ

但元恒春及ヒ臺東撫墾署調査ノ數ニ多少訂正ヲ加ヘタルモノ（明治三十年）

蕃社名		小社數	戸數	男	女	計	一戸平均人口
恒春「スパヨワン」	上蕃社	一九	四九〇	一、七八七	一、四〇〇	三、〇四〇	六、五
	下蕃社	二三	七〇二	二、二四二	二、〇二八	四、二〇七	六、
臺東「スパヨワン」		六八	一、八二九	四、六九六	四、〇三九	八、七三五	四、八
合計		一一〇	三、〇二一	八、七二五	七、四六七	一五、九八二	
總平均(小社)			二七、四	七九、三	六七、九	一四五、三	五、八

各小社平均戸數　二十七戸四分
各小社平均人口數　百四十五人三分
一戸ニ於ケル平均人口數　五人八分

統制的現狀

一、社會的組織

「スパヨワン」族ノ社會的組織ハ家族制ニ一歩ヲ進メシ村族制ニシテ大體ニ於テ「ツアリセン」族ノ組織ト一致セリ只「スパヨワン」ニ於テハ組織ノ關係稍ヤ複雜ヲ加ヘ大酋長(大股頭人)アリテ之ヲ總統シ總酋長(二乃至四股頭人)アリテ之ヲ分掌シ其下ニ各社ノ小酋長アリテ之ヲ管理スル等ノ現狀ヲナシアリ

而シテ「テポモマク」(上蕃社)ニ於テハ大酋長(大股頭人)ノ下ニ總酋長(二股頭人)一人アル耳ナルモ「パリザリザオ」(下蕃社)ニ於テハ大酋長(大股頭人)ノ下ニ三人ノ總酋長(二、三、四股頭人)アツテ各蕃社ノ小酋長ヲ分管シ又大酋長總酋長ノ在住スル蕃社ニ在リテハ兼テ其小酋長ノ位地ヲ占メ大酋長ハ他ノ總酋長ヲ總ブルト共ニ幾多ノ蕃社小酋長ヲ直轄スルヲ常トス乃チ其關係ヲ表示スレハ左ノ如シ

(甲)蕃社(大酋長兼小酋長)
　總酋長(二股頭人)
　　(甲)蕃社(総酋長兼小酋長)
　　(乙)蕃社(小酋長)
　　(丙)蕃社(小酋長)

- 大酋長 大股頭人
  - (乙)蕃社(小酋長)
  - (丙)蕃社(小酋長)
  - (丁)蕃社(小酋長)
- 總酋長(三股頭人)
  - (甲)蕃社(兼總酋長小酋長)
  - (乙)蕃社(小酋長)
  - (丙)蕃社(小酋長)
- 總酋長(四股頭人)
  - (甲)蕃社(總酋長兼小酋長)
  - (乙)蕃社(小酋長)
  - (丙)蕃社(小酋長)

社ノ所在地及ヒ附近ノ土地山河ハ渾テ其社ノ公有ト認メラレ社蕃タルモノハ酋長ノ承認ヲ經テ土地ヲ開キ耕作ヲ爲スヲ得ルモノトシ而カモ貢納等ノ負擔アルコトナシ

二、酋長ノ統治

「スパヨワン」族ノ酋長タルモノハ渾テ世襲トシ若シ其繼嗣ニシテ不才若クハ病ノ爲ニ其責ヲ完クスルコト能ハサルトキハ其近親ノ才幹アルモノヲ擧ケテ代理セシメ酋長ハ尚ホ其地位ヲ保ツヲ常例トス

凡ソ一社ノ酋長ハ其社ノ安寧ヲ維持スル爲ニ有力ナル裁制上ノ權能ヲ有スルモ事件ノ大小ニヨリ旨ヲ大酋長又ハ總酋長ニ承ケ若ハ社内ノ長老ト協定ヲ爲スコトアリ渾テ酋長ノ命令ハ社衆タルモノ違反セサルヲ當然ノ義務トス

（附）刑罰

社衆ノ犯罪ニ對スル治罪ハ酋長ノ權ニ屬ス原來「スパヨワン」族ニ認ラルヽ罪惡ノ行爲ノ重ナルモノハ

一、有夫姦
二、無夫姦
三、殺人
四、非理ノ爭論及ヒ負傷
五、窃盜

等ニシテ有夫姦ハ男女兩者ヲ笞罰ニ處シ且姦夫ノ所有物ヲ沒收シテ本夫ニ附與ス又婦ニシテ改悛ノ情ナク再犯ニ係ルモノハ本夫ノ斬殺ニ任カス無夫姦ハ該男女ヲ婦ノ父兄ノ家ニ押留セシメ相當ナル賠償ヲ姦夫ニ徵シ其ノ婦ヲ付與ス

殺人ハ故殺ニカヽルモノハ其近親ヲシテ加害者ヲ斬殺セシメ正當防衛等ノ理由アルトキハ賠償ヲ爲サシメ放免シ過誤ニ出ツルモノハ之ヲ論セス

互ニ理非ヲ爭ヒテ裁斷ヲ酋長ニ求メ非理ト判決セラレシ一方ハ情ニヨリ譴責若クハ笞罰ニ處ス爭論ノ際押打等ニヨリ一方ヲ傷クルコトアレハ贖罪ヲナサシム

竊盜ハ其竊盜品ヲ押收シテ本人ニ返付シ犯罪者ハ之ヲ譴責シ且物ヲ贈リ贖罪ヲナサシム若シ物ヲ贖フノ資力ナキモノハ之ヲ笞罰ニ處ス

而シテ「スパヨワン」族ノ一部ニシテ開化ノ度最モ高キ「パリザリザオ」(下蕃社)ノ如キニ至リテハ賠償ニ貨幣ヲ用ヒ又時ニ民事的ナル爭訟ヲ爲スコトアリ例ヘハ甲ナルモノ乙ヨリ金百圓ヲ借用シ一年ヲ以テ返濟ノ期限トシ此ノ期間甲所有ノ田園ヲ乙ニ附與シテ擔保トスルヲ約シ期至リ甲ハ借用ノ金額ヲ乙ニ返濟シ其田園ノ返附ヲ求ムルニ方リ乙ハ貸附ノ金額ヲ二百圓トシ或ハ貸借ニアラス買收ナリト主張シ互ニ曲直ヲ爭ヒテ決セス裁ヲ酋長ニ求ムル如キ是ナリトス

治罪ノ方法ハ情ニヨリ事ニ應シ隨時罪ノ輕重ヲ定ム

三、家族組織

自己ヲ本位トシ本系傍系ヲ間ハス尊上卑下トモ凡ソ三代ヲ以テ近親ノ關係者ト認ム

族制ヨリ言ヘハ分類族制ニ屬シ男系統ノ家族組織ナリ而シテ祖父ト孫トイヘル語ハ同語ヲ以テ(ウオヌ)ト呼ヒツヽアリ是蓋或ル時代ニ於テ親子ノ關係ヲ父ノ一方ニノミ有シタリシヲ表スルモノナル可シ

土俗

一、住所

(一)家屋　「スパヨワン」族ノ家屋ノ外形ハ概シテ三段ノ進歩ヲ表シ隨ヒテ三樣ノ款式ヲ有シツヽアリ第一式ノ構造ハ最原形ヲ存スルモノニ近クシテ猶ホ「ツアリセン」族ノ如ク山腹ノ斜面地ヲ堀リ割リ之ニ沿フテ家屋ノ後面壁ヲ造リ四柱ヲ地ニ立テ上ニ弓狀ノ支柱ヲ結ヒ壁ニハ蔑又竹ヲ用ヒ屋根ハ葺クニ茅ヲ以テシ宛モ圓頭狀ノ屋根トナスモノトシ平地ニ建ツルモノハ稍ヤ一歩ヲ進メ大體ノ構造前者ト異ナラサレトモ屋根ハ四面傾斜ヲ爲ス第二式ノ構造ハ第一式ノ構造ノ後者ノ更ニ一歩ヲ進メシモノニシテ壁ニハ蔑、竹、板等ヲ用ヒ屋根ハ變シテ二面傾斜ヲ爲シ且屋根裏ニハ割竹、板等ヲ並列ス第三式ノ構造ハ第二式ノ構造ノ家屋ノ數棟ヲ連續シテ成レルモノニシテ其大ナルモノニ至リテハ梁行五六間乃至八九間桁行二三間其高サ梁高一丈ニ近ク檐高六七尺ニ及フアリ而シテ以上第一式ノ構造ノ家屋ハ「テポモマク」(上蕃社)ノ部ニ多ク第二、三式ノ構造ノ家屋ハ「パリザリザオ」(下蕃社)ノ部ノ特有トス其他第二、三式ノ家屋ニハ支那風ノ家屋構造ノ材料タル土角ヲ利用スルモノアリ

家屋内ノ装置ハ各式ノ構造トモ一樣ナル分房ニシテ出入口ノ方向ニ於テ横ニ全面積ノ殆ント十分ノ三許ノ部分ヲ分チテ前房トシ其後奥ヲ後房トス而シテ第三式ノ連續家屋ニ於テハ前房ハ變シテ各房ニ通スル廊下ノ狀ヲ爲スモノトス寢臺ノ位置ハ前房後房兩ツナカラ存スルモ竈(三石塊ヲ用ユルヲ普通トスレトモ支那風ノ灶竈ヲ擬スルモ亦多シ)ハ後房ニ設ケ且倉庫ノ設ケナク渾テ後房ノ一部ニ蓄藏ス

又「テポモマク」及ヒ「パクルカル」ノ酋長タルヘキ家格アル家ノ出入口ノ左右柱面ニハ高サ四五尺ノ人體ヲ彫刻シテ酋長表示ノ標號トスル風アリ

(二)家畜舍　ハ豚舍ノミニシテ粗造ノ茅屋トス牛ハ渾テ木柵内ニ放飼ス

二、衣　飾

(一)衣服　ニ二種アリ第一種ハ「ツアリセン」族ノ第一種ノ衣服ト同形式ノモノニシテ支那人ヨリ得ル所ノ布片ヲ材料トシ丈短クシテ僅ニ下腹ニ達スル筒袖ノ衣トシ其ノ襟ヲ紐ニテ結束シ或ハ支那風ノ鈕ヲ付ス但袖ハ「ツアリセン」族ノ衣ニ比シ長クシテ殆ト手首ニ達シ平素ハ之ヲ折リ返シテ短ク手半ニ達セシム且豫メ袖ノ裏面ニ巾四五分ノ縫紋ヲ施シ折返ストキ表面ニアラハレテ一ノ装飾ヲ爲ス第二種ハ「ツアリセン」族ノ第二種ノ男衣ト同形ナル開襟無袖ノ衣トス而シテ褌ハ男子ニ在リテハ「ツアリセン」族ノ男褌ト同形ニシテ長一尺巾二尺内外ノ布片ノ褶襞ナキモノヲ用ヒ二枚ヲ左右ヨリ纏ヒ合ハシ女子ニ在リテハ「ツアリセン」族ノ女褌ト同一ニシテ多クノ褶襞ヲ造リタルモノナレトモ丈ケ短シ

「パリザリザオ」(下蕃社)ニハ男女トモ支那風ノ衫褌ヲ用ユルモノアリ

(二)帽　ハ「ツアリセン」族ト同シク頭狀ノ半圓形ニシテ後垂短キ革帽トス

(三)粧飾　身體ノ装飾ノ重ナルモノハ頸及胸飾ニシテ珠類金屬鎖等ヲ懸ケ大體ニ於テ「ツアリセン」族ト異ナラス頭箍亦然リトス

耳飾ハ「アタイヤル」族ノ細長ナルニ反シテ濶短ナリ圓形ノ木片ニシテ巾四五分ナレトモ徑八九分ニ至リ之ヲ耳朶ニ穿ツトキハ耳形大ト爲リ支那人ノ之ヲ呼ヒテ大耳國トイヘシモ偶然ナラサルヲ知ル

粧飾ニ附帶シテ記スヘキハ涅齒ノ風ナリ「スパヨワン」ハ檳榔子ヲ嚙ムカ故ニ齒黑シ而シテ之カ自然ノ結果ハ黑齒ヲ認メテ美觀トナシ「チェツル」ト呼フ一種ノ草莖ヲ取リ莖ヨリ滴ル液汁ニテ齒ヲ染メ黑色ヲシテ光澤ヲ呈セシム

(四)身體　ノ毀飾トシテ刺墨ハ今「テポモマク」(上蕃社)ノ部ニ行ハル、ノミ男女トモ「ツアリセン」族ト同形式ニシテ男子ハ臂及背部ニ女子ハ兩手甲ニ施ス然トモ其目的ハ相反シ男子ハ好奇ニ之ヲ施シ女子ハ酋長ノ血族ニ限リ之ヲ施ス

三、飲　食

（一）食物　食物ハ粟、米、蕃薯等ヲ主食物トシ煮熟シテ之ヲ食ス其副食物ハ豆類、瓜類、薑、白菜、葱並ニ山猪、鹿等ノ肉ニシテ此等ハ鹽ヲ和シテ調味ヲ爲スヲ知リ其他食物ノ種類ニヨリ或ハ生ニテ之ヲ食シ或ハ燒キテ之ヲ食シ或ハ蒸シテ之ヲ食スル等一ナラス又或ル方面ニ於テハ一種ノ迷信ヨリシテ米ヲ食ハス雞ヲ食ハサルアリ

「スパヨワン」族ハ「ツアリセン」族ト同シキ固有ノ食器ノ發達アリ乃チ食物ハ籐製ノ平筬ニ盛リ木匙ヲ用ヒテ扱食ス

（二）酒　釀酒法ハ「ツアリセン」族ト同一ニシテ粟・米ノ粥ニ藜ニ屬スル一種ノ植物ノ花粉ヲ混シ酵麯トシ甕中ニ充テ、釀ス又「テポモマク」（上蕃社）ノ一部ニハ「ツアリセン」ト同一ナル連接酒杯ヲ有シ表好意ノ一法トシテ二人同飲ヲナス風アリトイフ

（三）煙草　ハ自ラ種植シ其ノ葉ヲ粗刻シテ用ユ

（四）檳榔子　ヲ嚙ム風行ハル而シテ中ニハ檳榔子ヲ蒟葉ニ包マス蒟莖ト共ニ嚙ム風行ハル、モアリ又檳榔子ヲ入ル、ニ用ユル不整半圓狀ノ布袋アリ其表面ニハ纖巧ナル縫摸樣ヲ施スモノアリ

（五）發火法　鑽燧法ナリ但舊記ニヨレハ「スパヨワン」族ハ山中ニ獵シ火ナキトキニハ木ト竹トヲ擦リテ火ヲ取ンリト見ユ乃チ嘗テ同族ニ擦木發火ノ行ハレシヲ知ル

慣　習

一、結　婚

「スパヨワン」族ノ結婚法ハ元ト贅婿法ノミナリシトイフモ現狀ニ於テ贅婿法ヨリ娶婦法ニ變スル過渡ニアルノ狀態ヲ示シツ、アリ男子ニシテ某ノ婦ヲ娶ラントスルトキハ薪ト水トヲ携ヘテ女家ニ至リ家ノ出入口ニ置キ歸ル而シテ家人之ヲ使用スルトキハ結婚ノ定確トシ爾後男子ハ婦家ニ至リテ勞働スルコト數年婦ヲ自家ニ伴ヒ歸リテ結婚ノ儀式ヲ擧クルモノトス此時式ニ列スルノ近親ハ酒及ヒ檳榔子ヲ贈ルヲ例トス

渾テ一夫一婦ニシテ近親ノ相婚ヲ准サス

二、生　誕

家ニ生子アレハ近親ヲ會シテ酒宴ヲナシ其父ハ之ニ命名ス

名ニ式家名及ヒ表人名ノ別アリ表人名ニ男女ノ差アリ其呼ヒ方ハ表家名ヲ先キニシテ表人名ヲ後ニス例ヘハ男子ニ在リテハ「ヤガグリグリ（家名）クルン（人名）」女子ニ在リテハ「ヤガグリグリ（家名）ウマイ（人名）」トイフカ如シ

二、疾病

疾病ヲ以テ亡魂ノ祟孽トナシ女巫アリテ之レカ驅除ヲ爲ス其方法ハ室内ニ蓆ヲ敷キ酒肉餅等ヲ列ヲ其前ニ咒句ヲ唱ヘツ、「ツアホブ」トイヘル黃色ノ木實核ヲ匏上ニ載セ靜止スレハ亡魂ノ去レル兆トナスコト猶ホ「アタイヤル」族ノ「チヤリヤナン」ヲ一竿上ニ載スルカ如シ又樹枝ニテ身邊ヲ拂フ

疾病ノ最モ夥多ナルハまらりや熱ニシテ腸胃病、眼病之ニ次ク

他ノ蕃族ニ發生スル甲狀腺腫ヲ見ス然トモ山奥ニ至ラハ必ス之ニ罹リ居ルモノアラン要スルニ他族ニ比シテ病者少シ

恒春「スパヨワン」ノ下蕃社蕃中ニハ賣藥ヲ求メテ服シ居ルヲ見タリ又毒蛇ニ咬マル、モノハ特ニ吸吮シ一種ノ草葉ヲ付シテ治療ス

四、埋葬

死者アルトキハ死屍ニ向ヒ號哭シ社内ノ知人來リ會シ屍躰ニハ新衣ヲ穿タシメテ之ヲ埋葬シ近親ハ燧ヲ鑽リツ、死者ノ名ヲ連呼ス

埋葬ノ狀二アリ一ハ屋内埋葬ニシテ一ハ屋外埋葬トス屋内埋葬ハ「スパヨワン」族ノ多數ニ行ハル、俗風ニシテ屋内ニ長方形ナル深三四尺ノ穴ヲ鑿チ四邊ヲ石ニテ圍ミ其内ニ葬ルモノトシ屋外埋葬ハ特ニ「パリザリザオ」(乃チ下蕃社)ノ部中テラソク、サヴアリ、サヴアルク、シュリンダン(龍鑾)四社ニノミ行ハルモノニシテ墓地ヲ深林ノ中ニトシ平地ニ石ヲ積ミテ石棺狀トシ死屍ヲ其内ニ埋メ墳ト爲ス

斯クテ家人ハ出外セサルコト三日乃至五日、女巫ヲ招キテ祓除ヲ行ハシム而シテ「ツアリセン」族ニ比スレハ其式單純ナルモ近親ハ白布ヲ背後ニ負フテ喪服トス

五、馘首

「スパヨワン」族モ亦殺人馘首ヲ以テ勇健ノ意ヲ表スル人類ニシテ嘗テ我カ琉球藩民五十餘名ノ殺害セラレシハ「スパヨワン」族中「パリザリザオ」(下蕃社)ニ屬スル牡丹社蕃トス現時「パリザリザオ」ニ在リテハ馘首ノ風ヲ減セシモ「テポモマク」(上蕃社)及ヒ「パクルカル」ニ在リテハ猶ホ依然舊態ヲ存シ頭顱ハ屋外ニ石ヲ疊ミテ函狀トナシタル室中ニ愛藏ス又今ノ恒春城内ノ小丘猴洞ノ如キモ固ト「パリザリザオ」ニ屬スル龍鑾社ノ頭顱ヲ藏スルニ用ヒシ遺迹ナリトイフ

六、祭祖

「スパヨワン」族ハ一年一回稻ノ收穫後祭祖ノ儀式ヲ行フ式場ハ祖靈ノ鎭安スル所ト信セラル、山林ノ外面ニシテ酋長及

ヒ社衆ハ新收ノ粟一束及ヒ酒ト餠トヲ擕ヘ至リ本年ノ豐收ヲ謝シ次季ノ豐作ヲ祈ルノ意ヲ唱ヘ了リテ擧社酋長ノ家ニ會飮ス其他稻、粟ノ下種前及ヒ粟ノ收穫後祭祖ヲナス而シテ「パリザリザオ」(下蕃社)ノ中ニハ其山林ノ外部ヲトシ矮小ナル一宇ノ茅屋ヲ設ケ之ヲ「ガド」ト稱シ主トシテ敬虔的ノ意ヲ致シ祭儀等ハ渾テ此建物ノ前ニ行ヒ祖靈臨降亭祭ノ所ト認メ妄リニ他人ノ近ツクヲ准サス蓋祖靈殿ノ初形ニ屬スルモノナルニ近シ

五年ニ一回祭祖ノ日ヲ以テ「マヴアヤイヤ」トイヘル遊戲ヲ行フ乃チ樹皮ヲ束ネテ頭大ノ球ヲ造リ人頭ニ擬シ一人之ヲ上方ニ抛チ衆蕃竹槍ヲ以テ之ヲ受ケ中レルモノヲ優勝者トナス蓋嘗テ人頭ヲ戮取シ之ヲ抛テ行ヒタル遺風ニカヽルトイフ

「スパヨワン」族ノ創世的口碑

同族ニ傳フル口碑ニ曰

我族ノ祖先ハ元天ヨリ降リ爾後子孫繁殖シテ所在ニ分居セリ此頃知本社(臺東)ニ「サパリャリャウト」及ヒ「カリマダオ」トイヘル二人ノ兄弟アリ事ヲ以テ故地ヲ去リテ巴朗衛ニ住ミ「サパリャリャウト」ハ一男ヲ生ミ「キヤキヤ」ト名ツケリ彼レ長スルニ及ヒ山ヲ越エテ「テラソク」ノ山中ニ來リ住ミシカ人之ヲ知ルモノアラサリキ會々此地方大ニ旱シ歳將ニ凶ナラントセシカハ一族相會シテ雨ヲ祖先ニ祈リシニ祖先夢ニ告テ曰一人ノ偉人「テラソク」ノ山中ニ在リ之ヲ推シテ大酋長トセハ歳豐ナルヲ得ヘシト蕃人喜ヒ遍ク討ネテ之ヲ求メシニ果シテ「キヤキヤ」ヲ得依テ薦メテ大酋長トナセリ於是「キヤキヤ」衆ニ代リテ一タヒ雨ヲ祈リシニ大雨忽チ至リ年大ニ豐熟セリ是ヨリ其子孫「パリザリザオ」(下蕃社)ノ大酋長ヲ世襲スルニ至レリ

以上ノ口碑ニヨレハ「スパヨワン」族ハ元ト久シク此方面ニ占居セシ人類ニシテ後「プユマ」族ノ有力者カ入リ來リ之ヲ統管セシコトヲ知ルヘシ而シテ其社會的組織カ村族制ヲ形ツクリシハ此ノ統管ノ時代ニ起因スルモノナルヘシ仍ホ同族ノ口碑ニヨレハ「キヤキヤ」ヨリ現代ノ大酋長「ヴアンキン」ニ至ルマテ八代ニ當ルトイヘリ其正否ハ姑ラク措キ假リニ一代ヲ三十年トシテ推算セハ凡ソ今ヲ距ル二百年前後ニ於ケル出來事ナルカ如シ

生業

「スパヨワン」族ノ蕃人間ニ於ケル生業ハ平地ニ住居スルモノト山地ニ住居スルモノトニヨリテ多少異ルモ一般ニ農業及ヒ狩獵ハ其重ナルモノニシテ次ハ家禽及ヒ家畜ノ飼養、炭燒キ、漁魚、手工、裁縫及ヒ織布等ナリ此等ノ蕃人ニツキ注意ス可キハ平地ニ住居スルモノハ蕃地ノ產物ヲ漢人ト交換シ或ハ彼等ノ日用品ヲ漢人ヨリ購求スル時ニ當リ通事ノ手ヲ借ラスシテ直接ニ商店ニ行キ賣買スル事是ナリ此ノ如キハ臺東地方ノ蕃人ヲ除キテハ嘗テ見サルトコロナリ其結果トシテ貨

幣ノ眞價ヲ知リ此ヲ通貨トナシ居ルモノ多キニ至レリ

一、農業

「スパヨワン」族ノ蕃人間ニ於ケル農業ハ處ニヨリテ大ニ差異アリ要スルニ平地ニ住居スル蕃人ハ大ニ進歩シ漢人ト殆ト差異ナキマテニ達セル者モアルニ至レリ然トモ山地ニ住居スル蕃人ニ至リテハ前者ノ如クナラス「ツアリセン」及ヒ「ツオオ」族ト伯仲ノ間ニアリ

恒春並ニ臺東ノ平地ニ住居スル蕃人ノ農業ハ大ニ進歩シ特ニ臺灣ノ蕃人中最發達シタル蕃社ト稱セラル、猪勝束、射麻里及ヒ蚊蟀等ノ社ハ漢人ト毫モ差異ナキマテニ發達セリ要スルニ平地ノ蕃社ハ大概水田ヲ作リ且水牛ヲ使用シテ耕作シ其農具ノ如キモ亦漢人ト同一ノモノヲ使用シ居レリ

作物ハ處ニヨリテ多少異ルモ普通ナルハ稻、粟、蕃薯、芋仔、落花生、樹豆、綠豆、肉豆、南瓜、菜瓜、冬瓜、茄子(平地ノミ)白菜葱、苧仔、薑及ヒ煙草等ニシテ總テ一年一作ナリ而シテ恒春「スバヨワン」ノ上蕃社ニ於テハ迷信ヨリシテ稻ヲ作ラス此等ノ農作中最產額ノ多キモノハ稻、粟、蕃薯、荳類、芋仔、烟草等ナリ此族ノ恒春「スパヨワン」ノ如キ其交換物ノ十中六七ハ農作物ヨリ成ル

平地ニ住居スル蕃人ハ大概肥料ヲ施用スレトモ處ニヨリテハ之ヲ施用セス而シテ山地ニ住居スルモノハ天然肥料ニヨリテ種作スルヲ以テ土地ヲ轉換スルコト他ノ蕃族ト同一ナリ

山地ニ住居スル蕃人ハ他ノ蕃族ト同一ニシテ除草ハ女子ノ業務ナルモ平地ニ住居スルモノハ男女共ニ之ヲナス穀物ノ成熟セルトキニハ恒春「スバヨワン」ノ平地ニ住居スルモノハ漢人ト同シキ方法ニヨリテ種子ヲ打チ落スモ其他ノ處ハ他ノ蕃族ト同ク穗ノ下五六寸ノ處ヨリ鎌ヲ以テ刈リ取ルナリ

農具ハ平地ニ住居スルモノハ漢人ト同一ノモノヲ使用シ居ルモ山地ニ住居スルモノハ他ノ蕃族ノ如ク唐鍬、鎌仔、小鍬等ニシテ刀仔モ亦之ヲ使用ス

此地方ノ蕃社ニ菓樹ヲ栽培スルノ風アリ其種類ハ處ニヨリテ多少異レリ臺東「スパヨワン」ノ蕃社ヨリハ柑仔、芭蕉、叭臘鳳梨等又恒春「スパヨワン」ヨリハ柑仔及ヒ叭臘等ヲ產出ス

此族ノ蕃人ハ盛ニ檳榔子ヲ嚙ムノ慣習アルヲ以テ檳榔樹ヲ家屋ノ周圍ニ栽植ス

要スルニ此族ノ蕃人間ニ於ケル農業ハ各處一ナラスト雖平地ニ住居スルモノハ一般ニ進歩シ漢人ト同一ナル程度ニ達シ而シテ山地ニ住居スルモノハ未タ前者ノ如クナラサルナリ

二、狩獵

「スパヨワン」族ノ蕃人モ亦農業ノ傍ラ狩獵ヲナス然トモ平地ニ住居スルモノハ山地ニ住居スルモノニ比シテ盛ナラス稀ニ之ヲナスノミ

狩獵ニ用ユル器械ハ多ク銃器ヲ使用シ蹄繋（ワナ）ヲ使用スルコト甚タ稀ナリ此ノ族ノ蕃人ハ「ツアリセン」族ノモノト同シク概ヲ蕃丁ノ二倍ノ數ノ銃器ヲ所持シ居ルヲ以テ弓矢及ヒ鎗鏢等ヲ使用スルコト殆トナシト云フモ可ナリ

恒春「スパヨワン」ノ上蕃社ニ於テ一種ノ鎗ヲ所持セリ其柄ニ種々ノ彫刻ヲ施シ且種々ノ色ヲ以テ之ヲ彩飾ス而シテ色彩ヲ施シタルモノハ酋長ニアラサレハ之ヲ使用スルコトヲ得スト云フ刀仔ハ「ツアリセン」族ノモノト殆ト同形同大ノモノニテ其尖端ニ僅ニ反リアルノミ而シテ刀鞘ハ間々漆ヲ以テ之ヲ赤色ニ塗リタルモノヲ見ルコトアリ

鯪鯉（穿山甲）ハ各地之ヲ産セサルナシ然トモ比較上此地方ニ最多シ之ヲ捕フル法ハ甚タ簡單ニシテ七八月ノ交月夜ニ乘シ犬二三頭ヲ曳キテ河磧ヲ徘徊シ若シ犬ノ鯉ヲ見出トキニハ頻ニ吠ユルヲ以テ鯪鯉ハ犬ヲ恐レテ其身ヲ捲縮ス此時蕃人ハ手ツカラ之ヲ捕フルナリ

三、家畜及ヒ家禽ノ飼養

家畜トシテ此族ノ蕃人間ニ飼養セラルヽモノハ水牛黃牛並ニ豚等ヲ普通トスルモ山地ニ住居スルモノハ豚ノミニシテ水牛及ヒ黃牛ヲ飼養セス

臺東及ヒ恒春地方ノ平地ニ住居スル蕃人ハ何レモ水牛及ヒ赤牛ヲ飼養ス最多キモノハ一人ニシテ五六頭ヲ飼畜シ居ルモノアリ其飼養ノ方法ハ頗ル簡單ニシテ漢人ト同シク晝間ハ之ヲ野ニ放チテ秣ヒ蕃童ヲシテ之ヲ看守セシメ夜間ハ牛柵ニ入レ置クノミ牛ハ耕作ノ外ニ車ヲ牽カシム牛二三頭ヲシテ一輛ノ車ヲ牽カシムルヲ以テ極テ重キモノヲモ一輛ノ車ニテ運搬スルコトヲ得可シ

家禽ハ雞ノミニテ一般ニ之ヲ飼養シ居レリ

四、炭燒

此地方ノ蕃人ハ他ノ蕃族ニ比シ進歩シ居レル證トス可キハ彼等自身ノ使用スル目的ニアラスシテ漢人ニ販賣スルノ目的ヲ以テ物ヲ作ルコト是ナリ現ニ恒春「スパヨワン」ノ下蕃社ノモノハ炭ヲ燒テ之ヲ恒春並ニ車城等ノ市民ニ販賣シ居レリ

炭ヲ燒ク方法ハ木ヲ伐リテ火ニ入レ程ヨク燒ケタルヲ見計ヒテ其上ニすヽき等ヲ懸ケ上ニ更ニ土ヲ覆ヒ火ノ全ク消ヘタル時ニ堀リ出スナリ只惜ラクハ燒法宜キヲ得サルヲ以テ未タ堅炭ヲ燒クコト能ハス若シ此等ノモノニ竈ヲ築キテ此中ニ

テ燒クコトヲ敎ヘナハ大ニ良炭ヲ得ルナラン

(附)恒春「スパヨワン」ノ下蕃社ノ蕃人ハ薪ヲ採リテ漢人ニ販賣シ又山ヨリ材木ヲ伐リ出シテ此ヲモ漢人ニ販賣スルニ至レリ最モ奬勵ヲ要ス可キ事ナリ

五、漁　魚

漁魚ノ方法ハ他ノ蕃社ト大同小異ナルモ處ニヨリテハ投網ヲ使用シ又ハ鈎ヲ以テスル等漢人ト異ラス且魚筌ヲモ使用セリ然トモ山地ニアルモノハ他ノ蕃族ト異ラス

(附)東海岸ニ近キ處ノ蕃人ハうみがめノ海岸ニ來リテ產卵スル時ヲ窺ヒ此ヲ顚倒シテ捕フルト云フ

六、手　工

此族ノ蕃人間ニ行ハル手工ハ木工、編蓆、籐細工、編網等ニシテ鞣皮ノ製造行ハレアルヤ否ヤハ不明ナリ

此族中恒春「スパヨワン」ハ「ツアリセン」族ノ如ク彫刻ニ巧ニシテ器物ニ種々ノ彫刻ヲナスノ風習アリ

木板ヲ造ルニハ山刀ト斧トニテ之ヲ爲シ又木ヲ刳リ抜キテ箱或ハ其他ノ日用品ヲ製造ス不完全ナル道具ニテモ猶斯ク製造シ得ルヲ以テ精良ナルモノヲ與ヘハ大ニ進歩スルナル可シ

又草蓆ハ他ノ蕃族ト同ク月桃ト稱スル植物ノ葉ヲ以テ編メリ獨リ草蓆ノミナラス種々ノ入レ物ヲ製ス特ニ刻ミ煙草ヲ入ヽモノヽ如キハ最巧ミニ造レリ唯晒スコトヲ知ラサルヲ以テ其色白カラス籐ハ山地ノ蕃社ニ多ク之ヲ產ス之ヲ採リテ交換品トナシ或ハ之ヲ以テ種々ノ器具ヲ製造ス要スルニ平地ニ住居スルモノニハ籐細工盛ナラサルモ山地ノ者ニハ盛ナリ

此族ノ蕃人モ「ツアリセン」族ノ蕃人ト同ク網ヲ編ムコト甚タ巧ミニシテ其編ミ目ハ極テ細カナルカ故ニ恰モ織リタルカ如キ觀アリ網ヲ造ルコトハ大概女子ノ職業ニシテ男子ハ稀ニ之ヲナスノミ

七、裁縫及ヒ織布

此蕃人ハ衣服其他ノモノニ縫ヒヲナスノ習慣アリ衣服ノ袖及ヒ胸等ノ部分ニ色糸ヲ以テ縫飾シ檳榔子ヲ入ル袋ニモ亦縫飾ヲナス概シテ其針目ノ揃方ハ他ニ比シテ進歩シ居レリ

衣服ハ漢人ノ木綿ヲ以テ之ヲ製ス故ニ蕃布ハ盛ニ之ヲ製造セサルナリ

要スルニ此蕃族ハ渾テ諸般ノ事ニ於テ進歩ヲ示シ特ニ恒春「スパヨワン」ノ中ナル下蕃社即「パリザリザオ」ノ如キハ銀貨ヲ使用シ特ニ物品ヲ賣買スルニハ物品交換ヲナサスシテ銀貨ヲ使用スルニ至レリ而シテ一般ノ交換品モ亦大概農產物ナルヲ以テ此族ノ進歩セルモノナルコトヲ證スルニ足レリ

第六「プユマ」族

卑南ノ平野並ニ近傍ニ其風俗習慣等「ツアリセン」及ヒ「スパヨワン」ノ二族ニ近似セル蕃人ノ一群アリ自ラ「プユマ」ト稱シ漢人ハ之ヲ卑南蕃ト稱セリ

此族ノ蕃人ハ處ニヨリテ其進歩ノ度ヲ異ニシ交通ノ便利ナル平地ニ住居スルモノハ大ニ開ケ居ルモ山地ニ住居スル「タロマ」即チ大南社ノ如キハ其進歩ノ度低クシテ「ツアリセン」及ヒ「スパヨワン」ト伯仲ノ間ニアリ

地理的分布

「プユマ」族ノ蕃人ハ卑南平野並ニ其近傍ニ分布シ北ハ卑南溪ヲ以テ界シ南ハ知本溪ヲ以テ臺東ノ「スパヨワン」族ト境ヲ接セリ

此族ノ大半ハ平地ニ住居シ山地或ハ傾斜ノ緩ナル斜面ノ地ニ住居シ居ルモノ甚タ少シ

往時此蕃族ノ酋長ハ臺東ノ南半部卽今ノ璞石閣及ヒ成廣澳以南ヨリ更ニ巴朗衞以北マテノ間ニ在ル諸異族七十餘ヲ領シタリシカ其後各族獨立シテ今日ノ如ク卑南平野ノ一方ニ同族蕃社ノミヲ領スルニ至レリ而シテ「タロマ」即チ大南社ノ如キ此蕃族中ニ編入スルモ其實此族ト臺東「スパヨワン」若ハ「ツアリセン」トノ中間ニアル特殊ノ部族ナルカ如シ姑ク便宜上此族ニ附記セルノミ

蕃社及戸數人口

此族ニ屬スル蕃社次ノ如シ

但元臺東撫墾署ノ調査ニヨル

一、卑南（ピナン）社　二小社ヨリ成ル
二、檳榔四格（ヒナシキ）社　一社ヨリ成ル
三、阿里擺（アリバイ）社　三小社ヨリ成ル
四、北絲鬮（ポスコ）社　一社ヨリ成ル
五、大巴六九（タバラックー）社　一社ヨリ成ル

六、廸化遷化社　一社ヨリ成ル
七、知(チ)本(ポン)社　一社ヨリ成ル
八、射(シヤ)馬(マ)干(カン)社　一社ヨリ成ル
九、大(トア)南(ナム)社　三小社ヨリ成ル

此等ノ番社ノ戸數及ヒ人口左ノ如シ

社名	小社數	戸數	男	女	合計	一戸ニ於ケル平均人口
卑南社	二	二一五	五七三	四九六	一、〇六九	五、三
楳椰四格社	一	五一	一五八	一二九	二八七	五、六
北絲鬮社	一	二〇四	四四七	五三〇	九七七	四、三
阿里擺社	三	六八	一四〇	一四〇	二八〇	四、一
大巴六九社	一	八一	一〇〇	一〇三	二〇三	二、六
廸化遷化社	一	三〇六	三二五	三九五	七二〇	二、三
知本社	一	二一二	四六五	三一一	七七六	三、七
射馬干社	一	一七七	三二〇	二五九	五七九	三、二
大南社	三	一六九	四五二	三九五	八四七	六、四
合計	一四	一、四八三	二、九八〇	二、七五八	五、七三八	
總平均		一〇六	二一二、八	二三五、五	四〇九、八	四、二

一小社平均戸數百〇六戸
一小社平均人口四百〇九人八分
一小社平均一戸ノ人口數四人二分

統制的現狀

一、社會的組織

「プユマ」族ノ社會的組織ハ原ト「ツアリセン」「スバヨワン」ノ二族ト同シク村族制ニシテ酋長專制ノ體制ヲ爲セシコトアリシカ其後分裂シテ家族聯合制ニ變シ自治ノ體制ヲ爲シツヽアリ而シテ蕃社ノ所在地及ヒ附近ノ土地山河ハ渾テ一社ノ共有トシ酋長之ヲ管理ス

二、酋長ノ統治

酋長ハ血統上ノ世襲ニシテ繼承上ノ世襲ニアラス何トナレハ「プユマ」族ニ在リテハ渾テ贅婿法ノ結婚ニ限ラルヽカ故ニ男子ハ其ノ生家ヲ承クルノ權能ヲ有セス去レハ已ニ酋長家ノ血統ヲ承ケタルモノハ何人ノ家ヲ繼クモ酋長タルヲ得ルモノトス

凡ソ酋長ノ社内ニ於ケル權力ハ一社ノ安寧ヲ維持スル爲有力ナル裁制上ノ能力ヲ有スルモ大事ニ至リテハ渾テ一社ノ長老ト協議シテ之ヲ專斷スルコトナシ又「タオリ」乃チ漢人ノ所謂薩鼓冝ノ通信制行ハル其ノ法「ツオオ」族ノ「モログ」ト大差ナク鉄片ヲ卷キ舌ヲ付シタル鈴ヲ表面ニ彫刻アル箆狀ノ木片ニ結ヒツケ一社内ニ傳告ヲ要スルコトアレハ共同宿泊所乃チ「パラコワン」内ニ在ル男子ノ任務トシテ之レヲ腰ニシ鈴ヲ鳴ラシツヽ社内ヲ疾走スルモノトス

（附）刑罰

社衆ノ犯罪ニ對スル治罪ハ酋長ノ權ニ屬ス原來「プユマ」族ニ認メラルヽ罪惡ノ行爲ノ重モナルモノ四アリ

一　姦罪
二　殺人
三　非理ノ爭論
四　窃盗

姦罪ハ有夫姦ノミヲ有罪トシ且其本夫タルモノヽ姦夫姦婦ヲ殺害スルヲ准許シアリ而シテ犯者ニシテ特赦ヲ酋長ニ哀請スルアレハ特ニ金品ヲ以テ其罪ヲ贖ハシメ罰ヲ免スルコトアリ殺人ハ故殺過殺ノ別ナク渾テ有罪トシ加害者ノ所有物一

切(家ハ此限ニアラス)ヲ被害者ノ遺族ニ贈リテ其罪ヲ贖ハシメ尚情ノ惡ムヘキモノハ之ヲ社外ニ放逐ス非理ノ爭論ハ互ニ理非曲直ヲ爭テ裁ヲ酋長ニ求ムルニ當リ酋長ヨリ非理ト判決セラレシ一方カ酒肉ヲ出シテ和親ノ會飲ヲナシ且擧社衆蕃ニ饗スヘキ罰科ヲ負擔セシメラル窃盜ハ其盜品ヲ沒收シテ被害者ニ返付シ若シ消失セハ之ヲ賠償セシメ且金品ヲ出シテ贖罪ヲ爲サシム若シ贖罪ノ資力ナキモノハ酋長之ヲ代辨シ犯罪者ヲ笞罰ニ處ス

治罪ハ渾テ情ニ依リ事ニ應シ隨時罰ノ輕重ヲ定ム

三、家族組織

自己ヲ本位トシ本系傍系ヲ問ハス尊上卑下トモ凡ソ三代ヲ以テ近親ノ關係者ト認ム

族制ヨリ言ヘハ分類族制ニシテ且女系統ノ家族組織ナリ乃チ家ヲ承クルモノハ長女ニシテ他ノ次女以下ハ渾テ分産承受ノ權ヲ有スルモ男子ハ之ヲ有セサルモノトス

土俗

一、住所

「プユマ」族ノ家屋ノ在ル所多クハ平地ニシテ各種ノ建物隣々相接シテ存在シ且部落ノ外圍ハ竹叢ヲ繞ラシ一區畫ヲ爲スヲ常トス

(一)家屋　ハ概シテ丸竹ヲ柱トシ割竹ヲ壁トシ屋根ハ茅ニテ厚ク葺キ二面傾斜トナス其大サ梁行五六間乃至四五間桁行三四間乃至五間ニシテ梁高八九尺檐高五六尺ナルヲ普通トス

屋內ノ裝置ハ多ク單房ニシテ土床トシ中央及ヒ周圍ニ高ク棚ヲ架シ什具ノ排列ニ供シ壁ニ沿フテ「アタイヤル」族ニ見ル如キ木緣籐床ノ寢臺アリ三石塊ヲ竈トス然レトモ漢人ト同一ノ竈ヲ築キ居ルモノモアリ

(二)共同宿泊所　ニ二種アリ一ヲ「タコパン」トイヒ一ヲ「パラコワン」トイフ「タコパン」ハ幼年兒童乃チ凡ソ十一二歲ノ頃ヨリ十四五歲ノ頃マテノモノヽ宿泊所兼遊戲所ニシテ其構造ハ丸竹ノ柱ヲ幾條トナク地ニ不規則ニ立テ高サ七八尺ノ部分ニ支柱ヲ結ヒ不整ナル圓形ノ高架家屋ヲ造リ割竹ヲ用ヒテ四壁トナシ內部ハ隔障ヲ設ケ一畫內ニ一、二人ヲ居ラシム而シテ中央ニ竹造ノ梯子ヲ架シテ昇降ニ便ス

「パラコワン」ハ少年乃チ十五六歲ノ頃ヨリ結婚期マテノモノヽ宿泊所兼作業場ニシテ其ノ構造普通ノ家屋ニ異ナラス壁ニ沿ヒ上下二層ニ方四尺內外ノ小房ヲ畫シ恰モ滊船ノ客室ノ狀ヲナシ一畫內ニ一人ヲ入ルヽモノトス

「プユマ」族ニ於ケル共同宿所ノ裁制ハ「ツォオ」族ノ如ク嚴格ナラサルモ亦婦人ノ故ナクシテ來リ入ルヲ准サス且苦樂ヲ

共ニスルノ素養ヲナスハ一種ノ鍛錬所タルノ性質ヲ失ハス

「パラコアン」ハ一社内一所ニ止ラス區域大ナル社ニアリテハ數軒アリ乃チ界南社ノ如キハ大小六棟アリテ各々其名稱ヲ有セリ一ヲ「キノトル」ト云ヒ二ヲ「パタパン」ト云ヒ三ヲ「マルヴァロ」ト云ヒ四ヲ「ガモガモ」ト云ヒ五ヲ「カルナン」ト云ヒ六ヲ「キナヴラオ」ト云フ

(三)小舍　小ナル茅舍ニシテ長方形トナシ隔障ヲ設ケテ二分シ一半ハ床ヲ張リ戸ヲ閉チテ穀倉トシ一半ハ開放シテ牛車ノ置場トス

(四)家畜舍　ハ牛檻、豚柵、雞舍トシ牛檻ハ木造ニシテ水牛ヲ畜ヒ豚柵ハ木造内ニ茅舍ヲ設ケ雞舍ハ小ナル竹造トス

二、衣飾

(一)衣服　「プユマ」族ノ衣服ハ有袖無袖衣ノ別アリ有袖衣ハ漢人ヨリ得タル布片ヲ材料トシ男女トモ丈短クシテ下腹ニ達スル長サヲ有スル筒袖ノ衣トシ無袖衣ハ男子ノ專用ニシテ長サ腰ニ至リ材料ハ獸皮及ヒ自製ノ布等トス要スルニ「プユマ」族ノ衣服ノ制ハ全ク「ツアリセン」族ト相一致ス尚ホ支那風ノ衣衫ヲ襲用スルモノ多數アリ褌ハ男子ニ在リテハ「スパヨワン」族ニ一致シ幅一尺五寸許リ長一尺内外ノ布片一枚二枚ヲ纒腰シ女子ニ在リテハ男褌ヲ長大ニセルモノ乃チ長サ三尺巾二尺許リノ布片二枚ヲ左右ヨリ纒フコト「ツォオ」族ノ如シ尚ホ支那風ノ褌ヲ用ユルモノ多シ

(二)帽　ハ「ツァリセン」「スパヨワン」二族ニ同シク鞣皮製ノ圓頭狀ヲナセルモノトシ多クハ黑及ヒ赤ノ色料ヲ用ヒ直曲線、角ヨリ成レル一種ノ紋樣ヲ畫カキテ附飾トナス

(三)粧飾　「プユマ」族ハ身體ノ裝飾ヲナスコト殊ニ稀レニシテ唯女子ノ珠類ヲ貫連セル頸飾ヲ用ユルヲ特徵トス耳飾モ現用セラル、コト少ナク女子ハ罕ニ支那風ノ耳飾ヲ爲スノミ

(四)身體ノ毀飾　酋長ノ同族ノ女子ニ限リ兩手甲ニ刺墨ヲナス其款式ハ「ツアリセン」「スパヨワン」二族ノ女子ノ刺墨ニ同シク直線ト曲線トノ聯合ヨリ成ル蓋亦尊長表示ノ記號ナリ

男子モ亦舊ト「ツアリセン」「スパヨワン」二族ノ男子ニ見ル如キ胸背ノ刺墨ヲ爲セリトノ口碑ヲ傳フルモ今ハ全ク其風ヲ絶テリ

三、飲食

(一)食物　食物ハ粟、米及ヒ蕃薯等ヲ主食物トシ煮熟シテ之ヲ食ス副食物ハ荳類、瓜類、韭及ヒ薤、蘿蔔、竹筍、瓜類並ニ鳥獸魚ノ肉等ニシテ鹽ヲ和シテ調味スルヲ知リ其他食物ノ種類ニヨリ或ハ生ニテ之ヲ食シ或ハ燒キテ之ヲ食スル等一ナ

ラス

食器ハ籐製ノ平カナル筵ヲ用ヒ木匙ニテ扱食スル等渾テ「ツアリセン」並ニ「スパヨワン」族ト大差ヲ見ス

(二)酒　「プユマ」族ハ「タラオイ」ト呼フ一種ノ草ヨリ酵麴ヲ製シ粟ヲ蒸シ水ヲ和シ酵麴ヲ混シテ甕中ニ入レテ釀造ス三四日ニシテ成ルトイフ

(三)煙草(四)檳榔子　「ツァリセン」「スパヨワン」二族ニ同シク煙草ハ自ラ種植シ其葉ヲ粗ク刻ミテ用ヒ檳榔子ハ荖葉ニ包ミ石灰ヲ和シテ嚙ムモノトス而シテ「プユマ」族ノ特風トシテ鞣皮ヲ以テ製セル方形ノ袋ニ紐ヲ附シタルヲ肩ヨリ腋ニ纒ヒ煙草、煙管、燧器等ヲ入レ外出ノ際必ス之ヲ携ヒ其袋ノ一端ニハ長サ一尺許ノ小刀ヲ附着スルヲ常トス

習慣

一、結婚

「プユマ」族ノ結婚法ハ全ク贅婿法ニシテ娶婦法ナシ而シテ渾テ任意結婚ニシテ自ラ相愛スル配偶ヲ求メ男子ハ女家ニ入リテ婿トナルモノトス

結婚ノ儀式トシテ男子ハ自家ノ親族ヲ伴ヒ一束ノ薪ヲ負フテ女家ニ至ルヲ例トス

配偶ハ渾テ一夫一婦ニシテ近親ノ相婚ヲ准サス

二、生誕

家ニ生子アレハ酒ト餅トヲ具ヘ近親及社衆ヲ會シテ會飲ヲナス生後二ケ年頃マテハ概シテ命名セス命名ハ父之ヲ爲ス名ニ表家名及ヒ表人名ノ別アリ表人名ニ男女ノ差アリ其ノ呼ヒ方ハ表家名ヲ先キニシ表人名ヲ後ニス例ヘハ男子ニ在リテハ「パサラアル(家名)クラ、オ(人名)」女子ニ在リテハ「パサラアル(家名)サロイル(人名)」トイフカ如シ

三、疾病

疾病ヲ以テ亡魂ノ祟孽トナシ女巫アリテ之カ驅除ヲ爲ス乃チ病者ノ前ニ一杯ノ酒ヲ供ヘ兩手ニ芭蕉ノ葉ヲ携ヘ病者ノ身邊ヲ拂ヒ了リテ三タヒ酒ヲ地ニ灌キ咒句ヲ唱フ以爲ラク祖靈テ招キテ亡魂ヲ驅除スルナリト

此族ノ蕃人間ニ於ケル疾病ノ最モ重ナルモノハまらりや熱並ニ眼病ニシテ腸胃、皮膚病之ニ次ク此族ノ山地又ハ山地近傍ニ住居スルモノニハ甲狀腺腫ニ罹ルモノ多ク特ニ中年以上ノ婦人ニ多ク之ヲ見ル

四、埋葬

死者アルトキハ死屍ニ向ヒテ號哭シ生前臥シタル寢臺ノ下ヲ堀リコト五尺許「マスラン」ト呼フ籐ヲ編ミテ製セル敷物ニ

包ミテ之ヲ埋葬シ擧家溪水ニ赴キテ全身ヲ洗フヲ例トス

斯クテ家人ハ外出セサルコト三四日此期間女子ハ布片ヲ背ニ負ヒテ喪服トシ期盡キテ舊家ヲ棄テ、新ニ築キ移ルコト「アタイヤル」族ノ如クス

五、祭　祀

「プユマ」族ハ一年一回稻ノ收穫後祭祀ノ儀式ヲ行フ期ニ先タチ「タコパン」ノ共同宿泊所内ニ在ル幼童ハ竹槍ヲ携ヘ山ニ入リ一頭ノ猿ヲ獵シ來リ之レヲ「タコパン」ノ前ニ置ク早晨社衆ハ新米ノ餅ト新酒トヲ携ヘ來リ會シ酋長ハ右手ノ指ニテ上下二方ニ酒ヲ灌キテ祖靈ニ捧ケ了リテ社衆ハ猿ニ唾シツヽ社外ニ投棄ス斯クテ擧社會飲ヲ爲ス

其ノ他稻粟ノ下種ノ期前及ヒ其ノ刈穫後「タコパン」ノ前ニ於テ祖先ノ靈ヲ祀ル

因ニ曰ク同族ノ口碑ニ據レハ初メ「プユマ」族カ大酋長ピナライ乃チ卑南王ニ總管セラレ總ヘテ七十二社ヲ領セシトキニハ所領各社ノ内ヨリ毎年一人ヲ犧牲トシテ出シ祭場ニテ殺セシカ其後所領各社ノ獨立スルニ及ヒ猿ヲ以テ代フルニ至レリト云フ

又狩獵ノ期ノ初メニハ擧社ノ男子渾テ食ヲ斷チテ山ニ入リ鹿ヲ獵シ來リ「タコパン」ノ前ニ備ヒ且酒ヲ地ニ灌キテ祖靈ニ捧ケ狩獵ノ利多カランコトヲ祈リ了リテ肉ヲ割キ擧社會飲ヲナス

「プユマ」族ノ創世的口碑

同族ニ傳フル口碑ニ曰ク

卑南平原ノ南端ニ山アリ「アラパナイ」山トイフ（漢人之ヲ鑾山ト呼フ）山下ニ一巨石アリ昔此巨石剖ケテ二人ノ男女ヲ生メリ男ヲ「ウナイ」トイヒ女ヲ「タノワス」トイフ二人北シテ知本溪畔ニ來リ部落ヲ建テ「チブン」社トイヘリ已ニシテ三男三女ヲ生ミシカ後分レテ「プユマ」族各社ノ祖トナレリ此時天ハ低ク八ケノ日アリテ熱甚シク人皆ナ之ヲ苦ミシカ「ウナイ」ノ長子「シイアハオ」トイフモノ乃チ月桃ノ莖ヲ結ヒテ梯トシ天ニ昇リテ六ケノ日ヲ殺シ今ノ如ク二ケノ日月ノミトナシ大ニ蒼生ヲ安ンセリ其後多クノ年所ヲ經テ知本社ニ一人ノ偉人ヲ生セリ名ヲ「ピナライ」ト呼ヒ壯ナルニ及ヒ屢々山ヲ越ヘ枋寮ニ出テ漢人ト交易ヲナセシカ終ニ知本社ヲ去テ北進シ「ヴォヌ」トイヘル山下ニ定住シ知本社ヲ初メ一族ノ各社ヲ服從シ次テ附近ノ「アミス」族ヲ征服シ居ヲ「ポオソン」ト呼フ地ニトシ「キナブラオ」社ト呼ヘリ今ノ卑南社ノ在ル所ノ地乃チ是レナリ斯クテ中央方面ニテハ璞石閣附近海岸方面ニテハ成廣澳附近マテノ「アミス」族ヲ統ヘ所管ノ蕃社七十二ニ及ヒタリ後「ピナライ」死シ其ノ子「カラサン」父ノ後ヲ承ケテ七十二社ヲ管セシカ威權父ノ如クナ

ラス今ヨリ五六十年ノ頃ニ至リ各社終ニ各々獨立スルニ至レリ

乃チ「プユマ」族ノ根源地ハ知本渓畔ノ方面ニシテ其定居ノ年久シキハ天降的創世説ノ口碑ヲ傳フルニヨリテ知ラル而シテ今ヲ距ル二百年前後ノ頃一時全盛ヲ極メ卑南社ノ如キ東部臺灣ニ於ケル集權ノ府ノ姿ヲナセシモノヽ如シ今日漢人カ傳ヘテ卑南王ト呼フモ決シテ偶然ナラサルヲ知ル

生　業

「プユマ」族ノ蕃人間ニ於ケル生業ハ農業及ヒ牧畜ヲ重モナルモノトシ山地又ハ其近傍ニ住居スルモノハ農事ノ閑ナル時ニ狩獵ヲナス次ハ家禽ノ飼養、漁魚、手工、炭燒キ及ヒ裁縫等ナリ

此等ノ外ニ苦力或ハ蕃社ノ產物ヲ販賣スルヲ以テ業トナシ居ルモノモアリ此族ノ蕃人ハ山地ニ住居スルモノヲ除キテハ通事ノ手ヲ借ラシテ漢人ト直接ニ交換賣買ヲナシツヽアルカ故ニ今日ハ彼等ノ間ニモ銀貨ヲ通用スルモノヲ見ルニ至レリ

一、農　業

「プユマ」族ノ蕃人ノ農業ハ平地ニ住居スル者ト山地近傍ニ住居スル者トニ依テ異レリ平地ノモノハ水田ヲ作リ水牛ヲ使用シテ耕作ヲナシ居ルモ山地近傍ノモノハ他ノ山地ニアル蕃族ト同一方法ニヨリテ耕作ヲナシ居レリ

此族ノ蕃人ノ耕種セル農作物ハ處ニヨリテ多少異ルモ稻、粟、胡麻、蕃薯、芋仔、樹豆、落花生、綠豆、肉豆、南瓜、冬瓜、蘿蔔、薑、韮、薤、茄子及ヒ煙草等ハ最モ普通ニ見ル所ノモノタリ此等ノ中ニテ最モ產額ノ多キハ胡麻ニシテ漢人ノ手ニ依リテ臺南、鳳山及ヒ廈門等ノ地ニ輸出セラル然トモ肥料ノ充分ナラサルヲ以テ其實入（ミイリ）宜シカラスト云フ胡麻ニ次キ產額ノ多キモノハ稻粟並ニ豆類ナリ此等ノ農作物ハ何レモ一年一回種作スルノミ又前山ナル蕃人間ノ農業ニ比シ進歩シタルハ輪作法ノ行ハレ居ルコトナリ例ヘハ粟ヲ作リシ後ニ豆類ヲ作ルカ如シ而シテ其輪作スル種類ハ概ネ一定セリサレハ此輪作ノ結果トシテ荒蕪セル畑ヲ見ルコト少シトス除草ハ男女共ニ之ヲナシ尚蔓アル作物ニハ竹又ハ木ヲ立テヽ此ニ倚ラシムル等ノ發達ヲ爲セリ

蕃人ノ使用スル農具ハ平地ニ住居スルモノハ漢人ト異ルコトナキモ山地近傍ニ住居スルモノハ重ニ唐鍬及ヒ小鍬等ヲ以テ耕作シ居レリ

此族ノ蕃人ハ水田ニハ堆積肥料ヲ施用スルモ畑ニハ施用セサルヲ以テ勢ヒ土地ヲ轉換セサル可ラスシテ大概四年毎ニ一轉換セリ

家屋ノ周圍又ハ畑ノ傍ニハ菓樹ノ栽植ヲナス其種類ハ芭蕉、叭臘、柑仔等ニシテ芭蕉ハ到ル處ニ栽培セリ

菓樹ノ外ニ檳榔樹ヲ社內ニ植エ蓊鬱タル林ヲ成シ居ル處アリ此族ノ蕃人ハ檳榔子ヲ嚙ムノ習慣アルコト「スパヨワン」及ヒ「ツアリセン」族ト同一ナリ

要スルニ「プユマ」族ノ農業ハ恒春「スパヨワン」ノ「パリザリザオ」(下蕃社)ト伯仲ノ間ニアリト云フモ不可ナカル可シ

二、家畜及ヒ家禽ノ飼養

此族ノ蕃人間ニハ牧畜ノ業大ニ發達シ居ルコト亦恒春「スパヨワン」ノ「パリザリザオ」(下蕃社)ト同一ニシテ水牛並ニ黃牛ヲ盛ニ飼養セリ一人ニシテ最モ多キモノハ七八頭ヲ飼養シ居ルモノモアリト云フ

牛ヲ入ル、爲特別ニ木欄ヲ作リテ夜間此內ニ休マシムル用ニ供ス晝間ハ之ヲ野ニ放チテ秣カヒ唯蕃童ノ之ヲ看守シ居ルノミニシテ特別ナル取扱アルヲ見サルナリ加之四時青草ノ存スルヲ以テ牧畜ハ蕃人ノ生業トシテハ最モ適當ナルモノ、一ナル可シト信ス

家畜ハ牛ノ外ニ豚ヲ飼養シ最モ多キハ一人ニシテ七八頭ヲ有スルアリ

家禽ハ唯雞ノミニシテ到ル處之ヲ飼養シ居ルモ未タ盛ナリト云フヲ得ス

三、狩獵

此族ノ蕃人ハ農業牧畜ヲ以テ重ナルモノトナシ殊ニ平地ニ住居スルモノハ今ヤ殆ト狩獵ヲナサス唯山地近傍ニ住居スルモノハ農事ノ閑ナル時ニ於テ僅ニ之ヲナスノミ然トモ大南社ノ如ク全ク山地ニ住居スルモノハ他ノ山地ニ在ル蕃族ト同ク狩獵ヲナシ居レリ

蕃人ノ獵獲スルモノハ他ノ地方ト同一ニシテ鹿、羌仔、山猪、山羊並ニ猴等トシ稀ニ石豹及ヒ鯪鯉等ヲモ獲ルコトアリ此等ノモノヲ獵獲スルハ他ノ蕃社ト大同小異ニシテ專ラ銃器ヲ使用セリ弓矢鎗鏢等ハ全ク之ヲ使用セス

此族ニ屬スル蕃人ノ帶ヒ居ル刀ハ「ツアリセン」及ヒ「スパヨワン」族ト同式ノモノニシテ唯僅ニ其先端ニ反リアルノミナリ

鯪鯉ヲ捕フルニハ犬ヲ使用スルコト「スパヨワン」族ト同一ナリ

四、漁魚

此地方ノ蕃人ハ魚ヲ捕フルコト甚タ稀ナルモノ、如シ而シテ其普通ノ方法ハ溪水ヲ閂塞シ圓錐狀ノ魚筌ニテ捕フルモノトス

五、手工

「プユマ」族ノ蕃人ハ漢人ト交通自在ナルカ爲ニ漢人製作ノ物品ヲ使用シ居レリ故ニ手工ハ他ノ蕃族ニ比シテ發達セルモノ、如シ今手工トシテ擧ク可キハ、蓆、網、籐細工及ヒ木工等ニ過キス

草蓆ハ一般ニ之ヲ編ミ造リテ使用シ居レリ其材料ハ月桃ト稱スル植物ノ葉ヲ陰乾ニシタルモノヲ使用ス

網ハ「ツアリセン」及ヒ「スパヨワン」族ノモノト同一ニシテ其編ミ目ノ細カナルコト手編ミトシテハ實ニ巧ミナリ原料ハ苧仔絲ニシテ器械ヲ用ヒ縒リヲ掛クルニアラス悉ク手縒リナレハ之カ爲ニ多クノ時間ヲ費サヽル可ラスト云フ

籐細工ハ山地近傍ノ蕃社ニテハ多少之ヲナスモ平地ノモノハ殆ント之ヲナサス然トモ籐ハ本國ニ於ケル繩ノ如ク種々ノモノニ利用シ居レリ

木工ハ木板ヲ作ルコト鋤並ニ牛車ヲツクルコト等ニシテ彼等ノ必要上ヨリ發達シ居レリ今日ニ於テハ鋸ヲ使用スルコトヲ知ルニ至リシ處アリ

此等ノ外貝殼ニテ食匙ヲツクリ又ハ此ヲ能ク磨キテ種々ノ什器ニ象眼ヲナスヲ見タリ不完全ナル器械ニテ作リシモノトシテハ精巧ナリト云フテ可ナリ

（附）此族ノ蕃人ハ器物ニ漆ヲ塗リテ美觀ヲ添ルコトヲ知レリ色ハ赤ニシテ原料ハ漢人ヨリ買求メテ之ヲ使用ニ供ス

六、炭燒

此族ノ蕃人ニシテ山地近傍ニ住居スルモノハ恒春「スパヨワン」ト同シク炭燒キヲナシ居レリ其燒キ方モ亦恒春「スパヨワン」ト同一ニシテ地ヲ堀リテ此中ニ薪ヲ入レ火ノ能ク全体ニ廻ハリタルトキニ其上ニすゝき其他ノモノヲ以テ蔽ヒ更ニ其上ヲ土ニテ蔽ヒ火ノ全ク消エタルトキニ之ヲ堀出スナリ

此ノ如キ製造法ナルヲ以テ堅炭ヲ得ル能ハサルハ勢ノ免レサル所ナリ若シ竈ヲ築キ此ニテ燒クコトヲ敎ヘナハ容易ニ進歩スルヲ得可シ特ニ臺東ハ森林ノ能ク發達シ居ル地方ナルヲ以テ後來大ニ有望ノ見込アリ

七、裁縫

此族ノ蕃人ハ漢人ヨリ布ヲ得ルノ便利アルヲ以テ自ラ不完全ナル器械ニテ永キ時間ト多クノ勞力トヲ費シテ布ヲ織ルコトヲナサス故ニ今ヤ機織ハ殆ト之ヲナサスト云フモ可ナリ

裁縫ハ他ノ蕃族ト大同小異ニシテ未タ尺度（モノサシ）ヲ使用スルニ至ラス上肢ヲ以テ長ヲ計リテ布ヲ裁スルヲ常トス

衣服モ漢人ト似タルモノヲ着ケ居リ之ヲ裁縫スルマテニ進ミタルヲ以テ他ノ蕃族ニ比シテ一般ニ進歩ヲ示セリ絲ハ多ク

ハ綿絲ヲ使用ス

山地近傍ノモノハ鞣皮ヲ以テ帽或ハ上著ヲ製ス其裁縫ハ前山ノ蕃人ニ比シ進歩シ居レリ

第七 「アミス」族

臺東地方ニ於テ南ハ卑南平野ヨリ北ハ奇萊平野ニ至ル間ニ一群ノ蕃人アリ自ラアミスト稱ス此一群ノ蕃人ヲ「アミス」ト稱セシハ彼等ノ自稱ニ因レルモノニシテ漢人ハ之ヲ阿眉蕃ト呼ヘリ蓋アミスノ訛言ナリ此等ノ蕃人中ノ多クハ勞働等ニ從事スル際ニハ男子ハ大概全ク裸體トナリ罕ニ草木ノ葉ヲ以テ僅ニ腰邊ヲ蔽フニ過キス但其業ニ就カサル時ニハ必ス布製ノ褌ヲ以テ之ヲ蔽ヘリ而シテ漢人部落ニ近キ蕃人ニ至リテ、全ク裸體ノ風アルナシ

如此全ク裸體ノ常習アル一點ヲ以テアミス族ヲ認メテ臺灣ニ於ケル最低ナル開化ノ類ト速斷スルモノアレトモ衣粧ノ有無ハ未タ必シモ開化ノ進否ヲ意味スルモノニアラス或局部ヲ隱蔽スルノ有無ハ亦其固有ノ習慣ニ基クモノニシテ開化ノ高低ト伴フ者トス可ラスサレハ此族ノ如キモ他ノ諸種ノ點ヨリ觀察スレハ著ク進歩シ居ル蕃人ナルコトヲ知ルニ足ルナリ卽其男子ノ陰部ヲ蔽ハサルヲ以テ敢テ耻トセサルハ彼等固有ノ習慣ノ然ラシムルト往時布帛ノ得難キトニ因リテ遂ニ今日ニ馴致セシモノナル可シ

此族ノ蕃人ハスパヨワン及ヒ「プユマ」族ノ蕃人ト同シク漢人部落ニ近キ處ニ在ルモノハ銀貨ヲ以テ通貨トナシ物品ノ賣買ニモ亦概ネ銀錢ヲ用ユルニ至レリ然レトモ海岸山脈ノ東斜面卽チ海岸並ニ之ニ面スル斜面ノ地ニ住居スルモノハ未タ此ノ如クニハ發達セサルナリ

地理的分布

「アミス」族ノ蕃人ハ北ハ奇萊ノ平野ヨリ南ハ卑南平野ノ北部マテノ間ニ分布シ居レリ其他恒春地方ニモ亦臺東地方ヨリ移住セルモノアリ

此等ノ蕃人ハ深山中ニ住居スルモノナク何レモ平地若クハ傾斜ノ緩ナル斜面ノ地ニ住居セリ

「アミス」族ノ蕃人ヲ說明スルニ當リ便利ノ為假ニ次ノ如ク分ツ可シ

一、恒春「アミス」
二、卑南「アミス」
三、海岸「アミス」

四、秀姑巒「アミス」
五、奇　萊「アミス」

如此分ツト雖是素ヨリ人類學上ヨリ分類シタルモノニハアラスシテ唯說明上便利ノ爲ニ地理ニ從ヒテ分チタルニ過キサルナリ

一、恒春「アミス」

恒春「アミス」ハ恒春「スパヨツン」卽「パリザリザオ」ノ地ヲ借リテ住居シ且耕地ヲ開キ居レリ其分布ハ東海岸ニ面スル斜面ノ地ニアリ今日ニ於テハ各社個々獨立ノ姿ヲ爲シ此等ヲ統轄スル總酋長ナク唯地主ナル「スパヨツン」族ノ蕃社ニ附屬シ其指揮命令ヲ受ケ居レリ

二、卑南「アミス」

卑南「アミス」ハ卑南平野並ニ其近傍ノ地ニ分布シ大概平地ニ田園ヲ開テ住居シ漢人ト常ニ往來ス

三、海岸「アミス」ハ南ハ猴仔山以北、北ハ鳥路山以南ニ至ル間ノ海岸並ニ斜面ノ地ニ住居シ居レリ何レモ交通不便ノ區域タリ

四、秀姑巒「アミス」

秀姑巒「アミス」ハ北ハ花蓮溪ノ支流ナル馬太鞍溪以南南ハ新開園以北ノ地ニ分布シ此間ニ住居シテ田園ヲ開キ居レリ

此地方ニハ獨リ「アミス」族ノ蕃人ノミナラス漢人及ヒ平埔蕃モ亦雜居セリ

五、奇萊「アミス」

奇萊「アミス」ハ奇萊ノ平野ニ住居シ此平野中ニ田園ヲ開キ耕作シ居ルヲ以テ常ニ漢人ト往來ス

蕃社並ニ戶數人口

「アミス」族ニ屬スル蕃社並ニ戶數人口等ハ次ニ記スル如シ

但恒春「アミス」ノ外ハ元臺東撫墾署ノ調査ニ基キ多少之ニ訂正ヲ加ヘタルモノナリ

一、恒　春「アミス」　六社ヨリ成ル
二、卑　南「アミス」　九社ヨリ成ル
三、海　岸「アミス」　三十三社ヨリ成ル
四、秀姑巒「アミス」　二十九社ヨリ成ル

五、奇　萊「アミス」　七社ヨリ成ル

此ノ如ク「アミス」ノ蕃社ハ合計八十四社ヨリ成立シ其蕃社ノ戸數人口等ハ左ノ如シ尤人口ノ如キハ唯大數ヲ示スモノト見テ可ナリ

社名	小社數	戸數	男	女	合計	一戸平均人口
恒春「アミス」	六	一一〇			五四〇	四、九
卑南「アミス」	九	五五八			三、一八八	五、七
海岸「アミス」	三三	八〇五	二、三六六	二、三二三	四、六八九	五、九
秀姑巒「アミス」	二九	四五五	三、九七一	三、七一五	七、六八六	一六、九
奇萊「アミス」	七	一二五五	二、八七七	二、七九五	五、六七二	四、六
合計	八四	三一八三			二一、七七五	
總平均		三六七			二、五九二	七、八

總小社數　八十四社

總戸數　三千百八十三戸

總人口　二萬一千七百七十五

一小社平均戸數　三十六戸七分

一小社平均人口　二百五十九人二分

一戸ニ於ケル總平均人口、七人八分

統制的現狀

一、社會的組織

「アミス」族ノ社會的組織ハ家族聯合制ニシテ共議的統制ナリ乃チ一社ノ酋長ハ族長タルノ意義ヲ有セス一社共同ノ利害

ハ社衆渾テ其ノ責メヲ分ツノ姿ヲナシ殊ニ北部「アミス」（秀姑巒溪以北ノアミス）中ニ行ハル、六階ノ分級法ノ如キハ酋ニ特別ナル家族組織ノ狀態ヲ示メスノミナラス自治的思想ノ著シキ發達ヲ示スモノタリ六階ノ分級法トハ男子ノ成年乃チ凡ソ十五六歳ノ頃ヲ起點トシ以上五年ノ遞進法ヲ以テ六階ノ級等ニ分チ各々年齢ニ應シテ該級階ニ編入セラルヘキモノニシテ該級階ノ名稱ハ左ノ如シ

第一級階　オリモッツト（Orimŏt）
第二級階　コハコ（Kohako）
第三級階　ツウポラン（Tsuporan）
第四級階　アラヴァガ（Aravanga）
第五級階　ワナワイ（Wanawai）
第六級階　マトアサイ（Matoasai）

而シテ五年毎ニ下級階ヨリ上級階ニ編入セラル、人員ノ交代ヲ行フモノニシテ其期ハ一年一回擧行スル所ノ祭祖ノ儀式ノ當日トス乃チ此日上級階ニ在ルモノヨリ順次ニ殆ト三清里程間ノ距離ヲ競走シ其第一及ヒ第二ノ先着者ハ擧ケラレテ該級階ノ長即管理者トナルモノトス此六階ノ分級中ニハ或ル特別ノ任務ヲ有スルモノアリテ一社ノ公共事項ヲ擔當スルヲ常トス其確著ナルモノニツキ例ヲ擧クレハ第二級階即「コハコ」ノ級ニ屬スルモノハ公共道路ノ修繕ヲ擔任シ第一級階乃チ「オリモット」ノ級ニ屬スルモノハ一社ノ警備ノ任即夜番夜廻リ等ノ任ニ當ルカ如シ

斯ノ如クニシテ十五六歳ヨリ起リ以上各五年毎ニ六階ノ級ヲ遞進スルトキニハ凡ソ四十五六歳ニ至リ其最上級乃チ第六階ノ終リトナルモノニシテ其以上ハ特別ナル一高級乃チ長老ノ級階トス長老ハ「アミス」族ニ在リテ最モ尊敬ノ意ヲ致サル、モノニシテ酋長ト共ニ一社統制ノ權力ノ一部ヲ掌握シ酋長ノ候補ハ常ニ長老ヲ以テシ一社ノ大事アルニ當リテハ酋長ノ諮問ニ對ヘ其協定ニ與カルヘキモノトス故ニ長老外ノ社蕃ニシテ若シモ之ニ對シテ敬意ヲ失フ如キコトアレハ即チ罪科ニ處セラル、ノ慣習アリ

此族ノ蕃人間ニハ一種ノ組合法アリ即一社ノ共有ニカヽル森林並ニ菓樹其他ヨリ得タル收穫ハ亦一社ノ共有ニ歸シ一個人ニテ之ヲ使用スルヲ得ス例セハ共有森林ヨリ伐採セル材木薪及ヒ竹等ヲ賣リ又共有ノ菓樹並ニ檳榔樹等ノ收穫物ヲ賣リテ得タル代價等ハ渾テ一社ノ共有トナシ酋長之ヲ管理シ社內ノ祭儀會飲等ノ費用ニ充ツルカ如シ

酋長ノ統治

「アミス」族ノ各社ノ酋長ハ渾テ社蕃ノ薦擧ニヨリテ定ムルモノニシテ才勇兩存ノ長老ヨリ擧クルヲ例トシ一タヒ酋長ニ擧ケラルレハ終身其ノ任ヲ有ツヘキモノトス

酋長ハ一社ノ安寧ヲ維持スル爲ニ有力ナル裁制上ノ權能ヲ有スルモ元ト同族ノ特徴トシテ重キヲ一社ノ長老ニ置クノ結果一種ノ共議統制ノ姿ヲナス爲ニ一切ノ社事ハ社ノ長老ト協定スルヲ慣例トス換言スレハ一社ノ長老ハ其統制上ノ權力ノ一部ヲ掌握スルモノタリ

（附）刑　罰

社蕃ノ犯罪ニ對スル治罪ハ酋長ノ權ニ屬ス原來「アミス」族ニ認メラル、罪惡ノ行爲ノ重モナルモノ四アリ曰ク

一、姦罪

二、長老ニ不順從ナル行爲

三、竊盜

四、非理ノ爭論

姦罪ハ有夫姦ノミ之ヲ處罰シ犯者ハ渾テ其本夫ノ隨意處分ニ任カシ本夫ニシテ若之ヲ殺害セハ首ヲ馘取シ酋長ニ示シテ承認ヲ經ルヲ要スルモノトシ社蕃ニシテ長老ニ對シテ侮辱ノ行爲アレハ酋長ハ此ヲ社外ニ放逐シ六日乃至十日ノ間歸社ヲ准サス其改悛謝罪ヲ待チテ後赦免ス竊盜ハ其盜品ヲ押收シ被害者ニ返附シ酋長之ヲ公衆ノ前ニ譴責シ且物品ヲ贈リテ贖罪ヲ爲サシム理非曲直ノ爭論ハ酋長之ヲ判決シ其非理ト認メシモノヲ公衆ノ前ニ譴責ス

治罪ハ渾テ情ニ依リ事ニ應シ隨時罰ノ輕重ヲ定ム

家族組織

自己ヲ本位トシ本系傍系ヲ問ハス尊上卑下トモ凡ソ三代ヲ以テ近親ノ關係者ト認ム

族制ヨリ言ヘハ分類族制ニシテ且女系統ノ家族組織ナリ乃チ女ヲ以テ家ヲ承クルヲ常例トス

土　俗

「アミス」族ノ土俗ハ其ノ方面ノ異ナルニ隨ヒ多少其式樣ヲ一ニセサルモノアリ而シテ此ノ異點ノ著シキ分界ハ秀姑巒溪ヲ中位トセル南北ノ二部分ニシテ今假リニ此分界ヲ準トシ同溪以南ノ方面ニ分布スルモノヲ南方「アミス」トシ同溪以北ノ方面ニ分布スルモノヲ北方「アミス」トス

一、住　所

（一）家屋　南方「アミス」ノ家屋ハ木幹ヲ柱トシ竹葭等ヲ壁トシ屋根ハ厚キ茅葺ニシテ二面傾斜トシ其大サハ梁行四間乃至六間桁行三間乃至五間其高サハ梁高一丈内外檐高九尺内外ナルヲ普通トス屋内ノ装置ハ分房ニシテ通常三部ニ分カル一ヲ「カヴァアン」乃チ寢室トシ隔障ヲ設ケテ四方ヲ圍ミ籐ヲ以テ床ヲ張リ一家内一室以上二三室ニ至ル一ヲ「タカル」乃チ居室トシ隔障ナク籐ヲ以テ床ヲ張リ日常ノ作事談話等ハ此處ニ於テス一ヲ「パナン」乃チ厨房トシ土床ニシテ炊具農具等ヲ置ク

北方「アミス」ノ家屋ハ巨大ナル木幹ヲ粗削シテ柱トシ桁ノ方向ニアル壁ニハ板ヲ用ヒ梁ノ方向ニアル壁ニハ竹ヲ用ヒ（隨テ壁ニ二様ノ名詞アリ）床ハ地ヨリ高クシテ籐ヲ敷キ詰ム其大サ梁行四間乃至五六間桁行三四間其高サ梁高凡一丈内外檐高四五尺トス故ニ屋根ノ傾斜最モ急ナリ屋内ノ装置ハ單房ニシテ分劃ナキモ之レヲ二部ニ區分シ一方ヲ厨所トシ一方ヲ居室トス乃チ此區分ニ應シテ什具ヲ配置セリ

（二）共同宿泊所　「アミス」族ニモ未婚男子ノ共同宿泊所アリ且平素ノ働作場ヲ兼ヌ共同宿泊所ハ南方「アミス」ハ「スウベ」ト呼ヒ北方「アミス」ハ「アラワント」ト呼フ

北方「アミス」ノ構造ハ外形ノ普通家屋ト異ナラス内部ハ單房ニシテ三方ニ壁ヲ繞ラシ一方ハ開放シ床ニハ土上藁ヲ敷ケルノミナルアリ又タ籐床ヲ敷ケルモアリ北方「アミス」ノ構造ハ前者ト同型ナレトモ四壁ヲ設ケ且籐床ヲ敷キ中ニハ高サ四尺内外ニ床ヲ高クスルモノアリ

「アミス」族ノ共同宿泊所ノ裁制ハ嚴恪ニ勵行セラレサルモ尚婦人ノ妄リニ入ルヲ准サス且此處ニ宿泊スルモノハ華奢ノ衣食ヲ爲スヲ准サヽル等ノ事アリ

共同宿泊所ハ兼テテ一社ノ會同共議所ニ充テラルヽモノニシテ祖先ノ祭儀モ亦此地ニ於テ行フモノトス而シテ必スシモ一社内一所ニ止マス區域ノ大ナル社ニアリテハ四五所ニ及フモノアリ北方「アミス」ノ七脚川（チカツオアン）社ノ如キニハ大小五個アリテ亦「プユマ」族ノ如ク各々稱呼ヲ有シ乃チ一ヲ「ヴアヴアダサン」二ヲ「ヴアリラサン」三ヲ「トオル」四ヲ「テヤヴオン」五ヲ「ツアチガン」トイヘリ

（三）穀物倉　南部「アミス」ニ在リテハ木柱竹壁ニシテ床ハ竹ヲ用ヒテ張リ高サ一尺内外トシ厚キ茅葺トス北部「アミス」ニ在リテハ前者ノ構造ヲ二尺許リノ支柱ノ上ニ置クモノトス

二、衣飾

(一)衣服　南方「アミス」ノ衣服ハ全ク「プユマ」族ノ現狀ニ模化シツヽアリ材料ハスヘテ漢人ノ布ニ取リ男女トモ丈ケ短ク下腹ニ達スル筒袖トス而シテ「ヴアヌワン」卽チ漢人ノ所謂ル高山蕃ニ接近スル「アミス」族ノ男子ハ該蕃ヨリ得ル所ノ長サ腰ニ達スル無袖ノ布衣ヲ用ヰ尙ホ支那風ノ衣衫ヲ襲用スルモノモ少ナカラス

北方「アミス」ハ概言スレハ「ヴアスワン」及ヒ東部「アタイヤル」(臺東方面ニ在ル「アタイヤル」族)ニ模擬シツヽアリテ男子ハ丈ケ腰ニ至ルノ皮布製ノ無袖衣及ヒ筒袖ヲ附シタル衣服ヲ用ヒ女子ハ支那人ヨリ得ル布ヲ用ヒテ製セル短ク下腹ニ達スル有袖衣ヲ穿ツ時ニ袈裟狀ノ方布ヲ外ニ纏フモノアリ其材料ハ「アタイヤル」族ヨリ得ル所トス褌ハ南方「アミス」ハ「プユマ」族ニ擬シ男子ハ幅一尺五寸許長サ一尺內外ノ布片二枚若クハ一枚ヲ纏腰シ女子ハ男褌ヲ長大ニセルモノ乃チ長サ三尺幅二尺許リノ布片二枚ヲ左右ヨリ纏用ス北方「アミス」ハ男子ハ或ハ「ヴアヌワン」ニ擬シ長一尺幅八寸許リノ布片ヲ前方ニ垂ルアリ或ハ「アタイヤル」族ノ如ク黑布ノ結ヒ目ヲ垂下スルアリ時トシテハ僅カニ麵包樹、苦楝樹、等ノ葉ヲ挿ミテ陰部ヲ蔽フモノアリ或ハ毫モ陰部ヲ蔽ハスシテ外ニ出テ勞作遠行スルモノアリ女子ハ南方「アミス」ノ女褌ニ同シ尙南北トモ支那風ノ褌ヲ用ヰルモノアリ

(二)帽　漢人ノ用ヰル竹笠ニ類似シ頂部稍ヤ尖レルモノヲ用ヒ其形大小アリ大ナルモノハ竹ヲ編ミテ造リ小ナルモノハ或ル强靱ナル草莖ニテ造ルヲ常トス、スヘテ男子ノ專用トス

北部「アミス」ノ女子カ耕作ノ際用ヰルモノハ笠トイハンヨリハ寧ロ日覆トイフヘク特異ノ發達ヲナセルモノナリ其製長四尺幅二尺內外ノ長方形ヲナシ細ク割リタル木ヲ以テ箍トナシ之ヲ骨子トシテ中央ニ薄板ヲ挿ミテ支柱トシ横ニ茅莖ヲ並列シタルモノニシテ中央ノ支柱ニ紐ヲ付シ之ヲ頸圍ニ纏ヒ地ニ蹲踞シテ耕耘スルトキ之ヲ用ユレハ該長方形ノ日覆ハ肩上ニ地平ニ止マリテ屋蓋狀ヲナスモノトス彼等ハ此特異ナル日覆ヲ「カラハイ」ト呼フ

(三)粧飾　身體ノ粧飾トシテハ植物ノ實、圓狀及管玉狀ノ玉類ヲ綴リテ胸飾トス

耳飾ハ南方「アミス」ハ多ク漢人風ノモノヲ用ヒ時ニ男子ハ短キ竹管骨器ヲ耳朶ニ嵌ムルアリ北部「アミス」ノ男子ハ耳飾ヲ用ヒス女子ハ徑五分許ノ短骨環及漢人風ノ耳飾ヲ用ユ

三、飮　食

(一)食物　粟、米、蕃薯等ヲ主食物トシ羮熟シテ之ヲ食ス其副食物ハ豆類、瓜類、芹、蘿蔔、竹筍、韮、蕈、鳥獸並ニ魚肉等ニシテ此等ノモノニ鹽ヲ和シテ調味テ爲スヲ知レリ其他食品ノ種類ニヨリ或ハ生ニテ食シ或ハ燒キテ食ス尙南方「アミス」ニ至リテハ餅ヲ食スルコト多ク中ニハ必ス餅テ一食ニ充ルモノアリト云フ

食器ハ「ツアリセン」「スパヨワン」「プユマ」三族ノ特有ニ同キ籐製ノ平篋ヲ用ヒ又同上各族ニ行ハル、木匙ヲ用ユ

北方アミスニ至テハ自製ニ係ル一種ノ半圓形ナル土器ピツオアイト稱スルモノヲ用ヒテ炊爨ス

（二）水　臺灣ニ於ケル各蕃族ノ水ノ供給ハ渾テ自然ノ溪水ニ求ムルニ過キサルニ特リ「アミス」族ハ井戸ヲ堀鑿シ之ヲ汲用ス而シテ北部「アミス」ハ「アトモ」トイヘル圓底縮口ノ土器ニ汲ミ之ヲ頭上ニ戴キツヽ運搬ス

（三）酒　ノ釀法ハ「プユマ」族ニ同シク一種ノ草葉ヨリ酵醪ヲ製シ蒸粟ニ和シテ釀ス

（四）煙草（五）檳榔子　前記ノ蕃俗ニ同ク煙草ハ自ラ栽培シテ其葉ヲ粗ク切リテ用ヒ檳榔子ハ荖葉ニ包ミ石灰ヲ和シテ嚙ミ時トシテ初メ檳榔子ノミヲ嚙ミ後ニ石灰ヲ嘗ル者アリ

慣習

一、結婚

アミス族ノ結婚ハ「プユマ」族ト同シク全ク贅婿法ニシテ男女自ラ好配ヲ求メ男子ハ女家ニ入リテ婿トナルモノトス

結婚ノ儀式トシテ男子ハ「ヴアハツス」乃チ苦楝ノ薪材ヲ長サ六七尺ニ截リテ之ヲ束ヲ第一日ニ四束ヲ女家ニ携ヘ至リ第二日目ヨリ日々一束ヲ贈リ合セテ二十束ニ至テ止ム故ニ男子タルモノハ結婚ノ準備トシテ先ツ苦楝ノ栽培ヲ爲ストイフ

結婚ノ式ハ之ヲ女家ニテ行ヒ近親社衆ヲ會シテ會飲ス

總テ一夫一婦ニシテ近親ノ相婚ヲ准サス

二、生誕

生子ハ生後四五ケ月目ニ於テ其父之ニ命名ス

名ニ表家名及ヒ表人名ノ別アリ表人名ハ男女ニヨリテ差アリ其呼ヒ方ハ表家名ヲ先キニシ表人名ヲ後ニス例ヘハ男子ニ在リテハ「ラヽガス（家名）リザン（人名）」女子ニ在リテハ「ラヽガス（家名）ライヤ（人名）」ト云フカ如シ

三、疾病

疾病ヲ以テ亡魂ノ祟孽ト爲シ巫覡トモ云フヘキモノアリテ酒ヲ地ニ灌キ芭蕉ノ葉ヲ兩手ニシ咒句ヲ唱ヘツヽ病者ノ身邊ヲ拂フ

北部「アミス」ニ行ハルヽ特風ハ一ノ咒術ニ類似セルモノニシテ「アウスタラリヤ」土人及ヒ「アメリカ」土人中ニ多ク行ハルヽ吸吮治療ト呼ヘル特風ト同一ナルモノナリ而シテ咒者ハ病者ノ身軀ヲ吸吮シ口中ヨリ種々ナル物質ヲ出シ示シテ治癒セシムルモノトス蓋是一種ノ信仰的治術トモ云フヘシ彼ノ「アウスタリヤ」及「アメリカ」土人ノ吮引治療ハ咒者カ豫メ

口中ニ種々ノ物質ヲ入レ置キ病毒ヲ吸吮シツヽ此ノ物質ヲ出シ示シテ病者ヲ安心セシムルハ人ノ知ル所ナリ

此族ノ蕃人間ニ於ケル疾病ノ最多ナルモノハまらりや熱並ニ眼病ニシテ腸胃病皮膚病之ニ次ク他ノ蕃族ノ山奥ニ住スル蕃人間ニ發生スル甲狀腺腫ハ此族ニハ甚タ少シテ稀ニ之ヲ見ルノミ

茲ニ特筆ス可キハ臺灣ノ蕃人中體格ノ最モ良好ナルモノハ此族ノ蕃人ニシテ男女共ニ丈高ク胸廓廣キコト他ノ蕃族ニ於テ類例ヲ見サル所ナリ

四、埋葬

死者アレハ擧家死屍ニ向テ號哭シ即日家外ノ地ヲトシ深サ五尺許ニ堀リ死屍ヲ籐蓆ニ包ミ頭ヲ南方ニシ面ヲ東方ニ向ケ横臥セシメテ埋葬ス而シテ南方「アミス」ニ至リテハ埋葬ニ際シテ葬主ノ地位ニ在ルモノ先ツ一握ノ土ヲ覆ヒ　一旦土ヲ覆ヘタル上ハ再ヒ我カ家ニ來ルコト勿レ」ト呼ヒ以テ亡魂ノ祟孽ヲ避クルノ厭勝トナス風アリ

墓ハ鄭重ニ之ヲ保存シ就中北部「アミス」ノ如キハ墓上ニ木ヲ植エ柵ヲ墓邊ニ回ラスモノアリ

臺灣ノ各蕃族ハ概シテ埋葬ニ弔祭ノ意ヲ寓セス特リ北方「アミス」ニ至リテハ埋葬ノ翌日酒、肉、飯ノ三種ヲ携ヘテ墓所ニ至リ足ノ方向ニ當ル墓上ニ具ヘ其内ノ少部分ヲ摘ミテ墓上ニ捧ケ靈魂ヲ慰ムルノ意ヲ唱ル慣習アリ

家ニ死者アレハ二日間家人外出セス且業ヲ執ラス

五、祭祀

「アミス」族ハ祖先ヲ「マリトガヤ、カリス」（長老ノ靈魂トイフ義）ト呼ヒ毎年一回粟ヲ收穫セシ後月光ノ圓形ヲナセル日ヲトシテ之ヲ行フ殊ニ北部「アミス」ニ於テハ五年毎ニ一回社蕃ノ級階交進ノ時ニ行フ祭儀ハ大祭トモ稱スヘキモノニシテ最モ盛大ヲ極ムト云フ

要スルニ祭祀ハ當年ノ豐作ヲ謝シ次年ノ豐收ヲ祖靈ニ祈ルカ爲ニシテ擧社新酒ヲ釀シ牛豕ヲ殺シ早晨酒肉ヲ携ヘテ公共宿泊所ノ前ニ集リ酋長先ツ酒ヲ地ニ灌キテ祖靈ニ捧クルコト三四回北方「アミス」ハ殊ニ新餅ヲ製シ之ヲ圓形ニ作リ茅莖ノ上ニ列ネテ供スルヲ通例トス了リテ擧社會飲歌舞夜ヲ撤シテ止ム

南方「アミス」ハ祭後二日目ニ溪水又ハ海邊ニ赴キ魚ヲ漁シテ食スルヲ通例トス而シテ一種ノ迷信ヨリ凡ソ六歳頃マテノ兒童ニハ之ヲ食セシメストイフ

「アミス」族ノ創世的口碑

元來「アミス」トイヘル一族ハ其東部臺灣ニ第一ノ形成地ヲ建ルニ際シ同一時代ニ於テ同一地方ニ建テシニアラス或モ

ハ古ク或モノハ新シク而シテ或モノハ北海岸ヨリ或モノハ南海岸ヨリ上陸セシモノ、如シサレ古來未タ一セル統制ノ下ニ立チタルコトナキ結果其創世的口碑ノ如キモ亦各部區々ニシテ一定セス依テ茲ニハ其最モ廣ク傳ヘラレタル口碑ヲ擧ケテ其ノ他ヲ略スヘシ

南方「アミス」ハ嘗テ或ル時代ニ於テ「プユマ」族ニ隷屬セシコトアルヨリ今ハ「プユマ」族ノ創世的口碑ヲ錯ヘ傳ヘ反テ「プユマ」族ニ征服セラレシコトヲ傳ヘサルモ「プユマ」族ニ傳フル「アミス」族ノ征服的口碑ハ同族南部ノ創世史トナシ得ヘシ

南方「アミス」ノ口碑ニ曰

我一族ノ祖先ハ原ト山中ノ巨石ヨリ生レシモノニシテ男ヲ「テルチ」女ヲ「ティホガン」トイヒ今ノ「ヴァラガオ」社ノ地ニ住メリ其子孫ニ四人ノ兄弟アリ分レテ卑南溪ヲ渡リ各社ヲ建テタリ

「プユマ」族ニ傳フル「アミス」族ノ征服的口碑ニ曰

大酋長ピナライ（卑南王）ノ卑南社ヲ建テシトキ「アミス」族ハ其北方ナル「オルス」トイヘル山下ニ一大部落ヲ形ツクリツ、アリキ大酋長之ヲ征服シ社後ナル窩碗ノ地ヲ限リテ住ムコトヲ許シ之ヲ奴隷トセシカ七年ノ後南丘ナル蝦子山ニ移リ住ムコトヲ許セリ

之ニ由テ南方「アミス」ノ卑南平原ニ古居セシコトノ經過久シキヲ知ルヘシ蓋「プユマ」族ノ尚知本溪畔ニ部落ヲ爲スニ過キサリシ時代ニハ南方「アミス」ハ卑南中央ノ沃野ヲ專領シ更ニ溪ヲ越ヘテ北進セシモノ、如シ

北方「アミス」ノ代表者トモ云フヘキ「タパロン」社ノ口碑ニ曰

我カ一族ハ初メ火燒島ニ住ミ之ヲ「サナサイ」ト名ツケタリ今ヨリ二百年前ノ頃舟ニ乘リテ移住ヲ企テ今ノ大港口ニ上陸シ西進シテ「タパロン」社ヲ建テ後數社ニ分レテ此方面一帶ニ分住セリ當時鉄器ナク鹿角及ヒ竹片ヲ用ヒテ耕作ヲナセシカ會々「タンヤ」「クサ」トイヘル二異人ノ大港口ニ漂著スルアリ夫ヨリ內部ニ來リ風俗ヲ觀テ歸リシカ久シキヲ經テ再ヒ來リ其際耕作ニ用ユヘキ短鍬及ヒ刀ヲ夥シク舟ニ積ミ來リテ分與シ二人亦留マリテ農漁ノ法ヲ敎ヘタリ然ルニ幾モナク「クサ」ハ死亡シ「タンヤ」ハ去リテ行ク所ヲ知ラス蕃人之ヲ慕ヒ竹筏ヲ造リテ之ニ乘シ到ル處ノ海岸ヲ訪ネシニ或海岸ニテ邂逅セシカトモ彼ハ遂ニ再ヒ來ルコトヲ肯ンセサリキ

又北部「アミス」中最海岸ニ近キ「リラウ」社ニハ歷史的ナル古キ獨木舟ヲ保存シ且傳フラク

我カ祖先ハ原ト或ル他ノ地方ニ住ミタリシカ一日此舟ニ乘シテ海ニ出テ颶風ニ遇ヒテ今ノ「リラウ」溪邊ノ海岸ニ漂着シ終ニ上陸シテ定住セ

之ニ由テ之ヲ觀レハ北方「アミス」ハ新シキ移住者ナルヲ知ルヘク而シテ少ナクモ開化ノ度ノ高キ異族人ト交易セシコトノ由來久シキヲモ知ルヘキナリ

生業

「アミス」族ノ蕃人間ニ於ケル生業ハ多ク「プユマ」族ノモノト同シケレトモ地ニヨリテ多少異レル所アリ

此族ノ蕃人間ニ於ケル生業トシテ擧ク可キ重ナルモノハ農業ニシテ牧畜漁魚等之ニ次キ其他ハ狩獵家禽ノ飼養手工土器製造及ヒ裁縫等ニシテ今日ニテハ苦力ヲ以テ生業トナシ或ハ蕃社ノ產物ヲ販賣スルヲ以テ業トナシ居ルモノモ亦少カラス其結果トシテ銀錢ヲ通貨トナシ使用シ居ル所モアリ要スルニ海岸地方ニアル蕃社即海岸「アミス」ハ交通不便ナル結果トシテ一般ニ農業其他ノ程度低キモ他ノ蕃社ハ概シテ著キ進步ヲ示シツヽアリ殊ニ今日ニ於テハ多クノ蕃人ハ通事ノ手ヲ借ラス漢人ト直接ニ物品ノ交換賣買ヲナスニ至レリ

一、農業

「アミス」族ノ蕃人ニ於ケル農業ハ處ニヨリテ差異アリ海岸「アミス」ハ農業ト卑南及ヒ奇萊「アミス」等ノ農業トヲ比較スレハ其進步ノ度ニ隔段ナル差等アリ海岸「アミス」ノ農業ハ一般ニ幼稚ナルモ卑南及ヒ奇萊「アミス」等ノ農業ハ大ニ進步シ水田ヲ作リ水牛ヲ使用シテ耕作スルモノアルニ至レリ

此族ノ蕃人ノ耕種スル農作物ハ處ニヨリ一ナラサルモ稻、粟、胡麻、蕃薯、芋仔、樹豆、肉豆、虎豆、綠豆、落花生、南瓜、蘿蔔、韮薤、茄子、芹及ヒ烟草等ハ最モ普通ニ見ル所ノモノナリ而シテ此等ノモノヽ中ニテ胡麻ハ南方ニ於テ多ク種作シ豆類ハ北方ニ於テ多ク種作セリ農作物中產額多クシテ他ニ輸出スルモノハ重ニ此二者ニアリ然トモ肥料充分ナラサルヲ以テ其收穫不充分ナリト云フ此等ノ農作物ハ何レモ一年一回種作スルノミ

此族ノ蕃人間ニ行ハルヽ農業ハ「プユマ」族ノモノト同シク輪作法行ハレ居レリ其結果トシテ畑ハ能ク耕作セラレ荒蕪ニ委セルモノ少ク又蔓アル作物ニハ竹又ハ木ヲ立テ、此ニ倚ラシムル等ノ方法發達セリ奇萊「アミス」ハ圃中ニ苦楝(センダン)ヲ植ヘテ豆類及ヒ瓜類ノ蔓ヲ倚ラシメ若成長シテ作物ヲ害スルニ至レハ之ヲ伐リテ薪トナセリ

此族ノ蕃人ノ使用シ居ル農具ハ海岸「アミス」ト其他ノモノトニ於テ異レリ卑南及ヒ奇萊「アミス」ハ殆ト漢人ト同一ナルモノヲ使用シ居ルモ海岸「アミス」ハ農具甚タ不完全ニシテ殆ント蕃人農具ノ原形ヲ存シ居ルモノヽ如シ即樹枝ヲ以テ造シ熊手様ノモノト鉄棒ノ尖端鍬ノ如ク扁平ニ開キタルモノトヲ使用シ居レリ此鐵棒ヲ以テ地ヲ堀リ樹枝ノ熊手ヲ以テ地ヲ掻キナラスナリ次ニ秀姑巒「アミス」ハ唐鍬、小鍬及ヒ鎌仔等ヲ使用シ居リ仍水田ヲ作クリ居ル處ハ漢人ト同一ノ農具

ヲ使用スルニ至レリ然トモ秀姑巒「アミス」ニシテ水田ヲ作リ居ルモノハ甚ダ僅少ナリ
此族ノ蕃人ハ肥料ヲ施用スルコトヲ知ラサルヲ以テ土地轉換ヲナセリ大概四年毎ニ一轉換スルモノヽ如シ
家屋ノ周圍或ハ畑ノ傍ニハ菓樹ヲ栽植ス其種類ハ芭蕉、柚仔、柑仔及ヒばんノ木等最モ多シ其中芭蕉、柑仔、及ヒ柚仔ハ到ル處ニ栽植シ居ルモばんノ木ハ重ニ奇萊「アミス」ノ蕃社ニアリテ他ニハ稀ナリ
此族ノ蕃人ハ檳榔子ヲ嚙ムノ習慣アルヲ以テ該樹ヲ社内ニ栽植シ居ルコト「スパヨワン」「プユマ」及ヒ「ツアリセン」族ト同一ナリ
要スルニ「アミス」族ノ農業ハ處ニヨリテ異リ平地ノモノハ恒春「スパヨワン」ノ下蕃社ト伯仲ノ間ニアレトモ海岸「アミス」ハ遙ニ下位ニアリ

二、家畜及ヒ家禽ノ飼養

此族ノ蕃人間ニハ恒春「スパヨワン」ノ「パリザリザオ」(下蕃社)竝ニ「プユマ」族ノ如ク牧畜ノ業大ニ發達シ居レリ彼等ノ飼養シ居ルモノハ水牛及ヒ黄牛ニシテ最多キモノハ一人ニシテ七八頭ヲ飼養シ居ルモノモアリ
臺灣ニハ四時青草アルヲ以テ畜類ノ飼畜甚タ簡單ナリ朝ニハ之ヲ野ニ放チテ秣カヒ蕃童之ヲ看守シ夕ニ至レハ野ヨリ之ヲ追ヒ歸リテ牛舍ニ入ルノミ故ニ牧畜事業ハ蕃人ノ生業ノ一トシテハ最モ適當ナルモノト信ス
牛ノ外一般ニ豚ヲ飼養シ居レリ之ヲ入ルヽ爲ニハ特別ニ小屋ヲ造リテ飼畜シ食餌ハ蕃人日常ノ食物ノ殘餘竝ニ蕃薯若ハ其葉莖ヲ煮タルモノヲ與フ一人ニシテ最多キモノハ七八頭ヲ飼養ス
家禽トシテ飼養スルモノハ雞ノミ是亦特別ニ食餌ヲ與ヘスシテ之ヲ野飼ヒスルノミナリ

三、狩獵

此族ノ蕃人ノ重ナル生業ハ農業及ヒ牧畜ニシテ狩獵ハ農閑ニ於テ之ヲナスノミ
蕃人ノ獵取スル所ノモノハ鹿、羌仔、山猪、山羊竝ニ猴等ニシテ稀ニ鯪鯉ヲモ獲ルコトアリ
此族ノ蕃人カ狩獵ニ用フルモノハ銃器ニシテ他ノ蕃社ニ異ナルコトナシ稀レニ鎗鏢ヲ使用スル者アリ弓矢ニ至テハ殆ント之ヲ使用セス
此族ノ蕃人ノ帶ヒ居ル刀ニ二様アリ一ハ「ツアリセン」「スパヨワン」及ヒ「プユマ」族ト同形ナル刄ノ反リナキモノニシテ他ハ「アタイヤル」族ニ多ク見ルトコロノ反リアルモノナリ而シテ反リアルモノハ奇萊「アミス」之ヲ帶ヒ反リノナキモノハ奇萊「アミス」ヲ除ク他ノ蕃人皆之ヲ帶フ

鯖鯉ハ犬ヲ使用シ月明ノ夜ニ捕フルコト他蕃ト同一ナリ

四、漁　魚

「アミス」族ハ一般ニ魚ヲ漁スルコトニ於テ進歩シ特ニ海岸「アミス」ハ著シク進歩セリ

海岸「アミス」カ捕魚ニ使用スルモノハ網ト竹排卽チ筏トナリ網ハ漢人ノ使用シ居ル投網ノミニシテ引網ハ之ヲ使用スルコトヲ知ラス竹排ハ漢人ノ使用スルモノト同一ニシテ竹ノ上皮ヲ削リ去リテ是ヲ十本内外排列シテ造リタルモノトシ蕃人ハ之ニ乘リ網ヲ投シテ魚ヲ漁スルナリ

海岸「アミス」外ノ蕃人ハ魚ヲ漁スルコト大概大同小異ニシテ魚筌筊猎(ドウヤス)等ヲ使用ス而シテ奇萊「アミス」ニハ投網ヲ使用スルモノアリ

五、手　工

「アミス」族ノ蕃人ノ手工トシテ擧ク可キモノハ編蓆、編網、籐及ヒ竹細工、並ニ木工、裁縫等ナリ

草蓆ハ他ノ蕃人ノ如ク月桃ト稱スル植物ノ枝葉ヲ陰乾シニナシタルモノヲ用ユ彼等ハ是ヲ以テ草蓆ヲ編メリ然トモ「スパヨワン」及ヒ「ツアリセン」族等ノ如ク盛ナラス

農事ノ閑ナル時山ニ入リテ籐ヲ採リ縄ト同様ニ使用セリ然トモ是ヲ以テ器物ヲ造ルコト少シ是漢人ノ器物ヲ得易キ便アルヲ以テナリ

此族ノ蕃人ハ竹ヲ以テ笠ヲ作ルコトヲ知ル其形ハ漢人ノ竹笠ヲ摸擬シタルモノナリ其他草茎ヲ以テ同形ヲ作リタルモノアリ此等ハ多クハ男子ノ被ルモノニシテ女子ノ用ル笠ハ笠ト云ハンヨリハ寧ロ日覆ト稱スル方可ナリ此物ハ長サ四尺幅二尺内外ノ長方形ノ扁平ナルモノニシテ細板ヲ以テ同形同大ノ縁ヲツクリ之ニ葉ノナキ茅茎ヲ苧仔絲ニテ規則正シク結ヒ付タルモノニシテ一見簾ニ木板ノ縁ヲツケタルカ如キ觀アリ

「アミス」族ノ使用シ居ル網ニハ魚ヲ捕フル投網ト物ヲ入ル丶袋網トアリ何レモ蕃人自身ノ製造ニ係ルモノニシテ苧仔ヲ縒リタル絲ヲ以テ之ヲ編ミタルモノナリ之ヲ「スパヨワン」及ヒ「ツアリセン」族ノモノニ比セハ數等劣レルカ如シ

木工ハ牛車及ヒ農具ノ製造並ニ木板ノ製造ニシテ既ニ鋸ヲ使用シ居ル處モアリ但鋸ハ奇萊「アミス」ノ使用スルノミニシテ未タ廣ク行ハレス奇萊「アミス」ハ鑪ヲ以テ鉄片ヲ擦シ之ニ刄ヲ付シ鋸トナスコトヲモ知レリ

六、土器製造

臺灣ノ蕃人中今日猶自ラ土器ヲ製造シテ使用シツ丶アルモノハ「アミス」族ノ蕃人ノミ然トモ現時渾テノ「アミス」族ニ行

ハル、ニアラスシテ僅ニ秀姑巒及ヒ奇萊「アミス」ニ行ハル、ノミ往時ハ「アミス」族ノ全體ニ行ハレシトイフモ漢人トノ交通開始セラル、結果漸次中止スルニ至レリト云フ

土器ノ原料ハ不純粹ナル粘土ニシテ之ヲ能ク練リ手ニテ概形ヲ造レル後平木片ト小圓石ニテ内外ヨリ打チ均ラシ種々ナル形ヲ造リ之ヲ日光ニ乾シタル後枯レタル茅草及ヒ薪ノ中ニ入レテ之ヲ焼キ概ヲ一日ニシテ成工スルモノトス然トモ未タ釉藥ヲ施スコトヲ知ラス石英ト長石トヲ入レサルヲ以テ其形苦窳シ且脆クシテ破レ易シ

此等ノ土器ノ種類ハ大別シテ四種ト爲スヘシ一ハ「アトモ」ト云ヒ圓底縮口ニシテ把手アリ水ヲ入ル、ニ用ユ二ハ「ピツオアイ」ト云ヒ圓底縮口及ヒ半圓形ノ二樣アリ炊煮ニ用ユ三ハ瓢形ノ蒸籠ニシテ四ハ發儀用ノ供物臺トス

此地方ニハ土器製造ヲ專業トスル者アリ他ノ蕃人ハ穀物荳類其他銀錢等ヲ以テ之ト交換シテ使用シ居レリ

七　裁縫

此族ノ蕃人ハ今日ニ於テハ漢人ヨリ布ヲ得ルノ便利アルヲ以テ自ラ布ヲ織ルコトヲ爲サルナリ縱令然ラサルモ高山ニ住居スル「アタイヤル」及ヒ「ヴオヌム」族ヨリ蕃布ヲ得之ヲ以テ衣服ヲ製スルヲ以テ布ヲ織ルコトハ全ク之ヲ爲サルナリ

裁縫ハ他ノ蕃社ト大同小異ニシテ未タ尺度ヲ使用スルニ至ラス纔ニ上肢ヲ以テ長サヲ計リテ布ヲ裁スルヲ常トス

衣服其他ヲ縫フニハ漢人ヨリ得ル綿絲ヲ使用セリ此外ハ他ノ蕃族ト大同小異ニシテ別ニ記ス可キモノナシ要スルニ「アミス」族ノ蕃人ハ處ニヨリテ多少發達ノ度ヲ異ニスルモ一般ニ進歩シ「プユマ」恒春「スパヨワン」ト伯仲ノ間ニアリ

第八「ペイポ」族（平埔蕃）

往時今ノ西部臺灣ノ平野一帶ノ地ハ亦一種ノ固有蕃族ノ占居セル區域ニ屬シ一時ハ旺盛ヲ極メタリシカ爾後異人族ノ移來ト共ニ彼此生存ノ競爭ハ或ハ積極ナル化育トナリ或ハ消極ナル驅逐トナリ種々ノ境遇ヲ經過シタリシ結果一方ニハ其優勢ヲ漸減シツ、アルト同時ニ他方ニハ開化ノ度亦稍高ク今ヤ殆ト漢人ト同一ノ程度ニ達シ其實彼此ノ徑庭ヲ見サルニ至レルモノ多シ古來漢人ハ此蕃族ヲ呼ヒテ平埔蕃ト稱セリ盖平埔蕃トハ「平地ノ蕃人」ト云ヘル意義ニシテ原彼等ノ棲住區域カ平原ノ一帶ニ限ラレタリシヲ以テ之ヲ山地ノ蕃人ニ別チテ斯ク名ケシナリ去レハ平埔蕃トイヘル語ハ此蕃族ヲ代表スル普通語トナシ得ヘキヲ以テ採リテ以テ名ケタルナリ

地理的分布

「ペイポ」族ニ屬スル蕃人ノ分布シ居ル區域ハ甚タ廣クシテ臺灣ニ於ケル平野ニハ其西部ト東部トヲ問ハス殆ト住居セサ

ルトコロナキモ今日ノ實況ニテハ此處彼處ニ四散シテ僅ニ小部落ヲ形成シツヽアルノミニ過ス是漢人ノ移住其數ヲ増ストヽ同時ニ其所領ノ土地ハ大半漢人ノ爲ニ侵掠セラレ漸次ニ生活ノ道ヲ失ハントシ遂ニ故土ヲ去リテ遠ク他方ニ移住スルニ至リ又ハ餘喘ヲ舊地ノ一邊ニ保テトモ漢人ノ羈絆日ニ甚シクシテ殆ト衰亡ニ歸シ今ヤ昔時ノ全盛ハ夢想スヘカラサルニ至レルナリ而シテ此蕃族ノ一群ハ其歴史的分派ノ異同ニ從ヒ試ニ之ヲ分類スルトキハ次ノ十小群トナスコトヲ得可シ

一、「タツオ」
二、「シライヤ」
三、「ロツア」
四、「ポアヴオサア」
五、「アリクン」
六、「ヴウプラン」
七、「パアゼツヘ」
八、「タオカス」
九、「ケタガナン」
十、「クヴアラワン」

此等蕃族カ嘗テ分布シタリシ地域ヲ故老ノ口碑及ヒ漢人ノ舊記等ニ徵シテ考フレハ槪ネ次ノ如シ

一、「タツオ」
鳳山方面ヲ中心トシテ其附近
二、「シライヤ」
臺南方面ヲ中心トシテ其附近
三、「ロツア」
嘉義方面ヲ中心トシテ其附近
四、「ポアヴオサア」
鹿港方面ヲ中心トシテ其附近
五、「アリクン」

彰化方面ヲ中心トシテ其附近
六、「ヴウブラン」
大肚溪北ノ平原
七、「パビツヘ」
葫蘆墩及ヒ東勢角附近
八、「タオカス」
苗栗及ヒ新竹附近
九、「ケタガナン」
臺北ノ平野雞籠及ヒ淡水附近
十、「クヴアラワン」
宜蘭原野

而シテ此小群内ニ屬スル蕃社モ亦實ニ夥多ナリシモ今日ニ於テハ其大半既ニ支那化シ漢人ト同一ナル政治ノ下ニ立チ乃チ政治上ニ於テハ漢人ト區別スルノ必要ヲ見サルニ至レリ特リ此事情ノ間ニ於テ依然トシテ其舊態ヲ保チ支那化ノ程度極メテ低キ一小群アリ是現時南庄ヲ中心トシテ其四周ノ山地ニ占居シ自ラ稱シテ「アムトウラア」ト呼ヒ漢人稱シテ單ニ熟蕃トイフモノ是ナリ

サレハ原「ペイポ」族ノ臺灣ニ於ケル區域ハ西部ノ平野一帶ニ限リテ分布セシモノナルモ今ニ至リテハ東部平野卽臺東地方ニモ分布ヲ及ホスニ至レリ是全ク漢人ノ移住ト共ニ其移住ヲ企テタル爲ニシテ決シテ彼等ノ故土ニハアラサルナリ

蕃社及ヒ戸數人口

南庄附近ニ住居セル「ペイポ」族即未漢化蕃族ノ一小群ヲ除キテハ政治上巳ニ漢人ト同一ナル地位ヲ占メ漢人ト同一ナル納税ヲ爲シツヽアルヲ以テ茲ニ其蕃社及ヒ戸數人口等ヲ擧クルノ必要ヲ認メサルナリ故ニ唯未漢化蕃族（南庄附近）ノ數ノミヲ次ニ擧ク可シ

一、獅里興口社　七社ヨリ成ル
二、獅里興社　六社ヨリ成ル
三、獅頭驛社　五社ヨリ成ル

四、鵝公鵠山脚社　一社ヨリ成ル
五、番婆石社　一社ヨリ成ル
六、五份八後（龍頭社）　一社ヨリ成ル
七、梅仔坪社　一社ヨリ成ル
八、加禮山脚社　一社ヨリ成ル
九、新店坪社　一社ヨリ成ル

此等ノ戸數人口等次ノ如シ

社名	小社名	戸數	男	女	合計	一戸平均人口
獅里興口社	七	二二	九八	四九	一四七	六、六
獅里興社	六	五六	一三七	一〇〇	二三七	四、二
獅頭驛社	五	二〇	六五	六八	一三三	六、七
鵝公鵠山脚社	一	一〇	四八	三三	八一	八、一
番婆石社	一	八	三〇	二一	五一	六、五
五份八後（龍頭）社	一	九	三七	二〇	五七	六、三
梅仔坪社	一	六	二三	二四	四七	七、八
加禮山脚社	一	八	三八	二〇	五八	七、三
新店坪社	一	一一	三八	三二	七〇	六、四
合計	二四	一五〇	五一四	三六七	八八一	
總平均		六、三	二一、四	一五、三	三六、七	六、七

但戸數人口ハ元南庄撫墾署調査ノモノニ多少修正ヲ加ヘタルモノナリ

總小社數	二十四社
總戸數	百五十戸
總人口數	八百八十一人
一小社平均戸數	六戸三分
一小社平均人口數	三十六人七分
一戸平均人口數	六人七分

「ペイポ」族ノ現狀

前項ニ述フルカ如ク「ペイポ」族ノ全部ハ殆ト支那化シ其ノ舊態ヲ存スルハ南庄方面ノ山中ヲ中心トシ其四周ニ占居スル「アムトウラア」ノ一小群ニ過キサルヲ以テ其現狀ノ記述ヲ爲スハ此小群ノ現狀ヲ略記スルヲ以テ主トスヘシ

但玆ニ其舊態ヲ存スト云フモ其土俗生業等殆ト附近ノ「アタイヤル」族ニ摸化シ特リ慣習ニ於テ固有ノ風俗ヲ存シツヽアルノミ

(一)土俗　住所ニ就テハ散點部落ニシテ家屋、穀物倉、家畜舍等ノ概形ハ其附近「アタイヤル」ニ見ル所ト同型ナリ而シテ特リ趣ヲ異ニスルハ屋ノ内外ニ多ク獸頭骨ヲ懸ケ絕テ人頭架ノ設ケナキコトヽス

衣飾ニ就テハ衣服、帽等ハ附近「アタイヤル」ト同型ナルモ男子ノ褌ハ一歩ヲ進メテ一般ニ支那風ノ短袴ニ擬シツヽアリ装飾ハ概シテ附近アタイヤル」ト同欸式トシ毀飾ニ至リテモ刺墨ヲ存シ男女トモ「アタイヤル」ニ同シク額上及ヒ下頷ノ刺墨ヲ爲シ唯女子ノ口ノ周圍ニ刺墨ヲ存セサルノミ蓋附近「アタイヤル」ト生存競爭ノ結果此同化ノ特風ヲ形成セシモノナルヘシ

飮食ニ就テハ渾テ附近「アタイヤル」ニ見ル所ニ同シ

(二)慣習　結婚ハ任意結婚ニシテ娶贅兩ナカラ存シ今ハ進ミテ聘財法ノ端ヲ啓キツヽアリ配偶ハ一夫一婦ニシテ近親ノ相婚ヲ許サヽルコト他族ト同シ

埋葬ハ附近「アタイヤル」ト全ク趣ヲ異ニシ親族來リ會シテ哀哭シ山中ノ巨樹ノ下ヲトト定シ穴ヲ鑿チ鹿皮ヲ舖キ其中ニ葬リ家人ハ三日外出セス

祭祖ノ儀式ハ一年二回稻ノ下種ノ初ト收穫ノ終ニ於テ之ヲ行フ供スルモノハ蒸飯ト酒肉ニシテ其式了リテ擧社會飮ヲ爲

ス
馘首ノ風ハ今尚稀ニ行ハレ(一)馘首者ハ認メテ豪雄ト稱ラレ(二)非理ノ爭論ニ際リ先ツ馘首シ得タル者ハ勝トナル等是舊態ヲ改メサル一ノ遺風トス然トモ現時ニ至リテハ頭顱愛藏ノ風アルニアラス畢竟百年以來漢人トノ往來交涉ノ密ナル結果漸次ニ其ノ舊態ノ中止ニ近ツキツヽアルハ事實ナリ

因ニ云清曆康熙ノ末年頃マテハ此蕃族モ亦激烈ナル馘首者タリシコトハ掩フヘカラサル事實ニシテ漢人ノ記錄ニヨレハ彼等ハ常ニ草莽ノ中ニ埋伏シ人ノ通過スルヲ覘ヒテ之ヲ殺シ首ヲ馘シ去ルヲ常トセリ將來北部臺灣ヲ拓クモノヽ爲ニ當局者ハ善後ノ計ヲ爲サヽルヘカラストノ意ヲ表セシモノアルニヨリテ知ラル

(三)統制　其社會的組織ハ家族單一制ニシテ酋長ハ世襲トス土地ハ渾テ酋長之ヲ統管シ社衆ハ各々土地ノ分給ヲ受クルト同時ニ收穫ノ幾分ヲ納ムル義務アリ

(附)漢化「ペイポ」族ノ舊俗及ヒ舊慣

玆ニ終リニ臨ミ更ニ少シク支那化「ペイポ」族ノ舊俗及ヒ舊慣ノ概觀ヲ附記シテ參考ノ資トナスヘシ元ト此「ペイポ」族ノ舊俗舊慣ニ就テハ漢人ノ手ニ成リシモノ其數多キモ率ネ一局一項ニ限ラレテ全體ヲ通察スルコト能ハス臺灣府誌ニ載スル蕃俗ハ康熙ノ末年巡臺御史タリシ黃敬叔ノ著蕃俗六考ノ記事ニ基キ加フルニ記者ノ探究シタル事實ヲ以テセシモノニシテ稍々完全ナレトモ記スル所衣食住及ヒ婚葬ノ大體ニ限ラレテ其他ニ及ハス今ヤ實地蕃人ノ故老ニ就テ諮問シ遺物ニ照シテ考證シ之ニ加フルニ以上ノ舊記ヲ以テシ概括的ニ其大要ヲ摘記セン

一、統制的狀態

一、其ノ社會的組織ハ家族單一制ニシテ酋長ハ世襲ナリシコト
二、治罪ハ酋長ノ權ニ屬シ而シテ有夫姦ヲ以テ罪ノ最重ナルモノトナセシコト
三、家族組織ハ女系統ノ分類族制ヨリ發達セシコト

二、其土俗

四、家屋ノ外形ハ通シテ覆舟狀ヲ爲セルモノ多ク屋內ハ木板ヲ以テ階トシ拾級シテ出入シ且木板又ハ竹片ヲ用ヒテ床ヲ張リシモノモアリシコト
五、屋外ニ多クノ獸頭骨ヲ懸列セシコト
六、衣服ハ臍ニ至ルノ短衣ト腰ニ達スル長衣トノ二樣アリテ共ニ筒袖ナリシコト

七、衣服ノ材料ハ自ラ之ヲ織製シ中ニハ樹皮ノ纖緯ヲ用ヒシモノアリシコト
八、男子出獵等ノ際ニハ鹿皮ヲ用ヒテ製セシ衣服ヲ著セシコト
九、粧飾トシテ珠玉類ヲ頭部及ヒ胸部ニ飾リシコト
十、身體ノ毀飾ハ一般穿耳ノ風行ハレ罕ニ缺齒、刺墨ノ風アリシコト
十一、食物ハ蒸食及ヒ煮食ノ二法アリシコト而シテ初ハ蒸食ノミナリシコト
十二、漢人ノ未タ移殖セサルトキニハ鐵鐺ヲ有セス多クハ「ボツカオ」ト稱スル自製ノ土器（圓底縮口ノ狀ヲ爲ス）ヲ用ヒテ炊キシコト而シテ口碑ニ依レハ初メ生竹筒ニ水ニ浸シタル米ヲ盛リ火中ニ投シテ蒸シ又石塊ヲ赤熱シテ其上ニ肉類ヲ載セテ燒キ食用ニ供セシト云
十三、酒ヲ造ルニ嚼釀法ト素釀法トアリシコト而シテ初ハ嚼釀法ノミナリシト云
十四、表好意ノ一法トシテ合吻同飮ノ行ハレシコト

三、其慣習

十五、結婚ハ任意結婚ニシテ贅婿法多カリシコト殊ニ「タツオ」群ノ特俗トシテ成年ノ女子ハ別ニ家ヲ構ヘテ獨居シ其配ヲ擇ヒシコト
十六、疾病ヲ以テ人ノ死魂ノ所爲ト信シ女巫ヲシテ祓除セシメシコト
十七、埋葬ハ屋内屋外共ニ行ハレ「クヴァラワン」群ノ如キハ農忙ノ時等ニハ死屍ヲ布ニ裹ミタルマヽ水邊ニ棄テタリシコト
十八、葬後或ル期日間謹愼シテ出外セサリシコト
十九、邀福避禍ノ事ハ渾テ祖靈ノ冥護ニヨルトノ信仰ヲ有シ毎年一回以上祭祖ノ儀式ヲ行ヒシコト
二十、宗敎的迷信ノ一トシテ夢ヲ以テ祖靈ノ默示ト信シ又鳥聲ヲ聽キテ吉凶ヲトセシコト
二十一、殺人馘首ヲ以テ其勇ヲ誇リ頭顱ハ金色ヲ以テ之ヲ飾リ愛藏スルノ風アリシコト
二十二、古來勇武ヲ尚フノ風尤盛ニシテ當時獰猛化シ難シト稱セラレタル「ツアリセン」族スラ其ノ附近ノ「ペイポ」族乃ヂ「タツオ」群ヲ恐怖シ音聲ヲ耳ニシテモ出テ來ラサリシトイフコト

以上ハ漢化以前及ヒ漢化以後最初ノ時代ニ於ケル現狀ナリ而シテ爾來二百餘年ノ感化ハ終ニ今日ノ如ク殆ント漢人ト同一ナル人類ヲ形成スルニ至リシナリ

「ペイポ」族ノ由來

一、支那化「ペイポ」族ノ由來

少ナクモ今ヲ距ル三百年ノ既往ニ於テ漢人（明人）及ヒ和蘭人等ノ西部臺灣ヲ占有スル以前ニ於テ此一帶ノ方域ハ悉ク蕃人ノ棲住區域ニテアリタルコトハ既ニ記スルカ如シ而シテ其住區ノ平原ニ限ラルヽノ故ニヨリ支那人ハ之ヲ他ノ山蕃ト區別シテ平埔（ペイポ）蕃ト呼ヘリ故ニ「ペイポ」族トイヘル稱呼ハ元ト他稱語ニシテ自稱語ニハアラサルナリ

要スルニ臺灣ニ於ケル三百年間重ナル歷史ノ眼目ハ西部臺灣ノ平原ニシテ其歷史的發動ノ刺衝ヲ受ケシコト最モ多ク且最モ强カリシハ「ペイポ」族ニシテ之ト同時ニ其領有者ノ理蕃施設ノ目的モ先ツ主トシテ「ペイポ」族ニ注カレタリシハ事實ニ於テ疑フヘカラス斯クテ强盛ナル「ペイポ」族モ逆ラフ者ハ討タレ順フ者ハ化セラレ積漸經久ノ結果ハ討タルヽモノ亡ヒ化セラルヽモノ存シ乃チ支那人ノ所謂熟蕃ノ多數ヲ形成スルニ至リシナリ蓋熟蕃ハ盡ク「ペイポ」族ナリトハ謂フヘカラザルモ「ペイポ」族ハ熟蕃ノ多數ヲ占メ其表示者タルハ今日ノ事實ナリ而シテ其政治的ノ經由ニ至リテハ後ノ理蕃沿革ニ讓リ此ニハ少シク其自動的ノ由來ニ就テ一言セン

元來「ペイポ」族ノ起源ニ關シテハ種々ノ口碑ヲ傳ヘ中ニハ其創始ノ本源地モ推測セラレ移住ノ年代モ概度セラレサルニアラサルモノアルモ今ハ姑ラク之ヲ略スヘシ要スルニ彼等ノ移住ハ區々ニシテ決シテ同一時代ニ同一地點ニ上陸セシモノニアラス其移住ノ如キモ或モノハ最モ古ク或モノハ最モ新ク又或モノハ南西ノ海岸ヨリ或モノハ北西ノ海岸ヨリ上陸シ來リテ各々一小群ヲ形成セシモノヽ如シ支那ノ武林ノ人郁永河ト云ヘルハ臺灣ノ歸淸後十五年目ニ躬自ラ「ペイポ」族ノ部落ヲ踏査シ其事情ヲ探討セシカ其著述ニ依レハ南西部地方ニ於ケル和蘭人占領ノ時及ヒ鄭氏據臺ノ時已ニ撫ニ就ケル土蕃ノ外ハ悉ク混沌不化ニ屬シ今ノ彰化以北ハ到ル所森林蓊翳シ土蕃常ニ其中ニ伏シテ行人ヲ射殺シ殊ニ臺北平原ニ近クニ及ヒテハ其危險益々甚シク眞ニ狐貉ノ巢窟ニシテ人類ノ至ルヘキ所ニアラスト形容セリ如之ペイポ族モ亦當初殺人馘首ノ風習ヲ有シタル人類ナルヲ以テ支那人ノ記錄ニヨレハ其人ヲ殺スヤ頭顱ヲ截リ去リ烹テ皮肉ヲ剝去シ髑髏ヲ飾ルニ金色ヲ以テシ以テ衆人ニ誇示スルヲ常トシタリト云フ

是ヨリ先キ和蘭人ノ臺灣ニ據リシトキ漢人ノ移殖ヲ企ルモノ多ク中ニハ遠ク蕃地ニ入リテ土蕃ト交易ヲ營メルモノアリシカ和蘭ノ官吏ハ嚴重ニ之ヲ監督シ官吏ノ承認ヲ得タル商人ニアラサレハ其業ヲ營ムヲ得ス且其業ヲ營ムモノハ貢稅トシテ交易ニヨリテ得タル鹿皮ノ全部ヲ上納セシムルヲ例トセリ淸國政府モ亦其舊例ニ倣ヒテ之ヲ實行シ呼テ輸餉ト言ヒ輸餉ノ土蕃ハ之ヲ歸化蕃ト稱セリ而シテ康熙ノ末年ニ至リ輸餉ノ「ペイポ」族ハ巳ニ宜蘭平原ニ在ル クヴァラワン」ニ及

ヒ乾隆ノ初年ニハ臺灣西部ノ平原ニ在ル「ペイポ」族ノ多數ハ間接ナル輸餉ヨリ進ミテ直接ニ其所得蕃産ノ幾分ヲ官ニ納ムルノ撫ニ就ケリ此結果支那人ヲシテ熟蕃トイヘル稱呼ヲ土蕃ニ與フルニ至ラシメシ起因ニシテ當時此就撫ノ功ハ交易ニ從事セル支那人ノ通事ニ歸スヘキハ勿論ナルモ蕃地ノ侵掠羈絆ヲ企テシ首動者モ亦通事ニアリキ古來彼等カ一已ノ巨利ヲ占メンカ爲ニ力メテ蕃人ヲ愚ニスルニ汲々タリシハ時ノ識者モ亦夙ニ其弊ヲ知ルト雖之ヲ矯ムルノ術ナキニ苦ミシモノヽ如シ嘗テ某識者歎シテ曰ク「通事カ蕃人ノ愚ナルヲ利トシ且蕃人ヲシテ貧ナラシメンコトヲ欲スルノ慾望甚シ是他ナシ蕃人愚ナレハ巨利ノ攫奪意ノ儘ナルノミナラス貧ナレハ彼等非理ヲ知ルモ抵抗ノ力乏シキニ因ル又假令寃ヲ官ニ訴フル蕃人アルモ官人固ト蕃語ヲ能クセス之ヲ通譯スルモノハ通事ナレハ通事ハ己ニ不利ナルノ事實ハ陰蔽シテ通セス枉ケテ蕃人ニ不利ナル事實ヲ述フルカ故ニ一トシテ蕃人ノ敗トナラサルハナシ一タヒ其實情ヲ探リテ之ヲ見ルトキハ哀レムヘキモノ蕃人ニ如クハナシ」ト云ヘルハ事實ヲ懲ラサル確言ト云フヘシ

勢ヒ斯ノ如シ故ニ數ハ叛テ謀リテ官ニ抗スルモノアリシハ實ニ已ムナキノ結果ナルハシ殊ニ今ノ臺北方面ニ占居セル「ケタガナン」ノ如キハ常ニ官ニ抗シテ服セス當時稱シテ「最モ治メ難シ」ト云ヘリ然トモ他ノ山蕃ニ於ケル如ク地ニ負嵎蟠踞ノ利ナク恃ム所ノ武器ハ鏢刀弓矢ニ過キサリシヨリ征討ノ軍一タヒ至ル毎ニ時ニ之ヲ逆撃シヲ敗潰ニ歸セシメシコトナキニアラサルモ多クハ敗者ノ地ニ立チ漸次ニ馴化ニ傾クニ至レリ

是時ノ前後ニ方リ漢人ノ移殖日ニ月ニ多キヲ加ヘ蕃情ニ通セル通事ト結托シ蕃地ノ羈耕侵掠ヲ肆マニセリ蓋シ羈耕佔侵ニ二種ノ手段アリ一ハ積極的手段トモ云フヘキモノニシテ百方巧言蕃人ヲ籠絡シ僅ニ斗酒尺布ノ微ヲ以テ莫大ナル土地ヲ借リ若ハ交易シ其贌約ノ如キモ蕃人ノ文字ヲ識ラサルヲ奇貨トシ縱ニ支那人ニ利アル事項ヲ記シ蕃人ヲシテ此ノ不利ナル契證ノ名ノ下ニ拇印セシメ此契證ヲ憑據トシテ其土地ヲ騙取スルモノナリ今日餘喘ヲ舊地ノ一邊ニ保チツヽアルモノハ實ニ其遺裔ニ屬セリ一ハ消極的手段トモ云フヘキモノニシテ公然威力ヲ以テ强迫シ其ノ家ヲ燬キ其ノ族ヲ殺シ終ニ之ヲ域外ニ驅逐シテ其地ヲ掠奪スルモノナリ今日固土ヲ去リテ遠ク移住區ヲ他方ニ開キツヽアルモノ其遺裔ニ屬セリ就中其消極的侵掠ノ極度ニ達セシ時ハ淸曆道光年間ニシテ有名ナル「ペイポ」族ノ大移動ハ實ニ此ノ時期ニ於テ生セシ出來事ナリ是ヨリ先淸曆雍正、乾隆以來時ノ當局者ハ此侵掠ノ弊ヲ絶タンコトニ鋭意シ理蕃同知ノ特設セラレテヨリ一時ハ少康ヲ得タレトモ道光ニ至テ漸ヤク厲行ヲ失シ之ト同時ニ移殖支那人ノ侵掠其度ヲ高メ殆ト破竹ノ勢ヲ以テ臺灣西部ノ二所ニ暴發セリ其一方ハ北路乃チ彰化方面ヲ中心トシ「パゼッヘ」「ポアヴオサア」「ヴウプラン」「アリクン」及ヒ「タオカス」各群ノ全部若ハ一部ノ棲住區域ヲ侵シ他ノ一方ハ南路乃チ鳳山方面ヲ中心トシ「タツオ」及ヒ「シライヤ」二群ノ全部

若ハ一部ノ棲住區域ヲ侵セリ

此二大侵掠ノ結果ハ「ペイポ」族終ニ抵抗ノ力ヲ失ヒ北路ノ「ペイポ」族ハ相率ヒテ埔里社ノ平原ニ入リ此山嶽四圍ノ窪地ニ新ニ棲住ノ區域ヲ開クノ止ムヲ得サルニ迫レリ嘗テ「埔里社」ノ平原ニ在ル「ペイポ」部落ニ於テ其當時移動ヲナスニ方リ各族間ニ結ヒシ合約ヲ見ルニ其要ニ曰

漢人ノ侵掠益甚シク爲ニ我族ハ飢寒交々迫リテ四方ニ逃散セントス是ニ於テ新タニ社域ヲ設ケテ安居セントシ四方ヲ踏尋シタルニ埔里社ノ平原ハ地坦ニシテ土膏ナリ乃チ力ヲ戮セテ開墾シ永ク衣食ノ資ト爲サン仍テ爾今強ヲ恃ミ弱ヲ凌クコトナク決シテ漢人ヲ誘ヒ入ルヽコトナキヲ約ス云々

南路ノ「ペイポ」族ハ相率ヰテ南進シ今ノ枋寮ニ至リ一派ハ中央山脈ヲ横キリ越テ臺東ノ巴塱衛ニ著シ北シテ卑南ノ平原ニ入リシニ「プユマ」族ニ容レラレス尙ホ北進シテ臺東ノ中央部秀姑巒溪南ニ移住區ヲ開キ他ノ一派ハ海岸ニ沿フテ南下シ恒春ノ平原ニ入リ龍鑾社ノ地ヲ牛ト換ヘテ定住セリ同族ノ口碑ニヨレハ彼等ハ當時牛二千ヲ携ヘ至レリトイフ亦以テ其勢ヒ強大ナリシコトヲ知ルヘキナリ

「ペイポ」族ハ此幾多ノ刺擊ニ媒介セラレテ支那化ノ度ヲ高クセシノミナラス政治上ニ於テモ亦風俗改易ノ奬勵アルアリ其結果支那人ノ手ニ成レル淡水廳誌（同治年間撰）ニ蕃俗變遷ノ狀ヲ記シテ「風俗之移也、十年一小變、二十年一大變、淡水番黎較四邑爲多、乾隆二十九年以前郡志所錄、多耳所未聞、目所未睹、今自大甲至雞籠諸番、生齒日衰村墟零落、其居處飮食衣飾喪葬器用之類半從漢俗、諳通漢語者十不過二三耳、」ト云フニ至レリ而シテ現時ニ至リテハ淸俗漢語一見シテ移殖支那人ト區別スヘカラサル如キモノ十ノ七八、今其支那化ノ度ノ厚薄ニヨリ等ヲ分チテ差ヲ示ス左ノ如シ

一、殆ト其土俗言語ノ全體ニ於テ支那化セルモノ

タツオ群（鳳山方面）
シライヤ群（臺南方面）
ロツア群（嘉義方面）
ポアヴオサア群（鹿港方面）
アリクン群（彰化方面）
ヴウブラン群（大肚溪北）
タオカス群（苗栗、新竹方面）

ケタガナン群　（臺北方面）

二、其土俗ニ於テ支那化セルモ仍ホ固有言語ヲ現用スルモノ

パゼツヘ群　（葫蘆墩附近）

三、其土俗ノ舊態ノ幾部ヲ現存シ且固有言語ヲ現用スルモノ

クヴアラワン群　（宜蘭方面）

二、未漢化「ペイポ」族ノ由來

「ペイポ」族ノ全部カ支那化セル時ニ方リ獨「アムトウラア」ト自稱スル一小群ノ其狀ヲ異ニシツヽアル由來ヲ討ヌルニハ少ク清ノ領臺以前ノ歷史ニ遡ラサルヲ得ス案スルニ鄭氏ノ蘭人ヲ逐フテ臺灣ヲ占有スルヤ餉糧充實ノ準備トシテ遠ク未開地ノ墾拓ヲ企テタリ其地域ハ北西部ニ在リテハ竹塹埔乃チ大甲溪畔ヨリ今ノ新竹城附近ニ至ル一帶ノ廣原ニシテ當時此一帶ノ地ハ「タオカス」小群ノ棲住區ナリシカ其多數ノ土蕃ハ風ヲ望ミ歸附シタルモ只新港、中港、竹塹三社ノ土蕃中ノ一部ハ之ニ從服スルヲ肯セス鄭氏ノ部將陳絳ノ爲ニ討伐セラレ終ニ逃レテ二派トナリ一派ハ今ノ樹杞林方面ニ籠居シ一派ハ今ノ南庄地方ニ蟄伏セシカ次テ移殖支那人ノ爲ニ逐ハレ遂ニ其附近ノ山中ニ竄入スルニ至リシモノヽ如シ此由來ハ現ニ彼等カ一年一回行フ所ノ祭祖ノ儀式ニ唱フル謠歌ノ中ニ傳ハリ且其本籍地タル「タオカス」群ノ各支那化蕃ノ口碑ニモ亦其同族カ鄭氏ニ逐ハレテ山中ニ入リシコトヲ傳ヘツヽアリ其年代ニ至リテハ郁永河ノ海上紀略ニ依レハ康熙二十一年乃チ清ノ臺灣ヲ領有スル前一年ノ事ト爲ス蓋是ナルニ近シ而シテ其第二ノ退却乃チ移殖支那人ノ侵掠ヲ被フリタルハ嘉慶道光ノ間ニ在リトス。

故ニ系統上ヨリ言ヘハ「アムトウラア」小群ハ「タオカス」小群中ノ一分派ニシテ其二小群ノ關係ハ同本分支ニ屬スルモノトス乃チ之ヲ表示スレハ左ノ如シ

「タオカス」小群
- タオカス小群（本幹）
- アムトウラ小群（分枝）

生業

「ペイポ」族ノ既ニ支那化シタルモノハ漢人ト同一ノ生業ヲ營ミアリテ特ニ記スルノ必要ヲ認メサルヲ以テ唯南庄附近ナル未漢化「ペイポ」族ノ生業ノミヲ記述ス可シ

未漢化ペイポ族ノ生業ハ此近傍ニ住居スル「アタイヤル」族ノ蕃人ト大同小異ニシテ唯其程度ノ進步シ居レルノミ而シ

テ漢人ト雜居シ居ルモノハ樟腦ヲ製造シテ營業トナシ居ルモノモアリ
此地方ノ「ペイポ」族ハ專ラ銀錢ヲ使用シ居リ彼ノ珠群鐵器ヲ以テ通貨トナセシ時代ハ既ニ經過シタルモノヽ如シ而シテ蕃社產ノ物品ヲ以テ漢人ト交換賣買スルニハ一半ハ直接ニ之ヲナスモ一半ハ通事ノ手ヲ借リテ之ヲナセリ
此蕃人間ニ於ケル生業ノ重ナルモノハ農業及ヒ狩獵ニシテ之ニ次クモノハ漁魚、手工、織布及ヒ裁縫等ナリ其他樟腦ヲ製造シ或ハ漢人ノ製腦ニ從事シ居ル者ノ助働ヲナスアリ而シテ或ハ「アタイヤル」族ノ或蕃社ト交通シ漢人ト蕃人トノ間ニ立チ交換賣買ヲ營ミ居ルモノモ亦少カラス

第三章　總說

臺灣ニ於ケル各蕃族ノ現狀ニ就キ上來既ニ節ヲ分チ項ヲ立テ、之ヲ記述シタリ今乃チ前記ノ事實ヲ總括シテ其發達ノ順序ヲ明ニシ其進步ノ程度ヲ比較シ以テ蕃族誌ノ局ヲ結ハントス

第一　蕃人ノ種類竝地理的分布

臺灣ニ於ケル蕃人ハ其固有ノ土俗習慣及ヒ言語等ニ依テ左ノ八族ニ分ツコトヲ得可シ即チ

一、「アタイヤル」族(Ataiyal)
二、「ヴオヌム」族(Vonum)
三、「ツオオ」族(Tso'o)
四、「ツアリセン」族(Tsarisen)
五、「スパヨワン」族(Spayowan)
六、「プユマ」族(Pyuma)
七、「アミス」族(Amis)
八、「ペイポ」族(Peipo)

而シテ此ク分類シタルハ其基礎ヲ人類學上ニ置キタルハ勿論ナルモ固ヨリ短日月ノ間ヲ以テシテ深ク學術上ノ督査ヲ爲スノ遑ナカリシガ故ニ更ニ精察ヲ加ルトキハ或ハ猶ホ分合ス可キモノアランモ知ルヘカラス此等ハ後ノ調查ヲ待テ完了センコトヲ期スヘシ
此等ノ蕃族ハ現今其大半ハ山地ニ占居シ其平地ニ棲住スルモノハ甚タ少シ然トモ昔時異人族ノ未タ臺灣ニ移住セサル以前

ニ在テハ平地ニ占居セシモノ多カリシガ與人族ノ移住ト共ニ驅逐セラレテ山地ニ入リタル事ハ今猶蕃人間ノ口碑ニ傳ル所ニ徵シテ知ルヲ得ヘシ是ヲ以テ見レハ今日山地ニ占居スル蕃人ト雖モ固ヨリ初ヨリ山地ニ棲住セシニハアラサリシナリ

一、「アタイヤル」族　此族ノ蕃人ハ現時悉ク山地然カモ峻坂險路交通極テ不便ナル處ニ住居シ平地ニ占居スルモノハ絶テ見サル所ナリ其分布區域ハ頗ル廣大ニシテ北ハ屈尺竝ニ頭圍方面ヨリ南ハ埔里社地方ノ干達萬山ト奇萊地方ノ魚尾溪トヲ連結セル線ヲ以テ其境界トナス此族ノ蕃人ハ殆ト臺灣山地ノ二分ノ一ヲ所領シ居レリ

二、「ヴオヌム」族　此族ノ蕃人ハ現時其大半ハ「アタイヤル」族ノ如ク峻坂險路交通極メテ不便ナル山地ニ占居シ平地ニ住居スルモノハ僅ニ水沙連化蕃アルノミ其分布區域ハ複雜ニシテ北ハ埔里社ノ南方ヨリ起リ南ハ蕃薯寮方面ニ及ヘリ然トモ此族ノ本幹ハ干達萬山及ヒ濁水溪以南ト濁水溪ノ支流ナル陳柳蘭溪以北ノ地ニアリ其他ノ分布區ハ此本幹地ヨリ分移セルモノニシテ臺東方面即チ北ハ秠仔庄ヨリ南ハ鹿寮（務祿臺トモ稱ス）ニ至ル間ノ山地竝ニ蕃薯寮方面ナル關山ノ四周等ニ分布シ居レリ

三、「ツオオ」族　此族ノ蕃人ハ現時其大半ハ「ヴオヌム」族ト同シク交通不便ナル山地ニ占居シ獨リ其一部分即チ今日ニ於テハ漢人ト同一政治ノ下ニアル蕃薯寮方面山杉林地方ニアル四社熟蕃ノ僅ニ平地ニ住居シ在ルノミ而シテ其分布區域ハ阿里山ヲ中心トシ其四周ニ擴カリ北ハ陳柳蘭溪ヲ以テ「ヴオヌム」族ノ蕃地ニ界シ南ハ蕃薯寮方面ナル山杉林及ヒ六龜里等ノ地方ニ及ヒ東ハ分水嶺ヲ以テ其境界トナセリ

四、「ツアリセン」族此族ノ蕃人ハ現時山地然カモ峻坂險路ノアルアリテ交通極メテ不便ナル處ニ住居シ平地ニ占居セルモノハ僅ニ清曆光緖十九年ニ於テ阿里港ノ東北三里餘ニ在ル加納埔庄ニ移住セル五十餘ノ蕃人アルノミ其分布區域ハ北ハ關山附近ヨリ南ハ率芒溪以北東ハ分水嶺以西ノ間ニアリ

五、「スパヨワン」族　此族ノ蕃人ハ現時其大半ハ山地ニ住居シ平地ニ占居スルモノハ恒春「スパヨワン」中「パリザリザオ」（下蕃社）竝ニ臺東「スパヨワン」即チ「パクルカル」等ノ一部分ノミ其分布區域ハ前山ニ於テハ率芒溪ヨリ以南ノ地ト後山ニ於テハ卑南平野ノ南方知本溪以南ノ地トノ間ニアリ此族ノ蕃人ノ占居スル地域ハ他ノ山地ニ占居スル蕃族ニ比シテ其交通稍々便利ナリ

六、「プユマ」族　此族ノ蕃人ハ現時其大半ハ平地ニ住居シ山地ニ占居スルモノハ僅ニ「タロマ」ノ一部（大南社）アルノミ其分布區域ハ卑南平野竝ニ其近傍ノ山地ニ分布シ北ハ卑南溪ヲ以テ界トシ南ハ知本溪ヲ以テ臺東「スパヨワン」ト境界ヲ接シ居レリ

七、「アミス」族　此族ノ蕃人ハ悉ク平地ニ占居シ山地ニ住居スルモノハ殆トナシト云フテ可ナリ其現時ノ分布區域ハ北ハ奇莱平野ヨリ南ハ卑南平野ノ北部マテノ間ニシテ其他恒春地方ニ臺東地方ヨリ移住セルモノアリ此地方ノ南方各部ニ住居セリ

八、「ペイポ」(平埔)族　此族ノ蕃人ハ其大半ハ平地ニ占居シ山地ニ住居スルモノハ僅ニ南庄附近ニアル一小群ノミ其現時ノ分布區域ハ頗ル廣大ニシテ臺灣ノ平野ニ在テハ其東部ト西部トヲ問ハス到ル處ニ多少此族ノ蕃人ヲ見ル然トモ今日ニ於テハ處々ニ四散流離シ小部落ヲ一隅ニナスノミニシテ昔時旺盛ナリシ時代ノ大部落ハ見ルコト能ハサルナリ

以上ハ臺灣ニ於ケル各蕃族ノ地理的分布ノ概況ナリ今其局ヲ結ハントスルニ當リ少シク地理ト蕃人進歩ノ程度トノ關係ニ付テ記スルトコロアル可シ

臺灣ノ蕃人中最モ進歩シ居ル所ノモノハ「ペイポ」族ニシテ次ハ「スパヨワン」族ニ屬スル「パリザリザオ」部「プユマ」及ビ「アミス」等ノ蕃族ナル可シ此等ハ多ク平地ニ占居スル所ノ蕃人ナリ而シテ最劣等ノ位置ニアルモノハ「アタイヤル」族ニシテ此蕃族ハ悉ク深嶺幽谷ノ中ニ占居シ從ヒテ峻坂險路ノ障碍ハ常ニ交通ノ不便ヲ伴フヲ免カレス要スルニ平地ニ占居スル蕃人ハ一般ニ進歩シ山地ニ住居スルモノハ一般ニ劣等ナルコトハ獨各蕃族間ニ於テ然ルノミナラス同族ノ蕃社間ニモ亦此ノ如キ現象ヲ呈セリ

如此現象ヲ呈スル所以ノモノハ全ク漢人トノ交通如何ニ關係スルハ疑フ可ラサル事實ナリ特ニ漢人ト雜居セル蕃社ノ如キハ著シキ進歩ヲ示シ殆ト漢人ト徑庭ヲ見サルニ至ルモ之ニ反シテ深嶺幽谷ノ中ニ在ルモノハ漢人トノ交通殆ト少ク僅ニ蕃社ノ產物ヲ交換賣買スルニ際シ漢人ト相接スルアルニ過キス而シテ此時ニ於テモ唯一二ノ通事ニ接スルノミニシテ其他ハ絶テ漢人ト接スルノ機會ナク其結果トシテ新智識ノ蕃社内ニ輸入スルノ動機ニ乏シク依然舊態ヲ墨守スルノ外更ニ進歩ヲ見サルナリ故ニ平地ニ住居スル蕃人ニ在テハ嘗テ二百年ノ既往ニ行ハレ今ハ纔ニ古昔ノ歷史的口碑トシテ記憶セラル、ニ過キサル馘首ノ風ノ如キモ他者ニ在テハ依然猶ホ其風習ヲ現存シ及ヒ盛ニ行ヒツヽアルナリ地理上ノ關係カ人類ノ發達ニ影響スルノ大ナルコト此ノ如シ

第二　蕃社及ヒ戸數人口ノ統計

臺灣ノ各蕃族ニ屬スル蕃社並ニ其戸數人口等ハ今日ニ於テハ精確ナル統計ヲ得ルコト能ハス何トナレハ蕃地ノ探險スラモ頗ル危險ノ業ナルヲ以テ精確ナル戸口調查ノ如キニ至リテハ到底ナシ得可ラサルハ當然ナリ故ニ蕃人ニ就キ之ヲ諮詢シ或ハ蕃地ニ入リ社中ノ蕃人ヲ招集シ物品ヲ惠與スルニ際シ之ヲ計算スル等ニヨリテ僅ニ其概數ヲ得ルノ外更ニ其術ナ

シ殊ニ是等ト雖トモ精確ナル計數ハ到底保ス可ラサルナリ去レハ左ニ記スル所ノ如キモ固ヨリ精確ナルモノニハアラスシテタヽ其概數ヲ示スニ止マルノミ

族名	社數	戶數	人口數	一社平均戶數	一社平均人口數	一戶總平均人口
「アタイヤル」族	一九七	五、五六七	二三、四六〇	二九、七	一三一、三	四、六
「ヴォヌム」族	一四四	二、〇七二	一六、六一〇	一四、三	一一五、〇	八、三
「ツォオ」族	三九	三三一	二、九六一	三三、一	二九六、一	七、六
「ツァリセン」族	一〇五	五、五七二	二七、八六〇	五三、〇	二六五、三	五、〇
「スパヨワン」族	一一〇	三、〇二二	一五、九八二	二七、四	一四五、三	五、八
「プユマ」族	一四	一、四八三	五、七三八	一〇、六	四〇九、八	四、二
「アミス」族	八四	三、一八三	二一、七七五	三六、七	三五九、二	七、八
「ペイポ」族（但シ南庄）	二四	一五〇	八八一	六、三	三六、七	六、七
合計	七一七	二一、三七九	一一五、二六七	三八、〇	二一九、八	六、三

總小社數　七百十七社
總戶數　二萬一千三百七十九戶
總人口數　十一萬五千二百六十七人
一小社平均戶數　三十八戶
一小社平均人口數　二百十九人八分
一戶平均人口數　六人三分

第三　統制的現狀

臺灣ニ於ケル各蕃族ハ漂泊的人類ニアラスシテ既ニ定住的人類ナリ孤獨ノ生存ヲナスノ人類ニアラスシテ已ニ社會的組織ヲ爲シツヽアル人類ナリ而シテ其社會的組織ノ發達ハ未タ村族制ノ以上ニ及ハサルモ亦其進度ノ低カラサルモノアルヲ知ルヘシ今各蕃族ニ就テ其發達ノ度ヲ比較セハ左ノ如シ

第一段ノ進歩（家族單一制）「アタイヤル」族

第二段ノ進歩（家族聯合制）「ヴオヌム」族 「ツオオ」族 「プユマ」族 「アミス」族

第三段ノ進歩（村族制）「スパヨワン」族 「ツアリセン」族

而シテ其統制ノ現狀ニ就テ言ヘハ其要領左ノ如シ

一、世襲或ハ選擧ヲ以テ酋長ヲ定メ一社ノ安寧ヲ維持スル爲ニ有力ナル裁制上ノ權ヲ有セシム

二、統制ニハ自治アリ專制アルモ總テ一社慣行ノ秩序ヲ紊サス且公共團結ノ力ニ富メリ乃チ一社ノ利害ヲ以テ各自個人ノ利害トナシ其責ニ任スルノ風アリ

三、酋長ハ社衆ノ犯罪ヲ處スルノ權ヲ有ス而シテ其治罪ノ標準ハ總テ情ニ據リ事ニ應シ隨時罰ヲ定ムルモ其裁決ハ或ハ其習慣ニ據リ或ハ馘首ノ有無ニ依リ或ハ證ヲ探リ憑ヲ求メ成ルヘク公平ヲ維スルヲ常トナス

次ニ家族組織ニ就テハ或ハ男系統ニ屬スルアリ或ハ女系統ニ屬スルアルモ現時ニ在リテハ各蕃族トモ家族的ノ關係發達シ其男系統ヨリ發達セル家族組織ノ蕃族ニ在リテモ父親ニノミ親子ノ關係ヲ有シテ母親ニハ有セサルカ如キコトナク其女系統ヨリ發達セル家族組織ノ蕃族ニ在リテモ母親ニノミ親子ノ關係ヲ有シテ父親ニハ有セサルカ如キコトナク乃チ何レモ兩親ニ親子ノ關係ヲ有シツヽアリ

其近親ノ關係ニ至リテハ總テ自巳ヲ本位トシ本系傍系ヲ問ハス尊上卑下トモ凡ソ三代ヲ以テ其關係者ト認ム此關係者間ハ古來ノ習慣ニヨリ左ノ制裁ヲ有セリ

一、近親ノ關係者間ハ婚姻ヲ許サス

二、近親中ニ鰥寡孤獨ノモノアレハ該關係者ハ之ヲ育養ス

三、近親中ニ死者アレハ該關係者ハ喪服裝ヲ爲ス（ツアリセン族スパヨワン族プユマ族ニ限ル）

蓋是人類ニ近親的思想ノ發達スル初階ナルヘシ試ミニ其近親ノ關係者ヲ一表ニ掲クレハ左ノ如シ

（一代）自己	（二代）	父母	（三代）父母の父母	本系親
		自己の子	（三代）子の子	
	（二代）	父母の兄弟	（三代）父母の兄弟の子	傍系親
		自己の兄弟	（三代）自己の子の子	

尚ホ附ケテ一言スヘキハ各蕃族ノ男子ヲ通シ兒童ト壯丁トノ身分ノ限定アルコトナリ彼等ハ本來未タ年齡ヲ算スルヲ知ヲサルカ故ニ其身分ヲ限定スヘキ標準ハ稍〻漠然タルノ觀アレトモ自然ノ習慣ニヨリ凡ソ十六七歲乃至二十歲前後ヲ以テ兒童ノ列ヨリ壯丁ノ伍ニ編入セラルヽモノトス而シテ臺灣ノ蕃族ハ其壯丁ノ伍ニ列スルニ際シ或ル特殊ノ表號及裝飾ヲ要スルモノニシテ此表號及裝飾ノ具備ト共ニ常然壯丁ノ有スヘキ權能ヲ認メヲルヽモノトス尚ホ「アタイヤル」族ノ如キハ一タヒ出テヽ人頭ヲ馘取シ得タルモノ（或ル一二ノ特例ヲ除キ）ニアラサレハ壯者ノ列ニ伍スル能ハサルノ特風ヲ存セリ今其各蕃族ニ就キ壯丁表示ノ種類ヲ擧クレハ左ノ如シ

アタイヤル族…………顏面ニ刺墨ヲ施スコト
　　　　　　　　　　缺齒ヲ爲スコト

ヴォヌム族…………齒ヲ缺クコト

ツ　オ　族…………齒ヲ缺クコト

ツアリセン族…………頭髮ヲ結束スルコト（兒童ハ自然ノマヽニ垂ル）
　　　　　　　　　　下肢ニ紋樣ノ刺墨ヲナスコト

スパヨワン族…………上體部ニ刺墨ヲナスコト（但任意）

プ　ユ　マ　族…………胸部及ヒ下肢ニ紋樣ノ刺墨ヲナスコト（但任意）

而シテ其壯丁ノ列ニ伍スルニヨリテ享有スヘキ重ナル權能ハ次ノ如キモアリ

一、有能力者ト認定セラレ時ニ一社ノ共議ニ與カルヲ得ルコト（各蕃族）

二、婚姻ヲ爲シ得ル事（各蕃族）

三、檳榔子ヲ嚙ミ得ル事（ツアリセン、スパヨワン、プユマ、アミス族）

（附）刑罰

臺灣ニ於ケル各蕃族ノ間ニ在テ犯罪ト認ムル行爲ノ種類ニ至リテハ各蕃族ニ自ヲ多少ノ差アリト雖モ中ニ就キ各族ニ通

シテ罪惡ト認メラル、行爲ニアリ

一、姦罪

二、理非曲直ヲ爭ヒ酋長ヨリ非曲者ト裁判セラレシモノ

姦罪ハ蓋各蕃族ヲ通シ殊ニ重罪視スルモノニシテ「アタイヤル」「ツオオ」「ツアリセン」「スパヨワン」ノ四族ハ有夫姦及ヒ無夫姦トモ總テ有罪トシ止タ治罪ノ上ニ於テ概シテ無夫姦ハ輕キニ從ヘリ「ヴオヌム」「プユマ」「アミス」ノ三族ハ單ニ有夫姦ノミヲ有罪トス

理非曲直ノ爭ヒトハ例ヘハ出獵ノ際二人ニシテ偶然一鹿ヲ逐ヒ一者ノ孰カ射殺セシトキ二人互ニ自己ノ射殺ナルヲ主張シテ決セサル如キ又ハ甲ハ乙ニ對シテ我所有ノ物件ヲ竊取セリト詰リ乙ハ甲ヲ以テ非理ノ誣責ヲナスモノトナシ互ニ決セサル如キ類ニ過キサレトモ「スパヨワン」族中ノ「パリザリザオ」(下蕃社)ノ或モノ乃チ其支那化ノ度ノ高キ蕃人ノ如キニ至リテハ往々支那人ノ思想ニ感化セラレ複雜ナル民事的ノ爭訟ヲ爲スコトアリト云フ

次ニ或蕃族ニハ罪トセラル、モ或蕃族ニハ罪トセラレサル各蕃特殊ノ犯罪ノ種類三アリ

一、竊盜

二、長老ニ不敬ナル行爲

三、殺人

竊盜ニ就テ制裁アルハ「スパヨワン」「プユマ」「アミス」ノ三族ヲ主トシ「アタイヤル族」之ニ次ク而シテ一般ニ竊盜ト認ムル行爲ノ範圍ハ限定セラレ其限定外ニ於ケル行爲ハ之ヲ認メテ盜視セス例ヘハ他人ノ耕作地ニ入リテ蕃薯ヲ取リ去リ食用ニ供スル如キ之ヲ認メテ竊盜トナサ、ルモ家外ニ乾晒セル衣類ヲ持チ去ルトキニハ之ヲ認メテ盜取トナスカ如シ「ヴオヌム」「ツオオ」及ヒ「ツアリセン」ノ三族ニ至リテハ盜罪ナル制裁ナシ蓋實際ニ於テ他ノ所有ヲ侵害スルノ行爲ナク其農作物ノ少量ヲ取リ去ル如キ之ヲ罪認セサル他族ニ同シ

長老ニ不敬ナル行爲ヲ罪認スルハ「アミス」族ノ特例ナリ是同族カ特殊ナル社會的組織ヲ成シ重キヲ長老ニ置キ道德上長幼ノ序ヲ重ンスルコト深キヲ致シツ、アル結果ナルヘシ

殺人ハ他族人例ヘハ漢人ヲ殺セル如キヲ含有セスシテ單ニ同族人ヲ殺セル場合ノミヲ指スモノナリ然ルニ同族間ノ傷殺ハ各蕃族ニ於テ殆ト皆無ノ事實ニシテ隨テ制裁アラサルモ特リ「プユマ」族ニ於テハ之カ制裁ヲ設ケ且姦罪ニ次キテ重罪視ス

治罪ノ標準ノ不文律ナルコトハ前述スル如クナルモ其ノ刑罰ノ科目ニ至リテハ古來一定シ即チ犯罪ノ輕重ニ應シテ相當ナル罰科ヲ適用ス罰科ハ各蕃族同一ナラサルモ彼此彙集シテ綜合セハ左ノ七科トスヘシ

一、斬殺
二、社外放逐
三、所有物沒收
四、笞罰
五、攫髮
六、譴責
七、贖罪

斬殺ハ「アタイヤル」「スパヨワン」「プユマ」「アミス」ノ四族ニ行ハレ之ヲ適用スルハ單ニ有夫姦ノ現行犯罪ニ限ラル

社外放逐ハ無期有期ノ別アリ有期放逐ハ改悛謝罪ノ後ハ歸社スルヲ得ルモノトス「ツアリセン」「プユマ」及ヒ「アミス」ノ三族ニ行ハル

所有物沒收ハ「ツアリセン」「スパヨワン」及ヒ「プユマ」ノ三族ニ行ハル

笞罰ハ「アタイヤル」「ヴオヌム」「ツオオ」及ヒ「スパヨワン」ノ四族ニ行ハルヽモノニシテ刑具ハ木竹ノ棍杖トシ局所ハ各蕃族ニヨリテ差アルモ概シテ臀部及ヒ背部トシ時ニ「スパヨワン」族ノ或ルモノヽ如キ有夫姦罪ニ姦婦ノ陰部ヲ笞ツコトアリトイフ

攫髮トハ其頭髮ヲ攫握シ之レヲ振搖スル刑ニシテ其ノ性質笞罰ニ同シク單ニ「ツアリセン」族ニ行ハルヽ特例トス

譴責ハ各蕃族ニ行ハルヽモ一ノ附加刑ノ姿ヲ爲スニ過キサルカ「アミス」族及ヒ「ツオオ」族ノ一部ニ至リテハ公衆ノ前ニテ譴責スルヲ一ノ本刑ノ如ク認ム

贖罪ハ「スパヨワン」「プユマ」及ヒ「アミス」族ニ盛ンニ行ハレ「アタイヤル」族ニモ罕ニ行ハル

之レヲ要スルニ各蕃族ヲ通シ刑罰ハ單坐ニシテ彼ノ罪三族ニ及フトイフカ如キ連坐アルニアラス故ニ家長ノ犯罪ニ其所有物ヲ沒收スル場合ト雖モ家屋ニ及フコトナキヲ一般ノ通例トナス而シテ罪ノ疑ハシキハ渾テ輕罰若クハ不論ニ從フヲ常トス

其他「アタイヤル」族ニ行ハルヽ理非ノ決シ難ク證憑ノ判明ナラサル罪疑ニ對シテハ馘首ノ有無ニ據リテ罪ノ有無ヲ決ス

ル如キ乃ヲ祖靈ノ冥護ニ信據シテ理非ノ判明ヲ爲スモノニシテ嘗テ我カ上古ニ行ハレタル探湯ノ治罪法ト其性質ヲ同クスルモノトイフヘク所謂ル神決的ノ治罪ニ屬スルヲ知ルヘシ而シテ此一事例ノ他ハ渾テ之ヨリ一歩ヲ進メシ現行的ノ治罪若クハ憑證的ノ治罪ニ屬セリ

要スルニ各蕃族間ニ於ケル刑罰ハ智識ノ程度低キ蕃族間ニハ簡單ニシテ罪惡ト認ムルモノ甚タ少キモ智識ノ進歩セル蕃族間ニ於ケル刑罰ハ複雜ニシテ罪惡ト認ムルモノモ亦從テ其數ヲ增スカ如シ

此等ノ刑罰ハ單ニ同蕃社及ヒ同族間ニ於テノミ有効ナルモノニシテ他ノ蕃族若ハ同族ト雖交通セサル蕃社内ノモノニ對シ爲シタル所爲ハ之ヘテ其罪ヲ論セス特ニ漢人ニ對シテハ如何ナル所爲アルモ其罪ヲ論セサルノミナラス却リテ之アルモノヲ以テ勇者トナス傾向アリ

第四　土俗

一、住所

臺灣ニ於ケル各蕃族ノ部落ノ形成ハ其社會的境遇ノ發達ニ應シ進歩ノ度ヲ異ニスルモノアリ乃チ「アタイヤル」族ノ北部方面ノ如キ四隣相距ル近キモ一二町ヲ隔テ遠キハ十數町ニ及ヒ谷ヲ隔テ山ヲ越エテ隣家アルモノ少ナシトセス漸ク南部ニ近ツクニ隨ヒ二三家乃至四五家ノ接近存在スルアリ又十餘家ノ一所ニ集メ設ケラル丶アリテ散點部落ヨリ集團部落ヲ形ツクル過渡ノ狀態ヲ示シツ丶アリ「ヴオヌム」「ツオオ」「ツアリセン」「スパヨワン」「プユマ」及ヒ「アミス」ノ各族ニ至リテハ各族ノ間多少簡繁ノ差アルモ概シテ集團部落ニ屬シ三四間或ハ十數間ヲ隔テヽ不規則ニ建設セラル殊ニ「プユマ」及ヒ「アミス」ノ二族ニ至リテハ集團部落ノ他ニ外牆ヲ構フルノ風發達シ乃チ防守的ナル一廓ヲ形成スルニ至レリ

家屋ノ構造ニ至リテハ各族ヲ通シ家屋ノ二大部分ナル屋根ト柱壁トノ區分ヲ生シ屋根ニハ一面乃至二面四面ノ傾斜ヲ設ケ葺クニ茅竹又ハ石ヲ以テシ柱ハ木又ハ竹ヲ利用シ壁ハ竹片茅萓又ハ石片ヲ以テ障トシ家屋トシテハ其完全ナル形式ノ初形ニ進ミツヽアリ然トモ只自然ノマヽナル材料ヲ用ヒ簡易ナル設計ヲ以テ建築スルカ故ニ外形ノ渾テ粗雜ナルヲ免カレス而シテ柱ハ地ニ掘リ立ツルコト支柱ハ繩ヲ用ヒテ纒結スルノミナルコトノ如キ尚ホ建築術トシテノ幼稚ヲ示スモノナリトス

屋内ノ裝置ニ就キテ其多クハ單房ヨリ分房ニ進ムノ初形ヲ示シ及ヒ純然タル分房ヲナシアルモノアリ乃チ「アタイヤル」及ヒ「プユマ」二族ノ如キ概シテ單房ナレトモ「ヴオスム」及ヒ「ツオオ」二族ノ寢所ノ部分ヲ分畫スルハ已ニ分房ノ初形ヲナスモノトイフヲ得ヘク又「ツアリセン」族ノ外形上單房ナレトモ實際ニ於テ之ヲ三種ノ部分ニ分チ各々其位置ヲ定メ位

置ニ隨ヒテ其使用ノ目的ヲ異ニスル如キ亦已ニ無形的ナル分房ノ發達ヲナセルモノト認メサルヘカラス「スパヨワン」族及ヒ「アミス」族ノ一部ニ至リテハ完全ナル隔障アル分房ヲナシ或室房ハ寢臥若クハ常居ニ用ヒ或ル室房ハ炊厨作事ニ用フル等ノ差アリ

床ハ概シテ土床ナルカ「ヴオスム」及ヒ「ツアリセン」二族ハ石片ヲ舖キ「アミス」族ニ至リテハ其一部又ハ全部ニ他ヨリ高ク籐蓆ヲ敷キツヽアリ

以上ノ諸點ヲ比較シ各蕃族ニ於ケル家屋ノ發達ヲ序次スレハ其最幼稚ナル・ハ「アタイヤル」及ヒ「プユマ」二族ノ家屋（單房ニシテ床ナシ）ニシテ「ツオオ」族ノ家屋（單房ヨリ分房ニ進ムノ過渡ヲ示シ床ナシ）及ヒ「ツアリセン」族ノ家屋（單房ナルモ部分ノ畫定アリ石ヲ床トス）ハ一歩ヲ進メタルモノ「ヴオヌム」族ノ家屋（單房ヨリ分房ニ進ムノ過渡ヲ示シ石ヲ床トス）及ヒ「スパヨワン」族ノ家屋（完全ナル分房ニシテ床ナシ）ハ更ニ一歩ヲ進メタルモノトシ「アミス」族ノ一部ノ家屋（分房ニシテ高ク籐ヲ床トセルモノ）ハ最進歩シタル發達ヲ示スモノトス

穀倉ハ「ヴオヌム」「ツオオ」及ヒ「スパヨワン」ノ三族ハ單ニ屋內ノ一部ヲ分畫シテ其用ニ充ツルニ過キサレトモ他ノ各蕃族ハ別ニ家屋外ニ穀倉ヲ設ク而シテ「プユマ」族ニ在テハ普通ナル低小ノ草屋ニ床ヲ張リタルモノニ過キサレトモ「アミス」族ニ在テハ床下ニ短柱ヲ据エテ床ヲ少シク高ク上ケ以テ通氣ニ便シ「アタイヤル」及ヒ「ツアリセン」二族ニ至テハ床ヲ長柱上ニ支ヘ且柱ト床トノ接着部ニ木製ノ圓鍔ヲ嵌メテ鼠害ヲ防クノ用トナセリ穀倉トシテ各蕃族中最發達セルモノニ屬ス

二、衣飾

衣服ハ各蕃族ヲ通シテ多少ノ差異アルモ其大體ニ於テ左ノ二種ニ歸スルヲ得ヘシ

一、概シテ上體ヲ蔽フニ過キス開襟ニシテ或ハ袖アリ或ハ袖ナキ衣服

二、方形ニシテ袈裟狀ヲナセル被衣

第一種ノ衣服ハ材料ハ獸皮、自織ノ布及ヒ漢人ヨリ得ル布ノ三樣ヲ用ヒ其裁縫ノ方法ニ至リテハ極テ簡易ニシテ凡ソ進歩シタル衣服ノ製成ニ於テ最工夫ヲ要スル裁チ方ノ如キ殆ト之レヲ要セス一般ニ上肢ヲ標準トナシ布ヲ裁チ尺度ヲ使用セサルナリ其無袖衣ニツキテ言ハヽ材料ヲ該衣服全長ノ二倍ニ切リ中央ニ於テ二折シタルモノ二枚ヲ取リ之レヲ並列シテ折半セル半部ノ各內面ヲ縫ヒ合セ次ニ各個ノ折半セル外面ヲ縫ヒ合セ折半部ノ方向少シ許リヲ開放シテ袖口トナストキハ即チ一個ノ開襟無袖衣成ルモノトス

衣服ノ粧飾ハ主トシテ布製ノ衣服ニ表出スルモノニシテ織模樣及ヒ縫模樣ノ二樣アリ「アタイヤル」及ヒ「ヴォヌム」ノ二族ニハ主トシテ織模樣ノ粧飾行ハレ「ツオオ」「ツアリセン」「スパヨワン」「プユマ」及ヒ「アミス」ノ各族ニハ專ヲ縫模樣ノ粧飾行ハル而シテ「アタイヤル」族ノ如キ粧飾的模樣ヲ表ハス部分極メテ多ク紅白ノ色彩著シク目ニ映スルヲ常トスルモ「ヴォヌム」及ヒ「ツオオ」ノ二族ニ至リテハ漸ヤク虚飾ヲ去リテ實用質素ニ近ツキ「ツアリセン」「スパヨワン」「プユマ」及ヒ「アミス」ノ四族ニ至リテハ全ク實用ヲ主トシ装飾ヲ以テ副貳ノ目的トスルニ至レリ

装飾ノ上ニ表ハス意匠ハ「アタイヤル」「ヴォヌム」「ツオオ」及ヒ「アミス」ノ四族ハ主トシテ直線及ヒ角ヨリ成レル装飾的分子ヲ並列模樣ニ表ハスノミナレトモ「ツアリセン」「スパヨワン」及ヒ「プユマ」ノ三族ハ以上ノ外ニ動物(重モニ人)ノ形狀ノ應用ヨリ成レル装飾分子ヲ散布模樣及ヒ並列模樣ニ表ハスヲ常トス

次ニ一言スヘキハ褌ノ發達ナリ男子ニツキテ褌ノ發達最モ幼稚ナルハ「アミス」及ヒ「アタイヤル」二族ニシテ「アミス」族ハ其口碑ニ傳ヘテ曰ク嘗テ往時ニ在リテハ木葉ヲ用ヒテ陰部ヲ蔽フノミナリシカ異族ノ來リ布ヲ傳ヘテヨリ初メテ布褌ヲ用ユト、而シテ仍今モ北部「アミス」族中ノ男子ニハ日中勞働ノ際ニハ全ク褌ヲ用ヒス又少カニ木葉ヲ腰ニ挿ミテ陰部ヲ蔽フモノアリ之ニ次クモノハ黑布ノ結目ヲ垂レ稍ヤ發達セルモノハ方形ノ布片ヲ垂ル、ノミ獨リ南部「アミス」ハ「プユマ」族ノ感化ヲ受ケ布片ヲ廣ク腰ニ纒フ「アタイヤル」族ハ長サ五六寸幅一寸五分内外ノ布片ヲ垂ル、ヲ初形トシ布片ノ結ヒ目ヲ垂下スルモノ之ニ次ク「ヴォヌム」族ニ至リテハ布片ノ結ヒ目ヲ垂ル、ニ過キサルモノアルモ進ミテハ其下部ニ方形ノ布片ヲ垂レ又三角形ノ腹掛ノ下端ヲ長ク垂レテ褌ニ兼用ス「ツオオ」族モ亦三角形ノ腹掛ノ下端ヲ垂レテ褌ニ兼用スルモ更ニ其下ニ方形ノ布片ヲ垂ル、コトアリ「ツアリセン」「スパヨワン」及ヒ「プユマ」ノ三族ニ至リテハ全ク完成セルモノニシテ布片ヲ用ヒテ腰ノ全周ニ纒フ女子ニツキテハ各蕃族ヲ通シ一般ニ進歩著シク長サ腰ヨリ足邊ニ達スル布片一枚若クハ二枚ヲ用ヒテ腰ノ全周ニ纒フ

身體ノ装飾ノ重モナルモノハ耳飾胸飾ノ二種ニシテ共ニ各蕃族ニ通シテ之ヲ有セサルナシ而シテ耳飾ノ最盛ニ行ハル、ハ「アタイヤル」族ニシテ耳朶ニ孔ヲ穿チ竹管ヲ貫クモノニシテ長キモノハ四五寸ニ至ルモノアリ之ニ次クハ「スパヨワン」族ニシテ其長サニ於テハ極テ短キモ其圓周ノ極テ大ナルモノヲ耳朶ニ篏ムルヲ常トシ大ナルモノニ至ツテハ徑八九分ニ及フモノアリ「ヴォヌム」族モ亦竹管ヲ耳朶ニ篏ムレトモ長サ一寸内外ニ過キス「アミス」族ニ至テハ竹管及ヒ骨器ヲ耳朶ニ篏ムルモ甚タ短シ「ツオオ」「ツアリセン」及ヒ「プユマ」ノ三族ハ殆ト耳形ヲ毀損スルニ至ラス耳朶ニ小孔ヲ通シテ附飾スルニ過キス又多ク漢人ノ耳飾ヲ用ヒ且平素ハ多ク之ヲ篏用セス

胸飾ノ材料ハ植物ノ實、動物ノ牙及ヒ人工ニ成レル圓形若クハ管形ノ玉類ヲ絲條ニ連貫シテ環トシ頸ヨリ胸ニ垂懸スルモノニシテ其多キハ十數條ヲ聯用スルモノアリ而シテ其最盛ニ行ハル、ハ「アタイヤル」族ニシテ「ヴオヌム」及ヒ「ツオオ」ノ二族之ニ次キ「ツアリセン」「スパヨワン」及ヒ「アミス」ノ三族ニ至リテハ仍ホ其風ヲ現存スルモ稍ヤ衰滅ノ傾向ヲ生シ「プユマ」族ニ至リテハ之ヲ用ユルモノ少數ナルニ至レリ

臺灣ノ蕃族ニ行ハル、身體ノ毀飾ノ種類ハ刺墨及ヒ缺齒ニシテ「アタイヤル」族ハ刺墨缺齒兩ツナカラ之ヲ行ヒ「ヴオヌム」及「ツオオ」ノ二族ハ缺齒ノミヲ行ヒ「ツアリセン」「スパヨワン」及ヒ「プユマ」ノ三族ハ刺墨ノミヲ行ヒ「アミス」族ニ至リテハ全ク毀飾ヲ爲スノ風ナシ而シテ刺墨ノ如キ其進歩ノ度ト共ニ其廣サヲ狹ハメ現ニ「スパヨワン」ノ一部ナル「パリザリザオ」（乃チ下蕃社）ノ如キ其口碑中嘗テ刺墨ノ風アリシコトヲ傳フルモ已ニ其風ヲ絕チ「プユマ」ノ如キモ之ヲ女子ノミニ存シテ男子ハ全ク其風ヲ絕チツ、アリ又「アタイヤル」族ノ女子ノ口周刺墨ハ漢人部落ニ接近シ居ル所ノ蕃社ニ於テハ概シテ其幅狹キモノ行ハレ漸次其幅ヲ減スルノ傾向アリト云フ

今以上記シ來レル所ニヨリ臺灣ノ蕃族ニ於ケル衣飾ニ關スル發達變遷ヲ概說セハ

一、其處世的智識發達ノ度ノ高キニ隨ヒ衣飾ニ於ケル虛飾分子ノ度ヲ低クス

二、其處世的智識發達ノ度ノ高キニ隨ヒ衣飾ノ目的ヲ虛飾ノ域ヨリ實用ノ域ニ變ス

三、其處世的智識發達ノ度ノ高キニ隨ヒ單一ニシテ變化ナク不規則ニシテ統齊ナキ裝飾上ノ構成ヲシテ美術的ノ本旨ニ適セル統齊變化ノ要素ヲ具フル配合ヲ爲サシム（例ヘハ「アタイヤル」族ノ織摸樣カ單ニ直線及ヒ角ノ分子ヲ並列スルノミヨリ成立シ且其配合ニ統齊乏シキモ「スパヨワン」族ノ縫摸樣ニハ同ク直線及ヒ角ノ分子ヲ並列スル裝飾ト雖モ統齊ト變化トヲ有シ又動物ノ形狀ヲ應用セル摸樣ノ裝飾ヲ用ユルニ至レル如キ類）

四、其處世的智識發達ノ度ノ高キニ從ヒ衣服ノ製制ハ接近スル異族ノ開化（漢人ノ如キ）ニ近似同化スル傾キアリ

三、飲食

現在臺灣ノ各蕃族ノ主食物ノ重モナルモノハ粟、米及ヒ蕃薯等ニシテ其調食法ハ主トシテ漢人ヨリ得ル鐵鍋ヲ用ヒ又「アミス」族ノ如キハ自製ノ土器ヲ用ヒテ之ヲ炊熟ス粟、米ノ炊熟ハ或ハ粥トナシ或ハ飯トナシ時ニハ蒸シテ舂搗シ餅トナス炊熟ニ次キテ行ハル、ハ燒炙ニシテ生料理トモイフヘキモノハ果實類ヲ生食スルノ他ニ之アルナシ而シテ其最發達シタル蕃人ノ料理法ハ漢人ト同一ノ方法ニヨルモノアリ

副食物トシテ蕃人ノ用ユルモノハ荳類、瓜類、薤、韮、竹筍、鳥獸魚等其重モナルモノニシテ調食ノ際ニハ常ニ鹽ヲ和シテ

調味ヲ為ス又一般ニ蕃椒ヲ好ミテ食用ニ供ス或ハ曰ク山深ノ地ニ在リ塩ヲ得難キ蕃族ハ重ニ辛味ヲ用ヰテ調味ヲ為スト要スルニ蕃人ノ食物ハ一般ニ含水炭素食物ハ充分ナルモ含窒素食物ハ稀ニシテ鑛物質食物ハ水ト食塩トノ二アルノミ其他一般ニ香味ノ食物ヲ愛シ薑、蕃椒等ヲ食ス而シテ料理法ノ進歩セサル結果其歯力堅牢ニシテ鳥類ノ細骨ノ如キハ之ヲ嚙ミ砕キテ食スルヲ常トス

食事ヲ為スニ「アタイヤル」族ニ在リテハ多ク手指ニテ摘ミ食シ罕ニ箆状ノ木片ニテ扱食スルモ「ツオオ」族ノ如キハ同状ノ骨片ヲ用ヰテ重ニ扱食シ「ヴオヌム」「ツアリセン」「スパヨワン」「プユマ」「アミス」ノ各蕃族ニ至リテハ更ニ一歩ヲ進メタル木製匙ヲ用ヒ又「ツアリセン」以下ノ各族ニ於テハ籐製平箆ノ食物ヲ盛ル器具ヲ有セリ

醸酒法ハ「ヴオヌム」「ツオオ」ノ二族ハ彼ノ南太平洋諸島土人ノ中ニ行ハルヽ如ク其原料ニ唾液ヲ和シテ之ヲ醸スモ他ノ「アタイヤル」「ツアリセン」「スパヨワン」「プユマ」「アミス」ノ各族ハ特ニ一定セル酵麴ヲ和シテ之ヲ醸造ス

取火法ニ至リテハスヘテ擦木取火ノ現狀ヲ去リ各蕃族トモ鉄燧取火ヲ為シツヽアリ

第五　慣習

一、結婚

結婚法ノ發達モ亦各蕃族ニ於テ一様ナラス「ヴオヌム」族ノ一部及ヒ「ツオオ」族ハ掠奪結婚ノ痕迹ヲ存シ「アタイヤル」及ヒ「ヴオヌム」族ノ中ニハ競争結婚行ハレ「ヴオヌム」族ノ一部ニハ交換結婚行ハレ「ツアリセン」「スパヨワン」「プユマ」及ヒ「アミス」ノ各族ハ聘財結婚ノ初形ヲ存セリ而シテ其定婚タルニ於テハ各族同一ニシテ乃チ左ノ如シ

一、或ル一定ノ儀式ヲ以テ結婚ヲナスコト
二、一旦結婚シタルモノハ或ル事故ノ為メニ公然ノ離別ヲ為スニアラサルヨリハ永遠ニ夫婦ノ關係ヲ有ツコト
三、既ニ一男子ト結婚シタル女子ハ他ノ男子ト婚媾セサルコト
四、一夫一婦ヲ常トスルコト
五、近親ト認ムル關係者間ノ相婚ヲ准サヽルコト
六、夫婦ノ間同等ノ關係ヲ有スルコト

而シテ夫婦間ノ情誼極メテ親密ニ且實際ニ於テ離婚少ナク特リ「ツアリセン」族ニ於テ婚後或ル年限間ニ生子ナクンハ自然ノ離婚トナルノ一異例アルノミ其婦ノ如キ生子以前ニ於テ夫ノ死亡スルトキニハ再嫁ヲ為スモ既ニ子ヲ生メル後ニハ寡婦ニ安ンシテ其子ノ鞠育ニ從事シ又其夫婦間ノ關係ニ至リテハ概シテ同等ニシテ彼ノ未開人類ニハ殆ト普通ノ状態タ

ル夫ハ婦ヲ認メテ奴隷トナシ甚シキハ己レニ附從スル動物視シ殘忍酷薄ナル待遇ヲ加ヘテ顧ミサルカ如キコトアルナシ其蕃社ニ行ハル、制裁ノ一タル有夫姦罪ノ如キモ實際ニ於テハ犯罪者ノ數通シテ少ナシトイフ

二、生誕

各蕃族ヲ通シ生誕ニ關スル慣習ハ母親自ラ竹ヲ鋭削シタル小片ヲ用ヒ臍緒ヲ截切シ其子ヲ冷水或ハ温湯ニ洗浴ス而シテ産婦ハ一般ニ健全ニシテ産後ノ翌日ニハ平然業ニ就クヲ常トス但凡ソ一ケ月内外ノ間家外ノ劇勞ニ從ハス

生子ヲ祝スルノ風ハ殊ニ「ツアリセン」「スパヨワン」及ヒ「プユマ」ノ三族ニ發達シ而シテ「ツアリセン」族ノ如キ婦ノ姙娠ニ際シ夫タルモノ代リテ謹愼シ産兒ノ後ハ一ノ信仰的ナル祓除ヲ行ヒ其祝宴ニ列スヘキモノハ夫婦ノ現存者ニ限ラル、如キ乃チ生子ニ就キテ或ル厭勝的觀念ノ發生スルヲ見ルヘキ如シ又スパヨワン族ニ至リテハ舊ト双生兒ヲ不祥トシ其一子ヲ樹ニ縛シテ死ニ至ラシメシ風アリトイフ如キ嘗テ生子ニ於テモ迷信ニ支配セラレシコトアルヲ知ラル、ナリ

命名ハ或ル定期ノ日ニ母又ハ父ノ一方若クハ父母之ヲ爲ス元來名ヲ表スル言語ハ各蕃族ヲ通シテ古來限定セラレ決シテ此限定セル言語ノ外ニ新名ヲ擇定スルコトナシ而シテ「アタイヤル」「ツアリセン」二族ハ前者ハ家族單一制ナルカ爲後者ハ之ヨリ一歩ヲ進メシ村族制ナルカ爲表人名ノミ發生シ表家名ヲ有セス唯「アタイヤル」族ニ於テ表人名ノ上ニ其父又ハ母ノ名ヲ冠シ其誰人ノ子ナルカヲ定確スル表號ヲ爲スヲ常トス蓋シ名ヲ表スル言語ニ限定アルノ結果トシテ一社内同一名ノ多カルヘキハ免カレサルノ數ニシテ此幾多ノ同名者ヲシテ區別アラシメンカ爲例ヘハ甲乙ノ二男子アリ共ニ「マライ」トイヘル名ナルトキ甲ノ父ヲ「タイモ」乙ノ父ヲ「ワタン」トイフトセハ甲ヲ「タイモ、マライ」ト呼ヒ乙ヲ「ワタン、マライ」ト呼ヒ以テ甲ハ「タイモ」ノ子ノ「マライ」ニシテ乙ハ「ワタン」ノ子ノ「マライ」ナルヲ表示シ其區別ヲナスカ如シ而シテ是表家名ノ發達スル原形ナルニ似タリ其他ノ各族ハ家族聯合制又ハ之ヨリ一歩ヲ進メシ村族制ナルカ故ニ表家名ト表人名トヲ併有シ表家名ニ依リ以テ其何家ノ血統ニ屬スルカヲ表シ表人名ニ依リ以テ其自己ヲ表シツ、アリ其呼ヒ方ハ表家名ヲ先キニシ表人名ヲ後ニス

名ハ男女ニヨリテ言語ノ種類ヲ異ニスルモノアリ又男女共通ノモノアリ或ル意義ヲ有スルモノアリ意義ヲ有セサルモノアリ例セハ「アタイヤル」族中大嵙崁方面ニ於テ有名ナル酋長「タイモ、ミセル」ハ「タイモ」トイヘル父ノ名ハ無意義ノ語ナレトモ「ミセル」トイヘル自己ノ名ハ「楠木」トイヘル意義ヲ表スル語ナルカ如シ

各蕃族ヲ通シ子ノ愛情ノ發達深ク嬰兒ハ父母互ニ之ヲ抱キ「ツオオ」族ノ如キ子ヲ負フ爲ニ用ユル一種ノ方布（サシブナ、）ノ發達アリ「ツアリセン」族ノ如キ特ニ子ヲ育ツル爲メニ用ユル一種ノ搖籃（リオツプ）ノ發達アリ且各族ヲ通シ子守

ニ歌謠ヲ用ユルノ風アリ彼ノ「アンガス」人(南米)ノ魚ヲ釣ルカ爲ニ自己ノ嬰兒ヲ餌トスルヲ悲マス「ブシマン」(亞非利加)ノ故ナクシテ父子相殺スルコトアリトイフニ比スレハ霄壤ノ差アルヲ認ルナリ

三、埋葬

埋葬ニ就テハ今ハ熟蕃ト呼ハレツヽアル「ペイポ」族ノ或モノハ舊ト死者アリテ農耕ノ時期等ニ際シ間隙ナキトキハ布ニ包ミタルマヽ水邊ニ放棄シタリトノ口碑ヲ傳フレトモ現時臺灣ノ各蕃族ハ通シテ死者ニ對スル哀禮ノ啓端ヲ見ラルヽモノアリ乃チ

一、家ニ死者アレハ家人死屍ニ向テ號哭ス

二、埋葬ノ法一ナラス或ハ屋内埋葬アリ或ハ屋外埋葬アルモ概シテ埋葬ヲ丁重ニス

三、埋葬後或ル定日ノ間家人ハ出外セス且ツ身體ノ裝飾ヲ去ル

四、殊ニ「ツアリセン」「スパヨワン」「プユマ」三族ノ如キハ喪服裝ノ發達ヲ爲セリ

是其著シキ點トス而シテ死者ノ生前用ユル所ノ什具ヲ副葬スル如キハ彼等ノ魂魄不滅ヲ信スルニ基因シ彼ノ多クノ人類ニ行ハルヽ優者ノ死ニ從僕ノ殉死ヲ爲スハ其死後ト雖モ隷從ノ使役ヲ要スルナルヘシトノ迷信ニ胚胎スル如ク死後ト雖モ其器什ノ需要アルヘシトノ迷信ヨリ導カレシ慣習ナランモ今ハ寧ロ死喪禮ノ一ト認メラレツヽアリ

四、疾病

臺灣ニ於ル蕃族ヲ通シテ最モ普通ナル疾病ハまらりや熱ニシテ病者ノ十中七八ハ此病ニ侵サレサルハナシ此ニ次テ多キハ眼病ニシテ次ハ腸胃病及ヒ外傷ノ膿爛セルモノ等ナリ北方「アタイヤル」族中ニハ間々呼吸病ニ罹リ居ルモノヲ目撃シ又分水嶺附近ナル石磐石ノ地盤ヲナシアル地方ノ蕃人ニハ甲狀腺腫ニ罹リ居ルモノ多ク特ニ中年以上ノ婦人ニ普通ナリ而シテ蕃人ノ病死多キハ幼者ト老年トノ時代ニ在リ幼者ノ時代ニハ育兒ノ方法宜シキヲ得ス即チ未タ齒ノ生セサルニ堅キ食物ヲ嚙マシメ或ハ寒暖ニ應シテ衣服ヲ加減セス其他幼者ニ到底堪ヘサル事ヲモ之ヲ顧ミサルヲ以テ生レテ三四歳ニ至ル間ニ於テ病死スルモノ頗ル多シ老年ニ至リテハ若シモ病ニ侵サヽルアレハ患者自身已ニ必ス死亡スヘキヲ覺悟シ又其子弟モ爾カク認ムルモノヽ如ク之ヲ放置シテ顧ミサルノ傾向ナキニアラス然レトモ彼ノ亞非利加及ヒ南太平洋中ノ未開人類ノ如ク老病已ニ望ミ無キ者アレハ壯者ハ之ヲ山中ニ捨テ若ハ之ヲ打殺シテ其肉ヲ食フカ如キ不倫ノ俗習ヲ有スルニアラス開化ノ度最モ低キ「アタイヤル」族ノ中ニモ一社内ノ男子老衰シテ病ニ臥シ食ノ喉ニ下ラサル者アルヲ目撃セル壯婦ハ近親ナルト否トヲ問ハス入リテ之ニ哺乳セシムル風アルモノアリトイフ

疾病ノ原因ニ至リテハ各蕃族ヲ通シ死魂ノ祟孽ニ歸スルニ過キス殊ニ「アタイヤル」及ヒ「スパヨワン」二族ニ在リテハ圓形ナル物質ヲ細管又ハ匏面ニ截セ若シ其上ニ靜止セハ以テ治癒ノ兆トシ之ニ反シテ轉落セハ不治ノ兆トナスカ如キ殆ト迷信ノ外ニ求ムヘカラサル慣行アルモ「ヴオヌム」「ツオオ」「スパヨワン」「プユマ」「アミス」ノ各族ノ草木ノ葉ニテ病者ノ身邊ヲ拂フ如キ稍ヤ歩ヲ進メシモノトイフヘク「ツアリセン」族ノ病者ノ身體ヲ按摩シ「スパヨワン」族ノ蛇害ノ吸吮治療ノ如キハ寧ロ醫術ノ初形ニ屬スルモノトイフヘキニ近ク「アミス」族ノ吸吮術ニ至リテハ尚ホ迷信ノ區域ヲ脱セサルモ蓋シ「スパヨワン」ニ行ハル、如キ吸吮治療ノ導線ナルヘキカ

其他自然ノ經驗ノ敎フル所ニヨリテ某木葉ヲ煎服シ某草根ヲ生咬シ或ハ某ノ草木葉ヲ創傷ニ付シ或ハ脂肪ノ類ヲ火ニ炙リテ之ヲ創傷ニ塗ル等ノ方法ハ各蕃族ヲ通シテ見ラル、所トス

又時々天然痘ノ蕃社内ニ流行スルコトアリ蕃人ノ天然痘ヲ恐怖スルヤ最甚シク之カ結果ハ病者ヲ棄テ、離散スルニ至ルモノ乃チ自然ノ隔離法ニシテ彼等ハ僅ニ此一法ニ據リ惡疫ノ傳染ヲ豫防シツ、アルノミ而シテ患者ノ十中八九ハ死亡スト云フ時トシテ全社ノ蕃人其大半ハ之カ爲ニ死亡シ一社ヲ維持スル能ハスシテ附近ノ社ニ合スルニ至ルコトアリト云フ

五、馘首ノ慣習

馘首ノ慣習ノ如キ現時ニ在リテハ「アタイヤル」族ヲ以テ首トナサ、ル可ラス其他「スパヨワン」族ノ一部ナル「テポモマク」（上蕃社）及ヒ「ヴオヌム」族ノ或ルモノ殊ニ移殖「ヴオヌム」乃チ「セブクン」及ヒ「ツアリセン」族ノ中ニ罕ニ行ハル、ニ過キサレトモ往時ニ在リテハ各族ヲ通シテ其慣習ノ盛ニ行ハレシハ事實ニシテ其現時罕ニ行ハル、ハ卽チ舊態ノ遺存ト認ムヘキナリ「ツオオ」族ノ如キハ現時其風ヲ絶テリト雖之ヲ口碑ニ傳ヘ且遺物ニ徵スヘク「プユマ」族ニ至リテハ口碑ニ於テモ遺物ニ於テモ馘首ノ風ノ行ハレタル證跡アラサルモ嘗テ其有勢力ナリシ大酋長ピナライ（支那人ノ所謂卑南王）トイフモノ、附近蕃族七十二社ヲ管セシトキ「マヲレゲ」トイヘル一年一回ノ祭祀ノ儀式ニ所管社蕃ノ中一人ヲ殺スヲ例トセリトイフ如キ是固ト人體犧牲ノ風習ニ屬スト雖他ノ蕃族ニ行ハル、馘首ノ目的モ恰モ之ト同一ナル犧牲的ノ原因ニ成ルモノ多ケレハ亦馘首ノ慣習ト全ク縁故ナキモノト認ムヘカラス「アミス」族ニ至リテハ今ハ殆ト馴化ノ人類ナレトモ北部奇萊地方ノ「アミス」族ノ如キ生存ノ必要上屢々山中ノ「アタイヤル」族ト戰ヲ交ヘ敵抗者ヲ殺害スルコトアレハ其首ヲ馘シテ架上ニ暴露スルノ風アリ此風習ノ固有ナルヤ將タ摸擬（乃チ威畏示勇ノ目的ヨリ山蕃ノ風ヲ摸擬セシモノ）ナリヤハ判然タラサルモ兎ニ角現在「アミス」族ノ少數ナル或ル一部ニハ馘首ノ風ノ行ハル、ハ事實ナリ殊ニ「ツアリセン」族ノ如キ和蘭人ノ占據以來清ノ統治二百年間臺灣ニ於ケル政治ノ中心ハ南方ニ在リシヨリ時ノ司治者カ同族ヲ撫化スル

爲ニ夙ニ力ヲ勉メタリシモノ、如キモ當初頑然之ニ應セス苟モ異族ノ其境ニ近ツクモノアレハ直ニ其首ヲ馘シ去ルヲ常トセルヲ以テ當時之ヲ畏ル、コト虎ヨリモ甚シク嘗テ支那ノ詩人ニ「傀儡山深惡木稠、穿林如虎攫人頭」ト謠ハレタリキ然ルニ一方ニハ雍正元年以來數回ノ討伐アリ一方ニハ附近ノ「ペイポ」族乃チ熟蕃及ヒ漢人ノ通事ヲシテ屢々入リテ交易ヲ盛ニセシメシ結果漸次殺人ノ風ヲ薄ラケタルモノニシテ所謂ル生存競爭ヲ必要トスル時代ヨリ自他共存ヲ必要トスル境遇ニ達スル過渡ハ自ラ其先天的性格ニ一變化ヲ與フルニ至レリ

之ヲ要スルニ嘗テ或ル時代ニ於テ臺灣ノ或ル蕃族ニ行ハレタル、及ヒ現時ニ於テ仍ホ或ル蕃族ニ行ハル、馘首ノ慣習ハ通シテ善視ノ目的ヨリ出ルモノニシテ決シテ惡ヲ行フノ目的ヨリ之ヲ爲スモノニアラス即チ勇譽ノ高下ハ常ニ馘首ノ多寡ニ伴ヒ年穀ノ豊凶ハ祭祖ニ頭顱ヲ供スルノ有無ニヨリ異ル等ノ迷信ハ實ニ馘首ノ慣習ヲ保存スルノ理想ヲ鞏確ニシ寧ロ其人生究竟ノ目的トナサシメツ、アルニ近シ然トモ嘗テ激烈ナル馘首ノ慣習ヲ存セシ幾多ノ蕃族カ今日全ク風ヲ絕チ若ハ薄ラキツ、アルハ事實ニシテ此既往ノ事實ノ斯ノ如キヲ推シテ他ノ將來ニ斯クノ如キノ結果アルヲ知リ得ヘキヲ以テ其既往ニ於ケル斯クノ如キ事實乃チ其先天的性格ニ一變化ヲ與ヘタル要因ノ重モナル事項ヲ概括擧示シテ結局トセン

第一因、敎育及ヒ宗敎的ノ感化啓蒙

第二因、政治的ナル威畏恩懷併行ノ運施

第三因、開山通交ノ結果

第四因、蕃族カ異族人ト自他共存ノ必要ヲ認ムルニ至リシ結果

試ミニ其著シキ事例ヲ擧ケテ之ヲ言ヘハ第一因ニ於テハ和蘭人ノ宗敎及ヒ敎育的ノ運施ハ當時ニ在リテ尚ホ獰猛ノ域ヲ脫セサリシ「ペイポ」族ヲ馴化セシメタル如キ第二因ニ於テハ往時ニ在リテ最化シ難シト稱セラレシ「ツアリセン」族ニ向ヒ淸政府カ或ハ懸軍之ヲ懲ラシ或ハ悃諭之ヲ招撫シタリシ結果兎ニ角其殺人ノ風ヲ薄ラキシメタル如キ第三因ニ於テハ嘗テ或ル時代ニ在リテハ亦殺人ノ風ヲ存セシ「ツオオ」族ヲシテ淸政府カ或ハ通事ヲ官設シ山ニ入リテ交易ヲナサシメ或ハ近年中路ノ道路開鑿ト共ニ全ク鎖山ノ禁ヲ解キ民蕃ノ交通ヲ自由ナラシメシ結果益々其馴熟ノ度ヲ高メシメタル如キ等ニシテ此三事情ハ即チ亦第四因ノ實例ニ取ルヲ得ヘシ

六、宗敎的思想

臺灣ニ於ケル各蕃族カ其死後ノ觀念ニ就キテ有スル思想ハ左ノ如キ變遷ヲ經過セリ

一、人ノ死後魂魄ハ不滅ナリ

二、夢ハ死魂ノ顯體ニ接スル現象ナリ
三、人ノ死魂ハ時トシテ惡魔ノ如キ働キヲナス
四、此ノ死魂ノ祟孽ヲ驅除シ得ルモノハ祖先ノ靈魂ナリ
五、而シテ祖先ノ靈魂ハ之ト同時ニ邀福ニ必要ナル能力ヲ有ス

是ニ於テカ避禍邀福ノ爲ニ祖先ノ靈魂ヲ祭ルノ風ヲ馴致シ宗敎上祖先拜ノ啓端ヲ形成スルニ至レリ

乃チ試ニ各蕃族ニ通シテ行ハル、祭祖ノ儀式及ヒ習慣ノ或ル行爲ノ性質ヲ查察セハ其宗敎的思想ノ發生ニ伴ヘル結果ナラサルハナキヲ知ルヘシ今例ノ著シキモノ二三ヲ擧ケテ之ヲ言ハンカ

第一　祭祖ノ儀式ノ如キ凡ソ歲ノ豐凶、穀ノ熟否ハスヘテ祖靈ノ冥護ノ有無ニ隨伴スル結果ト信スルカ故ニ其將サニ下種セントスル初メノ時期及ヒ既ニ收穫ヲ爲シタル終リノ時期ニ於テ之ヲ行フヲ常トナス

第二　疾病乃チ死魂ノ祟孽ヲ驅除スル時ノ如キモ其或ル儀式ヲ行フト否トノ差ハ姑ク措キ必祖靈ニ向テ其冥護ヲ祈願スルノ意ヲ寓スルヲ普通トス

第三　既ニ祖靈ノ不滅ヲ信スルノ結果之ニ次キテ一定ノ境界ニ安在スヘキヲ認メ此安在的定位ヲ以テ敬虔的意思ヲ表スル目標視スルモノ所謂宗敎上信仰ノ本體ナルモノ、發生スル初形ト認ルコトヲ得ヘシ

乃チ「アタイヤル」及ヒ「スパヨワン」二族ハ鬱蓊タル斧斤曾テ入ラサルノ森林ヲ認テ祖靈ノ安在スル定位トシ「ツオオ」及ヒ「ツアリセン」ノ二族ハ曾テ年ヲ知ラサル一定ノ古樹ヲ認メテ祖靈ノ安在スル定所トシ「ヴオヌム」「プユマ」及ヒ「アミス」ノ三族ハ其意ヲ蒼々ノ天ニ寓スル如キモノ是ニシテ就中「スパヨワン」族ノ如キハ發達ノ度ヲ高メ妄ニ其認ムル所ノ敬虔的地域ニ入リテ伐木セサルノミナラス祖靈殿ノ初形ト認ムヘキ建物ノ發達ヲナセルモアリ

第四　祖靈ハ巳ニ或ル一定ノ地位ニ安在ストセハ其邀福避禍ノ冥護ヲ求ムルニハ須ク其靈魂ノ招降ヲ爲サヽルヘカラス凡ソ何レノ宗敎ヲ問ハス該宗敎ノ儀式ノ要件ノ一トシ其信仰的本體ノ招降ヲ爲サヽルナキハ之ト同一ノ理由ニ本ツクモノニシテ臺灣ノ各蕃族ニ行ハル、宗敎的儀式ニ於テモ亦皆此ノ招魂ノ發生ヲ爲シツ、アリ乃チ夫ノ口笛狀ノ口嘯ヲナスコト三タヒシ及ヒ酒ヲ地ニ灌クコト三タヒスル如キ是ナリトス

第五　思想ノ進步此ニ至レハ其所謂ル祖靈ハ漸ク死者ノ魂魄ト同一視スルノ念ヲ離レ不確實ナカラモ神靈的ノ意ヲ寓セラル、ニ及ヒ隨テ殊ニ該神靈ト顯人トノ間ニ立ツノ司掌者ヲ求メサルヘカラス臺灣ノ各蕃族ニ現在スル巫覡トモイフヘキ老男老女ノ如キ盖シ其初形ノモノニ屬セリ

斯ノ如クニシテ祖先ノ魂魄ト尋常人ノ魂魄トハ艮シ其初源ニ遡レハ全ク同性質ナルニモセヨ一方ニハ祖先ノ靈魂ハ益々其敬虔的ノ寓意ヲ高クセラルヽト同時ニ他方ナル尋常ノ死魂ハ愈々其厭忌的ノ度ヲ深クシ殆ト惡魔トモイフヘキモノヽ意ヲ寓セラルヽニ至リ祖先ノ靈魂カ一切ナル邀福避禍ノ擔保者ト信セラルヽト共ニ尋常ノ死魂ハスヘテ災禍凶惡ノ本源視セラルヽニ至リ「アタイヤル」族ノ「オツトフ」(Ottolu)「ヴオヌム」族ノ「カチト」(Kaneto)「ツオオ」族ノ「ヒツウ」(Hitsu)「ツアリセン」族ノ「ガラル」(Gararu)「スパヨワン」族ノ「ツマス」(Taumasu)「プユマ」族ノ「ヴキロア」(Vukiroa)「アミス」族ノ「カワス」(Kawasu)トイヘル語ハ孰レモ原ト魂魄トイヘル意義ヲ表スルノミノ語ナレトモ今ハ此一語カ神靈的ナル敬虔ノ意ト惡魔的ナル厭忌ノ意トヲ兼テ表スル語ト為リツヽアリ

而シテ「ツアリセン」「スパヨワン」「プユマ」及ヒ「アミス」ノ四族ニ在リテハ上記思想ノ現狀ノ他ニ更ニ進歩ヲ示メスモノアリ乃チ各族全ク同一語ヲ用ヒテ「パリシ」(Parisi)ト呼ヘル一ノ信仰ヲ有スルコト是ナリ其語ノ意義ハ齋戒、祓除若クハ禁厭トイヘル意義ヲ包含有セルモノニシテ祭祖ノ儀式ニ際シテ齋戒ヲ為シ又疾病アルトキハ禁厭ヲ行ヒ死者アルトキハ祓除ヲ為ス等スヘテ概括シテ「パリシ」ト云ヒ若モ「パリシ」ヲ要スル時ニ方リテ之ヲ怠ルトキニハ必ス災殃之ニ酬ユヘシト信シツヽアリ是即チ或ル信仰ノ確定ニ其歩ヲ進メシモノニシテ之ヲ換言スレハ宗敎的思想ノ一進歩タルナリ

又一方ニハ初メ單ニ魂魄ヲ意味セル語カ轉シテ一種無形ノ惡魔トイフヘキ意ヲ寓セラルヽヤ更ニ此無形ノ寓意ヲ具體的ニシ所謂ル妖恠ナル觀念ヲ伴生シ終ニ不思議トイヘル理想的觀念ノ端ヲ形クルニ至レリ左ニ一例トシテ「アタイヤル」族ニツキテ實査シタリシ事實ヲ擧ケン

一、「アタイヤル」族ハ魂魄トイヘル思想ヲ一轉シテ無形的惡魔ノ寓意ヲ為セシヨリ更ニ無形ニ止メスシテ之ヲ具體的ニスルニ至リ其第一歩トシテ陰影ヲ呼フニ魂魄ト同語ヲ以テス

二、陰影ノ如ク常ニ有形ナル具體ニ伴フノ現象ヲ魂魄ト同語ヲ以テ呼フノ結果更ニ進ミテ人体ノ脉搏ヲ呼フニ「手ノ魂」トイヘル意義ヲ以テスルニ至レリ

三、是ヨリ更ニ一歩ヲ進メ變シテ殆ト有形トナリ妖恠トイフカ如キ一種ノ想像物ヲ形ツクリ乃チ髣髴雞距深夜人ヲ吮フトイヘル恠物亦之ヲ呼フニ魂魄ト同語ヲ以テス

四、是ニ至リ魂魄トイヘル語ハ變シテ有形トナリシモ仍ホ想像的有形ニ過キサルモ終ニ變シテ純然タル具體的トナリ狂者ヲ呼フニ魂魄ニ憑付セラレシモノ」トイヘル意ヲ以テ呼フニ至レリ

而シテ斯種宗敎的思想ノ發動ハ其四面ノ境遇ニ向ヒテ各種ノ迷信ヲ形成セシメ諸般ナル生活上ノ狀態ヲ支配スルニ至ル

ハ事實ニシテ臺灣ニ於ケル各蕃族ノ如キ其生活ノ少クモ三分一ハ迷信ノ支配ヲ受クルトイフモ不可ナカルヘシ左ニ迷信ノ重モナル事例ヲ擧ケン

一、身心ニ關スル迷信

(イ)大耳ハ優者ノ兆ナリ(アタイヤル族、スバヨワン族)

(ロ)夢ハ祖先ノ默示ナリ故ニ善夢ハ善兆ヲナシ惡夢ハ惡兆ヲナス其善惡ノ標準左ノ如シ

死者ノ「汝ハ惡シ」、「我ハ汝ヲ捕ヘント」イフカ如ク物語レリト夢ミレハ凶兆トス又出獵等ノ際、死者カ「行ケ」ト告ケシト夢ミレハ利アリ「行ク勿レ」ト告ケシト夢ミレハ災ヲ受クトシ行ヲ止ム(アタイヤル族)

好夢ヲ見タル後ニアラサレハタトヒ食物盡ルモ穀倉ヲ開クコトヲ忌ミ粗菜ヲ食ス而シテ人ノ生死ニ關スル夢ハ凶兆トシ又出獵等ノ際他族ニ逐ハレ又ハ殺サルト夢ミレハ凶トシ行ヲ止ム(ツオオ族)

出外ノ際死人之ヲ止ムト夢ミレハ凶兆トシ行ヲ止ム(ツアリセン族、スパヨワン族)

筍ノ夢、銃ノ夢ハ吉兆トシ食事ノ夢、死者ノ夢ハ凶兆トシ凶夢ヲ見タルトキハ出外セス(プユマ族)

二、起居動作ニ關スル迷信

(イ)出外ノ際途ニ躓クハ凶兆トス(アタイヤル族、ヴオヌム族、ツオオ族)

(ロ)鹽ヲ負フテ後顚セハ其鹽ヲ食ハス(ツオオ族)

三、生理作用ニ關スル迷信

「クサミ」ヲナスヲ凶トス(各蕃族)

四、動植物ニ關スル迷信

(イ)豚ノ頭及臂部ノ肉ヲ小兒ニ食セシムレハ夭死ス(ヴオヌム族)

(ロ)粟ヲ煮タル鍋ニテ蕃薯ヲ烹レハ他ノ貯藏ノ粟ハ朽腐ス(ツオオ族)

(ハ)米ヲ食セス米ヲ食スレハ病ニカヽル(スパヨワン族ノ一部)

(ニ)雞ヲ食フハ凶(スバヨワン族ノ多數)

(ホ)或ル鳥ノ鳴キ聲ヲ以テ吉凶ヲ豫告スルモノトシ出外ノ際ニハ之ヲ聽キテ吉凶ヲトシ凶ナレハ行ヲ止ム(各蕃族)

(ヘ)出外ノ途中蛇ヲ見レハ凶之ヲ殺セハ可(ヴオヌム族)

(ト)出外ノ途中[illegible]ヲ見レハ凶方向ヲ變スレハ可(ツオオ族)

(チ)出外ノ途中蛇ヲ見、舌ヲ吐ケハ吉、蛇ノ我ヲ見ルノミナレハ凶(ツアリセン族)

(リ)出獵等ノ際前夜深更雞鳴アレハ凶兆トス(アタイヤル族)

(ヌ)男子ニシテ女子ノ紡キシ痲ヲ負ヘハ足ヲ痛ム(ヴオヌム族)

乃チ迷信ノ爲ニハ鳥聲一タヒ凶ナラハ生活上必要ナル出獵ノ發途ヲモ中止セサルヘカラス(各蕃族)食料盡クルモ好夢ヲ見サルカ爲ニハ飢ヲ忍ハサルヘカラサル(ツオオ族)等ノ事ノ如キ如何ニ臺灣ノ蕃族ノ有スル迷信カ其生活上ニ支配ヲ及ホスカノ强度ヲ見ルニ足ルヘシ

加之彼ノ文明的道德ノ標準ト容レサル馘首ノ如キ原ト生存競爭上示勝ノ一標識タルニ起因セシナランモ今ハ迷信ノ要因ヨリ之ヲナスモノアリ「アタイヤル」族ノ祭祖ノ儀式ニ新首ヲ捧ケスンハ祖靈悅ハストシ理非ノ爭ヒ又ハ雪冤ノ際ノ如キ必ス馘首ノ途ニ上ルハ祖靈カ有理者ヲ冥護シテ首ヲ與フト信スルニ因ルモノニシテ亦以テ臺灣ニ於ケル蕃族ノ有スル迷信ノ發達カ各般四周ノ境遇ニ及ヒツヽアルカノ延長ヲモ了スヘキナリ

終ニ臨ミ臺灣ニ於ケル各蕃族ノ宗敎的思想發達ノ程度ヲ序次シテ擧示スレハ乃チ各蕃族ヲ通シ該宗敎的思想ノ性質ハ同ク祖先拜トイフヘク其儀式ニ於テ信仰的本體ノ招降ヲナス等ノ慣習ヨリ推セハ宗敎トシテノ具體ヲナシツヽアルハ明カナルモ「アタイヤル」「ヴオヌム」及ヒ「ツオオ」ノ三族ハ尙單ニ邀福避禍ヲ祈ルノ目的 止マリテ未タ他ノ發達ヲ爲サス要スルニ第一段ノ低キ進度ニ在ルモノトナスヘク「アミス」族モ亦之ト同シク福禍ノ邀避ノ他ニ出テサレトモ其信仰的本體ノ定位ニ向ヒテ或ル供物ヲ捧クル如キハ宗敎上ノ儀式ノ一形成ヲナセルモノトシ又「パリシ」トイヘル一種ノ信仰ノ如キ宗敎的法作ノ形成トイフヘクシテ要スルニ第二段ノ進度ニ在ルモノトナスヘク「ツアリセン」「スパヨワン」「プユマ」ノ三族ニ至リテハ儀式上ニハ或ハ犧牲的供備ノ發達アリ或ハ殿堂的初形ノ發達アリ之ニ加ヘテ宗敎的法作ノ形成ト認ムヘキ「パリシ」トイヘル信仰ノ發達アルヨリ見レハ要スルニ第三段ノ比較的最高度ニ在ルモノトイフヘシ

七、細禮

臺灣ニ於ケル各蕃族ハ好意ヲ表スルノ記號タル或ル細禮ノ發生ヲ爲セルモノアリ蓋シ細禮ノ發生ハ一方ニハ其道德的思想ノ啓端ヲ證スルモノニシテ世界ノ開化低キ人類中ニハ毫モ細禮ノ發生無キモノアリ今各蕃族中ニ見ラルヽ著シキ細禮ノ方法ヲ左ニ擧示セン

(イ)互ニ右手ヲ以テ他ノ胸ヲ輕打ス{アタイヤル族 ヴオヌム族 ツオオ族}

（ロ）近親ノ久シク見サルモノ邂逅セルトキ少者ハ長者ヲ迎ヘ其手甲ニ鼻端ヲ點觸ス｛ツアリセン族 スパヨワン族

（ハ）二人同飲……………………………………………………各蕃族

其他アタイヤル族ハ和親セル異種族ト會合スルトキニ猶南アメリカ土人中ノ或モノニ行ハル、如キ輕ク右手ニテ他ノ胸ヲ打チタル後食指ヲ擧テ天ヲ指ス風アリ是レ「我ニ二心ナキハ在天ノ祖靈ニ鑒ミル所」トイフ如キ意ヲ示スニ在リト云フ

第六　生業

臺灣ニ於ケル蕃族ノ生業ハ地ニヨリテ多少異ルモ其重モナルモノハ農業ニシテ各蕃族トモニ農業ヲ以テ主トナシ之ニ次キ普通ナルハ狩獵トシ此二者ハ各蕃族ヲ通シテ何レモ之ヲ營ミ居レリ今臺灣ニ於ケル蕃人間ノ生業ヲ一括シテ擧クレハ次ノ如シ

一、農業
二、狩獵
三、家畜及ヒ家禽ノ飼養
四、漁魚
五、手工
六、織布及ヒ裁縫
七、鍛冶
八、石工
九、燒炭
十、土器製造
十一、天產物採集
十二、物品ノ交換賣買
十三、勞働業（苦力）

此等ノ各業ハ各蕃族ヲ通シテ悉ク之ヲ營ムニアラス地利ニヨリ其四五或ハ五六ヲ營ミ居ルノミ

一、農業

農業ハ臺灣ニ於ケル蕃人ノ主業ニシテ到ル處之ヲ營ミ居ルモ山地ト平地トニ住居スルモノニ於テ其程度ヲ異ニシ平地ニ

住居スル「プユマ」恒春「スパヨワン」「ヴォヌム」及ヒ「アミス」族ノ一部分ノ蕃人ハ漢人ト同シク水田ヲツクリ水牛ヲ使用シテ耕作シ居ルモ山地ニ住居スルモノハ其程度概シテ低ク特ニ深嶺幽谷ノ中ニアル蕃人ニ至リテハ其程度甚タ幼稚ニシテ僅ニ小鍬ヲ以テ地ヲ掘リ此ニ蕃薯及粟ヲ栽培シ居ルノミナルヲ以テ平地ノ蕃人トハ同日ノ比ニアラサルナリ

其ノ播種耕作スル農作物ヲ一括シテ擧クレハ次ノ如シ

一、稻　二、粟　三、蕃薯
四、芋仔　五、玉蜀黍　六、落花生
七、綠豆　八、長豇　九、樹豆(黑豆)
十、肉豆　十一、南瓜　十二、匏仔
十三、冬瓜　十四、菜瓜　十五、胡瓜
十六、葱　十七、韮　十八、薤
十九、薑　二十、蕃椒　二十一、胡麻
二十二、苧仔　二十三、煙草　二十四、蘿蔔
二十五、茄子　二十六、はだかほゝづき

此ノ如ク農作物ノ數ハ甚タ多キモ一蕃社ニシテ悉ク此等ノ物ヲ播種耕作シ居ル者一モ之アルナク其中ノ或物ヲ種作スルノミ而シテ各蕃族ヲ通シテ普通種作シ居ルハ稻、粟、蕃薯、芋仔、苧仔及ヒ煙草等ニシテ到ル處之ヲ見ル要スルニ北方ノ蕃社ニハ農作物ノ數少キモ南スルニ從ヒテ漸次其數ヲ增加シ而シテ漢人部落ニ近キ處ニハ農作物ノ數多キモ山奥ノ蕃社ニハ其數甚タ少シ此等ノ農作物ハ何レモ一年一回種作スルノミニシテ二回以上ニ及フモノ殆トナシト云フテ可ナリ

蕃人ノ農作物中有名ニシテ其產額ノ多キモノハ胡麻、苧仔、煙草、落花生、綠豆及ヒ通草等ニシテ胡麻ハ臺東地方ノ蕃人盛ニ之ヲ種作シ居レリ此物ノ臺東地方ニ種作セラレシハ咸豐年間ニシテ鳳山地方枋寮附近ナル水底寮庄ノ人鄭某ナルモノ初メテ蕃人間ニ胡麻ノ栽培方法ヲ傳ヘタルニ起因スト云フ爾來數十年ノ星霜ヲ經過シタル結果今日ニ於テハ此地方ノ一大產物トナルニ至レリ苧仔ハ到ル處大概之ヲ種作シ居ルモ前山ニ於テハ蕃薯寮、埔里社、東勢角、大湖及ヒ五指山等ノ諸方面後山ニ於テハ璞石閣及ヒ奇來等ノ高山地ニアル蕃社ヨリ盛ニ產出ス煙草ノ最有名ナル地ハ臺東地方ノ「バヌワン」蕃族ニシテ其香味最宜ク「まにら」產ニ疋敵ス可シト云フ

落花生及ヒ綠豆等ハ埔里社以南並ニ臺東ノ蕃社ニ普通ニシテ通草ハ大嵙崁方面最有名ナリ此等ノモノハ此ヵ種作法ヲ改

良シ且之ヲ奨勵セハ後來一大物産トナスヲ得可シ

蕃人ノ口碑傳説ニヨレハ往時蕃人ノ食物ハ單一ニシテ隨テ農作物ノ數モ亦甚タ少カリシカ其後漢人ト交通シ或ハ蕃人間ニ於ケル往來ノ區域ヲ增スニ從ヒテ農作物ヲ蕃社內ニ輸入シ且蕃人自身ニ於テモ有無交通シテ今日ノ如キ數ヲ增加セリト云フ然トモ交通不便ナル奥山ノ蕃社ニ於テハ今日猶ホ蕃薯或ハ粟ノミヲ種作シ之ヲ食スルノミナルモアリ

臺灣ノ蕃族ハ大概肥料ヲ施用スルコトヲ知ラスシテ唯天然肥料ニ依ルノミ故ニ其盡クル時ニハ勢ヒ土地ヲ轉換セサル可ラス即チ凡ソ四年毎ニ一轉換シ既ニ農作物ヲ種ルモ稔ラサルニ至ルノ地ニハ魚籐通草及ヒあべまき等ノ樹木ヲ種植スル處アリ魚籐及ヒ通草ヲ種植スルハ「アタイヤル」族ノ蕃社ニ普通ニシテ特ニ通草ハ大嵙崁方面ニ於テ盛ナリあべまきハ「ヴオヌム」及ヒ恒春「スパヨワン」ノ上蕃社等ニ於テ普通ナリ此等ノ植物ヲ種植シタル畑ハ永ク之ヲ捨置クニアラスシテ一時休作スルモノナルヲ以テ數年ノ後ニハ再ヒ農作物ヲ種作ス

「アミス」「プユマ」並ニ恒春「スパヨワン」等ニハ輪作法行ハレ居レリ例ヘハ粟ヲ作リタル後ニハ豆類ヲツクルカ如ク一年ニ二毛以上ノ農作物ヲ種作セリ但此ク不完全ナカラモ輪作法ノ行ハレ居ルハ僅ニ一小部分ニシテ未タ普カラサルナリ下種及ヒ收穫ノ時ニハ男女共ニ之ヲナスモ除草ハ重ニ女子之ヲナス下種ノ時ニハ先ツ前年ノ農作物ノ枯レ殘リヲ燒キ拂ヒタル後(此クナスハ知ラス識ラサル間ニ肥料トナル)小鍬ヲ以テ掘耕シテ下種ス下種ヲナスニハ散播ト畔ヲ作リテ播クトノ二法アリ散植ハ重ニ北方ニ普通ニシテ南スルニ從ヒ畔ヲツクリテ播種ス稻及ヒ粟等ノ除草ヲナストキニハ下種ノ後月光ノ再ヒ圓ニ復スル時即チ發芽シテ五六寸ノ長ニ至レル頃雜草ヲ芟除シ或ハ畔ノ上ニ一株ツヽ株ヲ正フシテ植ヱ寄スヲ常トス既ニ苗ノ一尺內外ニ達シタルトキハ再ヒ除草シ且其根ニ土ヲ覆フ其愈南スルニ從ヒテ漸次漢人ノ耕作法ニ倣ヒ既ニ恒春及ヒ臺東等ノ蕃社ニ至レハ殆ト漢人ト同一ノ耕作ヲナシ居レリ收穫ノ時ニハ北方ノ蕃社ニ在リテハ穗ヲ拔キ取ルモ南スルニ從ヒテ漸次鎌ヲ用ヰテ穗ノ下五六寸ノ處ヨリ苅リ取リ恒春「スパヨワン」ノ下蕃社ノ如キハ漢人ト同一方法ニヨリテ收穫ヲナス此ク臺灣ノ蕃族間ニハ北ヨリ南スルニ從ヒテ漸次ニ進歩シ既ニ極南地方ニ至レハ漢人ト殆ト同一ノ程度ニ達スルヲ見ルナリ

臺灣ニ於ケル蕃人ノ使用シ居ル農具ハ山地ト平地トニ於テ多少異ルモ最普通ナルハ小鍬及ヒ鎌ニシテ山地ニ占居スルモノハ悉ク之ヲ使用ス小鍬ハ北方ノ蕃社ニ於テハ一種ナルモ南スルニ從ヒテ大小數種アリ其大ナルモノハ殆ト唐鍬大ノモノアリ其他唐鍬ヲ使用シ居ル處アルモ僅ニ漢人部落ニ近キ蕃社ニ於テ之ヲ見ルノミ而シテ恒春並ニ臺東等ノ平地若ハ其近傍ニ於ケル蕃社ニ在テハ殆ト漢人ト同一ナル農具ヲ使用スルニ至レリ

而シテ「アミス」族ノ如キ古昔漢人ト交通セサルトキニハ鐵器ナク樹枝又ハ鹿角ヲ以テ地ヲ堀耕シタルコトアリシカ其後鐵器ノ蕃社内ニ入リシ以來農業ノ耕作上ニ一大影響ヲ與ヘ遂ニ今日ノ如ク進歩シタルナリト云フ

又蕃人ノ家屋ノ周圍及ヒ畑ノ傍ニ菓樹ヲ栽培スルノ風習アリ其種類ハ芭蕉、柑仔、柚仔、龍眼肉、鳳梨、麪包樹及ヒ叭臘等ニシテ北方「アタイヤル」族ノ蕃社ニハ僅ニ柑仔及ヒ柚仔ノミヲ栽培シ居ルモ埔里社以南ノ蕃社ニ至レハ其數ヲ増加シ殊ニ恒春及ヒ臺東等ノ地方ニ至レハ芭蕉、柑仔、龍眼肉、鳳梨及ヒ麪包樹等ヲ栽培スルヲ見ルニ至レリ菓樹ノ外ニ「ツアリセン」「スパヨワン」「プユマ」及ヒ「アミス」等ノ蕃族ニ屬スル蕃社ニ於テハ盛ニ檳榔樹ヲ栽植ス蓋シ此等ノ蕃族ハ檳榔子ヲ嚙ムノ風習アルヲ以テナリ

要スルニ臺灣ノ各蕃族間ノ農業ハ北方ト南方トニ於テ大ニ差異アリ北方ハ其程度最低クシテ僅ニ地ヲ堀リ蕃薯及ヒ粟等ヲ栽培シ居ルモ極南及ヒ臺東等ノ地方ニ至レハ漢人ト殆ト同一ノ方法ニヨリテ耕作スルニ至レリ農業ハ狩獵及ヒ馘首等ト密接ナル關係アリ即チ農業ノ進歩セル蕃族ハ馘首ノ風ヲ絶チ又狩獵盛ナラサルナリ之ニ反シテ馘首ト狩獵トノ盛ナル蕃族ニ在リテハ一般ニ農業ノ程度低キカ如シ

二、狩獵

臺灣ニ於ケル各蕃族ヲ通シテ多少狩獵ヲナスヲ常トス狩獵ヲナスハ農業ノ閑ナル時ニ於テ之ヲナスモ自ラ獵期ノ定レルアリテ十一十二月ノ交ヨリ四五月頃マテヲ獵期トス此期間ハ農作物ノ收穫ヲ終リタル時ナルヲ以テ自然農閑ニ屬スルカ故此期ニ於テ大概狩獵ニ從事ス蕃人ノ狩獵ニハ時トシテ一社擧リテ之ヲナスト一部族擧リテ之ヲナスコトアリ此ノ時ニハ十二三歳ノ兒童モ亦此ニ從事スルヲ常トス臺灣ニ於ケル蕃人ノ狩獵スル所ノ鳥獸ハ次ノ如シ

一、鹿　二、羌仔　三、山猪　四、山羊
五、猴　六、石豹(眞ノ豹ニアラス俗ニ安南豹ト稱スル者)　七、熊　八、山猫
九、鯪鯉(穿山甲)　十、獺　十一、栗鼠　十二、山雞
十三、鷲

此等ノ中最モ普通ニ狩獵スルモノハ鹿、羌仔、山猪、並ニ猴等ニシテ其他ハ稀ニ之ヲ獵取ス特ニ山羊、豹及ヒ熊等ハ深林ノ人跡甚タ稀ナル處ニ棲息シ居ルヲ以テ甚タ稀ニ之ヲ獵取ス山猫栗鼠ハ普通ナルモ蕃人ハ好ミテ之ヲ獵取セス鯪鯉ハ臺東及ヒ恒春地方ニ於テ多ク棲息シ獺ハ甚タ稀ニシテ僅ニ之ヲ獲取スルノミ其他山雞及ヒ鷲等ノ鳥類ニ至リテハ獵取スルコト甚タ稀ナリ

此等ノ鳥獸ヲ狩獵スル方法ハ各蕃族ヲ通シテ大同小異ニシテ次ノ方法ニヨリテ之ヲ狩獵ス

一、銃器ニテ射殺スルコト

二、鎗鏢並ニ弓矢等ニテ突キ或ハ射殺スルコト

三、蹄係ニテ之ヲ捕フルコト

四、狗ヲ使用シテ之ヲ捕フルコト

此等ノ方法中最普通ニ行ハレ居ルハ第一ト第三トニシテ卽チ銃器ニテ射殺シ或ハ蹄係ニテ捕フルコトナリ第二ノ方法卽チ鎗鏢弓矢等ヲ使用シテ捕フルコトハ深嶺幽谷ニアル交通不便ナル地ノ蕃人ニシテ銃器ヲ有セサルモノ之ヲ使用スルノミ第四ノ方法ハ鯪鯉ヲ捕フル時ノミニシテ月夜三四ノ狗ヲ伴ヒ河蹟ヲ徘徊シ若シモ鯪鯉ノ在ルヲ認ムレハ狗ハ大ニ之ニ向ヒテ吠ユルヲ以テ鯪鯉ハ驚懼シ其身ヲ捲縮ス此時蕃人手カラ捕獲スルナリ

狩獵ノ最モ盛ナルハ「アタイヤル」族及ヒ「ヴオヌム」族ニシテ平地ニ住居スルモノニ至リテハ僅ニ之ヲナスノミ銃器ノ一タヒ蕃社內ニ入リシ以來獸類ハ著シク其數ヲ減シタルハ事實ニシテ今日ニ在リテハ鳥獸ノ數蕃地ニ却リテ少クシテ漢人部落ニ近キ處ニ多シト云フ

三、家畜及ヒ家禽ノ飼養

蕃人ノ飼養シ居ル家畜ハ水牛、黃牛、及ヒ豚等ニシテ其他狩獵ニ使用スル目的ヲ以テ一般ニ狗ヲ飼養ス

水牛及ヒ黃牛ハ重ニ平地ニ住居スル蕃人之ヲ飼養セリ其飼養區域ハ臺東及ヒ恒春地方ノ平地或ハ其附近ノ山地並ニ水沙連地方ノ蕃社ニテ此中最盛ナルハ臺東地方ナリトス

蕃人ノ牛類ヲ飼養スル方法ハ漢人ト大同小異ニシテ晝間ハ之ヲ野ニ放チテ秣カヒ蕃童ノ之ヲ看守シ居ルノミ一人ニシテ普通ハ一二頭最多キハ四五頭ヲ看守ス夜間ハ野ヨリ牽キ歸リ之ヲ牛舍ニ入ル

豚ハ西部「アタイヤル」ヲ除クノ外到ル處概ネ之ヲ飼養シ居レリ但西部「アタイヤル」中漢人部落ニ近キ蕃社ニ於テハ甚タ稀ニ之ヲ飼養スルヲ見ルコトアリ其飼養ノ方法ハ頗ル簡單ニシテ蕃薯並ニ其葉莖ノ煮タルモノヲ與フルヲ常トス此外蕃人日常ノ食物ノ殘餘ヲ與フルコトアリ之ヲ入ル、爲ニハ特別ニ小屋ヲ造リテ夜間或ハ雨天ノ時ノ用ニ供セリ豚ヲ最多ク飼養シ居ルハ臺東及ヒ恒春等ノ地方ニシテ一人ニテ七八頭ヲ飼養シ居ルモノモアリ

狗ハ狩獵ノ時ニ鳥獸ヲ狩リ出サシムル目的ヲ以テ到ル處之ヲ飼養ス特ニ山奥ノ蕃社ニ於テハ一人ニシテ十頭內外ノ狗ヲ飼養シ居ルモノアリ

家禽トシテ蕃人ノ飼養スルモノハ雞ノミニシテ西部「アタイヤル」ヲ除クノ外ハ大概之ヲ飼養シ食餌ハ特ニ之ヲ與ヘスシテ唯之ヲ放飼スルノミ一人ニテ飼養スル數ハ最多キモノト雖モ十羽ヲ出ツル少シ蕃人ノ生業中之ヲ奬勵セハ大ニ發達ス可キ望アルモノ家畜及ヒ家禽ノ飼養ハ其一ナル可シ特ニ臺灣ノ如ク四時青草アル地方ニ於テハ牧畜ハ最モ適當ナル生業ノ一ナル可シト信ス

（附）蕃人間ニ往々蜜蜂ヲ飼養シ居ルモノアリ然レトモ僅ニ副貳的ニ之ヲ飼養シ居ルニ過キス從ヒテ得ル所ノ蜜ノ如キモ亦甚タ少量ナリ

四、漁魚

臺灣ノ蕃人ハ副食物トシテ魚肉ヲ食ス其結果トシテ時々魚ヲ捕フ其方法次ノ如シ

（一）水ヲ堰止メテ捕フルコト
（二）攩網ヲ以テ捕フルコト
（三）簎ヲ以テ突キ殺スコト
（四）矢ヲ以テ射殺スコト
（五）魚ヲ釣ルコト
（六）魚筌ヲ使用シテ捕フルコト
（七）網ヲ以テ捕フルコト
（八）水沙連化蕃ノ漁魚法

（一）水ヲ堰止メ魚ヲ捕フルニハ少シク出水セル時ニ溪流ノ一部分ヲ堰止メ水量ヲ少クシテ捕獲ヲナス此方法ハ「アタイヤル」「ヴオヌム」及ヒ「ツオオ」族等ノ蕃人ニ普通ナリ

（二）攩網ヲ以テ魚ヲ捕フルコトハ「ツオオ」族ノミ他ニ於テ之ヲ見ス

（三）簎ヲ以テ水中ニ群游スル魚ヲ突キテ捕フルコトハ各蕃族ニ於テ之ヲ見ル此方法ニヨリテ捕フルモノハ何レモ大ナル魚ノミナリ

（四）矢ヲ以テ水中ニ游泳スル魚ヲ射殺シテ捕フルハ「アタイヤル」族ノ蕃人間ニ行ハレ居ルノミ

（五）鈎ヲ以テ魚ヲ釣ルコトハ甚タ稀ニシテ東部「アタイヤル」ノ一部分並ニ恒春「スパヨワン」ノ下蕃社ニ於テ之ヲ目撃シタルノミ鈎ハ漢人ヨリ得タルモノニシテ絲ハ苧仔ヲ以テ製シ之ニ錘ヲ附シタルモノナリ

(六)魚筌ヲ使用シテ魚ヲ捕フルコトハ一般ニ行ハレス僅ニ漢人部落ニ近キ蕃社ニ於テ之ヲ見ルノミ乃チ「ツアリセン」、「ツオオ」「スパヨワン」「プユマ」及ヒ「アミス」族等ノ一部分ニ於テ之ヲ見ルノミ

(七)魚ヲ捕フル爲ニ使用シ居ル網ハ投網ニシテ恒春「スパヨワン」及ヒ「アミス」族ノ一部分ニ於テ行ハレ居ルノミ其他ノ地方ニ於テ之ヲ見ス

(八)水沙連蕃社ノ一部分ニハ一種ノ漁魚法行ハレ居レリ此方法ハ湖邊ノ一部分內魚類ノ能ク集リ來ル位置ニ竹ヲ割リタルモノヲ編ミテ竹簀トナシ方形或ハ長方形ノ魚柵ヲツクリ其一面ヲ開放シテ魚ノ自在ニ出入シ得ルニ便シ魚ノ充分入リタル時ニ開放シアル部分ヲ閉鎖シ此中ニテ魚ヲ痳醉セシメテ捕フルナリ

此ク種々ノ方法ニヨリテ魚ヲ捕ルモ何レモ進歩シタルモノニハアラサルナリ獨進歩シタル方法ハ臺東ノ海岸「アミス」ニ於テ行ハレ居ルモノニシテ竹排ヲツクリ之ニ乘リ投網ヲ使用シテ海岸又ハ溪流ニ於テ魚ヲ漁スルコトナリ

五、手工

蕃人ノ手工トシテ擧ク可キモノハ次ノ如シ

(一)簡易ナル木工
(二)編草蓆
(三)編網
(四)鞣皮製造
(五)籐、木斛及ヒ竹等ノ細工

(一)蕃人間ニ於ケル木工トシテ擧ク可キモノハ木板、食器及ヒ箱等ノ日用品牛車並ニ農具ノ附屬品等ノ製造ニシテ木板ヲ製スルニ鋸ヲ使用スルコト甚タ少ク僅ニ「アミス」族ノ一部分ノミ之ヲ使用セリ其他大概刀仔ヲ以テ木ヲ割リ其面ヲ削リテ之ヲ造リ箱ハ釘ヲ使用セス唯木ヲ刳リ拔キテ造リ其他牛車及ヒ農具ノ附屬品等ヲ造ルニハ刀仔鑿及ヒ斧ヲ使用シ稀ニ鋸ヲ使用スル處(臺東及ヒ恒春地方)アリ此外日用品並ニ裝飾品ニ美觀ヲ添フルカ爲彫刻ヲ施スモアリ彫刻ハ各蕃族ヲ通シテ發達スルモ最能ク發達シ居ルハ「ツアリセン」並ニ恒春「スパヨワン」ナル可シ此等ノ蕃人ノ彫刻ハ頗ル巧ニシテ人面ヒ蛇紋等ノ浮彫ヲナシ居ルヲ目擊セリ

要スルニ木工ノ發達ハ其使用スル所ノ器具ノ發達ニ關係ス刀仔及ヒ小刀ノミヲ使用シ居ル處ハ「アタイヤル」「ヴオヌム」及ヒ「ツオオ」族等ニシテ「ツアリセン」「スパヨワン」「プユマ」及ヒ「アミス」族等ニ於テハ刀及小刀ハ勿論鑿斧ヲモ使用シ

又小刀ニモ大小數種アリ特ニ「アミス」族ノ一部分ニハ鉄片ヲ以テ鋸ヲ製シ之ヲ使用シ居ルヲ目擊セリ舊淸政府時代ニ於テハ成ル可ク蕃人ニ利益ヲ與フル事ヲナサヽリシヲ以テ工藝ノ進步ハ遲々タリシカ如キモ此ニ種々ノ便利ナル器具ヲ與ヘ其使用法ヲ敎ヘナハ木工ハ大ニ發達スルナル可シト信ス

（附）「スパヨワン」及ヒ「プユマ」族ノ蕃人ハ漆ヲ漢人ヨリ買ヒ求メ之ヲ器物ニ塗リテ美觀ヲ添ヘ又貝殼ヲ磨キタルモノヲ以テ器物ニ象眼細工ノ如キモノヲ附スルコトヲ知ル

（二）「アタイヤル」族ノ蕃人ノ他ハ悉ク月桃ト稱スル蘘荷料ノ植物ヲ以テ草蓆ヲ編ムヲ知レリ其最發達シタルハ「スパヨワン」族ナル可シ其他ノ蕃族ニ至リテハ何レモ大同小異ナリ

草蓆ノ外ニ裝飾品等ノ入レ物及ヒ煙草入等ヲ編ミテ使用シ居レリ

（三）臺灣ノ蕃人ハ苧仔ヲ以テ絲ヲ縒リ之ヲ用テ網ヲ編ムコトハ各蕃族ヲ通シテ何レモ發達シ居レリ其中最モ發達シタル處ハ「ツアリセン」「スパヨワン」及ヒ「プユマ」族等ニシテ此等ノ蕃人ノ編ムモノハ其目細カニシテ巧ナルコト殆ト器械編ミト同樣ニ見ユ

蕃人ノ編ム網ニハ二種アリ一ハ方二尺內外編ミ目ノ粗ナル物ニシテ其四端ニ紐ヲツケテ脊ニ負フモノトシ他ハ編ミ目ノ極テ細カナルモノニシテ囊ニ造リ其口部ニ小ナル環ヲ附着シ此ニ紐ヲ通シテ其開閉ニ便ニセルモノトシ前者ハ「アタイヤル」族ニ普通ニシテ後者ハ「ツアリセン」「スパヨワン」及ヒ「プユマ族」等ニ普通ノモノナリ此等ノ外ニ投網ヲモ製スル所アリ

（四）鞣皮ヲ製造スル方法ヲ知リ居ル蕃族ハ「ヴオヌム」及ヒ「ツオオ」等ニシテ此他ノ蕃族ハ之ヲ製造シ得ルヤ否ヤ不明ニ屬ス

鞣皮ノ方法ハ最初斷チ庖刀ニテ毛ヲ切リ去リ又筋肉或ハ脂肪等ノ皮ニ附着スルアレハ悉ク之ヲ削リ去リ然シテ後之ヲ濡シ能ク揉ミ且圓柱其他ノモノヲ心棒トシ皮ヲ摩擦シテ內面ヲ擦リ去ルナリ此クシタル後之ヲ陰乾ニナス

此製造法ハ漢人ト同一ノ方法ニシテ素漢人ヨリ傳ヘラレタルモノナリト云フ若シ藥品ヲ使用シテ鞣皮ヲ製造スルコトヲ敎ヘナハ後來鞣皮ハ臺灣ノ一大物產トナル可シ

（五）籐、竹及ヒ木斛等ノ細工ハ多少蕃人間ニ行ハレ居ルモ盛ナラス此中籐細工ハ最モ普通ニシテ其他ハ或蕃族ニ限リ僅ニ行ハレ居ルノミ

籐細工ノ最能ク發達シ居ル處ハ漢人ト交通不便ナル蕃社ニシテ其製造スルモノハ食器類及ヒ、籠、帽並ニ箕等ナリ何レモ

彼等ノ日用品ニ過キス

竹細工ハ「ツアリセン」族ニ於テ發達シ其製造シ居ルモノハ竹行李並ニ笠等ノ如キモノニシテ男女共ニ之ヲナス女子ハ裝飾品其他ノ器具ヲ入ル、爲ニ竹ヲ細ニ割リ小形ナル竹行李ノ如キモノヲ造リ男子ハ漢人ノ笠ニ模シテ一種ノ竹笠ヲ造リ居レリ

木斛細工ハ「アタイヤル」及ヒ「ツォオ」族ノ蕃人間ニ發達シ其他ノ蕃族ニハ之ヲ見サルナリ「アタイヤル」族ニ於テハ耳飾ニ裝飾ヲ施ス爲ニ木斛ノ皮ヲ使用シ「ツォオ」族ニ於テハ彼等ノ日常腹部ヲ締ムル腹筵及ヒ酋長ノ制帽等ノ裝飾ニ之ヲ使用シ且之ヲ赤色ニ染メテ美觀ヲ添フ

以上列擧セルカ如ク臺灣ノ蕃人間ニハ手腕ノ巧ニ練習セラル、アルモ其使用シ居ル器具ノ不完全ナルカ爲發達遲々タルハ免レサル所ナリ

六、織布及ヒ裁縫

臺灣ノ蕃人ハ衣服ノ原料タル布ヲ織ルコトヲ知レリ其原料ハ苧仔ニシテ此ヲ以テ手縒リノ絲ヲ製シ布ヲ織ルコト各蕃族ヲ通シテ同一ナリ

埔里社以南ノ地ハ漢人ノ布ヲ使用スルヲ以テ布ヲ織ルコト北方ノ如クニ盛ナラス既ニ「プユマ」及ヒ恒春「スパヨワン」ニ至レハ全ク布ヲ織ラスシテ漢人ノ布ノミヲ使用スルニ至レリ織布ノ最盛ニシテ且發達シタル所ハ東部「アタイヤル」ナル可シ然レトモ機器ノ不完全ナルヲ以テ其長ケ短ク且ツ杼ヲ使用セサルカ爲ニ其幅均一ナラス加之手縒ニテ絲ヲ製スルト杼ヲ有セサルトニ依リ非常ナル時間ト勞力トヲ以テ織ラサル可ラス

裁縫ハ尺度ヲ使用スルマテニ發達セスシテ各蕃族ヲ通シ上肢ヲ標準トシテ布ヲ裁チ漢人ヨリ得タル針ヲ以テ之ヲ縫フコト一般ニシテ南スルニ從ヒテ苧仔絲ヲ使用スルヲ止メ漢人ヨリ得タル木綿絲ヲ使用スルニ至ル

衣服其他頭布ニ縫ヒヲナスニ最巧ミナルハ「スパヨワン」及ヒ「ツアリセン」族ナリ其他ハ大同小異ナルモ「アタイヤル」族ハ獨リ縫飾ノミナラス裁縫モ亦劣等ノ位置ニアリ

七、鍛冶

臺灣ノ蕃人中鍛冶ノ發達セルハ「ツアリセン」及ヒ「ツォオ」族ノ一部分ニシテ「ツォオ」族ノ蕃人ハ僅ニ小鍬ヲ製造シ得ルノミナルモ「ツアリセン」族ノ蕃人ハ漢人ノ手ヲ借ラスシテ刀仔小刀並ニ小鍬等ヲモ造クルニ至レリ蕃人ハ時間ト勞力トニ關係セサルヲ以テ鐵ハ能ク鍛練セラレ居ルモ比較的切レ味ノ鈍キハ刃ノ附ケ方ノ未タ充分ナラサルカ爲ナル可シ

鍛冶ニ使用スル器具ハ一切漢人ノ物ヲ用ヰ原料モ亦漢人ヨリ之ヲ得テ使用ス

八、石工

分水嶺附近ノ蕃人ハ大概石磐石ノ露出シ在ル處ニ住居シアルヲ以テ該石片ヲ應用シテ家屋ヲ造リ或ハ敷石トナス等種々ノ用ニ供シ居レリ其結果トシテ石ヲ劈開スルコト甚巧ニシテ時トシテハ四方七八尺ノモノヲ室内又ハ庭ニ敷キ居ルコトアリ此外石磐石ヲ以テ屋根ヲ葺キ其他種々ノ用ニ供シ居レリ

石磐石ヲ劈開スルニハ先端ノ扁平ナル鐵棒ヲ用ユルノミニシテ他ニ使用スルモノナシ

蕃人中石工ノ最發達シ居ルハ「ツアリセン」族ニシテ其他ノ蕃族ニ於テハ何レモ大同小異ナリ中央山脈ニ近キ蕃社ニ於テハ一般ニ石ヲ使用シ居ルヲ以テ若モ硯或ハ石盤ナトノ製造法ヲ敎ヘナハ後來大ニ發達スルナル可シ

九、燒炭

恒春「スパヨワン」乃チ「パリザリザオ」並ニ「プユマ」族ノ一部分ノ蕃人ハ炭ヲ燒キテ之ヲ交換賣買ノ用ニ供セリ

炭ヲ燒ク方法ハ地ヲ掘リ此中ニ薪ヲ入レテ燒キ火ノ能ク全体ニ廻ハリタルトキニ其上ヲすゝき其他ノモノヲ以テ蔽ヒ更ニ其上ヲ土ニテ蔽ヒ火ノ全ク消ヘタルトキニ之ヲ堀出スナリ

彼等ハ未タ全ク竈ヲ築キテ炭ヲ燒クコトヲ知ラサルヲ以テ之ヲ敎ユルトキニハ森林ノ發達セル山地ニ於テハ容易ニ進歩シ後來蕃社ノ一産物ヲ增スナル可シ

十、土器製造

臺灣ノ蕃族中今日猶土器ヲ製造シ之ヲ使用シ居ル者ハ「アミス」族ノ蕃人ノミ然レトモスヘテノ「アミス」族ニ行ハルヽニアラスシテ僅ニ秀姑巒及奇萊「アミス」ノ一部分ニ行ハレ居ルノミ

昔時漢人ト交通開ケサル時ニ在リテハ土器ハ多クノ蕃族間ニ製造シ且使用セラレタルモノヽ如クナルカ漢人ト交通以來鍋ヲ得ルニ至リシヲ以テ漸次土器ヲ使用スルモノ其數ヲ減シ前山ニ於テハ今日全ク其痕跡タモ認ムルコト能ハサルモ臺東地方ニ於テハ交通不便ノ結果トシテ猶ホ土器ヲ使用スル所アルナリ

蕃人ノ製造スル土器ハ轆ヲ用ヰス釉ヲ施サス且手捏ナルヲ以テ其質脆クシテ破レ易ク亦不完全ナルハ免レ能ハサルナリ

十一、天産物採集

臺灣ノ蕃人ハ各蕃族ヲ通シテ多少天産物ヲ採集シ彼等ノ日用ニ充テ且之ヲ交換物トナシ居レリ其採集スルモノハ次ノ如シ

一、籐　二、薯榔　三、魚籐　四、通草

五、石斛及ヒ木斛　六、木耳　七、茯苓

此等ノ中最産額ノ多キモノハ籐、薯榔、魚籐及ヒ通草等ニシテ其他ハ地ニヨリテ多ク産出スレトモ一般ニ少シ此等ノ天産物採集ノ最盛ナルハ「アタイヤル」族ノ蕃社ニシテ其他ノ蕃族ハ稀ニ採集スルノミ而シテ「アタイヤル」族ノ蕃社ニ於テハ獨リ此等ノ物ヲ採集スルノミナラス漸次之ヲ畑ニ栽培スルノ傾向ヲ生スルニ至レリ

十二、物品ノ交換賣買

蕃人ノ蕃社産ノ物ヲ交換賣買スル時ニハ蕃人相互ニ之ヲナスト蕃人ト漢人トノ間ニ之ヲナストノ二樣アリ蕃人相互ニ交換賣買ヲナスハ奥山ノ蕃人中漢人部落ニ出入スルノ路遠ク容易ク出ル能ハサルモノ、漢人部落ニ近キ蕃社ニ依リテ彼等ノ日用品ヲ得ル場合ニアリ蕃人相互ニ交換賣買ヲナストキハ通事ノ手ヲ借ルコトナキモ漢人ト交換賣買ヲナストキニハ通事ノ仲買ヲナスハ普通ナリ蕃人ト通事トハ其智識ノ點ニ於テ非常ナル差異アルヲ以テ其ノ交換賣買ヲナスニ當リ蕃人常ニ損者ノ位置ニアルハ勢ヒノ免カレサル所ナリ而シテ常ニ漢人ノ爲ニ利益ヲ壟斷セラレツヽアリ然レトモ漢人ト交通自在ナル蕃社ノモノハ多少臺灣土語ヲ解スルヲ以テ通事ノ手ヲ借ラスシテ漢人ト直接ニ交換賣買ス臺灣ニ於テ漢人ト直接ニ交換賣買ヲナス所ノ蕃人ハ恒春及ヒ臺東地方ニ於テ之ヲ見ルノミ其他ハ悉ク通事ノ手ヲ借リテ交換賣買ヲナス

蕃人ノ金錢ヲ使用スルニ至リシハ即チ其進歩ノ程度ヲ表示スルモノニシテ漢人部落ニ近キ蕃族ハ其大半金錢ヲ使用セリ即チ恒春「スパヨワン」ノ下蕃社並ニ「アミス」ノ一部分並ニ「アユマ」族等ハ蕃人相互ニ金錢ヲ通用スルヲ知レリ他蕃族モ尚漢人部落ニ近キ蕃社ハ多少金錢ヲ通用シ特ニ内地人ノ蕃界ニ入リ製腦ニ從事スル者アリシ以來「アタイヤル」族ノ蕃人モ亦金錢ヲ通用スルヲ知ルニ至レリ大嵙崁及ヒ屈尺方面ニ於テ特ニ然リトス

元來通事ハ蕃人ノ金錢ヲ通貨トスルヲ忌ムノ傾向アリ是蕃人ニシテ金錢ノ價値且便利ナルコトヲ知ルニ至レハ自ラ仲買ノ利減少スヘキヲ以テ彼等ハ物品交換ノミヲ勉メ金錢賣買ヲ避クル勢アリ今日ニ於テモ猶物品交換ヲナシ居ル者其十中八九ヲ占ム然レトモ漢人ト交通スルニ從ヒ言語モ漸次相通シ金錢賣買ノ漸次增加スルノ傾向アルハ自然ノ勢ナル可シ要スルニ進歩ノ度高キ蕃人ハ漢人ト交通頻繁ニシテ且金錢賣買ヲナシ居ルハ一般ニシテ程度低キ蕃人ハ漢人トノ交通甚稀ニシテ今日モ猶物品交換ノミヲナシ居レリ

十三、勞働業（苦力）

蕃人ニシテ內地人並ニ漢人ノ爲ニ勞働ヲナシ居ルモノアリ臺東及ヒ恒春地方ノ平地ニ住居スル蕃人ニ普通ニシテ其他「アタイヤル」及ヒ南庄「ペイポ」族ノ漢人部落ニ近キ處ニハ製腦者ノ爲ニ隘丁、樟腦運搬並ニ薪材ノ採集ニ從事シ居ルモノアリト雖モ普通ナラス臺東地方ニ於テハ旅行者ノ荷物運搬並ニ土木工事等ニハ蕃人ヲ使役シ居レリ一般ニ賃金廉ニ且樸實ナルヲ以テ勞儲者トナスニハ漢人ニ比シ優レリト云フ

蕃人ニシテ製腦ニ從事シ居ルモノハ僅ニ南庄「ペイポ」ノ二三ノ酋長ナルモ蕃人自身ハ製造法ヲ知ラサルカ故ニ漢人ニ依賴シ其指揮ニ從ヒテ勞働シ居ルノミ要スルニ以上ノ內地人並ニ漢人ノタメニ勞働ヲ爲スモノハ進步ノ度高キ蕃人ニシテ馘首ノ風ノ如キハ全ク止ミツヽアリ

以上記シタルカ如ク臺灣ノ蕃人間ニ於ケル生業ノ程度ニハ著シキ差異アリテ最進步シタルモノハ漢人ト殆ト徑庭ナキニ至レルモ山奧ニアル蕃人ハ猶野蠻ノ境域ヲ脫スル能ハサルカ如シ而シテ「アタイヤル」族ノ蕃人ハ其進步ノ最低キ蕃族ニシテ恒春「スパヨワン」ノ下蕃社「プユマ」及ヒ「アミス」族等ハ最進步シタル蕃族ナルコトハ誰人モ是認スル所ナル可シ

第七、雜記

凡人類ノ智識及ヒ開化ノ程度等ヲ知ラントスルニハ其土俗慣習ニ關スル現狀ノ他ニ其心理的現象ヲ糺明シ或ル事物ニ對シ概念ノ如何ニ發達シツヽアルカヲ明ニスルコト必要ナリ故ニ茲ニ臺灣ニ於ケル各蕃族ノ心理的對象ノ一斑ヲ概括シテ記スル所アラントス

一、數ノ觀念並ニ表數法

臺灣ニ於ケル各蕃族カ數ヲ計算スルニハ一ヨリ千乃至萬マテノ稱語ヲ有スルモ其實際普通ニ使用スル數ハ各蕃族ヲ通シテ一ヨリ十マテナリ其計數法ハ先ツ一ヨリ十マテヲ數ヘテ一群ノ大數トナシ更ニ一ヨリ十マテヲ繰リ返シ其群ノ大數五アレハ五十ニシテ六群ノ大數ト三ノ個數アルトキハ六十三ノ意ヲ表スルカ如シ此クノ如ク計算法ノ甚幼稚ニシテ發達セサルハ日常十以上ノ數ヲ計フルノ機會少キヲ以ヲナリ而シヲ其十以上ノ數ニ至リテハ單ニ言語ノ上ニ有スルノミニシテ實際計算上ニハ用ヒラレサルナリ

其他言語ノ外ニ數ヲ表ハストコロノ法、蕃人間ニ行ハレアリ其最普通ナルハ結繩法ニシテ他人ト日ヲ期シ會合ヲ約スル時ニハ先ツ繩ニ其日數ト等シキ結目ヲ造リ一夜ヲ過クル毎ニ一結ヲ解キ其結目ノ盡クル時ニ家ヲ出ツ此ノ如キヲ以テ今ヨリ五日ノ後ニ會合セントスルトキニハ五ノ結目ヲ造リ六日或ハ七日ノ後ニ會合セントスルトキニハ六或ハ七ノ結

目ヲ造クルナリ

此クシテ數ヲ表ハスハ各蕃族ノ多數ニ行ハレ居ルモ「ブユマ」「アミス」及ヒ「ペイボ」等ノ三族間ニハ此方法ノ行ハレ居ルヤ否ヤ不明ナリ

「ツオオ」族ニハ特殊ナル一種ノ表數法行ハレ卽チ穀倉ニ貯藏スル當年收穫ノ稻又ハ粟ノ束數ヲ表ハス爲其戸前ニ茅葉ノ一端ヲ結ヒタルモノ束數ニ等シキ數ヲ懸ケ置キ其中ノ穀物ヲ取出ス每ニ取出セシ束數ニ等シキ數ノ結端ヲ切リ去ルヲ以テ一目シテ其穀倉ノ總額ト消耗ノ束數トヲ知ルコトヲ得可シ

（附）言語以外ノ表意法

其他言語以外ノ表意法卽チ各種ノ記號ノ各蕃族ニ行ハルヽモノ多シ東部「アタイヤル」ノ或ル部分ニ行ハルヽ表意法ハ蕃人ノ馘首ヲ爲シタルトキ途中屢々茅葉ヲ敷キ其上ニ頭大ノ石塊ヲ置クコトアリ是馘首ノ成功ヲ衆人ニ表示スルカ爲ニシテ其茅葉ノ生枯如何ヲ見テ其馘取ノ日ノ新舊ヲモ知ルヲ得ヘシ例セハ幾日前ニ馘首セシカヲ知ルニハ茅葉猶ホ青キトキニハ二三日前ナルヲ示シ表面ハ枯レアルモ其中猶青キモノヲ存セハ五六日前ナルヲ示シ全ク枯レアルトキニハ十日內外ヲ經タルヲ知ルヘク既ニ腐敗シアルトキニハ一月以上ヲ過キタルヲ知ルヘキ如シ

又「アタイヤル」「ヴオヌム」「ツオオ」「スパヨワン」族ノ一般ニ行ハルヽハ二人以上同行外出シ一人先行スルトキ若岐路アルニ遇ヘハ路傍ノ草莖ヲ結ヒテ路標トナシ「ツアリセン」族ニ至リテハ木又ハ草ノ葉ヲ路頭ニ横タヘ其上ニ石塊ヲ置キテ路標トナス

二、歲月日及ヒ時刻ニ關スル觀念

漢人嘗テ臺灣ニ於ケル蕃人ヲ評セル言ニ曰ク「終歲不知春夏、老死不知年歲」ト蓋シ歲月ノ觀念ノ缺乏セルヲ形容セルナリ然レトモ今日ニ於テハ漢化セル「ペイボ」族並ニ「スパヨワン」族ノ「パリザリザオ」ニ屬スル或者ハ既ニ歲月日及時刻ニ就キ十分ナル發達ヲ爲セルモノアルニ至レリ

蕃人ノ年歲月日及ヒ時刻等ヲ測定スル標準ハ自然ノ現象ヲ基礎トスルコトハ各蕃族ヲ通シテ同一ナリ凡ソ蕃人ノ一年トナスハ粟或ハ稻ノ收穫ヲ以テ之ヲ定ム卽チ當年ノ收穫了レル期ヨリ次年ノ收穫ノ期マテノ間ニシテ收穫後月光ノ圓ニ復シタル時ヲ以テ一年ノ初トス故ニ蕃人ノ新年ハ七八月或ハ十、十一月ノ頃ニアリ此ノ如キヲ以テ幾月ヲ以テ一年トナストイヘル如キ精密ナル觀念ナク唯粟及ヒ稻等ノ一收穫ヲ以テ一年ト定ムルニ過キサルナリ其一ケ月トナスハ月ノ圓形ヲナセル時ヨリ次ノ復圓ノ時マテノ間ニシテ又幾日ヲ以テ一ケ月ト定ムルト云ヘル如キ精密ナル觀念ナシ其一日トナスハ

日出ヨリ夜明ケマテノ間ニシテ殊ニ幾時間ヲ以テ一日ト定ムト云フカ如キ觀念未タ發達セサルナリ

次ニ蕃人ノ時刻ヲ定ムルニハ太陽ノ位置ヲ以テス例ヘハ太陽ノ出ツルトキ、頂天ニアルトキ、及ヒ沒スルトキト云フカ如シ故ニ時刻ヲ期シテ會合スルコトヲ約スルトキニハ太陽ノ頂天ニアルトキニ何レノ處ニ會合スト約スルカ如シ此ノ如ク月日及ヒ時刻等ニハ彼此ヲ區別スルタメニ命名セル一月二月、或ハ三日四日、或ハ五時六時ト呼フカ如キ精密ナル觀念ハ發達セサルナリ而シテ日ニハ明日、今日及ヒ昨日等ノ如ク過去現在並ニ未來ノ日ニ僅ニ命名シ居ルノミ

蕃人カ農作物ノ下種、播植ヲナストキニハ如何ナル標準ニヨリテ定ムルカヲ探究スルニ到ル處植物ノ發芽並ニ開花ノ候ヲ以テ標準トナスカ如シ即チ某ノ植物發芽スルトキニハ某作物ヲ下種シ某ノ植物開花スルトキニハ某作物ヲ播植スルカ如キ是ナリ

臺灣ノ蕃族ノ歳月日及ヒ時刻等ニ對スル觀念大略此ノ如シ其結果トシテ蕃人ハ概ネ年齡ヲ知ラス唯其子ノ年齡ニツキ米粟ノ收穫ヲ計算シテ五六歳マテ記臆シ得ルニ過キス

三、方位ニ關スル觀念

臺灣ノ各蕃族ハ通シテ方位ノ觀念ヲ有セリ蓋シ未開ノ人類ヲシテ初メテ方位ノ觀念ヲ發生セシムル起因ハ獵漁其他ノ爲ニ深ク山中ニ入リ或ハ遠ク外海ニ出ツルトキニ自家村落ノ何レノ方向ニアルヤヲ知ルノ必要ヲ生シ此ヨリシテ常ニ一定ノ方向ヲ定ムル標準ヲ求ムルモノニシテ即チ其標準トナスハ一定不變ノ天体ニアリ即チ日出ト日沒トノ二方向ニ本ツキ方位ヲ求ムルハ各蕃族通シテ皆然リ而シテ或ル蕃族間ニハ之ニ南ナル一方位或ハ南北ナル二方位ヲ加フルニ至レリ

「ツアリセン」並ニ「アタイヤル」族ノ一部分ニ於テハ二方位ニシテ其稱語ハ左ノ如シ

	「アタイヤル」族	「ツアリセン」族
東	ハヴアカアノ、ワケ。	タスウスウ。(共ニ日ノ出ル方ノ義)
西	カパアノ、ワケ。	タヴ・アレル。(共ニ日ノ入ル方ノ義)

又「アタイヤル」族ノ或ル蕃社ニハ南北ノ二方向ノ稱語アリ即チ

南　アトハン

北　ポケン

次ニ「ツォオ」及ヒ「スパヨワン」ノ二族ニ至リテハ以上ニ一歩ヲ進メテ三方位ヲ有ス即チ左ノ如シ

	「ツォオ」族	「スパヨワン」族
東	レツオホヾ	カシ
西	テエイ	クレツ
南	ナクイジヨ	カダアス

「プユマ」「アミス」及ヒ「ペイポ」ノ三族ニ至リテハ更ニ一歩ヲ進メテ四方位ヲ有ス即チ左ノ如シ

	「プユマ」	「アミス」	「ペイポ」
東	ラオル	カワレ	ダヤ
西	ラヤ	カテプ	ラ、ホル
南	テモル	カテモル	ラヴアハン
北	アミ	カアミス	アモサン

但「アミス」ノ稱語ハ南部「アミス」ノ語ニ取リ「ペイポ」族ノ稱語ハ尚固有語ヲ現用スル「パゼツヘ」ノ稱語ニ取レリ南庄「ペイポ」及ヒ「ヴオヌム」族ニツキテハ全ク調査ノ要領ヲ得スシテ止ミタリ

此ノ如ク臺灣ノ蕃人間ニハ最開化ノ低キ蕃族ハ二方位ノ觀念ヲ有シ最開化ノ高キ蕃族ハ四方位ヲ有スルニ至レリ

四、度量衡ニ關スル觀念

人類ノ智識進歩スルニ從ヒテ日常使用ノ器物ハ勿論言語ノ上ニマテ影響ヲ及ホスハ自然ノ勢ニシテ度量衡ヲ調査スルトキニハ其智識ノ程度ヲ略ホ知ルコトヲ得可シ要スルニ智識ノ進歩スルニ從ヒテ事物精密ニ至ルハ自然ノ數ニシテ物ノ長サ重サ及量等ヲ計ル度量衡ノ如キハ其使用スル人類ノ發達如何ヲ計ルノ良標準トナス可キモノナリ

臺灣ニ於ケル蕃人ノ物ノ長サヲ計ルニ未タ特別ノ器械發達セスタヽ身体ノ一部分即チ上肢(手)ノ長ヲ標準トシテ計ルコ

ト各蕃族ヲ通シテ悉ク行ハレ今日殆ト漢人ト同一ノ程度マテニ開化セル「ペイポ」族ノ僅ニ尺度ヲ使用シ居ルノミ元來手ノ長ハ其人身ノ異ニヨリテ各其長ヲ異ニシ且同一人ト雖モ二タヒ計ルトキニハ亦幾分ノ差ヲ生シ甚タ不完全ナルモノナルコトハ言ヲ待タサルナリ

衡器即チ天秤ハ臺灣ノ各蕃族ヲ通シテ未タ發達セス唯恒春「スパヨワン」ノ下蕃社（パリザリ.ザオ）ノ或社ニ於テ僅ニ漢人ノ天秤ヲ使用シ居タルヲ見タルノミ

升ト稱ス可キモノハ不完全ナカラモ各蕃族間ニ發達セリ「アタイヤル」族ノ蕃人ハ漢人ト食塩ノ交換ヲナス時ニ當リ其日用ノ帽子ヲ以テ計ルヲ普通トス而シテ其他各蕃族ヲ通シテ使用シ居ルモノハ小形ナル筒状ノモノヲ籐ニテ造リ之ヲ以テ物ノ量ヲ計リ居レリ蓋此器ハ家々隨手ニ造ルモノナルヲ以テ其容積ハ各異ルヲ免カレス其他漢人ト交換シ得タル茶碗ヲ以テ升ニ代用シ居ルモアリ

此ノ如ク物ノ長短、輕重並ニ容積等ヲ計ル爲ニ發達シタル器物ハ升ノミニシテ他器ニ至リテハ全ク發達セサルナリ要スルニ升ノ發達ヲ促シタルハ漢人ト食塩等ノ交換始マリシヨリ自ラ其必要ヲ感シタル結果ナルカ如シ

五、貨幣ニ關スル觀念

臺灣ノ各蕃族ニハ多少貨幣トシテ使用シ居ルモノアリ其種類ハ次ノ如シ

一、珠群　二、鐵器　三、綿布　四、臺灣錢　五、銀貨

珠群トハ或種ノ貝殼ヲ徑一分内外、長サ二分内外ノ圓管状ニツクリタルモノヲ絲ニテ珠數形ニ連貫シタルモノニシテ時トシテハ布片ニ縫ヒツケタルモアリ（方一尺内外ノ布片全面ニ珠群ヲ縫ヒツケタルモノハ大概五六圓ヨリ七八圓ノ價ヲ有セリ）「アタイヤル」族ノ蕃人ハ此珠群ヲ用ヒテ衣服其他ノ裝飾品ニ縫ヒツクルヲ常トス

西部「アタイヤル」ニ屬スル蕃人ハ此ヲ通貨トシテ使用スルモ精シク觀察スルトキハ重モナル通貨トシテ使用シ居ルハ五指山以北一帶ノ蕃人ニシテ南方ニ進ムニ從ヒ唯此ヲ以テ裝飾用ニ供シ居ルノミ屈尺、大嵙崁及ヒ五指山方面等ノ蕃社ニアリテハ今日猶ホ賠償或ハ結婚ノ時ニ此ヲ贈與スルヲ普通トナス然レトモ其此方面ト雖モ漢人部落ニ接近セル蕃社ニアリテハ珠群通貨ノ時代既ニ去リテ鐵器ヲ以テ通貨トシ或ハ鐵器通貨ノ時代既ニ過キテ銀錢ヲ以テ通貨トスルニ進マントスル傾向アリ

東部「アタイヤル」並ニ西部「アタイヤル」ノ漢人部落ニ近キ部分及ヒ他ノ蕃族ニ於テハ銃器、鍋、刀仔、及ヒ菜刀等ノ鐵器ヲ珍重シ之ヲ通貨トシテ使用シ居レリ

「ツアリセン」「ツヵオ」並ニ「スパヨワン」「プユマ」及ヒ「アミス」ノ一部分ノ蕃人ハ鐵器ヲ珍重シ之ヲ通貨ノ如ク使用シ居ルノ他漢人ノ織リタル綿布ヲモ通貨ノ如ク使用セリ次ニ各蕃族ヲ通シ漢人部落ニ接近スル所ノ蕃社ニ於テハ臺灣錢並ニ銀貨ヲ以テ通貨トナスニ至レリ但此等ノ貨幣ノ眞價ヲ知ルモノハ甚少ク僅ニ恒春「スパヨワン」ノ下蕃社「プユマ」及ヒ奇萊「アミス」ノ一部ノ蕃人カ既ニ其ノ眞價ヲ知リテ之ヲ通用スルニ至レルノミ

此ノ如ク貨幣トシテ蕃人間ニ使用セラレ居ルモノニハ種々アレトモ要スルニ最開化ノ程度低キ蕃人間ニハ裝飾品ナル珠群、開化ノ程度稍々進ミタル蕃人間ニハ實用品ナル鐵器、並ニ綿布等、最開化ノ程度高キモノニハ銀貨並ニ臺灣錢等、即チ其通貨トシテ使用セラレ居ルナリ

六、音樂ニ關スル觀念

臺灣ノ各蕃族ハ音樂ニ關スル觀念ノ啓端アリ隨テ簡單ナル歌舞及ヒ樂器ノ發達アリ

歌ハ臺灣ノ各蕃族ヲ通シ二種ノ別アリ一ハ古來一定セル歌詞ニシテ多ク儀式會飮等ノ際唱フルモノトシ之ニヨリテ其先祖ノ歷史及ヒ古來ノ物語等ヲ傳ヘリ一ハ物ニ應シ事ニ觸レ所感ヲ歌詞ニ表ハスモノニシテ常曲アルニアラサルナリ

舞踏ハ各蕃族ニ於テ多少特殊ノモノヲ有スレトモ最普通ニシテ且大體ノ形式ヲ同クスルハ圓舞トス圓舞ハ數人互ニ手ヲ連ネテ（其ノ法一ナラス）圓形ニ起立シ唱歌ノ音頭ニ伴ヒ之ニ齊和シツヽ回轉舞踏スルモノナリ

樂器モ亦種々アリ中ニ各種族ニ共通ナルハ嘴琴トス嘴琴トハ長サ三四寸幅四五分ノ竹片ノ中央ニ細長ナル竅ヲ開キ竅ノ一端ニ眞鍮針ヲ釘着シテ舌トナシ竹邊ノ兩端ニ糸ヲ繋キ一方ノ糸ヲ弛張シツヽ舌針ヲ唇頭ニテ皷動シ一種ノ調音ヲ發セシムルモノニシテ嘴琴ノ名ノ起ル所以ナリ而シテ此樂器ハ西人ノ「猶太琴」ト名ツクルモノト同形式ノモノニシテ北ハ我北領ナル「アイヌ」ヨリ南ハ馬來及ヒ南太平洋諸島土人ニ至リ尚亞細亞ノ南部ヲ經テ東ハ亞米利加土人ニ及ヒ世界ニ於ケル分布ノ區域極テ廣キモノトス

第二編　蕃語誌

臺灣ニ於ケル各蕃族ノ言語ハ宛モ其群ノ異ル如ク亦語種ヲ一ニセス而シテ該蕃族ノ分群ハ其系統ノ上ニ於テハ原ト同一ナル如ク言語ノ種差モ固ヨリ其本幹ヲ一ニスルヲ示スト雖其差ハ同群中ニ於ケル方言ノ差ニアラスシテ群ノ差ナリトイフヲ得ヘシ

蕃語ノ本質及ヒ構成等ニ就キテ詳述スルハ殊ニ專門ナル學術上ノ研究ニ渉ルヲ以テ茲ニ之ヲ略省シ試ミニ蕃語中最簡易ナル基數々語（一ヨリ十マテ）ニ就キテ説明セント欲ス卽チ各蕃族ニ於ケル數語ヲ對照表示スレハ左ノ如シ

語目＼蕃族	アタイヤル	ヴオヌム	ツオオ	ツアリセン	スパヨワン	プユマ	アミス
一	Koto^{ho}	Tasi'a	Tsune	Ita	Ita	Sa	Tsatsai
二	Sajin	Rusya	Rusu	Rusa	Rusa	Rua	Tusa
三	Tiugal	Tao	Toru	Toru	Tsru	Tero	Toro
四	Paiyat	Pa'at	Siputo	Spat	Spat	Spat	Spat
五	Ma^{n}gal	Hima	Rimo	Rima	Rima	Rima	Rima
六	Teyu	Noum	Nomu	Unum	Unum	Unum	Unum
七	Ptiu	Pitu	Pitu	Pitu	Pitu	Pitu	Pitu

八	Supat	Va'ao	Woru	Haru	Aru	Waro	Waro
九	Kairo	Siva	Siyo	Siwa	Siva	Iwa	Siwa
十	Marappo	Massa'an	Massoku	Puru	Purrok	Purru	Purro

（附記）臺灣各蕃族ノ言語ハ其同群内ノ言語ニ更ニ方言ノ差アリテ一樣ナラス故ニ此ニ記載セル蕃語モ必シモ該種族ノ全體ヲ代表スルモノニアラス中ニ就キ最廣ク行ハル、蕃語ヲ採リタルモノニシテ「アタイヤル」語ハ西部「アタイヤル」ノ「シナライ」社語、「ヴオヌム」語ハ「カンタヴァン」社語、「ツオオ」語ハ「ナマカアマ」社語、「ツアリセン」語ハ「サガラン」社語、「スパヨワン」語ハ「テラソク」社語、「プユマ」語ハ「キナヴラロ」社語、「アミス」語ハ北部「アミス」ノ「チカツオアン」社語ニ據リタルナリ

又ペイポ族ノ言語ニ至リテハ其小群ノ異ルニ從ヒテ語種ノ差異甚シク且大半既ニ死語ニ屬シツ、アルヲ以テ茲ニ姑ク省略セリ

今以上各蕃族ノ言語ニ就キ之ヲ他ノ「マレイ」語系ニ屬スル言語ト比較シ其近似ノモノヲ求レハ左ノ如シ

（一）アタイヤル語

「一」即チ Koto$^{ho'}$ ハ Mol語　ノKotim ニ近シ

「二」即チ Sajin ハ Arago語ノSerou ニ近シ

「三」即チ Tiugal ハ Malay及ヒBatta語ノTiga ニ近シ

「四」即チ Paiyat ハ臺灣ノVonum族ノPa'at. Tagal語ノApat. Malay及ヒSunvawa語ノAmpat ニ近シ

「五」即チ Ma^{n}gal ハ Golela語ノMatoha ニ近シ

「六」即チ Teyu ハ Ferua及ヒGaraio語ノTchouo ニ近シ

「七」即チ Pitu ハ臺灣ノ各蕃族ヲ通シテ相一致シCacayan語ノPitu ニ同ク Tagal語ノPito. Bima語ノPidu ニ近シ

「八」即チ Supat ハ他ノ「マレイ」語系ニ屬スル言語ニ於テ類例ナキモ臺灣ノTsarisen族ノ「四」トイヘル語Spat ト關係ヲ有ス

ルモノニ似タリ而シテ「四」ハ宛モ「八」ノ二分ノ一ヲ表スル語ナルヨリ見ルモ益々此論據ヲ確カムルニ近キカ如シ尚「ツアリセン」語ノ條下ヲ參照スヘシ

「九」即チ Kairo ハ Sarager語ノKasa ニ近シ

「十」即チ Marappo ハ Salibabo語ノMapuroh. Malay及ヒBatta語ノSapuluh ニ近シ

(二)ヴオヌム語

「一」即チ Tasi'a ハ Bisaya語ノUsa. Malay語ノSatu ニ近シ

「二」即チ Rusya ハ Bisaya語ノDuha, Malay及ヒAchin語ノDuwa ニ近シ

「三」即チ Tao ハ Ilocos語ノTallo. Bisaya語ノTolo. ニ近シ

「四」即チ Pa'at ハ Tagal語ノApat. Malay及ヒSumbawa語ノAmpat ニ近シ

「五」即チ Hima ハ Malay及ヒCacayan語ノLima ニ近シ

「六」即チ Noum ハ Bisaya語ノUnum. Malay及ヒCacayan語ノAnam ニ近シ

「七」ハ「アタイヤル」語ノ條下ニ記スル如シ

「八」即チ Va'ao ハ Pampanga語ノValo. Bouton語ノVeluano ニ近シ

「九」即チ Siva ハ Malagasy語ノSiva ニ同ク Batta語ノSiwa. Tagal語ノSiyan ニ近シ

「十」即チ Massa'au ハ Sapura語ノHusani ニ近シ

(三)ツオオ語

「一」即チ Tsune ハ Cujeri語ノSilei ニ近シ

「二」即チ Rusu ハ臺灣ノVonum語ノRusyaヲ參照スヘシ

「三」即チ Toru ハ Bisaya語ノTelo. Sulu語ノTelu ニ近シ

「四」即チ Siputo ハ Tagal語ノApat. Malay及ヒSumbawa語ノAmpat ニ近シ

「五」即チ Rimo ハ Bima語ノRima. Malay及ヒCacayan語ノLima ニ近シ

「六」即チ Nomu ハ Bisaya語ノUnum. Malay及ヒCacayan語ノAnam ニ近シ

「七」ハ「アタイヤル」語ノ條下ニ記スルカ如シ

「八」即チ Waru ハ Bima語ノWaru. Batta語ノWalu. Pampanga語ノValo. Gani語ノLepwal ニ近シ

「九」即チ Siyo ハ Batta語ノSiyah ニ近シ

「十」即チ Massoku ハ臺灣ノVonum語ノMassa'an ヲ參照スヘシ

(四)ツアリセン語

「一」即チ Ita ハ Dayak語ノIda. Timur語ノEida. Tagal語ノIsa ニ近シ

「二」即チ Rusa ハ臺灣ノVonum語ノRusya及ヒTso'o語ノRusu ヲ參照スヘシ

「三」即チ Toru ハ臺灣ノTso'o語ノToru ヲ參照スヘシ

「四」即チ Spat ハ臺灣ノTso'o語ノSiputo ヲ參照スヘシ

「五」即チ Rima ハ臺灣ノTso'o語ノRimo ヲ參照スヘシ

「六」即チ Unum ハ Bisaya語ノUnum ニ同ク Malay及ヒCacayan語ノAnam ニ近シ

「七」ハ「アタイヤル」語ノ條下ニ記スルカ如シ

「八」即チ Haru ハ臺灣ノTso'o語ノWoru ヲ參照スヘシ

「九」即チ Siwa ハ Batta語ノSiwa ニ同ク Malagasy語ノSiva. Tagal語ノSiyam ニ近シ

「十」即チ Puru ハ Malay語ノpulu ニ同ク Ilocos語ノPolo. Pampanga語ノApulo. Malay及ヒBatta語ノSapuloh ニ近シ

(五)スパヨワン語

「一」即チ Ita.「二」即チ Rusa.「四」即チ Spat.「五」即チ Rima.「六」即チ Unum. ハ臺灣ノTsarisen語ニ同シ

「三」即チ Tsru.「八」即チ Aru.「十」即チ Purrok ハ臺灣ノTsarisen語ノToru. Haru. Puru ヲ參照スヘシ

「七」ハ「アタイヤル」語ノ條下ニ記スルカ如シ

「九」即チ Siva ハ臺灣ノVonum語ニ同シ

(六)プユマ語

「一」即チ Sa ハ Malay及ヒAchin. Javanese. Ende. Allor. Liang. Moralla語ノSa ニ同シ

「二」即チ Rua ハ臺灣ノTsarisen及ヒSpayowan語ノRusa. Cacayan. Ilocos語ノDua. ニ近シ

「三」即チ Tero ハ Sulu語ノTelu. Cacayan語ノTaru. Ilokos語ノTallo ニ近シ

「四」即チ Spat.「五」乃チ Rima.「六」乃チ Unum ハ臺灣ノTsarisen. Spayowan語ニ同シ

「七」ハ「アタイヤル」語ノ條下ニ記スルカ如シ

「八」即チ Waro ハ臺灣ノTso'o語ノWaruヲ參照スヘシ

「九」即チ Iwa.「十」即チ Purru ハ臺灣ノTsarisen語ノSiwa. Puruヲ參照スヘシ

(七)アミス語

「一」即チ Tsatsai ハ Lampang語ノSai. Javanese語ノSawijiニ近シ

「二」即チ Tusa ハ Cacayan語ノDua. Bisaya語ノDuha. Achin語ノDuwaニ近シ

「三」即チ Toro ハ Bisaya語ノToloニ同シ

「四」即チ Spat.「五」即チ Rima.「六」即チ Unum ハ臺灣ノTsarisen. Spayowan. Pyuma語ニ同シ

「七」ハ「アタイヤル」語ノ條下ニ記スルカ如シ

「八」即チ Waro ハ臺灣ノPyuma語ニ同シ

「九」即チ Siwa ハ臺灣ノTsarsen語ニ同シ

「十」即チ Purro ハ臺灣ノTsarisen語ノPuru. Spayowan語ノPurrok. Pyuma語ノPurruヲ參照スヘシ

以上比較對照ノ結果ニヨレハ臺灣ニ於ケル各蕃族ノ言語ハ正サシク「マレイ」語系ニ屬スルコトヲ告クルモノトイフヘキナリ

第三篇　地方誌

第一章　緒說

臺灣ニ於ケル各蕃族ノ事情ヲ明ニセントスルニハ單ニ各蕃族ノ現狀ヲ熟知スルノミヲ以テ足レリトス可ラス須ク各蕃地ニ於ケル自然ノ現象並ニ民蕃ノ關係ヲモ亦詳ニセサル可ラス蓋シ人類ノ發達ハ此等ノ事項ニ關係スル實ニ大ナルヲ以テナリ是ニ於テ此等ノ事項ヲ綜合シテ各地方誌ヲ記セリ

地方誌ヲ記スルニ當リ臺灣ノ全部ヲ自然ノ形勢ニ從ヒテ臺東、恒春、鳳山、嘉義及雲林、埔里社、東勢角及大湖、南庄、臺北及新竹並ニ宜蘭等ノ各部ニ分チテ之ヲ記セリ然レトモ其蕃人ニ關係ナキ部分並ニ事項ハ之ヲ省略セリ

又地方誌ヲ記スルニ當リ重キヲ政治地理ニ置キ自然地理ニシテ蕃人ニ關係ヲ有セサルモノハ之ヲ省略セリ是レ蕃人ヲ中心トシテ各地方誌ヲ記シタルヲ以テナリ而シテ其之ヲ記スルヤ便宜上類ヲ分チテ次ノ八項ト爲シタリ

一、地勢及ヒ組織
二、山岳及ヒ河流
三、產物
四、交通
五、有名ナル鄉庄
六、住民
七、民蕃相互ノ關係
八、沿革

地勢及ヒ組織　各地方ニ於ケル地勢ヲ記シ且如何ナル地貌ヲ有スル地ヨリ組成セラルヽカヲ明ニセリ

山岳及ヒ河流　蕃地ニ關係アル山岳及ヒ河流ノミヲ重ニ記シ其他ハ概子之ヲ省略セリ（而シテ往々內山ト記シタルハ山名ニアラスシテ中央山脉ノ總稱ナリ其意深山ト云フト同一義ナリ）

產物　各地方ニ於ケル產物ハ重ニ蕃地產ノモノヲ列擧セリ

交通　蕃人ノ進步上至大ノ關係アルモノハ交通ノ便是ナリ各種族ノ蕃人ヲ通覽スルニ交通不便ノ地ニアルモノハ進步ノ度低クシテ交通便ナル地ニアルモノハ常ニ進步ノ度高キハ事實ナリ是ヲ以テ特ニ意ヲ用ヰテ交通ニ關スルコトヲ明ニセ

リ

有名ナル鄕庄　各地方ニ於ケル有名ナル鄕庄トシテ擧ケタルモノハ蕃界ニ於ケルモノ並ニ蕃人ニ關係アルモノニカヽル

住民並ニ民蕃相互ノ關係　各地方ニ於ケル住民ノ種族ヲ擧ケ併セテ各種族間ニ於ケル關係ヲ明ニシ以テ理蕃施設ノ參考ニ供セリ

沿革　各地方ニ於ケル沿革ノ概略ヲ記シテ各地方ノ蕃人ハ如何ナル境遇ヲ經過シテ今日ニ至リシカヲ明カニシ以テ理蕃施設ノ參考ニ供セントセリ然レトモ固ヨリ記錄ノ存スルモノ少ク之ヲ古老ニ問ヒ或ハ老蕃ニ尋ネ辛シテ其材料ヲ蒐集セシモ素ヨリ短日月ノ間悉ク能クス可キニアラス隨テ或ハ誤謬ヲ免レサル可ク又遺漏無キヲ保シ難シ此等ハ更ニ後ノ訂補ヲ待タント欲ス

各地方誌ノ各項ニ於ケル材料ハ實地踏査シテ目擊シタルモノ其大部分ヲ占ムルモ舊記ヲ參照シテ之ヲ補遺シタルモノ亦少カラス其實地踏査セサル部分ニ至テハ添記ヲ附シテ其出所ヲ明ニセリ

第二章　各說

第一、臺北新竹地方誌

玆ニ臺北新竹地方ト稱スル部分ハ北ハ獅球嶺ヨリ南ハ五指山ニ至リ東ハ遠ク分水嶺ヲ以テ宜蘭地方ト境ヲ接スル間ヲ總稱ス

地勢及ヒ　織

臺北新竹地方ハ地勢上二部分ニ分ツヲ便トス一ハ臺北地方ニシテ一ハ新竹地方トナス臺北地方ハ此地方ノ重ナル部分ヲナセル臺北平野及ヒ其周圍ニアル山地等ニシテ新竹地方ハ高臺ノ處々ニ起伏セルヲ以テ數多ノ小區域ニ分割セラレ龜崙嶺ハ此兩者ノ境界ヲナセリ

(一)臺北地方ハ臺北新竹地方ニ於テ最廣大ナル部分ヲ占メ廣濶ナル平野ト此ヲ環繞セル山地トヨリ成立ス廣濶ナル平野トハ即チ臺北ノ平野ニシテ此ヲ環繞セル山地トハ大屯山系並ニ內山ニ於ケル山岳等ヲ云フ

臺北平野ハ其四周山岳ヲ以テ圍繞セラレ僅ニ關渡ノ一方ニ於テ淡水河ヲ以テ海ニ開通シ居ルノミ此平野ニ集リ來ル基隆新店及ヒ大嵙崁等ノ三溪流ハ臺北近傍ニ於テ相會合シ一河ヲ形成シテ淡水河トナリ平野ヲ橫流シテ海ニ入ル此ノ如キヲ以テ臺北平野ハ三支流並ニ本流ノ流域地ヨリ成ル

支流ノ流域地ハ基隆溪及ヒ新店溪等ノ峽谷並ニ大嵙崁溪沿岸ノ段丘ヨリ成ル基隆溪ノ峽谷ハ臺北平野ノ東北ニアリテ此峽谷中ニハ水返脚・暖々街並ニ瑞芳等ノ市街アリ紆餘曲折シテ遠ク三貂嶺ニ至ル新店溪ハ上流ニ進ムニ從ヒテ漸次峽谷ヲ形成シ居ルモ前者ノ如ク大ナラス屈尺地方ヨリ以東ノ峽谷ハ今日ニ於テハ多少開墾セラレ民屋處々ニ相聚集シテ部落ヲナシ居レリ而シテ大嵙崁溪ノ流域地ハ段丘ノ起伏スルアリテ他ノ二流域地ト地貌ヲ異ニシ上流ニ進ムニ從ヒテ漸次其高サヲ增シ既ニ大嵙崁ニ至レハ高臺ノ狀ヲ呈スルニ至レリ

此三支流ノ相會合スル處ハ臺北近傍ニシテ此附近ハ臺北平野ノ重モナル部分ヲナセリ往時平埔蕃族ノ隆盛ナル時代ニハ此平野ハ悉ク平埔蕃族ノ占居セル所ナリシカ漢人ノ移住ト共ニ其領地ヲ狹メラレ今日ノ如ク小部分ニ占居シ僅ニ餘喘ヲ保チ居ルノミ舊記ニヨレハ此平野ハ今ヨリ殆ト二百年以前ニ在テ關渡ヨリ東北ノ地ハ一帶湖水ノ狀ヲナシ居リシカ漸次河流ノ土砂ヲ堆積スルアリテ今日ノ如ク陸地ト變シタルモノナリト云フ

此平野ノ四周ニアル山地ハ西ハ觀音山並ニ平頂山等ニシテ東北ニハ大屯山系屏列シ東南一帶ノ山地ハ漢人ノ所謂內山ト稱スルモノ即チ臺灣ノ脊梁ヲナセル山脉ニシテ極北三貂嶺ヨリ起リ遠ク南進シテ極南恒春ノ地ニ至レリ此等ノ山脉中內山ヲ除クノ外ハ多クハ開墾セラレ茶園桒圃トナリ居レリ然レトモ內山ニハ慓悍ナル蕃人ノ住居スルカ故ニ深ク蕃地ニ入リテ開墾シ能ハサルヲ以テ蕃社ニ接近セル部分ハ森林繁茂シ居ルモ他ハ悉ク漢人ノ濫伐ノタメニ草山地ト變セリ

(二)新竹地方ハ處々高臺ノ起伏シ居ルヲ以テ其地域數多ニ區分セラレ中壢ノ平野、大嵙崁ノ高地、荳埔溪並ニ新埔溪等ノ流域地等ヨリ成立ス此地方中重モナル部分ヲ構成スルモノハ中壢ノ平野ニシテ多少丘陵ノ所々ニ起伏シ居ルモ悉ク開拓セラレ田園遠ク相連リ民屋相聚集シテ所々ニ村落ヲ形成シアリ

大嵙崁ノ高地ハ段丘ノ狀ヲ呈シ往時ハ「アタイヤル」族ノ占居セル所ナルモ今日ニ於テハ漢人ノ移住ト共ニ蕃人ヲ山中ニ驅逐シ漢人其地ニ移住スルニ至レリ舊清國政府時代ニハ隘勇ヲ設ケテ蕃地ノ開墾ヲナセシモ隘勇ノ撤去ト共ニ全ク中止ニ歸シ今日ハ既墾ノ田園悉ク荒蕪ニ歸セリ

新埔溪ノ流域地ハ概ネ丘陵ノ起伏シアルヲ以テ平地甚タ少シ其上流地ニ咸菜硼アリ此ヨリ東方ノ山地ハ悉ク蕃地ニシテ製腦ノ盛ナル所ニ屬ス

荳埔溪ノ流域地ハ多少丘陵ノ起伏シ居ルモ概シテ平地多シ五指山並ニ內灣ノ二溪流、樹圮林ノ近傍ニ於テ相會合セリ支流ナル五指山溪ノ上流ハ多少峽谷ヲ形成シ深ク蕃地ニ入リ居レリ此峽谷中ノ上坪方面マテ漢人占居セリ內灣溪ノ上流モ亦多少峽谷ヲ形成シ漢人ノ村落ヲ散見ス此兩地方共ニ製腦ノ甚タ盛ナル處ナリ

山岳及ヒ河流

臺北平野ハ其四周山ヲ以テ圍繞セラレ西ニハ觀音山東北ニハ大屯山系而シテ東南ニハ内山ノ諸山アリテ其障壁ヲナシ居レリ内山ニハ慓悍ナル「アタイヤル」族ノ蕃人占居スルヲ以テ踏査上甚タ不便且危險ニシテ殆ト不明ニ屬スト云フモ不可ナキナリ要スルニ此地方ノ内山ニアル蕃社ニ至ルニハ峻坂險路ノ横ルヲ以テ交通極テ不便ナリ大嵙崁方面ニ於テハ竹頭角及ヒ義興ノ兩山南北ニ聳ヘテ此方面ノ主山ヲナシ蕃社ノ大半ハ此二山ノ四周ニ分布シ居レリ此外大屯山系及ヒ觀音山系等ハ今日ニ於テハ既ニ山腹マテモ耕作セラレ茶園菜圃ト變シ居レリ共ニ火山ニシテ往時ハ盛ニ噴烟セル火山ナリシナラン

臺北地方ニ於テ河流トシテ擧ク可キモノハ唯タ一ノ淡水河アルノミ此河流ハ此平野ノ四周ヲ環繞セル山地ノ諸細流ヲ集メ基隆、新店及ヒ大嵙崁等ノ諸溪流トナリ此三流臺北ノ近傍ニ於テ相會合シ一大河ヲ形成ス此ヲ淡水河ト稱ス

淡水河ハ平野ノ間ヲ流ルヽヲ以テ臺灣的河流ノ特色ヲ表ハサスシテ甚タ緩流且潮汐ノ影響、上流七八里ノ所マテ及ホスヲ以テ舟行自在ナルコト臺灣中此河ノ右ニ出ツルモノナシ且此河ノ三支流モ亦舟行上流ニ溯ルコトヲ得可ク大嵙崁溪ハ大嵙崁マテ基隆溪ハ瑞芳マテ新店溪ハ新店マテ舟行ノ便アリ此地方ニ於ケル百貨ノ運搬一ニ此等ノ溪流ニヨレリ

新竹地方ハ臺北地方ノ如ク山岳ノ之ヲ圍繞スルモノナク唯東南ノ一方ニ於テ内山ノ聳ヘ居ルノミ内山ハ臺北地方ニ於ケルト同シク不明ニ屬スル部分多シ要スルニ此地方ニハ高峻ナル山岳多クシテ蕃玉山並ニ雪山(酒樽山)等ハ五指山地方ノ山奥ニアリ

此地方ニ於テ河流トシテ擧ク可キモノハ豈埔溪ノ一アルノミ内灣及ヒ五指山等ノ二溪流ハ樹圯林ノ近傍ニ於テ相合シ豈埔溪トナリテ海ニ朝ス此溪流ハ其流レ急且淺クシテ舟行ニ堪ヘス内灣溪ハ油羅社ノ山中ヨリ發源シ五指山溪ハ五指山及ヒ加禮山ノ間ヨリ發源スルヲ以テ此ニ沿フテ進ムトキハ此附近ノ蕃社ニ到ルコトヲ得可シ

產物

臺北新竹地方ノ蕃地ニ於ケル產物ハ處ニヨリテ多少異ルモ其重モナルモノヲ擧クレハ次ノ如シ

一、獸皮　二、獸骨　三、鹿角　四、苧仔
五、籐　六、魚籐　七、薯榔　八、通草
九、蕃布　十、木斛　十一、樟樹

此等ハ其重モナルモノニシテ此外處ニ因リテ多少ノ特產物ナキニアラサルモ其產額甚タ少シ要スルニ此地方ニ於ケル蕃

地産ノモノハ農産物甚タ少クシテ其重モナルモノハ天然物ヨリ成ル

此地方ノ蕃人ノ獵取スルモノハ各方面大同小異ニシテ其重モナルモノハ次ノ如シ

一、鹿　二、羌仔　三、山猪　四、猴

五、熊　六、石豹

此等ノ中最普通ナルハ鹿及ヒ羌仔等ニシテ其皮ハ蕃人ノ交換物ノ重モナルモノナリ此外稀ニ熊豹及ヒ花鹿等ヲ獲ルヲ以テ此等ノ皮モ亦交換物トナシ或ハ敷物トナシ居レリ此等ノ皮ノ外鹿角並ニ其脚骨、猴ノ頭骨及ヒ鹿鞭（牡鹿ノ生殖器ヲ乾燥シタルモノ）モ亦交換物ノ重モナルモノタリ

籐及ヒ薯榔ハ内山ニ多ク産出スルヲ以テ農事ノ閑ナル時ニ蕃人之ヲ採リテ自用又ハ交換用ニ供ス此外木斛ト稱シ蘭科ニ屬スル植物アリ是漢人ノ藥用ニ供スルモノナルヲ以テ此植物ヲモ交換用ニ供ス

苧仔ハ此地方到ル所ノ蕃社ニ於テ産出スルモ五指山方面最多ク之ヲ種作シ其産額モ亦少カラス苧仔ヲ種作スル結果トシテ蕃布ヲ織リテ自用又ハ交換用ニ供シ居ルモ東勢角及ヒ埔里社地方ノ蕃人ノ如ク巧ナラス

此地方ノ蕃人ハ天然肥料ノ既ニ盡キタル畑ニハ魚籐並ニ通草等ヲ種植スル習慣アリ此等ハ自用ニ供スルノ外交換用ニ供ス特ニ通草ハ大嵙崁方面ヨリ最多ク産出ス

此等ノ外此地方ノ産物トシテ特筆ス可キハ内山ニ樟樹ノ多ク繁茂シ居ルコト是レナリ五指山方面特ニ然リトナス臺灣ニ於ケル樟腦ノ殆ト二分ノ一ハ此方面ヨリ産出ス

交　通

臺北新竹地方ニ於ケル蕃社ニハ慓悍嗜殺ノ蕃人占居セルヲ以テ交通最開ケサル一地域タリ然レトモ製腦モ事業ノ最盛ナル地方ナルヲ以テ樟腦運搬上道路ヲ開クノ必要アルカ爲ニ製腦地ノ道路ハ能ク開鑿セラレ居ルモ一歩製腦地以外ニ出ツルトキニハ獸徑鳥跡殆ト歩行ニ堪ヘサルナリ

此地方ニ於ケル蕃社ニ到ル道路ハ次ノ如シ

一、屈尺方面

(一)屈尺ヨリ馬來社ニ到ル道路ハ唯一條アルノミ即チ屈尺附近ノ雙溪ヲ渡リウライ溪ニ沿フテ進メハ馬來社ニ到ルコトヲ得可シ屈尺ヨリ馬來社ニ屬スルウライ社ニ至ル間ハ殆ト四里ニシテ多クハ險坂峻路ノ有ルアリテ歩行極テ困難ナリ

(二)馬來社ヨリ宜蘭地方ニ至ルコトヲ得可シ此道路ハ普通往來スルモノナク僅ニ蕃人ノ狩獵ヲナストキニ當リ之ヲ通過シ居ルノミ一ハ馬來社ニ屬スルラガー社ヨリラガー溪ヲ溯リテ宜蘭地方ノ枕頭山附近ニ出ツル道路ニシテ鯉登大尉並ニ横山技師等一行ノ蹈査シタルハ此道路ナリ此沿道蕃社ナク二日ノ路程アリト云フ次ニ馬來社ニ屬スルタラナン社ヨリ大嵙崁方面ノ山奧ニアルガチガン社ニ到リ此ヨリ更ニ宜蘭方面ナル溪頭蕃地ニ到ルノ道路モアリトイフ

(三)馬來社ノ最東方ニアルリモガン社ヨリ大嵙崁方面ニ出ツルノ道路アリ此間ハ僅ヶ一日ニシテギヘン社ニ達スルコトヲ得可シギヘン社ハ大嵙崁ノ東北十五里餘ニアル蕃社ナリ

(四)屈尺方面ヨリ三角湧方面ノ蕃社ニ到ルニハウライ社ト雙溪トノ中央ニ細徑アリ此ヨリ南方ニ進ムトキニハ一日ニシテ達スルコトヲ得可シト云フ此附近ハ蕃人馘首ノ風最盛ナル處ナリ

二、大嵙崁方面

臺北新竹地方ノ蕃社中道路ノ最能ク開ケ居ル所ハ大嵙崁方面ニシテ舊清國政府時代ニハ撫墾總局ノ在リシ地ナルヲ以テ自然道路モ開ケ居レリ此方面ヨリ蕃社ニ到ル道路三條アリ次ノ如シ

(一)大嵙崁ヨリ九芎山ヲ越ヘ大嵙崁溪ヲ横切リテ竹頭角社ニ到ルモノ此道路ハ四五里ニシテ此間ニ峻坂險路ノ横ハルナク交通自在ナリ

(二)大嵙崁ヨリ三層庄、水流東等ノ地ヲ經テ角板山社(カクバンサン)ニ至ルノ道路アリ此路程五六里前者ニ比シ道路一層平坦ナリ

(三)大嵙崁ヨリ内柵及ヒ埔尾等ノ村落ヲ經テ馬武督社(マムトク)ニ到ルノ道路アルモ蕃人ノ外往來スルモノナシト云フテ可ナリ馬武督社ニ到ルニハ咸菜硼方面ヨリスルヲ便トス

三、咸菜硼方面

此方面ハ製腦事業ノ盛ナル地方ニシテ道路能ク開ケ從ヒテ漢人部落モ亦蕃社ニ接近シ居レリ

(一)此地方ニ於ケル蕃社ノ最近キモノハ馬武督社ニシテ此社ニ至ルニハ四里内外ノ里程アリ其半路ニ十股庄ト云ヘル村落アリ此地ハ此方面ニ於ケル蕃人ノ物品ヲ交換賣買スル所タリ

(二)咸菜硼ヨリハ加那排(カナバイ)及ヒ麻裡横(マリオン)其他ノ蕃社ニ到ルノ道路アリ漢人ノ往來スルモノ殆トナシト云フテ可ナリ

四、樹杞林方面

此地方モ亦製腦事業ノ盛ナル處ナルヲ以テ道路能ク開ケ從ヒテ漢人部落ハ蕃社ニ接近シ居レリ

(一)樹杞林ノ東南方三里ノ處ニ内灣庄トイヘル所アリ此地ハ此方面ノ蕃人ノ物品交換ヲナス爲ニ往來スル所タリ此ヨリ

油羅社ニ到ル道路アリ

(二)樹圯林ヨリ南三里ノ所ニ上坪庄トイヘル處アリ此地ハ深ク蕃地ニ進入シタル處ニシテ舊清政府時代ニハ隘營ヲ置キ庄民ヲ保護シタリト云フ此地ヨリハ十八兒（シパージ）、西熬（シイガオ）、馬以哇來（マイバライ）、中心崑（チヨンシンクン）及ヒ被黎（ピーライ）等ノ諸社ニ到ルコトヲ得可シ何レモ峻坂險路ニシテ歩行甚タ困難ナリ

蕃界ニ於ケル有名ナル鄉庄

臺北新竹地方ニ於ケル蕃界ノ有名ナル鄉庄ハ次ノ如シ

(一)屈尺　(三)三角湧　(三)大嵙崁　(四)咸菜硼　(五)內灣
(六)上坪　(七)樹圯林

此等ノ外ニ有名ナル市街アルモ蕃人ニハ緣故遠キ地方ナルヲ以テ之ヲ省略セリ

(一)屈尺

屈尺ハ臺北城ノ東方五里弱ニアリテ深ク蕃界ニ入リタル一小村落ニシテ戸數僅ニ五六十蕃地ニ接近シ居ルヲ以テ蕃害ノ頻繁ナル地方タリ此地ニハ舊清政府時代ニ於テ撫墾分局ノ設アリシカ今日モ猶蕃人時々山ヲ出テ來リ物品ノ交換賣買ヲナシ居レリ此地方往時ハ隘營ヲ設ケ墾民ヲ保護シ居リタルヲ以テ新店溪以東マテ墾地ヲ擴メシモ隘營撤去ノ後ハ墾民悉ク退去シテ今ハ一人ノ開墾ニ從事スルモノナシ屈尺ヨリ東方三里餘ニ馬來社アリ此蕃社ハ竺紹珉氏ノ化育ニ從事シ居ル所ニシテ其成蹟大ニ見ル可キモノアリ明治二十八九年頃ハ此方面ノ蕃人頗ル慓悍ニシテ馘首ノ風盛ナリシカ今日ハ殆ト此等ノ風ヲ脱スルニ至レリト云フ

(二)三角湧

三角湧ハ大嵙崁溪畔ニアリテ茶ノ栽培ヲ以テ有名ナリ舊清政府時代ニ於テハ此地方ニ撫墾分局ヲ設ケ此方面ノ蕃人ヲ撫育セリ舊記ニヨレハ乾隆ノ末年既ニ此地方ハ開墾セラレタル處ナリト云フ

(三)大嵙崁

大嵙崁ハ大嵙崁溪ノ東岸ニアル市街ニシテ舊清政府時代ニハ撫墾總局ノアリシ地ニシテ蕃人撫育ト土地開墾トニハ大ニ力ヲ用ヰタル處ナリ從ヒテ此方面ノ蕃人ハ種々ナル境遇ヲ經タルヲ以テ其前山ニ於ケル蕃社ハ大ニ馘首ノ風ヲ薄ラキ居レリ此市街ニ一廟アリ土人ノ傳說ニヨレハ巡撫劉銘傳ノ時蕃地ヲ討伐セシ結果蕃人ヲ殺害セシコト多カリシヲ以テ一廟ヲ起シ土人ノ戰死者ト共ニ其靈ヲ祀レル所ナリト云フ後ノ巡撫邵友濂ノ筆ニ成レル「俎豆同席」ノ扁額ヲ存セリ

此方面ノ蕃人ハ此地ニ來リテ物品交換ヲ營ムモノ多シ此地方茶ノ栽培盛ニシテ舊淸政府時代ニ於テハ隘勇ヲ設ケ墾民ヲ保護シ蕃地ニ向ヒテ大ニ開墾ヲナセシカ隘勇撤去ノ後ハ墾民蕃人ノ害ヲ恐レ悉ク退去セリト云フ

(四)鹹菜硼

此地方ハ馬武督社附近ノ蕃社ニ入ルノ門口ニシテ此方面ノ蕃社ニ入ルニハ必ス此處ヲ通過セサル可ラス此地方製腦事業最盛ナリ住民多クハ廣東人ヨリ成ル

(五)上坪

上坪ハ五指山溪ノ上流ニアル新開地ニシテ製腦ノ甚タ盛ナル處ナリ舊淸政府時代ニハ此地ニ隘營ヲ置キ墾民ヲ保護セシ所ニシテ蕃人ノ漢人部落ニ出ツルニハ一ニ此地ヲ通過セサル可ラサルヲ以テ頗ル樞要ノ地タリ現時戸數殆ト二十ヲ有スル一小寒村ニ過キス

(六)內灣

內灣ハ內灣溪ノ上流ニアリテ上坪ト同ク深ク蕃地ニ入リタル所ニシテ製腦事業甚タ盛ナリ油羅(ユロー)社附近ノ蕃人此地ニ出テ來リ物品交換ヲナス

(七)樹圯林

樹圯林ハ新竹ヨリ東北四里ノ地ニアル市街ニシテ住民ハ悉ク廣東人ヨリ成ル上坪並ニ內灣方面ニ出ツル道路アリ

住民

臺北及ヒ新竹地方ニ於ケル住民ノ種族ハ次ノ如シ

一、漢人

二、「ペイポ」族

三、「アタイヤル」族

此等ノ住民中平地ニ住スルモノハ漢人其多數ヲ占メ少數ノ平埔蕃族之ト雜居セリ而シテ「アタイヤル」族ノ蕃人ハ悉ク山地ニ住居ス

一、漢人

此地方ニ住スル漢人ハ閩粤二籍ニ屬スル福老人及ヒ廣東人(客人)ニシテ其分布ハ屈尺及ヒ三角湧以北ノ地ハ福老人ニシテ大嵙崁以南東勢角ニ至ルマテハ悉ク廣東人住居セリ而シテ大嵙崁ノ地ハ此兩者相半ハセリ

舊記ニ因レハ道光年間以來閩粵兩籍ニ屬スル福老人ト廣東人トハ墾地境界ノ爭ヨリシテ屢々爭鬪ヲ生シ漸次今日ノ如ク同籍ノモノ同處ニ群居スルニ至レリト云フ而シテ福老人ノ中漳州ト泉州トニ屬スル者ノ間ニモ亦墾地ノ境界ヲ爭フコトアリ屢々爭鬪アリタリシカ其結果トシテ亦今日ノ如ク同屬同居スルニ至レリ而シテ今猶此等ノ漢人ハ多少軋轢ヲナスノ傾アリ

元來廣東人ハ其性頑强且忍耐强クシテ「アタイヤル」族ノ番人ノ兇暴ヲ抑壓シ屢々番人ノ暴害ニ遇フモ毫モ屈セスシテ漸次番地ニ向ヒ墾地ヲ進メツヽアリテ實ニ番地ノ開墾ハ此等ノ力ニヨリテ今日ノ狀ヲ成セリト云フモ可ナリ

二、「ペイポ」族

此地方ニ於ケル平埔蕃族ハ今日ニ於テハ大ニ進歩シ漢人ノ衣服ヲ穿チ漢風ノ家屋ニ住シ殆ト漢人ト異ルナキ迄ニ至レリ此等ノ平埔蕃族モ乾隆ノ初年頃マテハ猶今ノ生蕃ノ如ク馘首ノ風盛ニシテ漢人ノ此ヲ恐レシコト今ノ生蕃ニ於ケル如クナリシト云フ

此等ノ平埔蕃族ハ漢人ノ移住ト共ニ大半其耕地ヲ侵佔セラレ今日ニ於テハ僅ニ餘喘ヲ一隅ニ保チ居ルニ過キス此地方ノ平埔蕃族モ亦他地方ノ如ク耶蘇敎ノ感化ヲ受ケ大ナル蕃社ニアリテハ概ヲ敎會堂ノ設ケアリ且羅馬字ノ讀ミ方及ヒ書キ方ヲ解スルコト他地方ト異ルコトナシ

三、アタイヤル」族

「アタイヤル」族ニ屬スル蕃人ハ何レモ山地ニ占居シ性慓悍ニシテ馘首ノ風ヲ存スルヲ以テ年々此蕃族ノ爲ニ殺害セラルヽモノ十ヲ以テ計フ可シ

往時此蕃族ハ平地ニ住居シ居リシカ漢人ノ移住ト共ニ漸次驅逐セラレテ今ノ如ク山地ニ退去セルコトハ蕃人ノ口碑ニ傳ハリ居レリ

此族ニ屬スル蕃人ノ分布ハ北ハ屈尺方面ノ山地ヨリ南ハ五指山方面ニ到ル間ノ山地ニ在リ且此等ノ山地中何レモ峻坂險路ノ横ハルアリテ容易ク交通スルコト能ハサル處ヲ擇ミテ占居スルモノ多シ蓋天險ニヨリテ漢人ノ進入ヲ防禦スルノ必要ヨリ此ク天險ノ地ニ占居セルモノナラン

民蕃相互ノ關係

民蕃相互ノ關係ハ各地方同一ニシテ敢テ異ル所ヲ見サルモ地方ノ異ルニヨリテ多少趣ヲ異ニスル所アルヲ以テ左ニ其大略ヲ記ス可シ此地方ノ漢人ノ漳泉二州ニ屬スルモノ並ニ閩粵二籍ニ屬スルモノヽ間ハ他ノ地方ニ於ケルモノニ比シ軋轢

ノ度稍高キカ如シ是レ墾地境界ノ爭ヒヨリシテ屢々爭鬪ヲ起セシヲ以テ此ノ如キヲ致セシモノナル可シ

屈尺方面ニ於テ慓悍ナル「アタイヤル」族ノ蕃社ニ常ニ出入シ居ルモノハ蕃人ト漢人トノ雜子ニシテ此等ノ蕃社ニ出入スルニハ漢人ノ妻妾トナリ居ル蕃婦若ハ蕃人ヲ嚮導トスルヲ常トス唯大嵙崁地方ニ於テハ最交通ノ便開ケ居ルヲ以テ蕃社内ニ出入スルコト比較上容易ナリ

漢人ノ蕃人ト交換ヲ營ミ若クハ蕃地ニ於テ製腦ヲ營マントスルモノハ先ツ勢力アル蕃社内ノ酋長ノ女若クハ妹ヲ以テ其妻妾トナシ緣戚ノ關係ヲ結ヒ以テ蕃社ニ出入シ居ルモノモ亦少カラス

同族ノ蕃人間ニ於テモ亦蕃社ニヨリテ多少軋轢シ居ルモノアリ卽チ前山ニ在ルモノト奥山ニ在ルモノトハ處ニヨリテ反目敵視スルモノアリ現ニ舊清國政府ニ於テハ此兩者ヲ離間シテ一層反目セシメタル形跡アリ卽チ前山ノ蕃人ニシテ奥山ノ蕃人ヲ殺シタルトキニハ物ヲ與ヘテ之ヲ賞シ又奥山ノ蕃人ニシテ前山ノ蕃人ヲ殺シタル時モ亦然リ此クシテ兩蕃人ヲ反目セシメタルハ蕃人ノ勢力ヲ削キ且其繁殖ヲ妨ケタリシモノヽ如シ

沿革

臺北新竹地方ハ漢人ノ移住以前ニ在リテハ全ク平埔蕃族ノ住居地ニシテ康熙ノ中葉新竹地方ヲ旅行セシ漢人ノ記事ヲ見ルトキハ此地方一帶渺漠ノ原野ニシテ僅ニ獸徑鳥道アルノミ人若シ之ヲ通行スル時ニハ熟蕃ノ弓矢ヲ携帶シテ護衛スルニアラサレハ往々生蕃ノ危害ニ罹ルコトアリシト言ヘリ以テ當時此地方ノ狀況ヲ想像スルニ足ル可シ而シテ淡水河口ナル滬尾ノ地ハ船舶ノ碇繫ニ便ナルヲ以テ蘭人ノ臺灣占領時代既ニ其住居セル處ナリキ然レトモ此ヨリ以東ノ地ハ當時慓悍ナル平埔蕃族ニ屬スル北投社等ノ占居シ屢々出テヽ危害ヲ加フルヲ以テ此ヨリ以東ニハ一歩モ進ムコト能ハサリシモノヽ如シ

康熙ノ中葉ニ及ヒ初メテ淡水河ヲ溯リ關渡ヲ過キ臺北平野ニ入リ北投地方ヲ視察シタルモノアリシカ當時猶平埔蕃族ノ慓悍ナルモノアリ屢々行人ヲ害シ甚タ危險ナリシト云フ乾隆以後漢人ノ移住ヲ增加シ從ヒテ各處ニ墾地ヲ起スニ至リ是ヨリ漳泉二州並ニ廣東等ノ地方ヨリ移住スルモノ極テ多ク之カ爲ニ漸次曠地少キニ至リシカハ嘉慶以後道光咸豐ノ頃ニ至ル間ハ閩粤二籍ノ漢人墾地境界ノ爭ヒヨリシテ戰鬪ヲナセシコト數次後ニハ獨リ閩粤二籍ノ住民ノミナラス閩籍ニ屬スル漳泉二州ノ移住者モ亦各爭鬪ヲナシ就中咸豐三年ニ於ケル漳泉二州ニ屬スル住民ノ大衝突ハ最激烈ナルモノニシテ漢人ノ今猶記臆シ居ル所ナリ

漢人ノ移住以來平埔蕃族ノ歷史ハ各地同一ニシテ平埔蕃族ハ漢人ノ爲ニ其耕地ヲ侵佔セラレ生活ノ道ヲ失ヒテ他ニ移動

ヲ企ツルニ至ルモノ十中八九皆然リ然ルニ此地方ノ蕃人ハ他地方ノ如ク移動スルモノ甚タ少クシテ僅ニ宜蘭地方ニ其一部分ノ蕃人移住セルノミ蓋シ此時ニハ臺地既ニ蕃界ヲ除キテハ移住ス可キ空地ナキニ至リタルヲ以テナラン

平地ニ占居セル平埔蕃族ノ歴史ハ其大要此ノ如キモ山地ニ住居スル「アタイヤル」族ノ歴史ハ次ノ如シ

山地ニ於ケル「アタイヤル」族ノ歴史ハ漢人ノ移住ト共ニ民蕃ノ衝突ヲ生セシハ到ル處同一轍ニシテ其最甚シキハ大嵙崁方面ナリ

大嵙崁方面ニハ乾隆年間既ニ漢人ノ移住セルモノアリシモ大嵙崁渓以西ノ地ノミニシテ以東ノ地ハ悉ク蕃人ノ住居セル所ナリシカ同治年間彰化ノ人蕃永淸ナル者始メテ渓東ノ地ニ進入シテ開墾ヲ始メタリキ當時蕃人ハ全力ヲ擧テ抵抗ヲ試ミタルモ漢人ノ爲ニ敗ヲレ遂ニ山中ニ驅逐セラレタリト云フ是ヨリ漢人ハ各處ニ隘勇ヲ配置シテ製腦或ハ開墾ニ從事セリ此時今ノ大嵙崁街ノ地ニ漢人ノ移住部落ヲ形クリシカ漸次戸口ヲ増シテ遂ニ今日ノ如ク市街ヲ形成スルニ至レリ次キテ光緒八年ニ於テ林維源初メテ此地ノ開墾並ニ製腦ニ從事シ漸次蕃地ニ向ヒテ墾地ヲ進メタリシカ屢々蕃人ト衝突セシト雖モ多數ノ隘勇ヲ各處ニ配置シテ之ヲ防禦シ益蕃地ニ侵入シテ開墾ヲ勉メタリキ

劉銘傳ノ臺灣ニ巡撫トナルヤ大嵙崁ノ地ニ撫墾總局ヲ設ケ屈尺ヨリ五指山等ノ地方ニ至ル一帶ニ於ケル蕃社ノ撫墾事務ヲ掌ラシメタリ此ト同時ニ各樞要ノ地ニハ官設ノ隘勇ヲ配置シテ蕃人ノ來襲ヲ防キ併セテ墾民ヲ保護シタリシカハ庄民深ク蕃地ニ侵入シテ開墾製腦ニ從事スルコトヲ得タリ

然ルニ多數ノ漢人深ク蕃界ニ侵入シテ開墾製腦ニ從事シタルヲ以テ痛ク蕃人ノ恐惶ヲ來タシ屢々腦丁並ニ墾民ヲ殺スニ至リ馬速社ノ蕃人特ニ甚シカリシヲ以テ隘勇統領ハ全力ヲ擧ケテ馬速社附近ノ蕃社ヲ討伐セシカ一蕃丁ヲモ得ス却リテ蕃人ノ爲ニ殺サレシ者數十人ノ多キニ至リ遂ニ隘勇統領ハ懸賞シテ馬速社附近ノ蕃人ヲ殺サシメタリシカハ漢人賞ヲ得ンカ爲ニ何社ノ蕃人ヲモ問ハス之ヲ殺シテ馬速社ノ首級ナリト僞リ稱シ其賞ヲ受クルニ至リ此一事大ニ蕃人ノ感情ヲ害シ大嵙崁方面ノ蕃社悉ク同盟シテ官ニ反抗シ屢々隘營ヲ襲ヒテ隘勇ヲ殺シ或ハ腦丁墾民ヲ害シタルヲ以テ遂ニ大嵙崁方面ノ蕃社討伐ハ開始セラレタリ時ニ光緒十五年八月ナリキ

大嵙崁方面ニ於ケル蕃社討伐ノ總指揮官ハ林朝棟ニシテ兵二千ニ將トシテ竹頭角、水流東、屈尺、三角湧、並ニ馬武督等ノ五道ヨリ攻メ入リシカ此時ノ討伐ニハ蕃丁ノ殺サルヽ者多カリシモ官兵ノ死傷スルモノ亦蕃人ニ數倍セリ此時ニ當リ彼ノ「ダイモ、ミセル」トイヘル酋長ハ各社ノ蕃丁ヲ統ヘヲ能ク官軍ニ抗シ驍名ヲアラハシタリト云フ此戰鬪ノ勝敗未タ決セスシテ蕃人ヲ招降シ其局ヲ結ヒ兵ヲ撤スルニ至レリ

此クノ如ク此回ノ討伐ハ未タ勝敗ノ決セサル間ニ其局ヲ結ヒ此ト同時ニ蕃界開墾ハ中止シタルヲ以テ蕃界ニ於ケル既墾ノ田園ハ是ヨリ全ク荒蕪ニ歸セリ

屈尺其他ノ方面ニモ亦蕃地開墾ヲ勉メタリシカ隘勇撤去ノ後ハ大嵙崁方面ト同シク開墾ヲ中止シ墾民悉ク退去シタリ此ク大打擊ノ後巡撫劉ノ撫蕃方針「先伐後撫」ノ主旨ニ基キ學校ヲ起シテ蕃童ヲ敎育シ或ハ一廟宇ヲ建テ、戰死セル蕃人ヲ祭祀シ大ニ蕃人ノ撫卹ニ力ヲ盡シタリ其結果トシテ大嵙崁方面ノ蕃人ハ今日馘首ノ風稍薄ラキタルモノ、如シ

巡撫劉ノ時代ニ於テ特筆ス可キハ「アタイヤル」蕃族ヲ敎育シタルコト是ナリ蕃社大打擊ノ漸ク局ヲ結フニ當リ蕃人ニ交渉シ再ヒ離叛セサルヲ証スルカ爲有力ナル蕃人ノ子弟ヲ質トシ致サシメ之ヲ撫墾局內ニ寄宿セシメ敎育ヲ施シタルモ蕃童屢々逃レテ蕃社ニ歸ルモノアリシカ次テ其事業ヲ擴張シテ臺北ニ學校ヲ移シタリキ然ルニ蕃童ノ病ニカヽリテ死スルモノ多ク殆ト其四分ノ一ハ病死スルニ至レリト此一事ハ蕃童敎育上大ニ注意ス可キ事ト信スルナリ臺北ニ於テ蕃童ヲ敎育スルコト三年餘其結果トシテ蕃童ニシテ文字ヲ知リ讀書ヲ能クスルモノヲ出シ又文字ヲ知リ讀書ヲ能クスルマテニハ至ラサルモ順良ナル人民ト化シタルモノアルハ疑ナキ事實ナリ

第二、南庄地方誌

茲ニ南庄地方ト稱スルハ長坪溪ヲ以テ五指山方面ニ界シ南ハ加俚山並ニ獅潭地方ニアル大河坑及ヒ三合坑等ヲ以テ大湖地方ニ接シ東ハ加俚山及ヒ加禮山ヲ以テ遠ク內山ノ蕃地ニ隣スル間ヲ總稱ス此ノ如キヲ以テ南庄地方ト稱スル部分ハ極メテ小區域ニ過キサルナリ

地勢及ヒ組織

此地方ノ地勢ハ大湖地方ニ彷彿タリ四方山ヲ以テ圍繞シ唯竜門口ノ一方南埔地方ニ向ヒテ開通シ居ルノミ

此地方ハ中港溪ノ支流ナル大東溪及ヒ南溪ノ流域地ヨリ成立シ而シテ此二支流ノ爲ニ此地方ハ三分セラレ居ルナリ大東溪ト長坪溪トノ間卽チ加禮山方面、大東溪ト南溪トノ間卽チ加俚山方面、及ヒ南溪以西等是ナリ

加禮山方面ハ多ク山地ニシテ唯南庄、田尾及ヒ𤸫寮坪等ノ地ニ於テ僅ニ平地ヲ見ルノミ此等ノ地ニハ漢人ノ部落アリテ既ニ田園ノ開墾セラレ居ルヲ見ル此平地ヲ除クノ外ハ大槪山地ニシテ山腹ノ地ヲ開墾シ此處ニ茶園又ハ米、粟及ヒ苧仔等ヲ作リ居レリ

加俚山方面ハ殆ト全ク山地ニシテ僅ニ獅里興社附近ニ少許ノ平地アリテ水田ノ開墾セラレ居ルヲ見ルノミ

南溪以西一帶ハ悉ク山地ニシテ一モ平地ト稱ス可キモノヲ見ス此山ハ竃門口ニ至リテ盡キ其盡クル處ハ卽チ中港溪ノ流ル丶所ニシテ又南庄地方ナル南埔方面ノ平地ニ向ヒテ開通スル所ナリ

要スルニ南庄地方ハ平地甚タ少クシテ其大部分ハ山地ヨリ成立ス此等ノ山地ハ蕃人ノ耕地或ハ住所トナリ居ルモノ多シ

山川

南庄地方ノ大部分ハ山地ニシテ平地ハ甚タ少キモ山岳トシテ擧ク可キモノハ僅ニ加里山及ヒ加禮山ノ二山アルノミ此外獅頭山、猴兒山並ニ大武山等アルモ共ニ甚タ高カラス

加里山ハ南庄ノ東南ニアル大山ニシテ此附近ノ衆山多クハ之ニ隷屬セリ其高サ殆ト八千尺此山ノ東南麓ニハ鹿場及ヒ馬凹ノ二蕃社アリ

加禮山一ニ鵝公髻山ト稱シ五指山ト相對峙ス此山ノ東方ハ五指山方面ノ蕃人ノ住居スル所ニシテ其西南方ハ平埔蕃族ノ住所タリ

此外田尾庄ノ北方中港溪ノ東岸ニハ獅頭並ニ猴兒ノ二山アルモ甚タ高カラス大武山ハ加禮山ノ西方ト田尾庄ノ東トノ間ニアリテ樟樹多キヲ以テ有名ナリ

南庄地方ニハ大川ナク何レモ細流ニシテ中港溪ノ支流ナル大東溪及ヒ南溪ノ二アルノミ此二流共ニ加里山ヨリ發源シ大東溪ハ東方ニ灣曲シ南庄ニ至リテ南溪ト合ス南溪ハ西方ニ灣曲シテ流レ南庄ニ至リテ大東溪ト相合シテ中港溪トナリ西流シテ中港街ニ至リ海ニ入ル何レモ細流ニシテ舟行ニ堪ヘス唯ヂヤンクノ港口ニ碇泊シ得ルノミ

產物

此地方ノ山地ニハ樟樹ノ繁生シ居ルヲ以テ住民ノ製腦ニ從事スルモノ多ク五指山方面ニ次キテ製腦ノ盛ナル所ナリ今日ニ於テハ平埔蕃人ニシテ製腦業ニ從事シ居ルモノアルニ至レリ而シテ樟樹ノ繁生シアル區域ハ南溪及ヒ中港溪以東ノ山地トシ此地方ハ慓悍ナルアタイヤル蕃族ノ住スル蕃地ニ接近シ居ルヲ以テ幸ニ濫伐ヲ免レ居ル部分ナリ

此地方ハ平地少キカ爲農業ヲ以テ生計ヲ立ツル能ハサルヲ以テ庄民ノ大半ハ製腦ニ從事セリ庄民ニシテ山地ニ腦寮ヲ開キ居ルモノハ其處ニ家族ヲ移シ蔬園ノ地ヲ開墾シテ蕃薯及ヒ苧仔等ヲ栽培シ以テ生計ヲ助ケ居ルモノ多シ

樟腦ニ次キテ產額ノ多キモノハ苧仔ナリ苧仔ハ民蕃共ニ到ル處ニ栽培シ居ルヲ以テ其產額モ亦少カラサルナリ特ニ製腦者ノ家族ニシテ此ヲ栽培スルモノ多シ

此地方ヨリ米、粟等ヲ產スルモ甚タ少額ニシテ他地方ヨリ此等ノ供給ヲ仰キ居レリ

此地方ノ蕃人ハ專ラ農業ヲ營ミ居ルモノ多ク他ノ蕃人ノ如ク盛ニ狩獵ヲナサス然レトモ農閑ノトキニハ狩獵ヲナスヲ以テ獸皮、鹿角、鹿鞭、等ヲ產出ス此等ハ共ニ交換品トナシ居レリ

交通

此地方ノ蕃人ハ今日ニテハ全ク馘首ヲ爲サヾルヲ以テ漢人ノ交通自在ナルト製腦業ノ盛大ナルトニヨリ道路能ク開通シ居レリ

(一)南庄ヨリ樹圯林ニ至ルノ道路

南庄ヨリ樹圯林ニ至ル間ハ大凡七里ノ里程アリ其大半ハ坂路ニシテ平坦ナル處甚タ少シ此間ニ於テ稍市街ノ形ヲナシ居ル處ハ北埔及ヒ田尾ノ二庄ノミ

(二)南庄ヨリ苗栗地方ニ至ルノ道路

南庄ヨリ苗栗地方ニ至ルニハ二條ノ道路アリ一ハ南庄ヨリ南埔ニ至リ此ヨリ苗栗ニ至ルモノ他ハ南庄ヨリ中港溪ヲ渡リ山路ヲ通シテ前ノ道路ニ出ツルモノ是ナリ何レモ一日ノ路程トシテハ寧ロ遠キニ過ク

(三)南庄ヨリ向天湖社ヲ經テ鹿場社ニ至ルノ道路

南庄ヨリ向天湖社ニ至ルニハ先ツ南溪ヲ沿フテ一里許進ミ而シテ後山路ニ入リ坂路ヲ登ルコト一里半ニシテ向天湖社ニ至ルコトヲ得可シ

向天湖社ヨリ鹿場社ニ至ル間ハ殆ト七里強一日ノ路程トシテハ甚タ困難ナリ

又向天湖社ヲ經ス大東溪ヲ沿フテ上リ鹿場口外ニ至リテ前者ノ道路ト相合シ更ニ流ニ沿フテ進ミ鹿場社ニ至ルコトヲ得可シ

南庄ヨリ鹿場社ニ至ルニハ何レノ道路ヨリスルモ十里強ニシテ二日ノ路程ナリ

(四)南庄ヨリ庚寮坪ヲ經テ五指山方面ノ蕃地ニ至ルノ道路

此間ノ道路ハ實ニ不便ニシテ先ツ大東溪ニ沿フテ上リ分水崙ヲ橫切リテ大武山下ニ出テ庚頭坪溪ヲ下リテ庚寮坪ニ出テ此ヨリ長坪溪ニ沿フテ上リ一百端ニ出テ此ヨリ西熬及ヒ十八兒等ノ蕃社ニ至ルコトヲ得可シ此間ハスヘテ坂路ニシテ步行頗ル困難ナリ

(五)南庄ヨリ梅仔坪並ニ五份八後等ノ社ニ至ルノ道路

南庄ヨリ田尾庄ヲ經テ新店庄ニ至リ此處ヨリ大窩、梅仔坪、梅仔尾、五份八後等ノ社ニ至ルノ道路アリ何レモ險路峻

坂ノミナルモ一日程トシテハ近キニ過ク

（六）南庄ヨリ鵝公鵠山下等ノ社ニ至ルノ道路

南庄ヨリ大東溪ヲ沿フテ上リ此ヨリ東方ニ向ヒテ進メテ鵝公鵠山下社ニ至ルコトヲ得此處ヨリ更ニ加禮山下、大窩、鳳凰寮ニ到ルノ路アリ

此等ノ路程ハ何レモ一日ヲ要セスシテ達スルコトヲ得可シ

（七）南庄ヨリ獅頭驛並ニ獅里興等ノ社ニ至ルノ道路

獅頭驛並ニ獅里興等ノ社ハ何レモ南庄ヨリ一里ニ充タサル里程ニシテ道路從ヒテ平坦ナリ

（八）南庄ヨリ獅里興口社ニ至ルノ道路

南庄ヨリ獅里興口社ニ到ルニハ南溪ヲ沿フテ進ムコト三里餘ニシテ達スルコトヲ得可ク更ニ獅里興口社ヨリハ獅潭地方ニ至ルコトヲ得可シ

蕃界ニ於ケル重モナル郷庄

此地方ニ於テ重モナル郷庄トシテ擧ク可キモノハ南庄、田尾庄及ヒ南埔庄等ノ三アルノミ

（一）南庄

南庄ハ大東溪ト南溪トノ相合スル處ニアリテ小市街ヲナシ居レリ戶數一百內外新開ノ地ナルヲ以テ民屋ハ大概竹ヲ以テ造リ所謂竹瓦葺ト稱スル屋根ニシテ壁モ亦此ト同ク竹ヲ排列シテ造リタルモノナリ瓦ヲ以テ屋根ヲ葺キ土角ヲ以テ壁ヲ造リシモノニ至リテハ甚タ稀ナリ庄民ノ多數ハ製腦ニ從事シ傍ラ農商業ヲ營ミ居レリ

（二）田尾庄

田尾庄ハ南庄ノ北方半里ノ地ニアリテ戶數僅ニ二三十ニ過キス庄民多クハ農業ヲ營ミ傍ラ製腦ニ從事シ居レリ

（三）南埔庄

南埔庄ハ中港溪ノ南岸ニアル一市街ニシテ同溪ノ山間ヲ出テタル處ニアリ四周平地ニシテ田園相連リ庄民ノ多クハ農商ヲ以テ業トナセリ

住民

南庄地方ニ於ケル住民ハ漢人、平埔蕃族、並ニ少數ノアタイヤル蕃族ノ三種族ヨリ成ル

一、漢人

南庄地方ニ於ケル漢人ハスヘテ廣東人ニシテ其移住ハ何レモ五六十年來ノ事ニ屬シ今ヨリ殆ト四十年以前マテハ此地方ニハ街庄ヲ形成セサリシヲ以テ蕃人ノ多數ハ斗換街坪ニ出テ、交換ヲナセリト云フ

此ク新開ノ地ナルヲ以テ南庄等ノ地ニ開墾ヲ初メタル時ハ民蕃常ニ衝突シテ殆ト業務ニ從事スルコト能ハサリシカ光緒十一年官ニ於テ營兵ヲ置キシ以來平穩ニ歸シ無事ニ業務ニ從事スルコトヲ得ルニ至レリ

二、平埔蕃族

南庄地方ニ於ケル蕃人ノ大半ハ此種族ニ屬シ「アタイヤル」蕃族ニ屬スルモノハ唯鹿場社ノアルノミ

此地ノ平埔蕃族ハ他地方ヨリ移住セルモノニシテ移住ノ進路ハ二方面ヨリ來リタルモノ、如シ一ハ新竹地方一ハ苗栗地方卽是ナリ此ク移住ヲナセシハ彼等ノ固有地ニ漢人ノ來リ移住ヲ企テ極力之ニ抗抵セシモ遂ニ敵スル能ハスシテ却テ驅逐セラレ今ノ地ニ移住セルモノナリ而シテ彼等カ今ノ地ニ移住セントセシトキニ既ニ「アタイヤル」蕃族ノ住地タリシヲ以テ更ニ之ヲ驅逐シテ其地ニ居ヲ占メタルナリト云フ

此等ノ蕃人ハ山地ニシテ交通不便ナル處ニ住スルモノ、外ハ概ネ漢人化シ酋長ノ如キハ既ニ漢人ノ衣服ヲ着ケ室內ニハ時計ヲ飾リ洋燈ヲ用ヒ加之臺灣土語ヲ自在ニ使用シ居ルモノアルニ至レリ然レトモ交通不便ナル山地ニ住居スル者ハ依然トシテ固有ノ風俗ヲ存シツ、アリ

此蕃族ニツキ特筆ス可キ一事アリ彼等ノ此地ニ移住シ來ルヤ其四周ニハ顏面ニ刺墨ヲ施セル「アタイヤル」蕃族ノ在ルアリ優勢ニシテ且其數多ク之ニ反シ平埔蕃族ハ少數ニシテ到底「アタイヤル」ノ敵ニハアラサリシナリ是ニ於テ「アタイヤル」族ノ蕃人ニ擬シ其顏面ニ刺墨ヲ施スニ至レリ卽チ全ク「アタイヤル」族ト同一ニシテ女子ノ口周刺墨ヲナサヽルノミ今ニ於テハ遂ニ彼等ノ風俗トナリ丁年ニ達スレハ必ス刺墨ヲナスヲ常トス然レトモ既ニ漢人化シタルモノニ至リテハ刺墨ヲ施サヽルモノアリ

三、アタイヤル蕃族

南庄地方ニ於ケルアタイヤル蕃族ハ甚タ少數ニシテ唯加里山ノ麓ナル鹿場社ノミニシテ他ハ悉ク平埔蕃族ノミナリ然レトモ東北方ニ於テハ一百端並ニ加禮山以東ノ地ニ進ムトキニハ悉ク此種族ナルモ地理上不便ナルヲ以テ南庄地方ニ往來スルモノ少シ

此地方ニ於ケルアタイヤル蕃族ハ地理上交通甚タ不便ノ處ニ住居シ漢人トノ交通甚タ稀ナルヲ以テ其風俗習慣等ニモ漢人化セシモノナク從ヒテ馘首ノ風盛ニ行ハレツ、アリ

民蕃相互ノ關係

南庄地方ノ蕃人ハ平埔蕃族多數ヲ占メ馘首ノ風アル「アタイヤル」蕃族僅少ナルヲ以テ漢人ト蕃人トノ間ニ於テ相反目スルカ如キハ殆ト無シト云フモ可ナリ特ニ製腦ノ盛ニ行ハレ居ル地方ナルヲ以テ道路モ自然開通シ交通自在ニ行ハレ其結果トシテ蕃人ハ漸次漢化スルニ至レリ

漢人ト「アタイヤル」族トノ間ハ氷炭相容レスシテ「アタイヤル」族ハ常ニ漢人ヲ以テ馘首ノ犧牲トナシ居レリ

平埔蕃族ノ初メテ此地ニ移住セシトキニ當リ其先住者ナル「アタイヤル」蕃族ヲ驅逐シ其地ニ移住セシヲ以テ其等ノ蕃社ト相敵視シ居ルモ以外ノ「アタイヤル」族中ノ或ル者トハ漸々緣戚ノ關係ヲツクリ互ニ往來シ居ルヲ以テ其間自然圓滑トナルニ至レリ

要スルニ此地方ノ蕃人ノ多數ハ既ニ馘首ノ風ヲ絶テル平埔蕃族ニシテ漢人ト蕃人トノ間ハ圓滑ニシテ自然往來自在ナルヲ以テ蕃人ヲシテ知ラス識ラスノ間ニ漢人化セシメタルハ疑ナキ事實ナリ

沿革

南庄地方ハ四面皆山ニシテ竜門口ノ一方僅ニ平地ニ向ヒテ開通スルノミ地勢上大湖及ヒ獅潭地方ト相似タリ此地方往時ハ蕃人ノ住居シタリシノミニシテ漢人ノ移住ハ僅々五六十餘年來ノ事ナリキ

此地方ノ先住者ハ「アタイヤル」蕃族ニシテ此地方一帶ニ占居シアリシカ西海岸ノ平地ニ漢人ノ移住日ニ其數ヲ増加スルニ從ヒ當時樹圯林並ニ苗栗地方ニ在リシ平埔蕃族ハ漢人ノ爲ニ逐ハレ今ノ地ニ移住ヲ企テ當時更ニ「アタイヤル」蕃族ヲ驅逐シテ多ク其地ニ移住セリ口碑ニヨレハ五份八後附近ノ平埔蕃族ハ往時樹圯林地方ニ住居セシカ漢人ノ其地ニ來リテ先住セル同蕃族ヲ驅逐スルヤ蕃人ハ逃レテ深ク山ニ入リ其地ニ先住セル「アタイヤル」蕃族ヲ驅逐シ其地ニ占居シ今日ノ如ク耕地ヲ開墾シテ永住ノ地トナスニ至レリト云ヘリ斯クテ平埔蕃ノ此地方ニ移住セシ以來「アタイヤル」族ト屢々衝突セシカ平埔蕃ハ少數ニシテ常ニ敗ヲ取リシヲ以テ生存上ノ必要ヨリ「アタイヤル」族ニ摸擬シテ其顏面ニ刺墨ヲ施シ爲ニ「アタイヤル」平埔兩蕃族ノ容易ク見分ケ難カリシヨリ幾分「アタイヤル」族ノ狙撃ヲ免ルヽニ至レルカ如シ此風遂ニ習慣ヲナシ今日男子ノ丁年ニ達スルモノハ必ス刺墨ヲ施スニ至レリ

平埔蕃族ノ此地ニ永ク住セル間ニ漸次「アタイヤル」族中ノ或者ト相親近スルヲ得此ヨリシテ緣戚ノ關係ヲ生スルモノアリ此等ノ關係ニヨリ相互往來セシ結果益々兩者ノ間相親和スルニ至レルアリ

嘉慶十餘年黄祈英トイフモノ斗換坪ノ地ニ來リ平埔蕃ト交易ヲ初メ次テ張大滿トイフモノト約シテ兄弟トナリ共ニ南庄

ニ入リ蕃女ヲ娶リ大ニ開墾ヲ企テシカ黃張二人ノ死スルニ及ヒ田業再ヒ荒蕪ニ歸セリ道光十三年ニ至リ允明長トイフモノ南庄ノ地ニ來リ蕃人ト和親シ佃戶ヲ招集シテ開墾ヲ初メ爾來三十餘年間ハ無事ニ開墾ニ從事シアリシカ光緒五年以來多數ノ漢人移住シ來リ擅ニ墾地ヲ開キシカハ痛ク平埔蕃ノ怒ヲ引キ起シ屢々民蕃ノ衝突爭闘ヲ絶タス而シテ漢人常ニ敗ヲ取リ家屋ヲ燒カレ墾丁ヲ殺傷セラルヽモノ多カリシカハ光緒九年ニ至リテ漢人悉ク南庄ノ地ヲ引キ揚ケ一人ノ漢人ヲモ見サルニ至レリト云フ

光緒十年漢人再ヒ南庄ノ地ニ入リ來リテ蕃人ト和シ佃戶ヲ招集シテ開墾ニ從事シ同十一年官ニ於テ營兵ヲ派シテ此地ニ駐在セシメ墾民ヲ保護スルニ至レリ當時統領鄭ハ此附近ノ蕃人ヲ招撫シテ悉ク歸化セシメシカハ其後蕃人兇行ナク從ヒテ民蕃ノ交通漸次圓滑ヲ致シ爾來無事今日ニ至レリ

要スルニ南庄ノ地ハ五六十餘年以前初メテ漢人ノ移住セシ地ニシテ爾來屢々民蕃ノ衝突爭闘アリシモ光緒十一年清ノ營兵ヲ置クニ及ヒ自然民蕃ノ間相融和シ平埔蕃ノ多數ハ漢人化セラレ特ニ漢人部落ニ接近シ居ルモノハ衣食住共ニ全ク漢人化スルモノアルニ至レルナリ

第三、東勢角大湖地方誌

茲ニ東勢角地方ト稱スルハ南ハ大肚溪ノ上流ナル北港溪ヲ以テ埔里社ト界シ北ハ打蘭溪（房裡溪ノ上流）ニ至リ東ハ遠ク內山ニ至ル間ヲ稱シ大湖地方ト稱スルハ打蘭溪以北獅潭地方以南間ヲ稱ス此等ノ地方ハ何レモ蕃界ニ接近スルヲ以テ今日猶蕃人ノ害甚タ多キ地方ナリ

東勢角地方ハ今ヨリ殆ト百年前ニハ蕃人棲息シ全ク鬱蒼タル森林ヲナシ大幹巨樹ノ繁生セル處ナリシカ漢人ノ移住ト共ニ蕃人ハ漸次其領域ヲ侵略セラルヽニ至リシナリ大湖地方モ亦此ト同ク唯其開墾ノ年數異ルノミ

地勢及ヒ組織

東勢角及ヒ大湖地方ハ地勢ニ從ヒテ四區域ニ分ツコトヲ得可シ即大甲溪、打蘭溪、大湖溪及ヒ獅潭溪ノ各流域地是ナリ而シテ大甲溪ノ流域地ハ最廣濶ニシテ土地亦豐沃ナリ此ニ次クハ大湖溪ノ流域地ナリ打蘭溪ト獅潭溪トノ流域地ハ甚タ狹隘ノ地ナリ此等ノ流域地ハ多少丘陵ヲ以テ互ニ界シ居レリ

大甲溪ノ流域地ハ其兩岸ニ於ケル河丘、丘陵並ニ斜面ヨリ成立スル一ノ峽谷ナリ大甲溪ハ此峽谷ノ中央ヲ流レ其兩岸ニハ河丘發達シテ平野ヲ成シ今日ニテハ田園相連リ民屋群集シテ處々ニ部落ヲ成スニ至レリ而シテ兩岸ノ丘陵モ既ニ開墾

セラレシモノ多ク此平野ノ東南方ニ至レハ山岳重疊シテ峯巒起伏シ平野ハ馬安寮ニ至リテ全ク盡キ此ヨリ以東ハ山地ニシテ南北勢各社蕃人ノ住居地タリ

打蘭溪ノ流域地ハ打蘭溪ノ北岸ニ於ケル河丘ト河岸ノ小平地ト馬那邦山及ヒ關刀山ニ屬スル斜面ノ地トヨリ成立ス平地ハ打蘭庄ノ在ル處ニシテ打蘭溪ノ北岸ニアル小平地タリ河丘ハ卽チ壢西坪ニシテ大ナル平地ヲ形成スルモ其開墾セラレシ部分甚タ少シ次ニ斜面ノ地ハ蕃害最甚シキ地方ニシテ往時ハ隘丁ヲ設ケテ開墾シ既ニ村落ヲ成セシカ我カ領土ニ歸セシ以來隘丁ノ保護ナク蕃害益々甚シク庄民其害ニ堪ヘスシテ遂ニ全ク此地ヲ放棄シテ他ニ移住スルニ至レリ

此地方ノ蕃害甚シキハ原ト斜面ノ地ニアル八份庄附近ハ蘇魯及ヒ馬那邦二社蕃ノ住居地ナリシカ光緖十二年ノ討伐後此二社蕃人ハ今ノ地ニ退却シタルヲ以テ今日猶機アラハ之ヲ回復セントノ念ヲ絕タサルモ一因ナラン

大湖溪ノ流域地ハ大湖溪兩岸ノ平地卽チ大寮山ト耀婆山トノ間ナル峽谷及ヒ桂竹林方面ノ小峽谷ト大湖溪ト汶水溪トノ上流域ニ屬スル山地トヨリ成立ス此等ノ地方中廣濶ニシテ能ク開墾セラレ居ル處ハ大湖地方ナリ今日ニ於テハ田園開ケ民屋群集シテ街庄ヲ成スニ至レリ而シテ水尾坪ニ至リテ兩山相迫リ此間汶水溪ト大湖溪トノ合流ナル後壠溪ノ苗栗地方ニ向ヒテ逸流スルアリ桂竹林方面ニハ平地ナク桂竹林溪ノ兩岸ニ於ケル小斜面ノ地ノ僅ニ開墾セラレ居ルノミ現時ニ在テハ既ニ民屋群聚シテ小部落ヲ形成スルニ至レリ汶水大湖ノ二上流ノ山地ハ何レモ蕃人ノ住居地ニシテ平地ナク峯巒重疊セルノミ

獅潭溪ノ流域地ハ平地ナクシテ多クハ兩岸ニ於ケル斜面ノ地ヨリ成ル今日ニ於テハ庄民所々ニ群居シテ部落ヲ形成スルニ至レルモ交通不便ノ一小區域タリ

山川

此地方ハ蕃地ノ踏查充分ナラス從ヒテ蕃地ノ地理ニ至リテモ未タ知ラレサルモノ多キハ又免レ能ハサルトコロナリ故ヲ以テ此地方ノ山川ヲ記スルハ僅ニ其踏查シタル部分ニ過キサルナリ

東勢角方面ニハ大尖及ヒ培東等ノ諸山雲際ニ聳ヘテ東勢角方面ノ蕃社ヲ南勢北勢ノ二部ニ分テリ此二山ノ南ヲ南勢ト稱シ北ヲ北勢ト稱ス南勢方面ニテハ白毛山及大龍山等稍高ク何レモ蕃人ノ住所タリ北勢方面ニテハ武榮、眉必浩ノ二山最高ク其半腹ハ蕃人ノ住所或ハ耕地タリ

打蘭溪以北ノ地ニハ司馬限及ヒ馬那邦等ノ二山アリテ大湖方面ノ山奧ヲナシ蕃人ノ耕地トナリ居ルヲ以テ森林發達セス

大湖方面ニ於テハ大小南勢ノ諸山アリト雖甚タ高カラス獅潭方面ニハ加里大山アリテ此地附近ノ諸山ヲ壓シ其麓ニ鹿場

及ヒ馬叫等ノ蕃社アリ

北勢諸山ノ東北部ノ山奥即チ司馬限社ノ東北ニ當リ酒樽山ト俗稱スル高山アリ此山ハ一ニ雲山ト稱シ近傍ノ諸山其右ニ出ツルモノナク全ク衆山ノ上ニ秀立セリ高サ一萬尺以上ノモノタル可シ

河流ノ大ナルモノハ大甲溪、打蘭溪、大湖溪、獅潭溪及ヒ北港溪等ナリ

大甲溪ハ其水源何レノ地ヨリ發スルヤ詳ナラス唯此溪流ヲ溯レハ奇萊地方ニ於ケル蕃人ノ往來スル路ニ出ツト云フ南勢各社ハ概ネ此溪流ノ兩側ニ分布セリ彰化縣誌ニ曰ク「大甲溪ハ源ヲ沙里興社ヨリ發シ大茅埔庄、東勢角街、樸仔離山脚ヨリ岸裏社ノ後ヲ過キ西紅頭社ニ折レ南ニ分レテ高蜜庄ニ至リテ海ニ入ル」ト果シテ沙里興社ヨリ發源スルヤ疑ハシ此川ハ最水量ニ富ミ且急流ニシテ竹排ニテ横切ルモ猶危險ノ恐レアリ故ニ出水ノ時ニハ全ク交通ヲ遮斷スルニ至ル

打蘭溪ハ北勢各社ノ中央ヲ流レ打蘭庄ノ南ヲ過キ海ニ入ル其水源ハ詳ナラサルモ蓋シ雪山ヨリ發スルナル可シ

北港溪ハ其上流ハ詳ナラサルモ霧社山近傍ハ其水源ナル可シ此溪流ノ北傍ニハ眉猫蚋(マイバライ)社並ニ阿冷社アリ大湖溪ハ司馬限山ヨリ發源ス大小南勢山ノ麓ヲ過キテ大湖ノ平地ニ出テ水尾坪ニ至リテ汶水溪ト合ス汶水溪ハ其源ヲ加里山ヨリ發ス汶水溪以北ノ各社ハ大抵此溪流ノ兩側ニアリ大湖溪ト合シテ後壠溪トナリ苗栗地方ニ至ル

獅潭溪ハ細流ニシテ獅潭ノ峽谷中ニアル小流ヲ集メテ苗栗地方ニ入ル

交通

東勢角及ヒ大湖地方ニ於ケル交通ハ極テ不便ナルヲ免レス蓋シ山間ニ僻在スル地方ナルヲ以テナリ

大湖ヨリ東勢角ニ至ル道路ハ辛シテ轎ノ交通ニ堪ユルモ大湖ヨリ獅潭地方ハ殆ト轎ノ交通ニモ堪ヘサルナリ加之橋梁ノ設ケナキヲ以テ汶水溪ノ如キ急流ハ少シク降雨ノアルトキハ到底之ヲ徒渉スルコト能ハサルナリ

一、東勢角地方

此地方ニハ其四圍ニ大甲溪打蘭溪ノ如キ大河アルアリテ降雨毎ニ河水漲リ交通ノ絶ユルコトアルハ往々免レサル所ナリ此地方ヨリ葫蘆墩打蘭地方ニ出ツルニハ河流ニ竹排ノ設ケアリ往來ヲ便ニセルモ蕃地ニ至ル道路ニハ竹排ノ設ケナクシテ少シク出水アル時ハ全ク交通ノ絶ユルヲ常トス

(一)東勢角ヨリ北港庄ニ出ツル道路

東勢角ヨリ馬安寮庄ニ至ル間ハ其路程大凡三里ニシテ多クハ平坦ナルモ馬安寮庄ヨリ以南ハ約七里此間險路峻坂ノミニシテ歩行極メテ困難ニ殆ト平地ノ二日程ニ疋敵ス此間ニハ隘丁ノ設アリテ行人ヲ保護シ居レリ然レトモ今日此

道路ヲ往來スルモノ甚稀ニシテ僅ニ製腦者ノ往來スルニ過キス

(二)南勢各社ニ通スル道路

東勢角ヨリ南勢各社ニ到ルニハ先ツ大甲溪ヲ溯リテ蕃社ニ入ル最遠キ蕃社ト雖二日程ノ距離アルモノナシ

大茅埔庄ヨリ稍來、白毛及ヒ汕竿來完等ノ諸社ニ到ルノ道路アリ此道路ハ蕃人ノ漢人部落ニ出ツルニ最便利ナルヲ以テ南勢諸社ノ蕃人ハ大概此ヲ通行ス

大茅埔ノ外、馬安寮庄ヨリモ白毛並ニ阿冷各社ニ通スル道路アリ此道路ハ大茅埔ノ如ク蕃人ノ往來頻繁ナラスト云フ

埔里社道路ニ北港庄ト稱スル處アリ此地ハ眉猫吶社ト甚近クシテ二里內外ノ距離ニ過キス又此地ヨリ阿冷社ニモ至ルコトヲ得可シ此方面ノ蕃人ハ隘丁トノ衝突アリシ以來眉猫吶社ハ全社ヲ擧テ他ニ移住シ爾來全ク此地方ニ出テ來ラスト云フ

舊清政府時代ノ製ニカヽル地圖ニヨルニ大甲溪ノ上流ニ沿フテ上レハ南勢ノ盡尾社ニ到ルコトヲ得可ク更ニ此地ヨリ進メハ奇萊地方ノ蕃人ノ往來スル道路ニ達スルコトヲ記載シアリ之ヲ方向ヨリ推ストキハ大概太魯(タロコ)姑內外社ノ方面ニアル蕃人ノ往來スル道路ナラン

(三)北勢各社ニ通スル道路

北勢各社ニ到ル道路二條アリ一ハ東勢角ヨリ打蘭溪ニ出テ此ニ沿フテ上ルモノ他ハ中科山ヲ越ヘテ武榮社ニ出テ此ヨリ各社ニ至ルモノナリ而シテ最遠キ蕃社トイヘトモ二日程ヲ出テサルナリ

東勢角ヨリ鳥聲山ヲ越ヘ打蘭溪ニ出ル間ハ坂路急ナラサルヲ以テ歩行從ヒテ困難ナラス打蘭溪ヨリハ別ニ一定ノ道路ナク唯河原ヲ上ルノミ既ニ埋伏坪ノ麓ニ至レハ溪流ヲ徒渉セサル可ラス其流レ急ニ水深キヲ以テ出水セルトキニハ徒渉スルコト能ハス埋伏坪ノ麓ヨリ溪ヲ渡ラスシテ埋伏坪ニ至レハ武榮新社ニ至リ而シテ溪流ヲ徒渉スルコト三回ニシテ更ニ左岸ノ山上ニ至ルトキハ馬那邦社ニ到ルコトヲ得可シ

馬那邦社ニ到ラスシテ更ニ進ムトキハ右岸ノ山腹ニアル苙屋峨及ヒ什隻厝等ノ社ニ到ルコトヲ得此等ノ社ニ至ラスシテ更ニ進ミ鳥石坑ヲ渡リテ進ムトキハ右岸ノ山上ニ蘇魯社アリ此ニ到ル間ハ坂路急峻ナラス

蘇魯社ニ上ラスシテ更ニ進ムトキハ籐橋アリテ交通ニ便セリ橋ヲ渡リテ進メハ左右ノ兩岸ニ眉必浩社アリ更ニ溪流ニ沿フテ進メハ右岸ノ山腹ニハ蘆翁及ヒ盡尾社等ノ社アリ

要スルニ打蘭溪ハ急流且水量ニ富ムヲ以テ降雨ノ爲出水アルトキニハ到底徒渉スルコト能ハサルナリ且屢々急流ヲ徒渉セサル可ラサルヲ以テ歩行頗ル困難ヲ極ム此ノ如キヲ以テ蕃人ハ籐ヲ用ヒテ吊橋ヲ造リ交通ヲ便ニセル處モ亦尠カラス

北勢盡尾社ト眉必浩社トノ山奥ニハカット山ト稱スル山アリ山中ハカット社ト稱スル蕃社アリ此山ハ埔里社方面ナル霧社ヨリ遙ニ北方ニ見ユルハカット山ト同一ノモノナル可シト信ス

東勢角ヨリ中科庄ニ至リ更ニ中科山ヲ越ヘ舊大師營ノ東ヲ過キテ武榮新舊社及ヒ坙屋峨等ノ社ニ到リ此ヨリ更ニ北勢各社ニ達スルコトヲ得可シ

此道路ハ打蘭溪ニ沿フテ上ルニ比シ屢々溪水ヲ徒渉スルノ勞ナキモ坂路頗ル急峻ニシテ歩行困難ヲ感スト云フ

二、大湖地方

大湖地方ヨリ蕃社ニ至ル路ハ甚タ近ク二三里ニシテ達スルコトヲ得可シ

大湖ヨリ洗水坑、馬凹及ヒ叺卦力等ノ社ニ至ルニハ先ツ水尾坪ニ出テ更ニ汶水溪ニ沿フテ上レハ達スルヲ得可シ馬凹社ハ最遠クシテ大湖ヨリ二日程ノ距離アリ

次ニ下撈並ニ叺卦力等ノ社ニ到ルニハ水尾坪ヨリ更ニ桂竹林ヲ經テ和興庄ニ出テ此地ヨリ食水坑ヲ上リテ下撈社ニ進ムナリ此間僅ニ一里弱下撈社ヨリ更ニ叺卦力社ニ到ルニハ汶水溪ノ上流ヲ渡リテ到ルコトヲ得可シ

又桂竹林ノ近傍八角林ヨリ直ニ叺叨並ニ生那毯等ノ社ニ通スルノ道路アリ此社ハ甚近クシテ二里弱ニ過キサルナリ

大湖ヨリ大小南勢ノ蕃社ニ至ルハ二三里ノ路程ニシテ大湖溪ニ沿フテ進メハ此等ノ社ニ達スルヲ得可シ此道路ハ他ノ蕃地ニ比シ敢テ困難ヲ覺ヘス既ニ耀婆山ニ至レハ蕃社ヲ望ムヲ得可シ

次ニ新店庄並ニ內獅潭庄ヨリ平埔合蕃社ニ至ルノ道路アリ何レモ近クシテ道路亦前者ニ比シ一層容易ナリ

産物

此地方ヨリ産出スル重モナルモノハ樟腦ヲ以テ第一トス北ハ獅潭ヨリ南ハ北港庄ニ至ル一帶ノ山中ニハ到ル處樟樹ノ繁生スルヲ見ル但三千尺以上ノ山ニ至リテハ樟樹ハ漸次其數ヲ減シ之ニ反シテ濶葉落葉樹ノ數ヲ増加スルヲ以テ樟樹ノ繁生ハ二三千尺以下ノ山中ニ繁生スルノミサレハ製腦ニ從事セントスル者ハ先ツ蕃人ト交渉和約スルヲ要ス蕃人ト交渉スルニハ先ツ通事ノ力ヲ借ラサル可ラス卽チ通事ニヨリテ甲地ヨリ乙地マテノ間ニ於ケル樟樹ヲ伐リ樟腦ヲ製センコトヲ蕃人ニ申込ミ年々若干ノ酒肉銀貨或ハ綿布等ヲ與フルコトヲ約束シ以テ製腦ニ從事シ之ト同時ニ隘丁ヲ設ケ他ノ蕃害ヲ

防禦スルヲ常トス而シテ蕃語ニ通スルモノヲ擧ケテ專ラ和蕃ノ事ニ當ラシメ常ニ和約蕃人ト往來シテ其害ヲ防クモノトス時トシテ蕃人ト交渉和約セスシテ腦寮ヲ開キ或ハ隘丁ヲ設ケテ蕃人ヲ防禦スルモノモアリ又其腦寮ハ一時蕃人ト交渉シテ開ケルモ爾後肆ニ隘丁線ヲ進ムル等不正ノ行爲アルモノ亦少カラス此等ノ事由ニヨリテ蕃人ノ怒ヲ招キ其害ニ遇フコト亦屢々アリト云フ

此ク蕃地ニハ樟樹繁生シ製腦盛ナリト雖蕃人ノ之ニ從事スルモノハ甚少クシテ僅ニ獅潭方面ノ平埔蕃人ノ僅ニ之ニ從事シ居ルノミ樟腦ニ次キテ産額ノ大ナルモノハ苧仔ナリ苧仔ハ東勢角方面ヨリ大湖方面ニ至ルマテ到ル處之ヲ種作シ其産額モ從ヒテ多シ苧仔ハ民蕃共ニ之ヲ栽培シ蕃人ノ重モナル交換品タリ

此地方多ク籐ヲ産ス民蕃共ニ之カ採集ニ從事スル者多ク蕃人ノ交換品ノ一タリ籐ハ武榮社産ノモノ最良好ナリト云フ

此外魚籐、薯榔、落花生、柑仔、木耳等モ亦蕃人ノ交換品ノ一ニシテ就中魚籐ハ東勢角地方ノ産、特ニ有名ナリト云フ

米、豆、粟等ヲモ産出スレトモ蕃人ノ常食トナリ居ルヲ以テ交換品トナスマテノ産額ニ達セサルナリ

通草ハ此地方ニ産出スルモ蕃人ノ之ヲ栽培スルモノ少ク自生ノモノヽミナレハ其産額實ニ寥々タリ

此地方ノ蕃人ハ農業ノ閑ナル時ニハ他ノ蕃人ノ如ッ狩獵ニ從事シ鹿、羌仔、猴等ヲ獵シ其皮ヲ交換品トナス稀ニハ熊及ヒ石豹等ヲモ獲ルコトアリト云フ

蕃人ノ製造品ニシテ交換品トナリ居ルモノハ蕃布ナリ此地方ノ蕃人ハ蕃布ヲ織ルニ巧ニシテ種々ノ色糸ヲ配合シテ色々ノ摸様ヲ織リ出スコト埔里社方面ノ蕃人ト同一ナルモ此地方ニ在リテハ一層纖巧ナルモノヲ織リ出シ其幅モ他地方ニ比シテ稍々廣ク實用ニ適セリ

此地方ノ蕃人ハ往時漢人ト交通少カリシヲ以テ漢人ノ製作物ノ蕃社ニ入リ居ルモノ甚少ク爲ニ蕃人自ラ諸種ノ器具ヲ製スルノ必要アリ随テ諸種ノ製造物發達セリ蕃人ノ製造物ニシテ交換品トナリアルモノハ苧仔絲ニテ造リシ網及ヒ籐細工等ナリ

又蜜蜂ヲ飼養シ少量ノ蜜ヲ交換品トナシ居ルモノアリ家畜及ヒ家禽等ハ稀ニ之ヲ飼畜シ居ルヲ見ルノミ

隘丁

東勢角ハ百年來ノ開墾地又大湖地方ハ三十年來ノ開墾地ニシテ且兩者トモ蕃地ニ接近シ居ル地ナルカ故ニ蕃人ノ害ヲ被ルコト最甚シキヲ以テ從來隘丁ヲ設ケテ農民及ヒ製腦者ヲ保護スルニ至レリ今日尚此法ヲ設ケヲ蕃害ヲ防禦シ以テ民人ヲ保護シツヽアルハ北ハ獅潭地方ヨリ南ハ北港庄、松柏崙等ヲ經埔里社ニ至ル間ニシテ此間殆ト二十五里ニ亘リ而シテ

隘丁ノ數殆ト五百ニ達セリ隘丁一人ニツキテ一月六圓ヲ給スルトセハ一月ノ全額三千圓ニ達シ一年三萬六千圓ヲ要スルナリ此等隘丁ノ費用ハ人民ノ醵金ト官ノ保護金トヨリ成リ卽チ獅潭地方ヨリ馬安藔庄マテノ間ハ純然タル民設ノ隘丁ニシテ馬安藔庄以南ハ官ノ保護金ヲ受ケ其費用ヲ支辨シ居レリ

民設ノ隘丁費用ハ何レモ庄民ノ負擔ニシテ製腦高並農作物收穫高ニ應シ之ヲ出金スルモノトス

隘丁ニハ一月大概六七圓ヲ給シ或ハ此外火藥彈丸等ヲ給スルコトアリ隘首トイヘル隘丁ノ統轄者ニハ十圓乃至十五圓ヲ給スルヲ常トス然レトモ隘丁及隘首ノ給料ハ其土地ノ危險ノ度ニヨリテ多少其額ニ差等アリ

隘丁ニシテ生蕃ノ爲負傷シタルトキハ藥價ヲ給ス若シ生蕃ノ爲殺害サレタルトキハ其遺族ニ二十圓內外ノ手當ヲ給シ其他埋葬料トシテ若干ノ金ヲ贈與スルヲ例トス之ニ反シ隘丁ニシテ生蕃ヲ殺シタルトキ男子ノ首級ニハ一個百圓內外女子又ハ兒童ノ首級ニハ四五十圓ヲ賞與スルヲ例トナス

生蕃ノ首級ヲ獲タルトキハ庄民先ツ其首級ヲ竹竿ノ上ニ揭ケ銅鑼ヲ鳴ラシ街庄ヲ廻クルヲ常トス加之其肉ヲ分チテ食スル等頗ル殘忍酷薄ノ行爲ニ出ルモノアリ嘗テ大湖地方ニ於テ人肉ヲ食フノ殘忍ナルコトヲ土地ノ紳士ニ詰ル彼レ平然トシテ答ヘテ曰ク生蕃ハ無性ノ禽獸ナリ此ヲ食スル何ソ禽獸ト擇ハント以テ漢人ノ生蕃ニ對スル感情ヲ知リ得可シ

隘丁ノ看哨ヲナシ居ル小屋ヲ隘藔ト稱ス隘藔ハ通例見透シ好キ位置ニ建テラレ小屋ノ壁ハ甚タ厚クシテ銃丸ト雖容易ニ貫通スルコト能ハサルナリ加之壁面ニハ銃眼ヲ穿チテ非常ニ備ヘ其周圍ニハ竹或ハ木ヲ樹テ堅固ナル牆ヲ造リタトヒ生蕃ノ襲來スルモ容易ク其中ニ侵入スルコト能ハサルノ裝置ヲナスヲ常トス又隘藔ニハ大概二三ノ狗ヲ飼養シ以テ生蕃ノ來襲ヲ警戒ス

一隘藔中ニハ一人若クハ二三人ノ隘丁アリテ其擔當線內ヲ時々徘徊シ警戒ニ力ムルハ彼等ノ職務ナリ甲ノ隘藔ト乙ノ隘藔トノ間ハ大凡一二町若クハ三町アリテ此間ハ一隘藔中ナル隘丁ノ受持線內タリ一隘藔中ニアル隘丁ノ數ハ其場所ノ危險ノ度ニ從ヒ差等アリ最危險ナル處ニ在リテハ三人、次ニ稍危險ナル處ニ在リテハ二人、而シテ危險少キ處ニ在リテハ一人ツヽヲ配置スルヲ普通トス而シテ隘藔ノ距離モ亦危險ノ度ニヨリテ異ナリ危險ナル處ハ距離近ク否ラサル處ハ距離遠キヲ常トス

隘丁トナリ居ル者ハ泉漳州ノ移住者卽チ閩籍ニ屬スル福老人多クシテ粤籍ニ屬スル客人ハ殆トナシト云フモ可ナリ多クハ無妻者ニシテ有妻者ハ甚タ稀ナリ而シテ有妻者ハ危險ノ少キ處ニ配置シテ以テ多少保護スルヲ常トス而シテ此等ノ有妻者ハ其周圍ノ地ヲ開墾シテ此ニ蕃薯或ハ野菜等ヲ栽培シ居ルモノ多シ隘丁ハ大概無資産者ノミニシテ放蕩無賴ノモノ

多數テ占メ居ルヲ以テ看哨ヲナス可キ時ニ之ヲ怠リ徒ニ阿片ノ喫煙ニ耽ルカ如キ不規律多ク爲ニ時々生蕃ノ襲撃ヲ受クルコトアリト云フ

隘丁ノ日々ノ業務ハ時々隘寮ト隘寮トノ間ヲ徘徊シ生蕃ノ出沒スルヲ看哨シ若シ生蕃ノ出ツルヲ見出ストキニハ直ニ發銃シテ隘丁線内ニ入ルヲ防禦シ又行路人アルトキニハ竹鼓ヲ鳴ラシテ他ノ隘寮ニ報シ此クシテ甲ヨリ乙、乙ヨリ丙、丙ヨリ丁ノ隘寮ニ遞次傳報シ以テ隘丁線内ヲ警戒セシム竹鼓ノ打チ方ニハ生蕃ノ出テ來ルアリテ危險ナル時ト無事安穩ナル時トニヨリテ差異アリト云フ

隘丁ノ事ニ關シ更ニ親シク生蕃ニ就キテ聞キ得シ事情ヲ次ニ記ス可シ

蕃人ノ最惡ミ居ルハ隘丁ナリ然トモ決シテ隘丁ヲ恐ルニアラスシテ寧ロ輕侮シ居ルノ傾アリ彼等ノ此ク隘丁ヲ惡メル所以ノモノハ蕃人ノ時ニ狩獵ニ出テ獲物ヲ追フテ隘丁線ノ近地ニ至ルトキ常ニ其烈シキ射撃ヲ受ケ啻ニ手中ノ獲物ヲ逸スルノミナラス死傷者ヲモ生スルニ至ルコトアリ又蕃人ノ交換ヲ爲サンカ爲ニ隘丁線ヲ通過セサル可ラサルコトアリ此時亦隘丁ノ烈シキ射撃ニ遇ヒ其目的ヲ達スル能ハサルコトアルヲ以テナリサレハ其隘丁ヲ惡ムノ情ハ實ニ骨髓ニ撤スルモノヽ如ク隨テ時々復仇的ノ攻撃ヲ隘丁ニ試ムルヲ常トス蕃人ノ隘丁ヲ襲撃スルトキニハ先ツ甲ノ隘寮ニ幾何ノ隘丁アリヤ乙ノ隘寮ニ若干ノ隘丁アリヤヲ偵察スルヲ常トナシ斯クセル後ニハ隘丁ノ阿片ヲ吸煙スル隙ノ乘スヘキヲ偵察シ而シテ此等ノ偵察了ルノ後初メテ出テ襲撃ヲ試ム彼等ノ襲撃ニハ三手段アリ一ハ隘丁ノ隘丁線内ニ徘徊スル時ニ之ヲ狙撃スルコト二ハ隘丁ノ阿片ヲ吸煙シ熟睡ニ陷レル隙ニ乘シテ襲フコト三ハ夜間隘丁ノ就眠セル時火ヲ隘寮ニ放チテ其狼狽逸出スルヲ待チ狙撃スルコト等ナリ斯クテ第一ノ場合卽チ隘丁ノ隘丁線内ヲ徘徊スル時之ヲ狙撃スルトキノ如キ其擧動ノ敏捷迅速ナルコト僅ニ二三分間ニシテ掠首シ去ルト云フ

此ク隘丁ヲ配置シテ製腦並ニ農作等ノ業ニ從事シ居ルモ其結果却ケ生蕃ヲシテ反抗ノ心ヲ强メ且團結ノ力ヲ一層强固ナラシメアルハ惜カナリ嘗テ未タ隘丁ノ設置アラサリシ時北港附近ヲ通行セル舊國淸政府ノ官吏ノ紀行ニヨルニ今日ノ如ク甚シキ蕃害ヲ見サリシモノヽ如ク又漢人ト多少交通シアリシカ如シ而シテ今日ノ狀ヲ爲スニ至リシハ隘丁ノ設置ニヨリ蕃人ヲシテ多少慓悍ノ度ヲ高メシメタルニ因ルハ事實ナルカ如シ

蕃界ニ於ケル重モナル郷庄

東勢角及ヒ大湖ノ二地方ハ何レモ蕃界ニ接シ居ルヲ以テ蕃害最甚シキ地方ナリ一ハ一百年以前既ニ開墾セラレ他ハ僅々二三十年前ノ開墾ニ屬ス東勢角方面ニ屬スル郷庄ニシテ蕃人ト關係ヲ有スル重モナル地處ハ東勢角街、打蘭庄、大茅埔

庄、水底寮庄等ニシテ大湖方面ニ屬スル郷庄ハ大湖、南湖及ヒ新店等ナリ

（一）東勢角街

此地ハ大甲溪ノ北岸ニ位スル山間ノ小都會ナリ原彰化縣ニ屬シ同縣誌中ニハ「揀東堡ニ屬シ邑治ヲ距ル六十里」トアリ人民ハ農商二業ヲ以テ重モナル業トナス然レトモ製腦ニ從事スルモノモ亦少カラス此地方ノ貨物ハ先ツ一旦此地ニ集メ後葫蘆墩其他ノ地方ニ出ツルヲ常トス戸數五百八十餘ニシテ人口二千八百餘アリ

此地ハ今ヨリ殆ト百二十年以前ノ建置ニカヽリ墾民ハ最初板ヲ鋸スルヲ以テ其生業トナセシヨリ此地ヲ板寮ト呼ヒタリシカ其後今ノ名東勢角ト改メタリト云フ舊清政府時代ニ於テハ撫墾總局ノ設置アリシ地ナリ

（二）打蘭庄

打蘭庄ハ今ヨリ殆ト百年以前ニ開墾セシ地ニシテ墾民蕃人ノ害ヲ恐レ軒ヲ接シ屋ヲ並ヘテ家屋ヲ建設シタリシカハ自然今日ノ如ク市街ヲナスニ至レリト云フ但其位置商業ニ適スル地ニアラサリシカハ庄民多クハ農業並ニ製腦ニ從事セリ此地ハ蕃社ニ接近シ居ルヲ以テ蕃害常ニ多キ所ナリ戸數一百內外ニ過キス此地ハモト今日鯉魚潭ニ在ル平埔熟蕃ノ墾地ヲ開キ住居セル地ナリシカ漢人之ヲ驅逐シテ移住セルナリト云フ

（三）大湖街

此地ハ大湖溪ノ上流東岸ニ在リテ人民多クハ農商業ヲ營ミ製腦ニ從事スルモノモ亦少カラス樟腦及ヒ苧仔ハ此地ノ名產ナリ

此地ハ今ヨリ殆ト四十年以前ノ建設ニシテ近年ノ開墾ニ屬ス故ニ今猶蕃人ノ此地ニ出テ來ルモノ彼地ハ元ト我家ノ在リシ地ニシテ此地ハ某々ノ耕圃ナリ等時々語リ出ツルコトアリト云フ戸數百九十ニ達ス

（四）南湖庄

南湖ハ大湖ノ南半里ニアル一小村ニシテ戸數八十餘人口二百九十光緒十四年初メテ此地ヲ開墾セリ黃南球外三名合力シテ開キタル處一公館ヲ設ケ此處ニ於テ墾地ニ關スル事幷ニ其他ノ公事ヲ取扱ヒタリ此ヲ廣泰成ト稱ス廣泰成ニ於テ嘗テ蕃地ニ深入シテ地ヲ開墾セント試ミシモ蕃害甚シク遂ニ其業ヲ中止スルニ至レリ庄民多クハ農業ヲ營ミ樟腦及ヒ苧仔ハ此地ノ產物ナリ

（五）新店庄

新店庄ハ獅潭ノ中央ニアリテ戸數二三十ノ小村ナルモ此地ハ貿易交換ノ地タルヲ以テ民蕃ノ交通多シ庄民多クハ農業

ヲ營ミ傍ラ製腦ニ從事スルモノ多シ新店庄ノ南方一里ニ和興庄トイヘル地アリ此地ハ蕃人常ニ出入シテ交換ヲナシ又八角林庄ニモ絶ヘス蕃人出テ來リテ庄民ト交換ヲナシ居レリ此等ノ外大湖溪ト汶水溪トノ相合スル處ニ水尾坪ト稱スル處アリ此處ハ人家僅ニ二三アルノミナルモ蕃人絶ヘス出テ來リ交換ヲ爲ス

住民

東勢角並ニ大湖方面ノ住民ハ二種族ニ過キス一ハ漢人ニシテ他ハ蕃人ナリ漢人ハ粤籍ニ屬スル客人ニシテ蕃人ハ「アタイヤル」族及ヒ「平埔族」トス

(一)、漢人

獅潭地方ヨリ大湖ヲ經テ東勢角ニ至ル間ニ住スル漢人ハ悉ク廣東人即チ所謂客人ヨリ成ル客人ハ閩人ニ比スレハ最後ニ移住シ來リシ者ナルヲ以テ墾地ハ之ヲ蕃界ニ求ムル他ニハ曠地ナカリシヲ以テ今日ノ如ク蕃界ニ墾地ヲ開キシナリ又官ニ於テモ亦之ヲ誘導セシ結果蕃界ニ接近シタル地ニハ多ク客人ノ移住スルニ至リシナリ

客人ハ支那内地ニ於テ種々ノ逆境ニ遇ヒタル結果其性忍耐強ク且風潮ニ乘スルヲ好マス支那婦人ノ習慣タル纒足ノ風スラモ之ニ染マスシテ今日依然其足ヲ大ニシ一般ニ勤勉ニシテ儉約加之阿片ヲ吸喫スルモノハ上流者ニ少クシテ却リテ下流者ニ多キハ閩人ト相反對セリ臺灣ノ漢人中最有望ノ民ト云フ可シ

彼等ノ職業ハ多クハ農業ニシテ製腦ニ從事スルモノモ亦少カラス性概シテ頑強ニシテ忍耐強キヲ以テ生蕃ト雖多少之ヲ恐レ居ルハ事實ナリ此ノ如キヲ以テ生蕃ト相對セシムルニハ屈強ノモノナル可シ

(二)アタイヤル蕃族

此地方ノ生蕃ハ大半此蕃族ニ屬ス南ハ北港溪近傍ヨリ北ハ下撈及ヒ馬111等ノ社ニ至リ東ハ遠ク後山ニ到ルマテ分布シ居レリ此等ハ何レモ山地ニ住居ヲ占メ容易ク異人族ノ蕃社ニ入ルヲ許サス若シ無斷ニ入ルモノアレハ多ク其害ニ遇フヲ免レス地勢ニヨリ各々群居ヲ分チ東勢角方面ハ南勢北勢ノ二部ニ分レ大湖方面ニ於テモ汶水溪ヲ界トシテ以北ト以南トノ分部ヲナシ居レリ此等ノ蕃人ハ今日ニテハ山地ニ住居シ在ルモ往時ハ東勢角、大湖等ノ平地ニ住居セルモノアリシカ漢人ノ移住ト同時ニ今日ノ如ク山地ニ驅逐セラレシモノナリト云フ

(三)平埔蕃

此地方ノ平埔蕃族ハ殆ト原狀ヲ存スル一群ニシテ漢人ハ之ヲ合蕃ト稱ス南庄附近ノ同一小群ナリ此蕃人ハ慓悍ナル「アタイヤル」蕃族ト接近シテ住居シ且其間然圓滑ナラサリシヲ以テ時々爭鬪スルハ免レサルトコロナリシカ少數ニシ

テ始終耻ヲ取リシヲ以テ生存競爭上「アタイヤル」蕃族ニ擬スルノ必要ヲ生シ遂ニ顔面ニ刺墨ヲ施スニ至レリト云フ刺墨ハ男子ハ「アタイヤル」蕃族ト同一ナルモ女子ハ口周ニ施サヽルヲ異ルトコロトス此等ノ蕃人ハ今日甚タ少數ニシテ北ハ南庄地方ヨリ南ハ獅潭地方小東勢ノ間ニ分布シ居ルノミ生活ノ狀態智識ノ程度等ハ「アタイヤル」蕃族ニ比シ大ニ進歩セリ酋長ノ如キハ多ク漢人化シ瓦葺ノ家屋ニ住シ中流以上ノ資産ヲ有スルモノアルニ至レリ彼等ハ今日全ク馘首ノ風ヲ絶チ專ラ農業其他ニ從事シ居レリ

民蕃相互ノ關係

漢人ト蕃人トカ常ニ相反目シツヽアルハ臺地到ル處概ネ然ラサルナク特ニ新開ノ地ニ於テ最然リトス然レトモ蕃人ノ日用欠ク可ラサル食鹽、鉄器其他ノ物品ハ必漢人ヨリ得サル可ラス是ニ於テ蕃人ハ交換ノ場所ト馘首ノ區域トヲ別ニスルノ必要アリ

北勢各社ハ東勢角ヲ以テ交換ノ場所トシ他ヲ馘首ノ區域トナス南勢各社ハ大茅埔庄ニ出テヽ交換ヲナスモノ多キモ馬安寮庄ニモ來リ交換ヲ爲スモノアリ阿冷社ノ一部分眉猫蚋社ハ往時北港庄ニ來リテ交換ヲ營ミ居リシカ一旦隘丁トノ衝突ヲ生セシ以來此地ニ出テ來ラスト云フ南勢各社ハ此ク交換ヲ營ミ居ル地方ノ庄民トハ圓滑ニシテ他ノ地ヲ以テ馘首ノ區域トナシ居ルモノヽ如シ

大湖方面ニ於テハ大小南勢ノ各社ハ大湖街ヲ以テ交換ノ場所トナシ他ヲ以テ馘首ノ區域トナスカ如シ汶水溪ニ沿フタル各社ノ蕃人ハ水尾坪ヲ以テ交換ノ地トナシ他ヲ馘首ノ區域トナセリ此外汶水溪以北ノ蕃人ハ八角林及ヒ和興庄等ノ地ヲ以テ交換ノ地トナシ居ルモアリ此等ノ蕃人モ交換ノ場所ニ於テハ殺害ヲ企テサルモ他ハ概ネ馘首ノ區域トナシ居ルモノヽ如シ

大湖方面ニ於テハ馬那邦及ヒ司馬限等ノ二社蕃人ヲ認メテ極テ慓悍ナルモノトナシ居ルモ一タヒ東勢角方面ニ到リテ彼等ヲ接見スルトキハ殊ニ著シク慓悍ノ性アル如キヲ認ムルコトナシ嘗テ試ニ馬那邦社ノ酋長「トモン」ニ問フニ何故ニ常ニ大湖方面ニ出テ掠首ヲナスヤヲ以テス「トモン」答ヘテ曰ク東勢角ハ我等ノ交換ノ場所ニシテ大湖ハ馘首ノ區域ナリト是ニ於テ重テヽ彼ニ謂テ曰ク「今ヨリ以後大湖ニ出テヽ掠首ヲ爲スヲ止メヨ」ト彼レハ頭ヲ振リツヽ曰ク「否若シ然カスルトキニハ我等ノ馘首ノ區域無キニ至ル可シ決シテ止ムル能ハス」ト此クノ如クナルヲ以テ蕃人ノ迷信一タヒ解ケサル限リハ絶對的ニ馘首ノ風ヲ絶タシメ得ルコト能ハサルナリ民蕃ノ關係ハ凡ソ此ノ如シ此ヨリ蕃人相互間ノ關係ニ就キテ少ク記ス可シ

東勢角方面ノ蕃人ハ南勢及ヒ北勢各社ノ蕃人間ハ大山峻嶺ノ横ルアリ常ニ相往來セサルヲ以テ此兩社ノ間ハ親密ナラサルカ如シ而シテ大湖方面ノ蕃人ハ汶水溪ノ南北ヲ以テ各一團ヲ成シ居ルモ東勢角地方ニ於ケル南北勢ノ各社ノ如ク疎遠ナラス而シテ大湖方面ノ各社ト北勢各社トハ社ニヨリテ親疎ノ度ハ免レサルモ相敵視スルカ如キノ狀アラサル如ク一旦事アレハ緩急相救フハ光緒十一二年ノ討伐ノ時既ニ之ヲ證セリ

獨リ平埔蕃族トノ間ハ種族ヲ異ニシ言語相通セサルヲ以テ自然圓滑ヲ欠キ居ルハ事實ナリ此種族ハ少數ニシテ「アタイヤル」ノ敵手ニアラサルカ爲却リテ彼等カ「アタイヤル」蕃族ニ向ヒテ親睦ヲ求メ居ルモノヽ如シ

次ニ東勢角方面ノ東方內山ニハ方言ヲ異ニセル「アタイヤル」蕃族ノ住スルアリ此等ノ蕃社トハ常ニ往來セサルノミナラス時トシテハ爭鬪ヲ起スコトアリト云フ

沿革

東勢角並ニ大湖地方ハ其開墾ノ年數既ニ異リ沿革モ亦異ルヲ以テ此兩地ヲ特記スルノ必要アリ

(一)東勢角方面

此方面ハ今ヨリ百二三十年以前ノ頃ニハ大甲溪ヲ中心トシ巨樹大木繁生シ常ニ蕃人ノ獵場トナリ又住所トナリ居リシカ當時ハ現時埔里社ニ移住セル撲仔離社等ノ平埔蕃ノ占居シ在リタル所ナリシト云フ而シテ此地ニ漢人ノ來リテ開墾ヲ初メシハ嘉慶年間ニシテ先ツ繁生セル樹幹ヲ伐リテ材ヲ鋸シ或ハ板ヲ造リ又其板ヲ用ヒテ墾民ノ假屋ヲ設ケ此ニ定住シ而シテ蕃人ノ害ヲ防クカ爲ニ民屋ヲ接シテ群居セリト云フ大甲溪ノ東北岸ニ於テ最早ク開墾セラレシハ今ノ東勢角街附近ノ地ニシテ之ト相前後シテ水底寮方面モ亦開墾セラレタリ水底寮ハ漳州人林滞磊トイフモノ乾隆ノ末年初メテ開墾ニ着手セルナリ

此二方面ニ次キテ開墾セラレシハ今ノ打蘭地方ナリ今ヨリ殆ト百年前江復隆トイフモノ東勢角地方ヨリ此地ニ移リテ開墾ニ着手セシカ當時今ノ鯉魚潭ニ在ル平埔蕃ノ此地ニ住居シアリシヲ以テ此等ヲ驅逐シ其地ヲ略シテ開墾セリ而シテ驅逐セラレシ平埔蕃ハ去リテ今ノ鯉魚潭ノ地ニ移住セルナリト云フ此ク三方面ヨリ開墾ニ從ヒシカ何レモ蕃地ニ接近セルヲ以テ蕃害ヲ受クルコト亦甚シク殊ニ水底寮ノ如キハ其害ニ堪ヘスシテ遂ニ全ク墾地ヲ放棄セサル可ラサルニ至レリ而シテ打蘭庄ノ如キモ亦蕃害ヲ免ルヽコト能ハスシテ江復隆ハ遂ニ其業ヲ中止シ之ヲ廖似寧トイヘルモノニ讓リ渡スニ至リ獨リ東勢角ノミ依然其業ヲ繼續セリ

此地方ニ於ケル開墾事業ノ困難ハ資本ノ缺乏ニアラスシテ蕃人ノ兇暴ニ堪ヘサルニアリ然トモ蕃人ノ兇暴ヲ逞クスル

所以ハ其理由ナキニアラス此等ノ蕃人ハ此方面一帶ノ地ヲ以テ其所有ト認メ居ルモノナルニ多數ノ漢人來リ侵シテ肆ニ木ヲ伐リ地ヲ開クヲ見其所有ノ地ヲ掠メラル、ヲ憤リ之ヲ驅逐センカ爲ニ極力墾民ニ抵抗セシニ由ルナル可シ而シテ彼等ノ先天的ナル馘首ニ向ヒ兼テ好機會ヲ與ヘタリシヲ以テ蕃害ヲシテ一層甚シカラシメタルナラン

斯テ墾民ハ蕃害日々ニ甚シク殆ト之ニ堪ヘサルニ至リシカハ翻然悟ル所アリ即チ無智ナル蕃人ト永ク敵視スルハ常ニ不利ニシテ寧ロ之ト和親スルノ得策ナルヲ知ルニ至リ是ニ於テ東勢角並ニ打蘭地方ニ於テハ劉中立ヲ擧ケテ和蕃ノ事ヲ掌ラシメタリ此ヨリ初メテ蕃人ト交通ノ道開ケ蕃害モ亦漸ク減スルニ至レリ爾來蕃人或ハ叛キ或ハ和シ此間多少ノ蕃害アリタリシモ甚シキ變動アラサリキ又漢人ノ東勢角地方ヲ開墾スルニ當リテ大ニ平埔蕃ヲ利用シタルハ事實ナリ即チ漢人ノ平埔蕃ヲ利用シタリシ口實ハ共ニ田園ヲ開墾スルヲ以テ名トナシ巧ニ平埔蕃人ヲ引キテ黨トシ一ハ以テ山蕃ノ害ヲ防禦セシメ他ハ以テ勞働ニ服從セシメタリ咸豐年間ニ至リテ今日ノ三社庄ニハ各々防蕃ノ屯兵ヲ官設シ平埔蕃ヲ擧ケテ之カ屯丁タラシメ毎月一名ニツキ銀二元ヲ官給シ且屯丁ニハ若干ノ曠地ヲ與ヘテ之ヲ開墾セシメタリ當時蕃害ノ多キ地方殊ニ蕃地ニ接近シタル東勢角以東ノ地ハ此等ノ平埔蕃ノ開墾セシモノ多シト云フ

今ヨリ四五十年以前マテハ此ノ如ク民蕃共同シテ開墾ニ從事セシカ其平埔蕃ノ手ニヨリテ開墾セラレシ地頗ル多ク且其墾地ヨリ既ニ多額ナル穀物ノ收穫ヲ見又野菜ノ栽培ヲモ見ルニ至リ平埔蕃ノ生計將ニ是ヨリ豐カナラントスルニ際シ玆ニ一悲運ニ遭遇スヘキ事變ヲ伴ヘリ即チ漢人ノ共同開墾トハ其口實タリシニ過キスシテ田園ノ既ニ開墾セラレ亦既ニ力ヲ平埔蕃ニ藉ルノ必要ナキニ及ヒ漢人ハ搆ルニ種々ノ奸策ヲ以テシ其耕地ヲ侵佔シ又ハ斗酒尺布ノ微ヲ以テ之ニ換ヘ漸クニシテ平埔蕃ハ盡ク其地ヲ失ヒ爲ニ再ヒ活路ニ究シ終ニ去リテ埔里社ノ窪地ニ移住スルニ至リ此クノ如クニシテ東勢角地方一帶ノ墾地ハ全ク漢人ノ手ニ歸スルニ至レリ

打蘭庄ハ廖ノ承墾セシ以來蕃人ト交通ノ道ヲ開キシヲ以テ蕃害少カリシモ墾民ノ數甚タ少ク起業亦微々タリシカ道光年間ニ至リ廖天送トイフモノアリ多數ノ民人ヲ率ヰテ此地ニ移住シ爾來大ニ力ヲ得タリト云フ其後甚シキ變動ナクシテ光緒ノ初年ニ及ヘリ

水底寮地方ハ林藩磊ノ此地ヲ放棄セシ以來殆ト七十年ノ後即テ道光十九年ニ至リ彭某外四名各家族ヲ率ヰテ再ヒ開墾ニ從事セリ初メハ蕃害甚クシテ殆ト之ニ堪ヘサリシカ彼等ハ蕃人ト相和スルノ得策ナルヲ知リ黄河東ヲ擧ケテ和蕃ノコトニ當ラシメ以テ蕃人ト交通ノ道ヲ開キタリ是ヨリ或ハ破レ或ハ和シテ同治ノ初年ニ至リシカ同治二三年ノ交ニ至リテ庄民ト蕃人トノ間ニ衝突ヲ生シタリ其重モナル起因ハ此方面ニ於テ漸次ニ庄民佃戸ノ增加スルニ從ヒ時ニ蕃人ト

ノ交渉ナクシテ墾地ヲ擴メ或ハ伐木ヲ爲スニ至ルハ自ラ免ルヽ能ハサリシカ爲ニ大ニ蕃人ノ感情ヲ害シタリシニ在ルモノヽ如ク蕃人ハ屢々出テヽ掠首ヲ企テタリシヨリ漢人ノ怒モ亦少カラス此兩感情ノ衝突遂ニ破裂ヲ來タスニ至レルナリ是ニ於テ庄民等ハ壯丁ヲ募集シテ佃戸庄民ヲ保護スルニ至リ爾後多少ノ衝突アリシモ大ナル變動ハアラサリキ

爾來各方面此ノ如クニシテ平穩ト云フヘカラサルモ甚シキ變動アラサリシカ光緒十年ニ至リテ打蘭庄民ト北勢各社蕃人トノ間ニ大衝突ヲ生シ蕃人日ニ増シ兇暴ヲ逞クシ農民殆ト其業ヲ營ム能ハサルニ至レリ加之同年八月約四百ノ蕃人一時ニ來襲シテ朝天ヨリ正午ニ至ルマテ庄民ヲ襲撃シ爲ニ庄民ノ其害ヲ受クルモノ少カラサリシカハ次テ庄中ノ勇壯者若干ヲ募リ夜半竊ニ馬那邦及ヒ蘇魯ノ二社ヲ襲撃セシカハ蕃人其不意ヲ襲ハレ狼狽シテ大敗ヲ取リシト云フ是ヨリ益々蕃人ノ憤怒ヲ強メ兇暴ノ度ヲ加フルニ至リ庄民其害ニ堪ヘスシテ遂ニ官ニ保護ヲ請フニ至リタリ

是ニ於テ官ハ直ニ庄民ノ請ヒヲ容レ蕃人ヲ伐討スルコトニ決シ林栁二軍統領ハ北勢各社討伐ノ命ヲ受ケ光緒十一年四月兵二千ニ將トシテ打蘭庄ニ駐屯シ馬那邦並ニ蘇魯ノ二社ヲ招降セントセリ然ルニ蕃人之ヲ肯セサルノミナラス北勢各社並ニ大小南勢社等相同盟シテ清兵ニ反抗ヲ試ムルニ至レリ獨リ苙屋莪社ノミ此同盟ニ與カラスシテ酋長「ワイシ、マーフイ」トイフモノ各社ノ間ヲ奔走シ招降ニ應セシメントセシモ遂ニ其効ナカリキ

是ニ於テ愈討伐ヲ決行セントシ五月ニ至リテ打蘭、新開、中科等ノ三道ヨリ進撃セシカ何レモ利アラサリシヲ以テ各要地ニ兵ヲ配シ屯駐セシメ以テ持久ノ計ヲナセリ翌十二年七月巡撫劉自ラ一萬内外ノ兵ヲ率井テ大打撃ヲ始メリ然ルニ蕃人常ニ林中ニ潛伏シテ狙撃シ或ハ夜ニ乘シテ兵營ヲ襲ヒ清兵爲ニ大ニ之ニ苦ミシカハ遂ニ最後ノ手段トシテ突進蕃社ニ入リシニ至ル所一蕃丁ヲモ見サルヲ以テ已ムナク歸路ニ就キシニ蕃人忽チ歸路ヲ扼シテ四圍ノ林中ニ起リ猛烈ナル狙撃ヲナシタル爲メ清兵ノ死傷實ニ數百ニ達セリ

此ヨリ清兵ハ進撃ノ不利ヲ知リ交換ヲ中止シ以テ食塩彈藥等ノ供給ヲ絕ツノ策ヲ採リ再ヒ持久ノ計ヲナセリ而シテ一方ニテハ苙屋莪社ノ酋長ヲシテ各社間ニ奔走セシメ遂ニ各社ノ蕃人ヲ招降シ其局ヲ結ヒタリ然レトモ爾來蕃人ノ清兵ヲ輕侮スルコト一層甚シキニ至レリ此討伐ノ後馬那邦及ヒ蘇魯ノ二社ハ苙屋莪社ノ地ヲ借リ今ノ地ニ移轉セリ此年東勢角ノ地ニ撫墾總局ヲ設ケテ撫蕃ノ事ニ當ラシメタリ蓋先伐後撫ノ主旨ニ基キシナリ

北勢各社ノ討伐不好結果ノ間ニ局ヲ結ヒタリシカハ南勢各社ノ蕃人之ヲ聞キ清兵ヲ輕侮スルノ念ヲ強メ爲ニ大ニ兇暴ヲ逞スルニ至リシカハ庄中ノ壯丁ヲ擧ケ之カ防禦ヲナセルモ竟ニ當ル可ラサリシヨリ官ニ其處分ヲ請ヘリ光緒十二年

八月統領林ハ卽チ再ヒ之カ討伐ノ命ヲ受ケタリ

統領林ハ既ニ前年ノ討伐ニ於テ經驗スル所アリ蕃人討伐ノ困難ナルヲ知リシヲ以テ先ツ阿冷各社及ヒ白毛等ノ社蕃ヲ論シ其暴行ヲ止メシメントセシモ彼等ハ頑然命ヲ用ヰサルノミナラス却テ之ニ反抗シタルヲ以テ已ヲ得スシテ征討ノ事ヲ決シ兵二千ヲ率ヰテ打擊ヲ加ヘシモ其結果亦大ニ利アラサリシト云フ

次テ稍來社ノ酋長ニ命シ各社ノ蕃人ヲ招降セシメシカハ白毛社ハ直ニ降リシモ阿冷社ハ頑トシテ之ニ應セサリシカ再三ノ勸誘ニヨリ遂ニ和ヲ結フニ至レリ此征討ノ後馬安寮ノ地ニ撫墾分局ヲ設ケ撫墾ノ事ニ從ヒ後大茅埔ニ之ヲ移セリ蓋シ地理ノ不便ナル爲ナリ

光緒十三年水底寮ヨリ馬安寮、水長流ヲ經テ北港庄ニ出ツル行路ヲ開キタリ此沿道ニハ隘勇ヲ配置シテ行人ヲ保護セリ

此ヨリ以後ハ此方面一帶ノ地甚シキ變動ナクシテ今日ニ至レリ之ヲ要スルニ東勢角地方ハ撫墾總局ノ設ケラレシ地ナルヲ以テ蕃人ノ撫育ニ力ヲ用ヰシナランモ今日其結果トシテ見ル可キモノハ唯蕃布ノ織リ方ノ進歩シ居ルノミ

(二)大湖方面

大湖地方ニ漢人ノ移住セシハ僅カ四十年以來ノ事ニシテ大湖街附近ハ最早ク開墾セラレ其他ノ地ハ僅カニ二十年來ノ開墾地タリ然レトモ此方面ノ生蕃ハ早ク漢人ト相接セシコトハ既ニ舊記ノ中ニ見ヘタリ咸豐十一年ニ至リ吳定新トイフモノ外三十二名大湖溪ノ沿岸ニ平地アルヲ知リ今ノ大湖街附近ニ墾地ヲ開始セリ是レ漢人ノ此地ニ移住セシ嚆矢トイフ可シ初メ大ニ資ヲ投シテ開墾ニ着手セシモ一方ニハ蕃害甚シク爲ニ殺傷セラルヽモノ多ク又他方ニハ漸次ニ資本ノ缺乏ヲ生シ既墾ノ耕地モ之ヲ繼續スル能ハス遂ニ之ヲ吳定新ニ賣却シ此地ヲ去リテ他ニ移住スルモノ續々相次キ此地方全ク吳ノ一手ニ歸スルニ至レリト云フ

大湖地方ニ漢人ノ移住スルモノ多キニ及ヒ此等ノ移住民ハ何レモ一ケ所ニ群居シ以テ蕃人ノ襲擊ヲ避ケタリシカ漸次今日ノ如キ小市街ヲ成スニ至リ光緒十一年官設ノ營兵ヲ置キ墾民ヲ保護スルニ至レリ是ヨリ先キ民設ノ隘丁ヲ置キテ蕃害ヲ防キ居リシカ其營兵ヲ設クルニ至ルマテノ間ニ隘丁ノ殺サルヽモノ千餘ノ多キニ至リシカハ大湖街ノ西方三里ナル公館庄ニ隘丁廟ヲ設ケ其靈ヲ慰スルニ至レリ此地方附近ノ蕃人モ亦北勢各社ニ同盟シテ官兵ニ抗シタリシカ局ヲ結フニ至リテ此地ニ撫墾分局ヲ設ケ撫墾ノ事ニ勉メタリ

大湖街ノ南方半里ノ地ニ南湖トイヘル地アリ此方面ハ光緒十四年初メテ黃南球トイフモノ外數名來リテ開墾ニ從事セ

シカ今日既ニ二小市街ヲ形成スルニ至レリ

桂竹林及ヒ八角林等ハ光緒九年初テ開墾シタル地方ニシテ桂竹林ノ墾主劉宏才トイフモノ蕃人ト和ルヲ好マス常ニ威力ヲ以テ蕃人ヲ壓セントシ隘丁ヲ設ケテ開墾及ヒ製腦ニ從事シ居レリ故ニ民蕃ノ衝突最甚シキ地方ナリ

獅潭地方ハ亦黃南球等ノ開墾セシ地ニシテ移住以來二十年ヲ出テサル新開地ナリ

要スルニ此地方ハ新開ノ地ナルヲ以テ民蕃ノ間常ニ圓滑ナラス時々衝突アルヲ免レサルカ故ニ何レモ隘丁ヲ設ケテ墾民佃戶ヲ保護シ居レリ

以上記セシ如ク東勢角、大湖ノ方面ハ今日ニ於テ蕃害甚タシキ地方ニシテ就中大湖地方ハ最其甚シキ處トシ漢人ニシテ掠首ノ害ニ罹ルモノ每年平均六七十人ニ至リツヽアリ而シテ此地方ハ僅々三十年以來ノ新墾地ナルヲ以テ漢人ノ墾拓ヲ爲スニ當リ隘丁ヲ設ケ威力ヲ用ヒテ蕃人ヲ驅逐シ墾地ヲ進メタル結果此ノ如ク慓悍ノ度ヲ增スニ至リタルナリ

第四、埔里社地方誌

玆ニ埔里社地方ト稱スルハ南ハ濁水溪ヲ以テ界トナシ北ハ北港溪ヲ以テ東勢角地方ニ接シ西ハ觀音山及ヒ松柏崙ヲ以テ其境トナス間ヲ總稱ス元來埔里社トイヘル地名ハ蕃社名ヨリ取リタルモノニシテ往時埔里社窪地ニハ埔里社及ヒ眉社ノ二社蕃ハ住居シアリシカハ其社名ヲ採リテ此窪地ノ總稱トナスニ至レルナリ

埔里社ノ地ハ遠ク蕃地內ニ進入シタル地ニシテ埔里社ヲ中心トシテ南北ニ一線ヲ劃クトキハ其線ハ中央ヨリ稍々東方ニ偏在スルニ至ル是ヲ以テ山地ニ進入スルノ深キヲ知ル可キナリ

地勢及ヒ組織

埔里社地方ハ埔里社・頭社ノ窪地並ニ埔里社、集々街間ノ高地及ヒ此等ノ地ノ東部ニ當ル山地等ヨリ成立ス今此等ノ地勢ヲ次ニ記ス可シ

(一)埔里社ノ窪地ハ其地勢恰モ內地ニ於ケル京都ニ彷彿タリ其直徑二里强ニシテ四方山ヲ繞ラシ南ニ水社及ヒ干達萬等ノ諸山、東ニ䅽魚堀及ヒ蜈蚣崙等ノ諸山、西北ニ關刀及ヒ觀音等ノ兩山アリ而シテ此窪地內ヲ流ルヽ川流ハ觀音山ノ南方ニ至リ相集リテ一川ヲ爲シ內國姓庄ニ出ツ

此窪地ハ埔里社地方ノ重モナル部分ニシテ庄民ノ耕地家屋相連リテ街庄ヲ形成ス此間二條ノ川流橫過シ北ニアルヲ眉溪ト稱シ南ニアルヲ烏溪ト稱ス此二流相合シテ南港溪トナル此地ニ於ケル民蕃ノ分布ハ平埔蕃ハ窪地ノ周圍ニ漢人ハ

其中央ニ居ヲ占メ而シテ「アタイヤル」及ヒ「ヴォヌム」二族ハ何レモ内山ノ山地ニ住居セリ

(二)頭社ノ窪地

頭社ハ埔里社城ヲ去ル南方四里ニアル小窪地ニシテ其直徑僅ニ半里强ニ過キス

往時此窪地ハ沼澤ナリシカ降雨每ニ其周圍ノ山中ヨリ土砂ヲ流シ來リテ此地ヲ埋メ遂ニ今日ノ如キ窪地ト變シタルナリ現ニ其中央部ニ今猶水溜アリテ僅ニ其痕跡ヲ存シ居レリ

之ト同シキ成因ニテ埔里社ノ窪地ヲモ生シタリシモノニシテ水社ニ於ケル日月潭ノ一部分ノ漸次淺底ヲナシツヽアルハ其初程ト見ナス可キモノナリ

此窪地ハ元來頭社蕃人ノ所有ナリシカ今日ニ於テハ多數ノ漢人入リ來ルアリ蕃人ト雜居スルニ至レリ中央ノ窪地ハ水田ニシテ其周圍ノ稍高キ部分ハ民蕃ノ部落ヲ形成シ居ル所ナリ

(三)埔里社集々街間ノ高地

此高地ハ今日其平坦ナル部分ノミナラス傾斜ノ緩カナル地ハ概ネ開墾セラレ既ニ漢人ノ部落ヲ成セリ元來此地ハ水沙連化蕃ノ住居地ナリシカ今日ニ於テハ水社及ヒ頭社蕃人ヲ除クノ外ハ他ニ移住シ去リテ隻影ヲ認メサルナリ蓋シ漢人ノ移住日々ニ多クシテ其固有ノ土地ヲ略セラレ巳ムナク他ニ移住スルニ至リシナリ

此高地中最平坦ナル部分ハ水社ノ日月潭ノ西南部ニシテ此地田園遠ク相連リ庄民群居シテ部落ヲ成スニ至レリ

(四)東部ニ於ケル山地

埔里社ヨリ集々街ニ至ル間ノ高地ノ東方一帶ハ山地ニシテ峯巒相連リ大山巨嶽處々ニ屹立シ雲際ニ聳ヘ居レリ此等ノ山地ハ概ネ蕃人ノ住所タリ

山岳

濁水溪以北ノ地ハ慓悍ナル「アタイヤル」蕃族ノ住居スル處ニシテ踏査ノ困難ナルヲ以テ詳細ヲ欠ク然レトモ以南ノ地ハ「ヴォヌム」蕃族ノ住居地ニシテ北方ノ如ク慓悍ナラサルヲ以テ略ホ其事情ノ知ラルヽモノアリ

濁水溪以南ノ地ハ新高山ヲ以テ東南隅ノ頂點トナシ是ヨリ漸次東北ニ至ルニ從ヒテ高ヲ減スルニ至ル而シテ郡、丹ノ二大山ハ其左右ニアリテ新高山ノ兩翼ヲナセリ共ニ一萬尺以上ノ高山タリ

郡大山ハ新高山ノ西南ニアリテ此ト相對峙セリ其山上七千尺以上ニ至ルトキハ松柏類ノ植物繁茂スルヲ見ルト云フ此山ノ西北ニハ郡大社ノ各小社アリ又其西南ノ山腹ニハ郡大社ニ屬スル東埔社アリ東埔社蕃ノ語ル所ニヨレハ新高山附近ハ

一二月ノ交、白雪ノ降ルコトアリ十數日間消ヘサルコトアレトモ數ヶ月間雪ヲ戴キ居ルカ如キコトアルナシ而シテ東埔社附近ニモ降雪ヲ見ルコトアルモ數日ニシテ悉ク消ユト云フ

丹大山ハ新高山ノ東北ニアリテ前山ト後山トノ分水嶺タリ此山ノ西方ニハ丹大社ノ各小社アリ

次ニ水社近傍ニ至レハ卓社、啗社、水社及ヒ干達萬等ノ諸山アルモ前者ニ比シテ甚タ高カラス

濁水溪以北殊ニ斗卡及ヒ太魯姑等ノ蕃社附近ハ殆ト暗黑ニシテ知ルニ由ナシ

埔里社窪地ノ東北鬫刀山ノ後方ニハ霧社山アリ此附近ノ主山タナシ居レリ

河流及湖

埔里社地方ニ於テ河流トシテ擧ク可キモノハ濁水溪、烏溪並ニ眉溪アルノミ他ハ何レモ細流ニシテ殊ニ記スルニ足ルモノナシ

濁水溪ハ其支流頗ル多クシテ陳柳蘭溪、汝々溪、ヴントロ溪（蕃人ノ命名）等ハ其重モナルモノナリ濁水溪ハ埔里社地方ヨリ林圯埔地方ニ至ル間ノ諸溪流ヲ悉ク集メテ海ニ入ル臺灣第一ノ大流タリ此河ハ石磐石ノ細砂ヲ水流ニ混シ居ルヲ以テ其水常ニ溷濁セリヴントロ溪ノ如キハ殊ニ然リトナス而シテ上流ニ於テハ黑色ナルモ下流ニ至ルニ從ヒテ漸ク泥水ニ變スヴントロ溪ノ東部ハ卽チ萬大社ノ在ル處ニシテ本流ノ沿岸ニ郡、鑾、及丹等ノ諸大社アリ烏溪ハ埔里社窪地ノ南方ヲ流ル、川ニシテ其源ヲ干達萬山近傍ヨリ發ス急流ニシテ平時ハ水量甚タ少シ眉溪ハ埔里社窪地ノ北方ヲ流ル、川ニシテ其水源ハ內山ノ白狗山方面ヨリ發ス此上流ニ霧大社ノ蕃社アリ平時ハ水少キモ降雨ノ後ハ俄ニ出水シテ埔里社盆地ニ汎濫スルヲ常トス

烏溪ト眉溪トノ二流觀音山ノ南方ニ至リテ相合シ南港溪トナリテ內國姓庄ニ至リ北港溪ト合シテ大肚溪トナリ臺中地方ニ流レ海ニ入ル

埔里社地方ニ於テ湖水トシテ擧ク可キモノハ僅ニ日月潭アルノミ彰化縣誌中ニ「水裏社潭ハ一名日月潭ト云フ水沙連內ニ在リ潭中ノ水色兩邊同シカラス中ニ突出セル一嶼アリ之ヲ珠仔山ト曰フ潭ノ長サ八九里（滿里以下同シ）濶サ三四里深サ二十餘丈潭底ニ大ナル茄苳樹一株アリ水淸クシテ見ル可シ諸誌ニ稱シテ此ノ潭ヲ海外別ノ一洞天ト爲セリ」トアリ能ク其光景ヲ盡クセルナリ

氣候

埔里社地方ハ深ク山中ニ入リアルヲ以テ氣候モ亦他地方ト多少異ルヲ見ル

埔里社ノ地ハ海岸ニ遠カリ深ク山中ニ在ルカ故ニ其晝夜ニ於ケル温度ノ差比較上大ナリ而シテ此地方ノ雨期トモ稱ス可キハ七八月ノ交ニシテ此期ニ至レハ降雨數日或ハ數十日ニ亘リ為ニ河水大ニ漲リ全ク往來ヲ遮斷スルニ至ルコトアリト云フ

此期ヲ過クレハ概ネ晴天ニシテ唯冬期ニ至リ雲霧多クシテ終日日光ヲ見サルコトアルノミ而シテ冬期ハ他地方ニ比シテ寒氣甚シク殊ニ内山ノ頂上ニハ數日ノ間降雪ヲ見ルコトアリト云フ又此地方ニ於ケル蕃人ノ語ル所ニヨレハ積雪時ニ五六寸ニ及フコトアリ此時ニ際リ蕃人ハたかあしニ乘シテ往來スト而シテ埔里社ノ平地ニハ白雪ノ飛降ヲ見ルコトアレトモ地上ニ降リ積ムカ如キコトアルナシ夏日ハ温度低クシテ華氏九十度以上ニ昇ルコト甚タ稀レニ其期限モ亦甚タ短シト云ヘリ

産　物

此地方ノ産物ハ濁水溪ノ以北及ヒ以南ニヨリテ多少異ナル所アルモ概シテ同一ト見ルモ可ナリ

濁水溪以北ノ蕃社ヨリ盛ニ産出スルモノハ苧仔及ヒ蕃布ナリ殊ニ斗卡及ヒ太魯姑ノ二社最有名ナリ其質好良ニシテ産額モ亦多シ以南ノ蕃社ヨリハ此等ノ物ヲ多少産出スルモ前者ノ如ク好良ニシテ且多額ナラス

苧仔ノ産出多額ナル結果トシテ蕃布ノ好良ナルモノヲ産ス冬期ニ至レハ寒氣漸ク强ク裸体ニシテ凌キ難キ狀アルヲ以テ自然蕃布ノ必要ヲ感シ盛ニ織リ出セシ結果今日ノ如キ發達ヲナセシモノナル可シ此等ノ物ハ此地方ニ於ケル蕃人ノ交換品ノ重モナルモノナリ此地方樟樹ノ繁生スルヲ見ルモ製腦ニ從事シ居ルモノ甚タ少キハ盖蕃害ノ甚シキヲ以テナル可ク且郡大山ノ西部ニハ夥シキ樟樹ノ繁生ヲ見ルモ未タ一人ノ此地ニ於テ製腦スルモノナシ是レ深ク蕃界ニ入リシ地ナルヲ以テナル可シ

次ニ鹿皮、鹿角、鹿鞭、猴皮及ヒ頭骨等到ル處ノ蕃社ニ於テモ之ヲ交換品トナシ居レリ而シテ今日著シク獸類ノ數ヲ減スルニ至レリトハ蕃人ノ親シク語ル所ナリ此地方稀ニ熊及ヒ石豹ヲ獲ルコトアリ

此地方ノ蕃社ニハ到ル處雞豚ヲ飼養シ居レリ此レ彼等ノ食用トナスニアラスシテ交換物トナスニアリ又今日巒及ヒ郡ノ大社ニ於テハ水牛ヲ飼畜シ居ルモノアルニ至レリト云フモ未タ交換物トナスマテノ發達ヲナサヽルナリ米及ヒ粟ハ到ル處之ヲ産スレトモ僅ニ彼等ノ食物ヲ充スニ足ルノミ

籐ハ到ル所之ヲ産出ス然レトモ東勢角地方ノ如ク多カラス

此地方一帶通草ヲ産スルモ之ヲ採リテ交換品トナシ居ルモノナシ唯之ヲ以テ裝飾品ヲ製作スルニ過キサルナリ

此地方魚籐ヲ産スルモ東勢角地方ノ如ク多額ナラス此地方ノ蕃人ニシテ蜜蜂ヲ飼育スルモノアリ然レトモ其方法到ル所同一ニシテ唯木ヲ刳リ抜キタル蒸籠ノ中ニ其巣ヲ作ラシメ居ルノミ從ヒテ其産額モ甚タ多カラス

交通

埔里社地方ハ交通極テ不便ナル處ニアリテ其何レノ方面ニ出ントスルニモ山岳ヲ越ヘサル可ラス臺中地方ニ出ツルニハ松柏崙ノ險アリ集々街方面ニ出ツルニハ土地公安嶺ノ峻アリ其他急流ナル溪水ノ横ハルアリテ一層ノ困難ヲ添フ此ク交通不便ノ地ナルヲ以テ多ク漢人ノ移住ヲナセルモ僅々三四十年以前ノ事ニテアリシナリ

此地方ハ其面積小ニシテ住民ノ諸般需用ヲ充タスコト能ハサルヲ以テ此カ供給ヲ鹿港及ヒ彰化地方ヨリ受クルヲ常トス而シテ此等ノ物ヲ運搬スルニハ舟車ノ便ヲ通スルナク唯人夫ノ肩頭ニヨリテ運搬スルノミ殊ニ此間ニハ險坂峻路ノ聳ルアリテ其運搬ニ一層ノ困難ヲ加ヘ從ヒテ其物價モ鹿港彰化ニ於ケル價額ノ倍以上ニ達スルハ實ニ已ムヲ得サルナリ

是ヨリ埔里社ノ西部各地ニ通スル道路ヲ記ス可シ

一、埔里社ヨリ臺中ニ至ルノ道路(十五里)

此道路ハ我國ニ於テ臺地占領以來築キシモノニシテ明治二十九年軍隊ノ手ニ因リテ成レルナリ此道路ハ蕃社ノ近傍ニアルヲ以テ蕃害ノ頻繁ナルハ自ラ免レサルトコロナリ此クノ如キヲ以テ龜仔頭以東ノ地ニハ隘丁ヲ配置シ以テ行人ヲ保護シ居レリ其道路ハ大肚溪ノ上流ニ沿フテ造リシヲ以テ出水毎ニ橋梁破壞シ往々數十日間交通ヲ絶ツコトアリ北港庄以東ニハ松柏崙ノ險路アリ森林鬱々トシテ晝猶暗キ山路ヲ通行ス

二、埔里社集々街間ニ於ケル道路(九里)

此間ハ悉ク山地ニシテ殊ニ坂路多ク加之土地公安嶺ノ險アリテ一層交通ノ困難ヲ増シツヽアリ

此道路ハ往時蕃人ノ害アリシヲ以テ舊清政府時代ニ於テハ水沙連ノ化蕃ヲ以テ隘丁トナシ行人ヲ保護シ居リシカ今日ハ全ク廢止ニ歸シタリ

三、埔里社ヨリ各蕃社ニ通スル道路

臺中埔里社間ノ道路開通以前埔里社ニ至ルニハ悉ク此道路ヲ通行セシト云フ此道路ハ河流ヲ渡ルノ勞ナキヲ以テ今日ニ於テモ臺中埔里社間ノ道路交通ヲ遮斷スルニ至レルトキハ概ヲ此道路ヲ交通シ居レリ

埔里社ヨリ蕃社ニ通スル道路三條アリ

(一)埔里社ヨリ北方蕃社ニ至ル道路

埔里社ヨリ北方蕃社卽チ霧社、萬社、斗卡社及ヒ太魯姑內社等ニ至ルニハ埔里社ヨリ蜈蚣崙ニ至リ此ヨリ眉溪ニ沿フテ進ムナリ固ヨリ道路ト稱ス可キモノナク唯河原ヲ陟リ又ハ溪流ヲ溯リテ進ムノミ

此道路ノ兩側ハ森林鬱茂鬱蒼シ巨樹大木林立セリ殊ニ南側ニ於テ然リトナス

溪流ヲ徒渉スル其幾回ナルヲ知ラス既ニ蕃社ノ見ユル處ニ至レハ兩岸相迫リテ絕壁ヲ成シ僅カニ溪水ノ流ル丶間ノミ開通セリ故ニ溪水少キトキニ於テハ之ヲ溯ルコトヲ得ルモ若モ出水セル時ニハ兩岸ナル絕壁ノ上ヲ步行セサル可ラス此ヲ過クレハ「パーラン」社ノ麓ニ到ルヘク再ヒ峻坂ヲ登ルコト殆ト二十餘町ニシテ初テ「パーラン」社ニ達ス

埔里社ト「パーラン」社トノ間ハ七里弱ナレトモ一日ノ路程トシテハ甚タ困難ヲ感ス

「パーラン」社ヨリ濁水溪ノ支流ヲ渡リテ「タカナン」社ニ到リ此ヨリ更ニ萬大社ニ到ルノ道路アリ

又「パーラン」社ヨリ東ニ進ミ斗卡大社及ヒ太魯姑大社ニ到ルノ道路アリ何レモ道路險惡絕壁ノ處々ニ在ルアリ步行頗ル困難ナリト云フ

眉溪ヲ沿フテ北進スルトキハ白狗社ニ到ルヲ得可シ蕃人ノ語ル所ニヨレハ一日程ニシテハ困難ナレトモ二日程トシテハ容易ナリト云ヘリ此白狗社トイヘルハ東勢角方面ナル司馬限社ノ山奧ニアル白狗社ト同一ナル可シト信ス又太魯姑內社ヨリ木瓜社ニ到ルテ得ルト云フ然レトモ木瓜山ノ險ヲ越ヘサル可ラス往時ハ二社ノ蕃人相交通シ居リシモ偶然ノ出來事ヨリ爭鬪ヲ起セシ以來交通全ク絕ヘタリト云フ

(二)埔里社ヨリ南方蕃社ニ到ルノ道路

埔里社ヨリ南方蕃社ニ到ル道路二條アリ

(イ)埔里社ヨリ十一份庄ニ至リ其ヨリ西魯凹庄ヲ經テ干達萬社及ヒ卓社、喀社等ニ至ルノ道路アリ路程近キモ峻坂險路ノ在ルアリテ步行頗ル困難ニ且濁水溪ノ本流ヲ渡リテ干達萬山ニ登ルナリ蕃社ハ此山ノ西面ノ山腹ニアリ一日ニシテ容易ニ達スルコトヲ得可シ

干達萬社ヨリ卓社及ヒ喀社ニ至ルノ道路アリ

(ロ)埔里社ヨリ木屐崙庄ヲ經テ南蕃社ニ到ルノ道路ハ前者ニ比シテ容易ナリ木屐崙庄ヨリ文々社ニ到ル間ハ甚タ遠カラス一日程ニシテ容易ニ達スルヲ得可シ文々社ハ水社山ノ後面ニ在リ

此ヨリ濁水溪ノ本流ヲ渡リ光緒十三年清軍ノ開鑿セル道路ニ出テ此ヨリ秠仔庄ニ出ツルコトヲ得可シ

此道路ニヨラスシテ喀社、猫府蘭社、治宇散社等ノ社ヲ過キ丹大山ヲ越ヘテ秠仔庄路ニ出ツルモアリ

此道路ハ何レモ蕃社ノ道路トシテ歩行シ易ク前山ヨリ後山ニ到ルニハ五日間ノ路程ナリト云フ

(四)集々街ヨリ蕃社ニ到ルノ道路

集々街ヨリ蕃社ニ到ルニハ二條ノ道路アリ

(イ)集々街ヨリ濁水溪ヲ渡リ牛轀轆庄ニ出テ陳柳蘭溪ヲ渡リテ郡大社ニ屬スル東埔社ニ到ルノ道路アリ此道路ハ殆ト二十里餘ニシテ三日程ノ道路ナリ然レトモ道路困難ナラス

(ロ)東埔社ヨリ後山璞石閣ニ出ツルノ道路アリ是清ノ光緒ノ初年統領呉ノ初テ開キシ道路ニシテ八通關ヲ經テ至ルナリ璞石閣ト八通關トノ間ニハ「ヴオヌム」蕃族ニ屬スル(臺東ニテ「バヌワン」ト稱ス)蕃社アリ此等ノ蕃人ハ時ニ東埔社ニ來リテ需用品ヲ交換スルヲ常トス

(ハ)東埔社ヨリ郡大社ニ出ツルノ道路アリ東埔社ト加走咱社トノ間ハ大概十里許アリ一日ノ路程トシテハ甚タ困難ナリ加之、郡大山ノ險ヲ横切ラサル可ラス加走咱社ヨリ郡大社及ヒ巒大社ヲ經テ集々街ニ出ツルコトヲ得可レ

(ニ)集々街ヨリ濁水溪ニ沿フテ進ミ丹世格社ニ到ルニハ半日ニシテ達スルコトヲ得可レ丹世格社ヨリハ道路二岐ニ分レ一ハ郡大山ノ一部分ヲ横切リテ巒大社ニ至ルモノ此路程ハ二日ニシテ容易ナレトモ一日ニテハ甚タ困難ナリ他ハ濁水溪ニ沿フタル人倫治卯等ノ蕃社ニ到ルノ道路アリ

巒大社ヨリ郡大社ニ到ルニハ僅ニ半日ノ路程ニ過キス

蕃界ニ於ケル重モナル郷庄

埔里社地方ニ於テ蕃界ノ重モナル郷庄ハ埔里社街、集々街、烏牛蘭、水社及ヒ頭社等ナリ

(一)埔里社街

埔里社街ハ一ニ大埔城ト稱シ近年ノ建置ニカヽル此地ニ漢人ノ移住セシハ今ヨリ四十年前ノ事ニシテ最初行商トシテ入リ來リ漸次今ノ地ニ住居ヲ定メ開墾ニ從事シタリシカ再度蕃人ノ襲撃ニ遭遇シ家屋ヲ燒カレ且多少ノ殺傷者ヲ生スルニ至リシヲ以テ官ニ於テ營兵ヲ派シ墾民ヲ保護スルニ至レリ而シテ光緒元年ニ至リ初メテ竹ヲ植エテ城トナシ後光緒五年ニ至リ今ノ如ク四門ヲ設クルニ至レリ

此地方ハ新開ノ地ナルヲ以テ其產物ハ悉ク住民ノ需用ヲ充タスニ足ラス此カ供給ヲ鹿港及ヒ彰化地方ニ仰キ居レリ

(二)集々街

集々街ハ埔里社街ヨリ南方九里ニアル市街ニシテ濁水溪ノ北岸ニアリ

彰化縣誌中ニ「集々街ハ沙連堡ニ屬セリ民番交易ノ處邑治ヲ去ル六十五里山ニ入ルノ要路タリ」ト記シアルヲ以テ見レハ此地ハ今ヨリ百年以前既ニ市街ノ形ヲナシアリシナリ而シテ水沙連及ヒ濁水溪蕃社ニ入ルノ咽喉ノ地タリシヲ以テ此方面ノ蕃人ハ此地ニ出テ來リ交換ヲナセシカ今日ニ於テハ唯濁水溪蕃ノ一部分ノ出テ來ルノミ

此地方附近ハ古來匪賊ノ巢窟ヲナシタルコト屢々アリシヲ以テ水沙連化蕃ヲ以テ屯丁トナシ此附近ヲ警戒シ居リシモノ、如シ

住民多クハ商業並ニ農業ヲ營ミ製腦ニ從事スルモノモ亦少カラス

(三)烏牛欄庄

埔里社窪地中ノ平埔蕃中最勢力アル部落ハ烏牛欄庄ニシテ埔里社街ノ西北一里弱ノ地、烏溪ノ東北岸ニアリ戸數殆ト七十此社ハ臺中葫蘆墩ノ附近ニアリシカ今ヨリ六七十年以前ニ移住セリト云フ現時敎會堂並ニ書房各一アリテ何レモ臺南ニ於ケル英國宣敎師ノ監督ノ下ニアリ

(四)水社

水社ハ水沙連化蕃ノ在リシ所ニシテ日月潭ノ西岸ニアリ現時化蕃ハ大抵他ニ移住シ漢人此處ニ住セリ

水社化蕃ノ一部分ハ日月潭ノ東岸石印庄ト稱スル地ニ移住セリ彼等今日ハ漁魚及ヒ農業ヲ生業ト爲ス

(五)頭社

水社ノ南方一里ニ頭社ノ窪地アリ現時多數ノ漢人移住シ來リシヲ以テ其先住者タリシ化蕃ハ東方ノ一隅ニ割據シ居ルノミ而シテ其戸數殆ト四十ニシテ多クハ農業ト狩獵トニ從事セリ

住民

埔里社地方ニ於ケル住民ノ種族ハ次ノ如シ

一、漢人
二、平埔蕃族
三、アタイヤル蕃族
四、ヴォヌム蕃族(濁水溪蕃)

此等ノ住民中「アタイヤル」並ニ「ヴォヌム」蕃族ハ此地方古來ノモノニシテ他ハ悉ク他地方ヨリ移住セシモノナリ

(一)漢人

此地方ニ住スル漢人ハ悉ク閩人ニシテ粤人ハ東勢角地方以南ニハ迹ヲ絶テリ

道光年間水社近傍ニ漢人ノ私墾ヲ起シタルモノ僅ニ二三アルノミ當時舊清政府ニ於テハ此地方一帶ニ漢人ノ移住ヲ嚴禁セシヲ以テ公然移住セシモノアラサリシナリ次テ埔里社窪地ニ移住ヲナセシハ同治年間ニシテ屢々先住者タリシ平埔蕃ト衝突シ其結果光緒ノ初年ニ於テ埔里社ニ營兵ヲ置キ且理蕃廳ヲ鹿港ヨリ移シテ民蕃ノ事ヲ處理シタリ

漢人ハ移住ノ當時今日ノ埔里社城ヲ根據トナシ是ヨリ漸次四方ニ墾地ヲ擴メタリキ又埔里社集々街間ニモ今日多數ノ漢人移住シ居レリ是集々街方面ヨリ漸次進ミシモノニシテ道光年間ニ於テ既ニ私墾者ヲ見ルニ至レルヨリ推スモ埔里社ニ比スレハ早ク漢人ノ入リ込ミシ地ナルヲ知ルヘシ

今日ニ在テハ多數ノ漢人埔里社地方ニ移住シアリト雖猶平埔蕃ノ戸數人口ニ及ハス從ヒテ其勢力モ平埔蕃人ヲ凌クニ足ラサルナリ

(二)平埔蕃族

平埔蕃族ノ初テ埔里社窪地ニ移住ヲナセシハ今ヨリ殆ト六七十年以前ニ在リ而シテ其移住ノ方向ハ二方面ヨリセシモノニシテ即チ一ハ彰化淡水地方ヨリ他ハ嘉義地方ヨリセリ

彰化淡水地方ヨリ來リシモノハ葫蘆墩、東勢角、彰化、通霄及ヒ房裡等ノ方面ヨリ移住シ來リシモノニシテ嘉義地方ヨリ來リシモノハ雲林方面ノモノ多シト云フ

最初此地ニ平埔蕃ノ移住シ來レル時ハ今ノ茄苳脚附近即チ舊社ノ地ニ一社ヲ結ヒ開墾ニ着手シタリシカ當時此地ニハ「ヴオヌム」蕃族ニ屬スル埔里社ト「アタイヤル」蕃族ニ屬スル眉社トノ二社蕃人住居セリト云フ即チ平埔蕃ハ埔里社ノ地ヲ借リテ開墾ニ着手セシカ移住者日々ニ增加シ遂ニ一所ニ群居スル能ハサルニ至リシカハ今ヨリ四五十年以前各社相議シ今日ノ如ク地ヲ劃シテ分居スルニ至レリ

平埔蕃ノ數實ニ漢人ニ倍シ居ルヲ以テ舊清政府時代ニ於テハ常ニ漢人ヲ保護シ平埔蕃ヲ抑制シタルハ事實ナリ今日我カ歸版ノ後全ク此ノ如キ形跡ナキヲ以テ平埔蕃等ハ大ニ好意ヲ表シ居レリ

(三)「アタイヤル」蕃族

此蕃族ハ何レモ深山ノ中ニ住居シ今ハ平地ニ住居スルモノナキニ至レルモ往時眉社ト稱スル蕃社ハ埔里社窪地ノ眉溪ノ北方ニ住居シ在リキ而シテ此地方ニ漢人及ヒ平埔蕃族ノ移住セシヨリ衝突ヲ生シ爭鬪ヲ試ミシカ衆寡敵セス終ニ山中ニ逃レ去リ今日埔里社ノ地ニ住居シアルモノハ甚タ少クシテ部落ヲナスニ至ラス

次ニ埔里社方面ノ「アタイヤル」蕃族ハ東勢角地方ノ同族ト方言ヲ異ニシ兩者相通セサルアリ而シテ眉社蕃ノ言語ハ北港方面ノ蕃語ト同一ニシテ眉溪上流ニ住居スル「アタイヤル」蕃族トハ異レル方言ヲ使用セシカ如シ然レトモ今日窪地内ニ在ルモノハ概ネ其固有ノ言語ヲ忘レ臺灣土語ヲ使用シ居レリ

馘首ノ風ノ盛ナルハ臺灣中此方面ニ於ケル「アタイヤル」蕃族ノ右ニ出ツルモノ稀ナリ而シテ此方面ノ蕃社ニ入リ意外ノ感アルモノハ「アタイヤル」蕃族中農業ノ最進歩シ居ルヲ見ルコト是ナリ

(四)「ヴォヌム」蕃族

「ヴォヌム」蕃族中ニハ濁水溪蕃ト水沙連化蕃トノ二群アリ水沙連化蕃トハ埔里社集々街間ニ分布シアル頭社、水社、審轆社、猫蘭社及ヒ埔里社等ノ蕃人ニシテ乾隆年間既ニ輸餉歸化セシ蕃人ナリ今日ニ於テハ著ク人口ヲ減少シ且彼等古來ノ耕地ハ漢人ノ移住ト共ニ狹メラレ終ニ去リテ他ニ移住シ獨リ頭社ノミ原位置ニ住居シアルノミ

農業ノ如キハ漢人ト雜居スル結果大ニ進歩シ水田ヲ作ルヲ知リ農具モ殆ト漢人ト同一物ヲ使用スルニ至レリ未タ他ノ平埔蕃ノ如ク著ク進歩ヲナスニ至ラサルモ他ノ蕃族ニ比シテ著ク進歩シ居ルヲ見ル

濁水溪蕃トハ陳柳蘭溪以北濁水溪以南ノ間ニアル生蕃ノ一群ニシテ漢人ノ舊記ニヨレハ道光年間既ニ漢人ト交通シ居リシト云フ從ヒテ農業モ亦進歩シ農作物ノ數モ大ニ增加シ居ルヲ見ル而シテ其進歩ノ度ハ阿里山蕃(ツオオ)族ニ比シテ稍劣レルカ如シ

此ク農業其他ノ進歩シ居ルニ拘ラス「アタイヤル」蕃族ニ接近セル干達萬、卓、喀等蕃社ノ者ハ今日猶稀ニ馘首ノ風ヲ存スト云フ

民蕃相互ノ關係

埔里社地方ニ於ケル民蕃ノ關係ヲ記スルニ當リ先ツ蕃人間相互ノ關係ヲ記ス可シ

埔里社地方ニ於テハ普通「ヴォヌム」蕃族ヲ呼ヒテ南蕃ト稱シ「アタイヤル」蕃族ヲ呼ヒテ北蕃ト稱ス蓋シ土地ノ南北ニ從ヒテ之ヲ區別セルナリ

此南北兩蕃ノ間ハ常ニ相仇視シテ氷炭相容レス兩者相見ルトキハ直ニ爭鬪ヲ起スニ至ル舊清政府時代ニ於テハ同一撫墾局ニ該兩蕃ノ出テ來ル毎ニ爭鬪ヲ起スヲ以テ北蕃ノ事務ヲ蜈蚣崙ニ於テ處理シ南蕃ノ事務ヲ木屐崙ニ於テ處理シ以テ兩蕃ノ爭鬪ヲ避ケタリト云フ

水沙連化蕃ト濁水溪蕃トハ其間親密ニシテ互ニ往來シ相爭鬪スルカ如キコト有ルヲ見ス

平埔蕃族ト「ヴォヌム」蕃族トノ間ハ圓滑ナラスシテ唯兩族ノ爭鬪ヲナサヽルノミ然レトモ「ヴォヌム」蕃族ハ彼等ノ日用品ヲ平埔蕃族ヨリ得ルモノアルヲ以テ此等ノ供給者トハ常ニ親密ニシテ相往來シ居レリ

平埔蕃族ト「アタイヤル」蕃族ハ常ニ相敵視セリ蓋シ「アタイヤル」蕃族ノ屢々出テヽ掠首ヲナスヲ以テ此ノ如キヲ致セシモノナル可シ然レトモ蜈蚣崙、守城份等ノ平埔蕃ハ「アタイヤル」蕃族ノ女子ヲ娶リテ緣戚ノ關係ヲツクリ蕃人トノ交換ヲ營業トシ居ルモノアリ此等ハ自然親密ニシテ山ヲ出テ來ル毎ニ宿泊所トナシ居ルヲ見ル

埔里社地方ノ「アタイヤル」蕃族ト東勢角地方ノ同族トハ方言ノ同一ナラサルカ爲自然親密ナラスシテ多少敵視スル傾向アリ漢人ト「アタイヤル」及ヒ「ヴォヌム」蕃族トハ固ヨリ氷炭相容レス互ニ相敵視シ且蕃人ハ漢人ヲ以テ馘首ノ犧牲ニ供シ居ルカ爲相親ムノ時機ヲ得サルナリ

次ニ平埔蕃人ト漢人トノ關係ヲ少シク記ス可シ

平埔蕃人ノ交通不便ナル埔里社ノ地ニ移住シ來リシ所以他ナシ當時彼等ハ漢人ノ移住ト共ニ其本土ヲ侵佔セラレ爲ニ生活ノ道ヲ失ヒシヲ以テ遂ニ此地方ニ移住セルナリ然ルニ漢人ノ再ヒ埔里社ノ地ヲ窺フモノアリシヨリ大ニ平埔蕃ノ恐惶ヲ惹キ起シ是ニ於テ漢人ト平埔蕃トノ衝突ヲ生シ漢人ヲ殺シ家屋ヲ燒クモノアルニ至リ清官遂ニ墾民保護ノ目的ヲ以テ光緒ノ初年營兵ヲ置クニ至レリ是ヨリ平埔蕃ハ其威ヲ恐レ全ク漢人ヲ襲擊スルヲ止メタリシモ兩者ノ間依然相反目シ居ルハ事實ナリ

沿革

埔里社地方ハ原來水沙連蕃ノ占居スル所ナリシカ此地ニ異族ノ移住シ來リタルハ今ヨリ殆ト六七十年以前ニ在リ往時埔里社ノ窪地ニハ眉溪ヲ中界トシ二ノ蕃社アリ卽チ其北ニアルモノヲ眉社ト云ヒ南ニアルモノヲ埔里社ト云ヒ埔里社ノ位置ハ枇杷城附近ニシテ眉社ハ史港坑ト牛眠山トノ間ナリシト云フ而シテ眉社蕃人ハ「アタイヤル」族ニ屬ス可キモノニシテ埔里社蕃人ハ他ノ水沙連化蕃ト同ク「ヴォヌム」族ニ屬ス可キモノナリ、

埔里社以南ノ高地一ハ審鹿、猫蘭、水社及頭社等ノ諸社アリテ何レモ此高地ノ平坦ナル處ヲ擇ミ耕地ヲ開キ住居シ在リキ

埔里社地方ハ沃土ニシテ曠地多キコト既ニ康熙年間ヨリ漢人ニ知ラレ居タリシモ深ク蕃地ニ入リシ地ナルヲ以テ當時移住スル者ナカリシカ乾隆四十六年ニハ水沙連化蕃餉ヲ輸シテ歸化スルニ至レリ

乾隆五十二年林爽文ノ亂餘黨ノ此地ニ據レルモノアリシカハ通事黃漢ナルモノ水沙連化蕃ヲ率ヰテ林賊ヲ討チ匪黨等十餘人ヲ擒ニシ之ヲ征討總督將軍福ニ献シ其他軍ニ從ヒテ大ニ功勞アリシト云フ

林匪鎭定ノ後將軍福ハ各地ノ蕃人大ニ用ユ可キヲ知リ四川屯兵ノ制ニ倣ヒ蕃人ヲ以テ屯丁ヲ組織スルコトヲ建議セシカ直ニ用井ラレテ屯丁ノ制ヲ布ケリ是ニ於テ蕃人四千名ヲ撰拔シテ屯丁ヲ組織シ墾地並ニ口粮銀ヲ與ヘテ防備ノ任ニ當ラシメシヨリ此結果トシテ水沙連化蕃ノ中亦九十名ノ蕃人撰拔セラレテ屯丁トナレリ

巳ニシテ臺灣ノ平地ニハ漢人日ニ月ニ移住ヲ增シ殆ト餘地ナキニ至リシカハ開墾ニ從事セントスルモノハ之ヲ蕃界ニ求メサル可ラサルニ至レリ是ニ於テ永ク蕃人ニ專占セラレシ埔里社地方ノ沃土ハ漢人ノ窺窬スルモノ多キニ至リ嘉慶十九年水沙連地方ノ隘丁首黃某ノ如キ多數ノ漢人ト共ニ終ニ此窪地ニ入リテ開墾ヲ企テ痛ク蕃人ノ反抗ヲ受ケシヲ以テ初メ壘ヲ築キテ對抗セシモ危險ニシテ開墾ニ從事シ能ハサルヲ以テ多方ナル狡獪手段ヲ用井蕃人ヲ欺キテ出獵セシメ其備ナキニ乘シ蕃人ノ家ヲ燒キ穀物並ニ其飼養セル黃牛ヲ掠メ剩ヘ蕃人ノ墳墓ヲ發堀シテ其中ニ副葬セル刀其他ノ武器ヲ奪フニ至リタリト云フ此慘酷ナル情報ハ其後北路理蕃廳ノ聞ク所トナリ道光三年石ヲ立テヽ漢人ノ界ニ入ルヲ嚴禁スルニ至レリ

此後時ヲ定メ理蕃ノ官吏ヲ派シ此地方ヲ巡視セシメ漢人ノ私墾ヲ防禦セルモノヽ如シ卽チ道光三年ニハ北路理蕃同知劉傳安同二十七年ニハ臺灣鎭道劉韻珂等此地ヲ巡視セシカ當時ニハ水社附近ニハ少數ノ漢人アリテ私墾シ又平埔蕃人二十餘戸埔里社ノ窪地ニ移住シ居レリト云フ

以上記セシ如ク嘉慶十九年頃ニハ埔里社窪地ニ未タ平埔蕃ノ移住ナカリシモノヽ如シ而シテ道光年間ニ至リテ平埔蕃人二十餘戸ノ移住アリシトイフヲ以テ見レハ平埔蕃ノ埔里社窪地ニ移住セシハ此間ニアリシナル可シ

嘉慶及ヒ道光年間ハ臺灣ニ於ケル平埔蕃大移動ノ時代ニシテ原彼等カ祖先ノ地ヲ離レ交通不便ナル地ニ移轉セサル可ラサル悲運ニ遭遇セシハ當時西岸ノ平地ニハ漢人ノ移住日ヲ逐フテ其數ヲ增シ殆ト餘地ナキニ至リシ爲漸次其耕地ヲ侵佔シ加之漢人ハ蕃人ノ愚ナルヲ奇貨トシテ百方欺騙ノ手段ヲ以テ蕃人ヲ驅逐スルコトヲ企テシカハ蕃人爲ニ生活ノ道ヲ失ヒ遂ニ他ノ蕃界ニ移住スルヲ企テ其結果トシテ彰化淡水及ヒ嘉義等ノ地方ニ於ケル平埔蕃ハ埔里社ノ窪地ニ移轉スルニ至レルナリ

平埔蕃ハ如何ニシテ埔里社ノ地ニ曠潤ノ區アルヲ知リシカヲ尋ヌルニ彼等ハ嘗テ狩獵ノ際水沙連化蕃ニ遇ヒ埔里社ノ地ニ曠地アルコトヲ知リ卽チ此地ニ移住ヲ企テタリ而シテ最早ク移住セシハ北投並ニ阿束ノ二社ナリト云フ移住ノ初メ分居ノ不利ナルヲ以テ舊社卽チ今ノ茄荎脚庄附近ニ一社ヲ結ヒ此地ヲ根據トシテ開墾ヲ始メタリ當時何レノ社蕃ヲ問ハス皆一處ニ群居セシカ其後漸次蕃人ノ數ヲ增スニ從ヒ自ラ彼等ノ勢力ヲモ增加シタリシヨリ遂ニ窪地内ヲ區劃シ各社各一

圖ヲ成シテ分居スルニ至リシハ今ヨリ殆ト五十年前ナリキ此時ニ當リテ蜈蚣崙、大湳等ノ蕃社ハ優勢ナリシカハ最蕃害多キ處ヲ擇ミテ移住セリ此ク分居セシ後ニ至リテ移住シ來リシ他社蕃モ亦少カラス阿里史社ノ如キハ彰化方面ヨリ一タヒ宜蘭ノ平野ニ移住シ再ヒ埔里社ノ地ニ移來セルナリト云フ

先住者ナル埔里社及ヒ眉社ノ蕃人ハ最初ノ移住平埔蕃ナル北投阿東ノ二社トハ和睦シアリシモ多數ナル平埔蕃ノ移住シ來ルト共ニ終ニ驅逐セラレテ其大半ハ山ニ入リシト云フ然レトモ其少數ハ今猶平地ニ存在セリ

此ク平埔蕃ハ埔里社ノ地ヲ分チテ各社ノ根據地ヲ定メ開墾ニ從事シ居リシカ今ヨリ殆ト四十餘年前ニ至リテ漢人鄭勤先トイフモノ其部下若干ヲ率井テ此地ニ入リ來リ蕃人ト物品交換ノ業ヲ開始セントセシモ蕃人之ヲ疑ヒテ親マサリキ是ニ於テ鄭其異志ナキヲ示シタリシカハ漸次蕃人ト親ムコトヲ得タリ平埔蕃ハ初メ居ナカラ其日用品ヲ得ルノ便利アルヲ以テ之ヲ歡迎シタリシカ幾モナクシテ漢人若干此地ニ來リ今ノ埔里社街ノ地ニ家屋ヲ造リ開墾ニ從事スルニ至レリ

此一事ハ平埔蕃ノ一大恐惶ヲ招ケリ元來平埔蕃ノ此地ニ移住セシハ漢人ノ爲ニ其耕地ヲ侵サレ活路ヲ失ヒタルニ在ルヲ以テ再ヒ此地ニ漢人ノ入リ來リシハ再ヒ彼等ノ爲ニ耕地ヲ失ハンコトヲ恐レタルナリ是ニ於テ平埔蕃相謀リテ漢人部落ヲ襲ヒ其家屋ニ火シ人ヲ殺スニ至リ漢人悉ク逃レ去リシカ更ニ多數ノ漢人再ヒ入リ來リ前地ニ民屋ヲ築造スルニ至レリ是ニ於テ平埔蕃ハ再ヒ之ヲ燒キ毀チシカ遂ニ官ニ於テ埔里社ノ地ニ營兵ヲ置キ墾民ヲ保護スルニ至レリ時ニ光緒元年ナリ是ヨリ平埔蕃其威ヲ恐レテ漢人ノ襲擊ヲナサ、リシト云フ爾來漢人ノ埔里社ニ入ルノ禁モ亦自然消滅スルニ至レリ

埔里社ノ地ニ初メテ官衙ヲ設ケシハ光緒元年ニシテ鹿港ニ於ケル理蕃廳ヲ移シタルナリ蓋シ彰化ヨリ淡水地方ニ至ル一帶ノ平埔熟蕃ハ已ニ進步シ一般人民ト異ルナキニ至リシヲ以テ鹿港ニ理蕃廳ヲ置クノ必要ヲ認メサリシヲ以テナリ此ク官衙ヲ設ケ營兵ヲ置キテ墾民ヲ保護シ一ハ平埔蕃ヲ統制シタリシカハ此ヨリ民蕃ノ間大ナル衝突ナキニ至レリ

光緒ノ初年來舊清政府カ臺灣ノ蕃人撫育ニ鋭意シタル結果トシテ埔里社ニ於テモ處々ニ義塾ヲ設ケ蕃童ヲ敎育セリ此地方ニハ二十六ノ義塾ヲ設ケ此中七館ハ五城堡ニ十九館ハ埔里社ニ設ケ兒童ヲ敎育シタリキ但義塾内ノ生徒ハ悉ク蕃人ノ子弟ナルニアラス漢人ノ子弟其多數ヲ占メ居レリト云フ此等ノ義塾ニシテ一モ今日ニ繼續スルモノナク何レモ種々ナル事情ノ爲ニ中途ニシテ廢止スルニ至レリ然レトモ埔里社ノ平埔蕃中比較的讀書ヲ能クスルモノアルハ義塾ノ敎育ヲ受ケタル結果ナル可シ

此等ノ義塾ノ費用ハ表面上官ヨリ給シ居リシモ其實際ハ平埔蕃ノ手ヨリ出テシナリ埔里社ノ平埔蕃ハ一種ノ租金ヲ年々納メツ、アリ五六租ト稱スルモノ即チ是ニシテ原ト埔里社ノ平埔蕃カ其先住者ナル水沙連化蕃ニ向ヒテ年々納ムル處ノ

大租ナリ此租ハ官ニ於テ一タヒ收メ後水化連化番ニ發給スモノナルカ義塾ノ費用ハ五九租ノ中ヨリ支辨セシトイヘハ間接ニ平埔番ノ手ヨリ出テタリト云フモ不可ナキナリ理番廳ノ埔里社ニ移サレシ以來種々ノ規定ヲ設ケテ山番ヲモ招撫シタリシカ光緒十一年ニ至リ初テ埔里社廳ヲ設ケシカハ是ヨリ撫番ノ事務ハ一切埔里社廳ニ歸スルニ至レリ然ルニ山中ニアル番人ハ屢々反ヲ企テシヲ以テ仝十三年埔里社ノ營官王九齡代リテ撫番ノ衙ニ當リシカ爾來平穩ニ至リシヲ以テ仝十四年再ヒ撫番ノ事ヲ埔里社廳ニ歸セリ此年埔里社ノ南方二里餘ニアル木屐崙ト東南一里ニアル蜈蚣崙トニ撫墾分局ヲ設ケ撫番ノ事ヲ務メリ此ク二所ニ分局ヲ設ケタリシハ南方ナル「ヴォヌム」族ト北方ナル「アタイヤル」族トハ常ニ相敵視スルヲ以テ一所ノ撫墾局ニ此等番人ヲ招徠スル時ニハ屢々爭鬪ヲ惹キ起スノ虞アリシヲ以テ更ニ二分局ヲ設ケ兩番ノ爭鬪ヲ避クルニ至リシナリ

次ニ埔里社ニ於ケル平埔番ノ化育ニ力アルハ英國宣教師ナリ初メ英國宣教師ノ埔里社ノ地ニ入リ番人間ニ耶蘇教ヲ傳導セシハ同治年間ニシテ同地ニ未タ官衙ノ設アラサリシ時ニテアリキ其最初此地ニ入リシハ牧師李(英國人)トイフモノニシテ平埔番間ニ傳導ヲ勉メシカ漸次信徒ヲ加フルニ至リ後牧師甘(英國人)トイフモノ李ニ代リ此地ニ來リテ布敎セシカ信徒漸次增加シ同治十三年ニ至リテ禮拜堂ヲ烏牛欄社ニ建立スルニ至レリ甘去リテ牧師施(英國人)トイフモノ代リテ傳導セシカ信徒ノ增加スルニ從ヒテ拜堂ノ狹隘ヲ告クルニ至リ光緒六年更ニ大禮拜堂ヲ建立セリ爾來信徒大ニ增加シテ大湳社及ヒ牛臥山社等ノ地ニモ更ニ禮拜堂ヲ設クルニ至リ此クテ耶蘇敎傳導ノ傍ニ番人ヲ敎育シタリキ今日猶ホ日中ハ兒童ヲ敎育シ夜間ハ壯年ニシテ業務ノ閑アルモノニ羅馬字ノ綴リ方ヲ敎ヘ居ルヲ以テ此地方ノ平埔番ハ概子男女共ニ羅馬字ヲ讀ミ得ルニ至レリサレハ此地ノ平埔番ハ他ノ平埔番ニ比シテ稍々進步シ居ルカ如シ然レトモ漢人ノ爲ニ屢々欺騙セラルヽ事アリシ結果宜蘭地方ノ平埔番ノ如ク全ク醇朴ニハアラサルナリ

第五、嘉義雲林地方誌

茲ニ嘉義地方ト稱スルハ嘉義ヲ中心トシテ北ハ斗六街ヨリ南ハ後大埔街ニ至ル間ノ總稱ナリ而シテ雲林地方ト稱スルハ濁水溪ノ支流陳柳蘭溪ニ沿フタル一帶ノ地ノ總稱ナリ此地方ハ唯雲林方面ヲ踏查セルノミニシテ他ハ未タ踏查セサルヲ以テ嘉義方面ノ地理ハ不明ニ屬スルモノ多シ

地勢及ヒ組織

此地方ハ中央山脈ニ屬スル山地ト西海岸ニ於ケル平地トヨリ成立ス

平地ハ既ニ鄭氏ノ時代ヨリ開墾セラレシ所ニシテ現時ニ於テハ田園遠ク相連リ一望數十里一物ノ眼ヲ遮ルモノナク平々坦々實ニ廣曠ナル平野ナリ

中央山脈ニ屬スル山地ハ蕃人ノ住スル處ニシテ峯巒相重疊シ蕃社ハ深山幽谷ノ中ニアルヲ常トス此地方ノ蕃人ハ既ニ全ク馘首ノ風ヲ絶チ漢人トノ交通自在ナルヲ以テ平地ニ接近シタル山地ハ大半開墾セラレ漢人此處ニ住居セリ特ニ雲林方面ノ如キ蕃社ノ近傍一里ノ地ニ於テ漢人ノ部落ヲ見ルニ至レリ

雲林方面ハ大水窟ヨリ內茅埔庄ニ至ル間ハ峯巒起伏シ鳳凰山ハ其主山タリ內茅埔ヨリ以東ノ地ハ河岳大ニ發達シテ此河丘上ニハ蕃人其居ヲ占メ耕地ヲ開キ居レリ

山川

清朝時代ノ地圖並ニ臺灣府誌等ニヨレハ嘉義方面ニハ大武巒山及ヒ阿里山等ノ高山アルモ其位置甚タ不明ナリ府誌ニハ「大武巒山在縣東南人跡罕到爲邑主山」トアリ阿里山ノ位置ハ後大埔溪ノ上流ナル可シ此山ノ西南ニアルモノハ阿里山下四社ニシテ南方ニアルハ阿里山上四社ナリ

雲林方面ニ於ケル高山ハ新高山ニシテ陳梛蘭溪ノ上流ナル「ヴォスム」族ニ屬スル東埔社ヨリ一日ニシテ殆ト其八合目ナル八通關マテ達スルヲ得可シ雲林採訪冊中ニ曰ク「八通關山又玉山在縣治東一百餘里三峰並立高插天外峰頂隱約雲端奇幻莫測山無大樹草木出土輒爲寒霜凍枯四時積雪六月閒行終日皆履雪地即彰誌所謂雪山也前臺灣總鎭吳光亮由此修路通後山界南秀姑巒等處山前有温泉池俗名燒湯湖有投以生卵少頃即熟可食此山四面皆雪人跡罕到山頂如白雪封護一遇晴霽雪爲日所激光彩異常前人以此爲玉峰流霞列於八景之一」ト然レトモ白雪ノ積堆スルハ一二月ノ交ニシテ其他ハ白雪ヲ見ルコトナシ此山ノ近傍ニハ東埔社ヲ除クノ外蕃社ヲ見ス新高山以西ニハ峰巒起伏シアルモ衆山中ニ秀テ居ル山岳ナシ唯大水窟ノ東方ナル一ノ鳳凰山アルノミ雲林採訪冊中ニ「鳳凰山在縣東五十餘里發脉於八通關山由雞胸嶺蜿蜒而來山勢巍峨插天不知其幾千丈只形如飛鳳層巒縱翠奇峰林立雲樹參差幽篁淨植每値霽山光晴雲煙騰黛色參天好鳥爭鳴山花欲笑前人鳳麓飛煙爲八景之一」トアリ往時此方面ノ蕃人此山ノ西麓ニ住シ居リシカ漢人ノ移住ト共ニ漸々山奧ニ入リ遂ニ今ノ處ニ居ヲ占ムルニ至レリト云フ

川流ハ雲林方面ニ於テハ唯一ノ陳梛蘭溪アルノミ此溪流ハ水源ヲ新高山系ニ發シ和社ノ西ニ到リテ二流相合ス其南ニアルヲ和社溪ト云ヒ北ニアルヲ東埔溪ト云フ而シテ東埔溪ハ東埔社ノアル處ニ於テ更ニ二岐ニ分レ共ニ新高山ヨリ發源ス

其他嘉義方面ニハ清水溪、後大埔溪及ヒ八掌溪等ノ川流アルモ踏査セサルヲ以テ全ク不明ニ屬ス

產物

此地方ノ蕃人ハ今ヨリ百餘年以前既ニ掠首ヲ絕チ專ラ農耕ニ從事シ居リシカ爲今日ニ於テハ農業大ニ進ミ從ヒテ農產物ノ數並ニ其產額著シク增加スルニ至レリ此クノ如キヲ以テ此地方ノ產物ノ重モナルモノハ農產物ニシテ落花生、綠豆、米、粟、玉蜀黍、蕃薯、瓜類、芋仔及ヒ苧仔等ハ其著キモノナリ此中交換物トシテ輸出スルモノハ落花生ト綠豆ナリ此二者ハ其質善良ニシテ漢人ノ物ニ比シテ優レリト云フ次ニ產額ノ大ナルモノハ苧仔ニシテ特ニ嘉義方面ノ蕃社ニ多ク雲林方面ノ蕃社ニ至リテハ甚タ少シ此等ノ外ハ交換物トシテ他ニ輸出スルマテノ產額ニ達セス

蕃人ノ製造物トシテ擧ク可キモノハ草蓆及ヒ鞣皮ナリ草蓆ハ月桃ト稱スル蘘荷科ノ植物ノ葉柄ヲ陰乾シニナシタルモノヲ以テ編ミタルモノナリ鞣皮ハ鹿、猿、及ヒ山羊等ノ皮ヨリ製ス此等ハ蕃人自ラ使用スルモノ、外ハ多ク製造セサルヲ以テ他ニ輸出スルモノ甚少額ナリ此二者ノ外嘉義方面ノ蕃社ヨリ蕃布ヲ產出ス

此地方ノ蕃人ハ農業ノ閑ナル時ニハ狩獵ヲナスヲ以テ他ノ蕃人ト同シク鹿、羌仔、猿及ヒ山羊等ノ皮ヲ產ス又稀ニ熊及石豹ヲ獲ルコトアリ此外鹿角、鹿鞭並ニ猿骨等モ共ニ交換物トシテ擧ク可キモノナリ

家禽及ヒ家畜等ノ飼養モ此蕃人間ニ行ハレ居レリ然レトモ未タ盛ナラス一家ニシテ七八頭ヲ飼養スルアリ此等ノモノハ蕃人自身ニ食ニ供スルコト甚タ少クシテ概ネ此ヲ以テ彼等ノ日用品ト交換ヲナス

此地方ノ一帶多ク籐ヲ產ス蕃人之ヲ採リテ交換物トナシ居レリ

此地方ノ山林ニハ樟樹ノ繁生スルヲ見ル而シテ樟樹ノアル處ハ何レモ蕃社ノ近傍ニシテ漢人部落ニ近キ處ニハ少ク漢人ノ製腦ニ從事スルモノ多キモ蕃人ノ之ニ從事シ居ルモノ無シ要スルニ樟樹ハ北ヨリ南ニ進ムニ從ヒテ漸次減少スルノ傾向アリ

交通

此地方ノ蕃人ハ漢人トノ交通自在ナルト製腦ノ行ハレ居ルトノ結果ニヨリ道路ノ能ク開鑿セラレ居ルヲ見ル加之深ク內山ニ入ルトキハ亦蕃社近傍ノ道路能ク開カレアルコトヲモ見ルナル可シ是レ「ツオオ」蕃族ハ一年一回道路ヲ修築スルノ習慣アルヲ以テナリ

(一)林圮埔ヨリ蕃地ニ至ルノ道路

林圮埔ヨリ蕃地ニ至ルノ道路二條アリ一ハ林圮埔ヨリ集々街、牛轀轆等ヲ經テ陳柳蘭溪ニ沿フテ上リ蕃地ニ至ルモノ

ニシテ他ハ林圮埔ヨリ大水窟ニ至リ鳳凰山ヲ横切リテ蕃地ニ至ルモノナリ

(イ)林圮埔ヨリ大水窟ヲ經テ蕃地ニ到ルノ道路

林圮埔ヨリ楠仔脚萬社マテハ大概十四里ニシテ二日ノ路程アリ此間ハ道路能ク開ケ石ヲ敷キ居ル處モアリ此道路ハ光緒初年ニ於テ統領呉ノ開鑿セルモノニシテ三年間ヲ要シテ成功セシモノナリ卽チ林圮埔ヨリ八通關ヲ横切リテ璞石閣ニ出ツルノ道路ハ是ナリトス今日ニテハ永ク修築ヲ加ヘサリシヲ以テ敷石ハ降雨ノタメニ流サレ或ハ崩壞ニ歸セシ處アルモ蕃社ノ道路トシテハ能ク開鑿セラレ居ルヲ見ル

林圮埔ヨリ大水窟マテハ丘陵ノ上ニ道路ヲ開鑿シ居ルモ大水窟ヨリ以東ハ悉ク山地ニシテ特ニ鳳凰山ヨリ以東ノ地ハ林中ノミヲ歩行スルヲ以テ夏期ト雖暑サヲ感セス旅行スルコトヲ得可シ森林ノ盡クル所ハ卽チ内茅埔ニシテ此ヨリ以東ハ河原ニ沿フテ上ルナリ

楠仔脚萬社ヨリ和社ニ至リ和社ヨリ東埔社ニ至リ此ヨリ八通關ヲ經テ後山ノ璞石閣ニ到ルコトヲ得可シ此間ノ道路ハ大概七日ヲ要スト云フ

又和社ヨリ知母勝社ニ通スル道路アリテ蕃人常ニ往來シ居ルモ此間ハ道路險惡ニシテ歩行困難ナリト云フ

(ロ)林圮埔ヨリ集々街ニ出テ牛轀轆ヲ經テ陳柳蘭溪ヲ上リテ蕃社ニ至ルモノハ大水窟ヲ經テ到ル道路ト内茅埔ニ於テ相會ス此道路ハ前者ニ比シテ道路稍々平坦ナリ然レトモ里程稍々遠シ

(二)嘉義ヨリ蕃社ニ到ルノ道路

嘉義ヨリ蕃社ニ到ル道路三條アリ卽チ次ノ如シ

(イ)嘉義ヨリ蕃仔路、埔尾及ヒ柑仔宅等ヲ經テ流勝社等ニ至ルノ道路アリ此間殆ト十一里餘ニシテ一日ノ路程トシテハ困難ナリト云フ此道路ハ漢人並ニ蕃人ノ常ニ往來シ居ルモノナリ

(ロ)嘉義ヨリ社頭及ヒ公田等ヲ經テ阿郡社等ニ至ルノ道路アリ此間モ亦殆ト十一里餘ノ里程アリ

(ハ)嘉義ヨリ中尾、灣橋、出水坑等ヲ經テ勝々紫社等ニ到ルノ道路アリ此間殆ント十一里餘ノ里程アリ

蕃界ニ於ケル重モナル郷庄

雲林方面ノ蕃界ニ於ケル重モナル郷庄ハ林圮埔、大水窟、内茅埔、頭社坪及ヒ斗六街(雲林)等ニシテ嘉義方面ハ嘉義ヲ除クノ外蹈査セサルヲ以テ之ヲ知ルニ由ナシ

(一)林圮埔街

林圯埔ハ濁水溪ノ南岸ニ在ル一小市街ニシテ此市街ノ建置ハ鄭氏ノ時其部臣林圯トイフモノ初メテ此地ニ來リテ開墾シタルヲ以テ其名ヲ取リテ林圯埔ト名ケタルモノナリ初メ林圯ノ此地ニ來リシ時ニハ此附近悉ク蕃人ノ住居シ在リシ地ナリシカ此等ノ蕃人ヲ驅逐シテ開墾セリト云フ

光緒十四年初テ此地ニ雲林縣ヲ設置シタリシカ河流ノ南北ニ横流スルアリテ出水ノ時ニ全ク交通ヲ遮斷セラレ不便少カラサリシヲ以テ遂ニ光緒十九年斗六街ニ移シタリト云フ住民多クハ商業ニ從事シ又製腦業ニ從事スルモノモ少カラス

鹿猪大社ノ蕃人ハ時々此地ニ出テ來リテ彼等ノ日用品ヲ交換ス舊清政府時代ニハ撫墾分局ノ在リシ地ナリ

(二)大水窟庄

大水窟庄ハ林圯埔ノ東方三里鳳凰山ノ西麓ニアリ戸數僅ニ三十ニ充タサル一小村落ナリ此地ハ乾隆ノ初漳人莊某トイフモノ此地ニ來リ初メテ開墾セシ所ニシテ往時ハ此地一帶蕃地ニテアリシト云フ庄民多クハ農業ニ從事シ傍ラ茶園ヲ開キ製茶ニ從事スルモノ多シ古來有名ナル水沙連茶即チ是ナリ此地ニ通事張某トイフモノヽ住スルヲ以テ鹿猪大社ノ蕃人ハ時々出テ來リテ交換ヲナシ居レリ

(三)内茅埔及ヒ頭社坪

内茅埔ハ林圯埔ノ東方十里陳柳蘭溪ノ南岸ニアリテ戸數僅ニ五六住民多クハ農事ノ傍ラ狩獵ヲナシ或ハ製腦ニ從事シ居レリ元來此地ハ楠仔脚萬社(鹿猪大社ノ小社)ノ所領ナリシカ今ヨリ殆ト六十年以前漳州ノ人邱某トイフモノ初テ此地ニ來リ楠仔脚萬社蕃人ト交渉シ布ト酒肉トヲ以テ此地ヲ交換セリト云フ今日ニ於テハ既ニ水田ヲ開墾セラレ畑モ亦開ケ居レリ

頭社坪ハ蕃社ト接近シ在ル地ニシテ楠仔脚萬社ノ西方一里弱ニアリ此地ハ陳柳蘭溪ノ南岸ナル河丘ニシテ東西殆ト二里南北約十町ノ平地ナリ頭社坪ハ此平地ノ西方ニアリ此ノ一村落ハ八通關ノ道路開通以來設ケラレタル新開地ニシテ僅ニ五六戸ノ民屋アルノミ庄民多クハ農業ヲ營ミ傍ラ蕃人ト交換ヲナシ居ルモアリ

(四)斗六街

斗六街ハ普通雲林ノ名ヲ以テ知ラルヽモ是レ街名ニアラスシテ縣名ナリ即チ光緒十九年林圯埔ノ地不便ナルヲ以テ雲林縣ヲ此地ニ移シタルヨリ自然此ク誤リ呼フニ至リシナル可シ此地ハ林圯埔ノ西南四里弱ニアル地ニシテ住民多クハ商業ヲ以テ重モナル業トナセリ此地ハ往時斗六門柴裏社トイヘル平埔蕃ノ住地ニシテ既ニ康熙中ニ於テ歸化セシモノ

ナリ乾隆十六年漢人ノ此地ニ移住シ來リシ後斗六街ノ近傍ナル東北數町ノ地ニ移住セシカ其一部分ハ今ヨリ六十年前埔里社ノ地ニ移住セリト云フ

(五)嘉義街

嘉義ハモト縣治ノアリシ處ニシテ初メ諸羅ト稱セシカ乾隆五十二年林爽文ノ亂街民大ニ賊ノ來襲ヲ防禦シ陷ラサルヲ得タルヲ以テ時ノ皇帝其義ヲ賞シテ諸羅ヲ嘉義ト改タルナリト云フ臺灣府誌中ニ「諸羅縣城在諸羅山康熙四十三年署縣宋永清始建木柵周圍廣袤六百八十丈設四門雍正元年知縣孫魯改建土城周圍七百九十九丈二尺深各二丈四尺廣各二丈四尺濠溝離城四丈周圍八百三十五丈五尺深各二丈四尺廣各二丈四尺水涵五雍正五年知縣劉良璧重建門樓砌水涵東曰襟山西曰帶海南曰崇陽北曰拱辰各安砲二位雍正十二年知縣陸鶴拾土城外環植莿竹」トアリ此地ハ諸羅山社トイヘル平埔蕃ノ住地ニシテ諸羅トイヘル地名ハ此ノ蕃社名ニ取リタルナリ今尚城外蕃社街ニ蕃人ノ部落ヲ存セリ

此城外ニハ通事鄭某トイフモノヽ住メルヲ以テ此方面ノ蕃人ハ交換ノタメ時々出テ來ルコトアリト云フ

住民

嘉義及ヒ雲林地方ハ往時政治ノ中心タリシ臺南ノ地ニ近キヲ以テ最早ク開拓セラレタル地ナリ殊ニ嘉義地方ノ如キハ和蘭人ノ臺灣ヲ根據トセシ時代ヨリ既ニ異人種ノ往來スルアリ而シテ雲林地方ハ鄭氏ノ時代ニ於テ初テ漢人ニヨリテ開拓セラレタリト云フ此ノ如ク他地方ニ比シ早ク異人種ノ入リ來レル地ナルヲ以テ民蕃ノ間自然圓滑ナルヲ致シ今日漢人ニシテ深ク蕃界ニ入リ開墾ヲ爲シ居ルモノアルニ至レリ今此地方ノ住民ノ種族ヲ擧クレハ次ノ如シ

一、漢人

二、平埔蕃族

三、「ツオオ」蕃族

此等ノ中「ツオオ」蕃族ハ高山ニ住シ平埔蕃族ハ平地ニ住セリ而シテ平埔蕃族ハ既ニ進歩ノ度高クシテ今ヤ漢人ト異ラサルニ至レリ

一、漢人

嘉義雲林地方ニ於ケル漢人ハ概シテ閩人ニシテ鄭氏ノ時代既ニ此地方ニ移住シ來リテ開拓セルナリト云フ當時此地方ハ平埔蕃ノ占居地ナリシカハ此等ノ蕃人ヲ驅逐シ之ニ移住セリ當時相互ニ衝突爭鬪ヲ來セシコトアリシ如クナルモ爾來歷年ノ久シキ兩者漸次相親ミ殊ニ「ツオオ」族ノ如キハ全ク馘首ノ風ヲ絕チシヲ以テ今日漢人深ク蕃地ニ入リ田園ヲ

開墾シ部落ヲ作ルモノアルニ至レリ

二、平埔蕃族

昔時ハ嘉義雲林地方ハ平埔蕃ノ住居地ニシテ嘉義ノ南方ナル蔴荳、蕭壠及ヒ目加溜灣等ノ蕃社ノ如キハ既ニ蘭人ノ教化ヲ受ケ一時ハ平埔蕃中ニ於テ最モ勢力アリシト云フ嘉義雲林地方ノ蕃人モ早キ時代ヨリ漢人ト接シ居タルヲ以テ康熙ノ末年既ニ清ニ歸化スルニ至レリ此地方ノ平埔蕃中ニハ今日猶英國宣教師ノ教化ヲ受ケツヽアルモノアリ多クハ羅馬字ヲ讀ミ羅馬字ヲ綴ルコトヲ知レリ此ノ如キヲ以テ蕃人トハ唯人族上ノ稱呼ニシテ漢人ニ比シ却テ開化ノ進歩シ居ルモノモアリ

三、「ツオオ」蕃族

此蕃族ハ原ト嘉義方面ノ平地ニ住居シ在リシカ漢人ノ移住ト共ニ驅逐セラレテ漸次今日ノ如ク山地ニ住居スルニ至リシモノナリト云フ

此族ノ蕃人ハ康熙ノ末年頃ヨリ既ニ馘首ノ風ヲ絶チ專ラ農業ニ力ヲ用ヰシカハ今日ニ於テハ大ニ進歩シ農産物モ亦著ク其數ト産額トヲ増加スルニ至レリ

民蕃相互ノ關係

嘉義雲林地方ノ蕃人ハ今ヨリ三百年以前ニハ慓悍ニシテ馘首ノ風盛ニ行ハレ居リシカ和蘭人ノ化育ト漢人ノ撫卹トニヨリ馘首ノ風漸ク薄ラキ遂ニ全ク止ムニ至レリ是ニ於テ民蕃ノ交通亦自ラ開ケ往來頻繁ナルヲ致シ漸次民蕃ノ相親和スルモノヲ生シ遂ニ深ク蕃社内ニ入リテ開拓ヲ企ルモノアルニ至リ爾來兩者ノ間漸ク圓滑ノ度ヲ深クシ今日ニ於テハ全ク衝突ナキニ至レリ

民蕃ノ關係此ノ如ク圓滑ナルニ拘ハラス「ツオオ」族ト「ヴォヌム」族トノ間ハ然ラス常ニ相反目シ居ルヲ常トス蓋此兩族ノ此ク反目スルニ至リシハ境界ノ爭ト言語ノ通セサルトヨリ起リシ結果ナランカ然レトモ此兩者ノ間ト雖トモ漸次相和スルノ傾向ヲ生シ往々兩族ノ間ニ於テ結婚スルモノヲ生スルニ至レリト云フ

沿革

嘉義雲林地方ハ臺南安平ノ地方ニ近キヲ以テ此地方ニ於ケル蕃人ハ和蘭人ノ臺灣ヲ根據トセシ時代ヨリ既ニ漢人ト交通シ居レリ即チ此地方ノ蕃人ハ殆ト三百年以前ヨリ異人族ト相接セシナリ

嘉義臺南間ニハ往時平埔蕃ノ一大部落ノ在リシ地ニシテ新港、目加溜灣、蕭壠及ヒ蔴荳等ノ有名ナル蕃社モ亦此間ニ在

リシナリ和蘭人ノ臺灣ヲ根據トセシ以來此等ノ蕃社ニハ耶蘇敎ノ傳導ヲ及ホシ麻荳及ヒ新港ノ二蕃社ニハ學校ヲ起シテ蕃人ノ化育ニ勉メタリト云フ其結果トシテ蕃人ノ生業著ク進歩シ又文字ヲ解シ得ルモノヲ生スルニ至レリ而シテ當時蘭人ノ敎ヘシ文字ハ羅馬字ニシテ之ヲ用井テ蕃語ヲ綴リタリト云フ

蘭人去リテ鄭氏ノ世トナルニ及ヒ此等ノ蕃社ハ四大社トシテ知ラレ凡平埔蕃中最開ケ且勢力アリシ蕃社ナリシモノ、如シ此等ノ蕃社ノ他嘉義雲林地方ニモ諸羅山、打猫、他里霧及ヒ斗六門等ノ蕃社アリシモ前者ノ如ク優勢ナラサリシカ如シ

又「ツォオ」族ノ蕃人モ原ト嘉義地方ノ平野ニ住居シタリシ蕃人ナリ其口碑ニヨレハ彼等ハ古昔「モイボル」（今ノ嘉義ノ平野）ノ地ニ住居セシモノナルカ後ニ至リ今日ノ如ク山地ニ入リテ住居セルモノナリト云フ

彼等ノ此ク平地ヨリシテ交通不便ナル山地ニ居ヲ移スニ至リシハ種々ナル源因アル可キモ鄭氏ノ時ニ驅逐セラレテ山地ニ入リシハ其重モナル事情ナリシナラン即チ往時臺南近傍ニアリシ「ツォオ」族即チ漢人ノ所謂四社熟蕃ノ口碑ニ據レハ初メ鄭氏ノ爲ニ逐ハレテ今ノ蕃薯寮地方ナル楠仔梓溪沿岸ノ地ニ移轉セルモノナルコトヲ傳ヘ又雲林地方ニ於テモ鄭氏ノ部臣林圯ノ此附近ナル「ツォオ」族ノ蕃人ヲ逐ヒ田園ヲ開墾セル如キ以テ其例證ト爲シ得ヘシ

康熙ノ末年清官ハ通事吳鳳トイフモノヲシテ屢々此地方蕃社内ニ往來シ蕃人撫育ノ事ヲ勉メシメタリ吳鳳能ク蕃語ニ精通シ且蕃人ノ信用厚カリシカ同六十年「ツォオ」族ノ蕃人官ニ反抗シテ亂ヲ作サントセシトキ吳鳳ハ命ヲ奉シテ深ク蕃地ニ入リ其不可ナルコトヲ蕃人ニ論シタリシモ之ヲ肯セス且夜ニ乘シテ吳鳳ヲ殺害シ遂ニ亂ヲ發シタリ六十一年諸羅縣ノ知縣孫魯蕃人ヲ諭シテ歸化ヲ勸メ一方ニ於テハ兵力ヲ以テ打擊ヲ彼等ニ加ヘテ之ヲ懲ラシ他ノ一方ニ於テハ其歸化セルモノニ布帛並ニ酒肉等ヲ與ヘ恩威兩ナカラ加ヘタリシカ偶々蕃社内ニ惡疫流行シ死スル者多カリシカハ蕃人ハ之ヲ以テ吳鳳ノ魂ノ祟トシテ恐惶シ知母朥社ノ酋長主トシテ歸化ヲ唱ヘ爾後決シテ人ヲ殺サヽルコトヲ誓約セリ殊ニ乾隆年間鄭及ヒ黃ノ兩通事大ニ力ヲ撫蕃ニ盡シタル結果「ツォオ」族ノ全部殆ト撫ニ就キ爾來全ク人ヲ殺スモノ無キニ至レリト云フ

此ク高山ナル「ツォオ」族ハ既ニ歸化シテ全ク殺人ノ風ヲ絶ツニ至リシカ一方ナル平地ノ平埔蕃ハ鄭氏ノ據臺以來一大變動ヲ受クルニ至レリ蓋シ鄭氏ノ時代ヨリ漢人ノ移住スル者日ニ月ニ增加シテ開墾ノ餘地ナキニ至リシカハ漢人ハ狡猾ノ手段ヲ用井テ平埔蕃ノ土地ヲ侵シ或ハ斗酒尺布ノ微ヲ與ヘテ之ト換ヘ終ニ其固有ノ田園ヲ失ヒ生活ノ途ニ惑フニ至ラシメ已ムナク他ノ漢人ノ未住地ニ向ヒテ移住シ新ニ耕地ヲ開墾スルニ至ラシメタリ

此時ニ當リテ此損害ヲ免カレ得シハ何レモ嘗テ和蘭人ノ敎化ヲ受ケ羅馬字ヲ用井テ蕃語ヲ綴ルコトヲ解セシ者ニシテ漢

人トノ田園ノ貸借上蕃人ハ羅馬字ヲ用ヰテ契證ヲ認メ漢人ノ認メタル漢字ノ證書ト對照シタルヨリ後ニ至リテ漢人ノ狡獪ナル手段モ此契證ノ為ニ騙詐ヲ逞クスルコト能ハサリシモノヽ如シ

乾隆五十二年林爽文ノ兵亂アリ臺地ノ全部殆ト蹂躙セラレシカ翌五十三年林賊ハ征討總督將軍福ノ為ニ追ハレテ阿里山方面ノ蕃界ニ據リシカハ此方面ノ蕃人等ハ力ヲ戮セテ之ヲ討チ大ニ功ヲ奏セリト云フ後清朝大ニ其功ヲ賞シ知母朥社ノ酋長外十八人北京ニ至リ破格ノ謁見ヲ賜ハリ朝服冠帶其他ノ物ヲ給セラレ一般蕃人ニモ物ヲ賜ヘテ大ニ撫卹セリト云フ此ヨリ以後ハ此地方ノ蕃人全ク平穩ニ歸セリ

同治十三年ヨリ光緒二年マテハ統領吳ノ八通關道路ヲ開鑿シタル時ナリ此時ニ當リテ統領吳ハ大ニ沿道ノ蕃人ヲ撫卹シ其結果今猶吳ノ名ヲ記臆スルモノ多シ此八通關ノ道路ノ開鑿ト同時ニ益々交通ノ便ヲ得シメシカ為石ヲ新寮ニ建テヽ從來漢人ノ故ナク蕃界ニ入ルノ禁ヲ解クコトヲ出示セリ漢人之ヲ德トシ吳ノ頌功ノ碑ヲ立テヽ「德遍山陬」ト言ヘリ爾來蕃社ニ往來スル漢人隨テ多ク彼ノ頭社坪ノ如キハ此以後ニ建テラレタル部落ナリト云フ而シテ社丁ト稱スル通事ノ部下カ蕃社內ニ入リテ蕃人ト雜居シ彼等ノ需要ヲ供給スルニ至リ化育上間接直接ニ大ナル影響ヲ與ヘタルモノヽ如シ

巡撫劉ノ時ニ至リ林圯埔並ニ後大埔等ノ地ニ撫墾分局ヲ設ケ大ニ撫蕃ノ事ヲ勉メタリ當時蕃人撫育上ニツキ大ニ見ル可キモノアリ卽チ猥ニ蕃人ヲ招徠セスシテ定時ニ之ヲ招徠シ而シテ蕃人ノ出局スルトキニハ其惠與スルモノハ必ス實用品ヲ以テセルコト是ニシテ年每ニ一領ノ衣服ヲ各蕃丁ニ惠與シタリ其衣服ハ漢裝ノ服ヲ折衷シタルモノニシテ今日猶ホ蕃社內ノ祝祭日ニハ之ヲ着スルヲ例トセリ又酋長ニハ蕃丁ト異リタル衣服ヲ與ヘテ其待遇ヲ異ニセル等撫蕃上參考トナス可キモノ多シ

光緒十四年卽チ雲林縣知縣陳ノ時鹿猪大社ニ屬スル楠仔脚萬社ニ學校ヲ起シ此社ノ蕃童ヲ敎育シタルコトアリシカ一年ナラスシテ廢校セリ蓋シ蕃童ヲ敎育スルニ漢人ノ子弟ト同一ノ方法ヲ以テシ最初三字經ヲ敎ヘ字ヲ習ハシメタルヲ以テ毫モ蕃童ニ趣味ヲ與フルコトナク為ニ學校ニ到ルヲ嫌惡シ終ニ一人ノ來學者ナキニ至リシカハ已ムヲ得スシテ廢校シタルナリト云フ

要スルニ此方面ノ蕃人ハ今ヨリ二百年以前既ニ馘首ノ風ヲ絕チシヲ以テ漢人トノ往來比較上多カリシ結果間接直接ニ蕃人化育ノ上ニ影響ヲ與ヘ今日ノ如ク生業其他ノ進步ヲ見ルニ至リシモノナル可シ

第六、鳳山地方誌

茲ニ鳳山地方ト稱スルハ南ハ率芒溪ヲ以テ恆春地方ト界シ西北ハ烏山脈ヲ以テ臺南地方ト境ヲ接シ東ハ分水嶺ヲ以テ卑南地方ト相隣セル一帶地域ヲ總稱ス此地方ハ踏査セル部分甚タ少クシテ不明ニ屬スル處モ亦少カラス

地勢及ヒ組織

鳳山地方ハ下淡水溪ノ本流並ニ其支流ニ屬スル流域地ト此兩旁ニアル山地トヨリ成立ス下淡水溪ノ本流ニ屬スル流域地ハ卽チ鳳山ノ平野ニシテ此地方ノ重モナル部分ヲ占ム此平野ハ田園遠ク開ケ民屋相連リ處々ニ部落ヲ形成セリ然レトモ河流ノ此平野ヲ汎濫スル爲豐沃ノ平野モ半ハ荒蕪ニ歸シ唯河流ノ汎濫ニ委シツヽアリ支流ニ屬スル流域地ハ楠仔梓溪及ヒ四社溪ノ二支流ニヨリテ兩斷セラレ二個ノ峽谷ヲ形成セリ此兩峽谷ノ間ニ一山脉アリテ其境ヲナス之ヲ簿亭山脈ト稱ス而シテ四社溪ニ屬スル峽谷ヲ假ニ四社谷ト名ケ楠仔梓溪ニ屬スルモノヲ楠仔梓谷ト名ク可シ此中前者ハ小ニシテ村落稀少ナルモ後者ハ其地域稍々大ニシテ從ヒテ村落モ亦多シ此兩峽谷ノ兩旁ニ在ル山地ノ西北ニ在ルモノハ烏山脈ニシテ其東南ニ在ルモノハ關山脈ナリ烏山脈ハ甚タ低クシテ西南ニ至ルニ從ヒテ丘陵ヲナシ漢人之ヲ開拓シテ占居スルニ至レリ關山脈ハ臺灣ノ脊梁ヲ成セル中央山脈ノ西方ニ位シ此地方ノ蕃人ハ重ニ此附近ニ占居セリ

山岳及ヒ河流

鳳山地方ニ於ケル山岳ト稱ス可キモノハ關山脈、簿亭山脈及ヒ烏山脈等其重モナルモノナリ此等ノ三山脈東北ノ一點ニ相會シテ一萬尺以上ノ高山ヲナス此ヲ關山ト稱ス

關山ハ新高山以南ノ高山ニシテ此近傍ノ山岳中ノ主山タリ此以南ノ地ニハ南大武山、大社山、及ヒ加禮山等ノ諸山アリ此他傀儡山、知本主山、等アリ其四周ニ蕃人占居セリ

簿亭山脈ハ四社溪ト楠仔梓溪トノ中間ニアル山脉ニシテ簿亭山其主山タリ殆ト五千五百尺ノ高ヲ有シ其平野ニ盡クル處ニ旗尾山アリ

烏山脈ハ楠仔梓溪ノ西南岸ニアル一帶ノ山脈ニシテ烏山並ニ虎頭山等ハ其高點タリ烏山ハ殆ト四千尺虎頭山ハ二千尺ノ高ヲ有セリ此他多クハ丘陵ニシテ漢人ノ部落處々ニ散見セリ此山脈鳳山ノ北方ニ至リテ盡ク此地方ハ河流縱横ニ濫流シ平野ノ半ハヲ荒蕪ニ歸セシメ居ルモ其重モナルモノハ下淡水溪ニシテ之ニ次クモノハ東港溪ナリ

下淡水溪ハ上流ニ於テ二支流ニ分レ其東ニ在ルモノヲ四社溪ト云ヒ其西ニ在ルモノヲ楠仔梓溪ト稱ス此二流阿里港ノ近傍ニ至リテ相合シ一大河流トナリテ海ニ入ル此河流ハ河身數多ニ分岐シアルヲ以テ出水ノ時ニハ此流域地ノ大半湖水ノ

狀ヲナシ殊ニ四社溪ノ如キハ隘寮庄ノ處ニ至リ河身數多ニ分岐シテ此附近ノ平野ヲ濫流セリ四社溪ハ其水源ヲ新高山系ニ楠仔梓溪ハ阿里山附近ヨリ發シ各幾多ノ小流ヲ集メテ漸次其大ヲ增ス楠仔梓溪ハ四社溪ニ比シ稍水量ニ富メリ

東港溪ハ下淡水溪ノ東南方ニアル河流ニシテ河流數多ニ分岐シ何レカ其本流ナルヲ認ムル能ハサルナリ其水源ヲ南大武山附近ヨリ發ス前者ニ比シ其流小ナリ

產物

鳳山地方ニ於ケル蕃界ノ產物ハ處ニヨリテ多少異レリ其重モナルモノハ次ノ如シ

一、苧仔　二、烟草　三、綠豆　四、落花生
五、獸皮　六、獸骨及ヒ鹿角　七、蕃布　八、網袋及ヒ草蓆
九、雞豚　十、菓物　十一、籐　十二、薯榔

此等ハ其重モナルモノニシテ此外下三社ニハ野生ノ茶樹アリ舊清政府時代ニ在リテハ之ヲ摘採シテ茶ヲ製セシコトアリシト云フ又山地ニハ樟樹ヲ見ルモ此地方ニ於テハ製腦ニ從事シ居ル者ヲ見ス

苧仔ハ到ル處ノ蕃社ニ於テ多少種作シ居ルモ隘寮溪以南ニ占居セル「ツアリセン」族並ニ同族ノ下三社「ヴオヌム」族ニ屬スル「セブクン」蕃社等ヨリ盛ニ產出ス要スルニ漢人部落ニ近キ蕃社ニ比スレハ奧山ニアル蕃社ニ於テ盛ニ種作セリ苧仔ハ此地方ノ蕃人ノ重モナル交換物タリ苧仔ヲ多ク產スル結果トシテ盛ニ蕃布ヲ產出ス

烟草ハ各社ニ於テ種作シ居レリ唯臺東地方「バヌワン」ノ如ク多ク種作セサルモ其香味佳良ニシテ「バヌワン」蕃社產ノモノニ匹敵スト云フ

落花生及ヒ綠豆ハ農業ノ進步シ居ル結果其產額多ク此地方ニ於ケル蕃人ノ交換物ノ重モナルモノナリ

獸皮ハ鹿羌仔猴等普通ニシテ稀ニ山羊、花鹿、熊及ヒ石豹等ヲ狩獵スルヲ以テ此等ノ皮ヲモ產出ス獸骨ハ漢人ノ藥品トナスモノニシテ鹿及ヒ猴ノ脚並ニ猴ノ頭骨等普通ナリ此等ノ外鹿角ヲモ產出ス

「ツアリセン」族ノ蕃人ハ網袋ヲ編ムコト頗ル巧ニシテ自用ノ外交換用ニ供ス然レトモ甚盛ナラス又草蓆ヲ編ムコトニ巧ナリ自用スルノ他ニ交換用ニモ供ス

雞豚ハ一家七八ノ多キヲ飼養シ居ルモノアリ漢人部落ニ近キ蕃社ニ於テ盛ナルモ山奧ニアル蕃社ニ於テハ盛ナラス

此地方ノ蕃社ニ於テ栽培シ居ル菓樹ハ柚仔、柑仔、龍眼肉及ヒ芭蕉等其普通ナルモノニシテ此等ノ菓實ヲ交換用ニ供スルモノ多シ

農事ノ閑ナル時ニ於テ籐及ヒ薯榔等ノ天産物ヲ採集シテ交換用ニ供スルモノモ亦少カラス

交通

鳳山地方ノ山地ハ其位置漢人ノ交通ニ不便ナル處ニ在ルヲ以テ往來從ヒテ頻繁ナラス是レ今日猶ホ此地方ノ蕃人ノ稀ニ馘首ノ風ヲ存スル所以ナル可シ而シテ其馘首ヲナス原因中「アタイヤル」族ノ慣習ト異リ復讐的ノ意味ヲ以テスルモノアリ

此地方ニ於テ蕃社ニ交通スル道路次ノ如シ

(一)箇仔霧社ニ通スル道路
(二)四社蕃ニ到ルノ道路
(三)臺東新開園蕃薯寮間ノ道路
(四)下三社ニ到ルノ道路
(五)「セブクン」蕃社ニ到ルノ道路
(六)口社方面ノ蕃社ニ到ルノ道路
(七)隘寮溪附近ノ蕃社ニ到ルノ道路
(八)枋寮巴塱衛間ノ道路

此等ノ道路ニ就キ左ニ記ス可シ

(一)箇仔霧社ニ到ルノ道路

蕃薯寮地方ヨリ箇仔霧社ニ到ルニハ楠仔梓溪ニ沿フテ上リ阿里關ニ出テ此ヨリ更ニ上流ニ進ミテ蕃社ニ到ルナリ三十清里ニシテ蕃地ニ到ルコトヲ得可シ此道路ハ交通不便ナルヲ免レス

(二)四社蕃ニ通スル道路

蕃薯寮地方ヨリ四社蕃ニ到ルニハ楠仔梓溪ニ沿フテ上リ山杉林ニ出テ此ヨリ薄亭山系ノ一部分ヲ横切リテ六龜里ニ到リ此ヨリ更ニ四社溪ニ沿フテ進ミ老濃庄ニ到リ此ヨリ三四里ニシテ蕃社ニ到ルコトヲ得可シ

(三)臺東新開園蕃薯寮間ノ道路

蕃薯寮ヨリ臺東新開園ニ到ル道路ハ漢人ノ往來絶テ無ク僅ニ蕃人ノ往來スルモノアルノミ老濃庄ヨリ四社蕃ニ屬スル「ビーラン」社ニ出テ此ヨリ「セブクン」蕃社ノ一部分ヲ過キテ後山ノ三武洛溪ニ出テ新開園ニ到ルコトヲ得可シ

(四)下三社ニ到ルノ道路

蕃薯寮ヨリ下三社ニ到ルニハ二條ノ道路アリ一ハ舊寮庄ニ至リテ此ヨリ蕃社ニ到ルモノト他ハ山杉林ヨリ六龜里ニ至リ此ヨリ蕃社ニ到ルモノトアリ此間五里ノ路程アリ

舊寮庄ヨリ蕃社ニ到ルニハ四社溪ノ支流ナル濁口溪ニ沿フテ進ムトキハ蕃社ニ到ルコトヲ得可シ而シテ六龜里ヨリ蕃社ニ到ルニハ二條ノ道路アリ一ハ萬斗籠社ニ到ルモノニシテ他ハ屯仔並ニ忙仔等ノ蕃社ニ到ルモノナリ

(五)「セブクン」蕃社ニ到ルノ道路

「セブクン」蕃社ニ到ルコハ老濃庄ヨリ浦來溪ニ沿フテ進ミ四社蕃ノ蕃地ヲ經テ到ルモノト六龜里庄ヨリ萬斗籠社ニ至リ此ヨリ「セブクン」蕃社ニ到ルモノトノ二條アリ何レモ交通不便ノ蕃地タルヲ免レサルナリ

(六)口社方面ノ蕃社ニ到ルノ道路

口社方面ノ蕃社ニ到ルニハ加鹿埔庄ヨリ蕃社ニ入ルヲ便トス加鹿埔庄ヨリ口社ニハ二里ノ路程アリテ大路關溪ニ沿フテ進ムモノト山路ヲ通過スルモノトアリ路險ナラス

口社ヨリ大路關溪ニ沿フテ進ムトキハ「サンモハイ」「トア」社及ヒ「バイワン」社等ノ蕃社ニ到ルコトヲ得可シ

(七)新隘寮溪附近ノ蕃社ニ到ルノ道路

新隘寮庄ニ到リ此ヨリ隘寮溪ニ沿フテ進ムトキハ「ペイヒヨオ」及ヒ「ソアンテイモオ」等ノ蕃社ニ到ルコトヲ得可シ

(八)枋寮及ヒ巴塱衛間ノ道路

此道路ハ二日ノ里程アリ一夕ヒ山地ニ野宿シテ巴塱衛ニ達ス可シ往時卑南方面ノ蕃人ハ交換賣買ノ爲ニ枋寮地方ニ出ツルニハ必此道路ヲ交通セリト云フ

此等ノ外猶蕃地ニ到ル道路多カル可キモ不明ニ屬ス

蕃界ニ於ケル重モナル郷庄

鳳山地方ニ於ケル蕃界ノ重モナル郷庄トシテ擧ク可キモノハ次ノ如シ

一、鳳山街　二、枋寮　三、水底寮　四、加鹿埔　五、蕃薯寮　六、山杉林

此等ノ郷庄ハ之ヲ實地踏査シタル部分甚タ少キヲ以テ殖民沿革等ノ事實ハ何レモ詳細ヲ欠ケリ

一、鳳山街

鳳山街ハ本名ヲ埤頭城ト稱シ乾隆五十三年初メテ築城シ嘉慶元年ニ至リテ城壁ヲ築キ且ツ城門ヲモ建立セリ此地ヲ鳳山ト稱セシハ此地ノ近傍ニ鳳山ト稱スル丘陵アルヲ以テ之ヲ採リテ其縣ノ名トセシモノナリト云フ戸數始ト一千五百

人口概子五千五百ニ達セリ

二、枋寮

鳳山地方ニ縣ヲ置キシハ康熙二十三年臺灣歸淸ノ初メニシテ早キ時代ヨリ漢人ノ入リ込ミシ地ナリ

枋寮ハ鳳山地方ノ南方海岸ニ位シ戸數殆ト百二十、人口概子四百ニ達ス往時ハ卑南地方ノ蕃人此地方ニ來リテ物品ヲ交換賣買セリト云フ

三、水底寮

水底寮ハ枋寮ノ東北ニ位セル市街ニシテ往時卑南地方ノ蕃人出テ來リ物品交換ヲ營ミタリシ地方ニシテ卑南地方ノ蕃人ヲシテ進歩セシメタルハ此地方ノ漢人與リテ大ニ力アリ戸數殆ト六百、人口二千五百餘ニ達ス

四、加鹿埔

加鹿埔ハ口社方面ノ蕃社ニ入ル門戸ニシテ蕃社ヲ距ル僅カ二里ノ處ニアリ「ペイポ」族(所謂熟蕃)並ニ漢人雜居セリ此外五十餘人ノ「ツアリセン」族ノ蕃人モ此地ニ雜居セリ

此等ノ「ツアリセン」族ノ蕃人ノ此地ニ移住セシハ光緒十九年ニシテ通事曾龍トイフモノ管埋シ居レリ家屋其他衣食ニ至ルマテ尙渾テ固有ノ風ヲ存シツヽアリ五十餘人一處ヲ畫シテ群居シ漢人並ニ「ペイポ」蕃ノ使役ニ服シ且彼等自身モ亦畑ヲ耕作シ居レリ移住以來五六年間ヲ經タル結果幾分ノ智識ヲ增シ農業モ亦進歩シタル形跡アリト云フ

五蕃薯寮

蕃薯寮ハ楠仔梓溪ノ西岸ニ在リテ旗尾山ト相對セリ往時此地ニ移住セル漢人ハ蕃薯ノミヲ食ニ採リシヲ以テ遂ニ土地ノ名稱トナセリト云フ有名ナル羅漢門ノ地卽チ是ナリ

六、山杉林

山杉林ハ蕃薯寮ノ北部三里内外ノ處ニアル寒村ナルモ此方面ノ蕃社ニ出入スルニハ此地ヲ基點トナセリ此附近ノ地ハ「ツォオ」族ニ屬スル四社熟蕃ノ占居スル處ナリ

住民

鳳山地方ニ於ケル住民ヲ類別スレハ次ノ如シ

一、漢人

二、「ペイポ」族

三、「ツアリセン」族

四、「ヴオヌム」族

五、「ツォオ」族

此等ノ住民中其大部分ヲ占メ居ルモノハ漢人及ヒ「ツアリセン」蕃族ニシテ其他ノ蕃族ニ至リテハ甚タ少シ

一、漢人

鳳山地方ハ鄭氏ノ時既ニ開拓ノ要地トナリ又昔時臺灣政治ノ中樞タリシ臺南ノ地ニ接近セルヲ以テ康熙年間既ニ多數ナル漢人ノ殖民セル者アリキ

此地方ニ住居スル漢人ハ閩人及ヒ粤人（客人）ニシテ海岸ニ近ク占居スルモノハ閩人ニシテ山地ニ接シテ占居スルモノハ槪テ粤人ナリ此地方ニ於テ注意ス可キハ此粤人ナリトス

粤人ノ此地方ニ移住シ來レルハ康熙ノ末年ニシテ廣東省嘉應等ノ二州ヨリ移住セルモノ其多數ヲ占ム初メ粤人ノ臺灣ニ移住シ來レル時ハ鄭氏既ニ亡ヒ全臺悉ク淸ノ版圖ニ歸シタルモ百事草創未其緒ニ就カサル時ニシテ何レノ方面ニ如何ナル曠地アルヤハ之ヲ踏査スル外ニハ毫モ知ルニ由ナカリシ時ナリキ是ニ於テ移住ノ粤人ハ臺南ノ東南ニ地ヲトシ開墾ニ從事シ居タシカ其後鳳山地方ニ曠地アルコトヲ知リ今ノ地ニ移住セリト云フ其分布地ハ重モニ下淡水溪ノ東南ノ地ニ在リテ其村庄七十餘ニ及ヒ戶數殆ト六千五百、人口三萬五千ニ達セリ

此地方ニ於ケル粤人ハ嘗テ各庄ナル壯丁ヲ擧ケテ兵丁ニ編入シ此外常ニ兵器彈藥等ヲモ備置シ且各村庄ノ周圍ニハ堡壘ヲ築キ城門ヲ設ケ一旦事アル時ニハ直ニ之ニ應スルヲ得ルノ準備ヲナシ居リキ所謂六堆組織是ニシテ全里庄ヲ六堆（即チ前堆、中堆、後堆、左堆、右堆及ヒ先鋒堆）ニ分チ各堆每ニ統理並ニ監軍ヲ置キ又六堆ノ全般ニ關スルコトハ正副ノ總理各一名ヲ置キテ之ヲ統理シタリ此ノ如ク粤人ノ相一致シテ軍隊ノ組織ヲナセルハ偶然ノ事ニハアラサルモノ、如シ即粤人ノ鳳山地方ニ移住セル後ニ閩人モ亦共ニ此地方ニ移住ヲ企テタリ而シテ原ト閩人ハ粤人ト相容レス名ヲ其先住者タルニ藉リ粤人ヲ呼ヒテ客家ト稱シ常ニ之ヲ侮蔑シタルヲ以テ兩者ノ間常ニ相反目シ時トシテハ爭鬪ヲ起セシコトアリ是ニ於テカ里庄ニ堡壘ヲ築キ防備ヲ嚴ニセシモノナル可シ

此ク粤人ハ臺灣ニ於テ常ニ侮蔑セラレ且冷遇セラレシ結果今日ノ如ク忍耐力ト共同一致ノ氣風トヲ養成シ以テ一方ニ於テハ閩人ニ當リ他ノ一方ニ於テハ生蕃ニ當リシヲ以テ益々此等ノ氣風ヲ强固ナラシメシナラン

二、「ペイポ」族

鳳山地方ハ往時漢人ノ移住以前ニ在リテハ下淡水溪ノ東西並ニ海岸一帶ノ地ニ「ペイポ」族ノ蕃人占居シ和蘭人據臺ノ時ニハ亦耶蘇敎ノ感化ヲ受ケ猶臺南地方ニ於ケル同族ノ如ク「ローマ」字ヲ用ヒテ蕃語ヲ綴ルコトヲ解スルモノモアリタリキ而シテ「ペイポ」族中最敢爲ノ氣象ニ富ミ嘗テ輕舟ニ乘シテ遠ク呂宋ニ往來セシモノモアリシトイフ而シテ臺灣ノ歸淸ト共ニ淸政府ハ先ツ其航海及ヒ「ローマ」字ノ使用ヲ禁シ且移住漢人ノ爲ニ其地ヲ侵佔詐取セラレ之カ爲ニ耕地ヲ失ヒ活路ニ窮シ終ニ故地ヲ去リ更ニ墾地ヲ求メサル可ラサルニ至リ其大半他ニ移住ヲ企テタルハ嘉慶道光ノ年代ナリキ

此移住ヲ企テタル「ペイポ」族ノ蕃人ハ二方向ヲ取レリ卽チ一ハ恒春地方ニ移住シ他ハ中央山脉ヲ横切リテ臺東地方ニ移住セリ而シテ其故地ニ止リ居ルモノハ僅ニ一方ノ僻隅ニ餘喘ヲ保チツヽアルニ過キス

三、「ツアリセン」族

「ツアリセン」族ノ蕃人ハ又傀儡蕃ト稱シ古來慓悍馴ラシ難キノ異類トシテ漢人ニ記憶セラレシカ屢々官兵ノ討伐ニ遇ヒ其結果トシテ今ヨリ百年前後ニハ馘首ノ風殆ト止ムニ至レリト云フ唯尙稀ニ掠首ヲナスコトアルモ其原因復讐的ニ出ツルモノ多シ

其分布區域ハ北ハ關山近傍ヨリ南ハ率芒溪ニ至ル間ニ在リ

四、「ヴオヌム」族

此地方ニ住居スル「ヴオヌム」族ノ蕃人ハ甚タ少ク僅ニ「セブクン」ト稱スル蕃社アルノミ此「セブクン」蕃社ハ濁水溪沿岸ヨリ移住セルモノニシテ關山ノ四周ニ占居シ「ツォオ」族ニ屬スル四社生蕃ノ地ヲ借リ耕作ヲナシ居ルモノ多シ交通不便ノ地ニ居ヲ占メアルヲ以テ漢人部落ニ出ツルコト甚稀ニ從ヒテ開化ノ程度モ亦低キカ如シ

五、「ツォオ」族

此地方ニ於ケル「ツォオ」族ノ蕃人ハ漢人ノ所謂內優社或ハ四社生蕃ト稱スル蕃社ニシテ四社溪並ニ楠仔梓溪ノ上流ニ在リ何レモ交通不便ナル處トス此外四社熟蕃ト稱スル一團ノ蕃人アリ是亦「ツォオ」族ニ屬スル蕃人ナルモ今日ニ於テハ全ク漢人化シ一見漢人ト區別スル能ハサルマテニ進步セリ

民蕃相互ノ關係

鳳山地方ニ於ケル漢人ニハ閩籍ニ屬スル福老人ト粤籍ニ屬スル客人トアルヲ以テ此兩者ノ間多少圓滑ヲ欠キ居ルハ事實ナリ蓋閩粤兩籍ニ屬スルモノヽ常ニ軋轢シテ相融合セサルハ獨リ此地方ノミナラス全臺ノ到ル處皆然リ

漢人ト蕃人トノ間ハ概シテ圓滑ナラスシテ常ニ反目シ居ルモ獨リ粤人ト蕃人トノ中ニハ結婚ヲ爲スモノモアルヲ以テ自然兩者相親ムノ傾向アリ

此地方ノ蕃人ハ他ノ地方ノ如ク相互ニ反目敵視スルコトナキカ如シ是「ツアリセン」族ノ蕃人優勢ニシテ他ノ蕃族ハ之ニ反抗スルノ力ナキヲ以テ自然譲歩シ居ルハ其一原因ナル可シト信ス

沿革

此地方ハ調査ノ時日充分ナラサリシヲ以テ沿革ノ如キハ最不明ニ屬ス左ニ記スル事實ノ如キハ僅ニ知リ得タル一斑ヲ擧ケタルノミ

鳳山地方ハ往時臺灣政治ノ中樞タリシ臺南ノ地ニ接近セルヲ以テ康熙年間既ニ其各樞要ノ地ニ漢人ノ移住ヲ見ルニ至リシモ其以前ニ於テハ全ク蕃人ノ住居地ニシテ平地ニハ「ペイポ」蕃族山地或ハ其附近ニハ「ツアリセン」蕃族ノ占居セシ處ナリキ

而シテ三百年前和蘭人據臺ノ時既ニ感化ヲ此地方ノ「ペイポ」蕃ニ及シ次テ鄭氏ノ時ニ於テ此地方ニ開拓ヲ初メタルモ僅々海岸一帶ノ地ニ過キサリシモノヽ如シ此時ニ當リ蕃人ニシテ鄭氏ノ軍ニ抗セシモノハ悉ク之ヲ討伐シテ山地ニ驅逐シ歸附セルモノハ之ヲ撫卹シテ依然其地ニ居ラシメシカ「ツアリセン」蕃族ノ如キハ當時鄭氏ノ爲ニ討伐セラレシモ險ヲ負テ自ラ固クシ鄭軍常ニ利アラサリシト云フ今日楠仔梓溪ノ兩岸即チ楠仔梓谷ニ占居シ其土俗全ク漢人化セル「ツォオ」族ニ屬スル四社熟蕃ノ如キ元ト臺南附近ノ平野ニ住居シ在リシモノナリシカ鄭氏ノ時ニ驅逐セラレテ今ノ地ニ移住セルモノナリ

鄭氏ノ時代ニ於テハ此ノ如ク討伐ト撫卹トヲ以テ蕃人ニ對シタルモノヽ如シ而シテ鄭氏時代ニ於テ蕃人ノ使用セル武器ハ不完全ナルモノニシテ鄭氏ノ軍兵鋭利ノ武器ヲ以テ之ニ當リシカハ容易ニ剿除ノ功ヲ奏スルヲ得シナラン

鄭氏滅ヒテ全臺清ノ版圖ニ歸スルヤ漢人ノ移住モ亦漸次増加スルニ至リシカ玆ニ注意ス可キハ康熙ノ末葉ニ於ケル廣東人ノ移住ナリ最初彼等ハ臺南附近ニ僅ニ耕地ヲ開キ居リシモ後ニ至リテ鳳山地方ニ曠地アルヲ知リ遂ニ此處ニ移住セリ當時鳳山地方ノ平野ニハ「ペイポ」蕃族ノ占居セシヲ以テ此等ヲ驅逐シテ墾地ヲ擴メ大ニ開墾ヲ勉メタリシカ爾後其親戚故舊亦相踵キテ移來シ益々其數ヲ増加セシト同時ニ閩籍ニ屬スル福老人モ此地ニ移住ヲ企ルアリ生齒日ニ其數ヲ增セリ是ニ於テ墾地境界ノ爭ヒヲ生シ兩者ノ軋轢日々ニ其度ヲ高メ時トシテハ激烈ナル爭鬪ヲ爲セシコトアリ是ニ於テ兩者ノ反目相結ヒテ釋ケス常ニ相敵視スルニ至レリ

康熙六十年楠仔梓庄ニ朱一貫トイフモノアリ鳳山地方ノ政亂レ人民苛税ニ苦メルヲ奇貨トシ且其姓ノ朱ナルヲ利用シテ名ヲ明室ノ後裔ナリトイフニ藉リ徒黨ヲ集メテ亂ヲナセシカ遠近之ニ應スルモノ多ク破竹ノ勢ヲ以テ鳳山一帶ノ地ヲ陷レ更ニ臺南ヲ略シタリキ此時ニ當リ廣東人ハ獨リ義ヲ唱ヘ奮戰激鬪シテ臺南鳳山等ノ城ヲ復セリ清帝大ニ其功ヲ賞シ殊ニ褒忠ノ二字ヲ賜ヒ各城門ニ之ヲ旌表セシメタリ此ク廣東人ノ義ヲ唱ヘ官軍ニ與ミシタリシハ大ニ注目ス可キ一事ナリ蓋日常相敵視セル福建人ノ亂ヲ作セシヲ以テ卽チ之ヲ好機トシテ復讐的ニ力ヲ奮戰激鬪ニ致シ其功ヲ奏セシモノナラン鳳山地方ニ於テモ漸次移住者ノ增加スルニ從ヒ平地ニ於ケル空地ハ既ニ盡ク開墾セラレシヲ以テ新ニ墾地ヲ開カントスルモノハ蕃界ニ之ヲ求メサル可ラス是ニ於テ往々曠地ヲ求メテ蕃界ニ到ルモノアルニ至リシカハ「ツアリセン」族ノ蕃人ハ屢々山ヲ出テヽ漢人ヲ殺害セシコトアリキ當時傀儡蕃ハ兇頑嗜殺ノ異類トシテ最漢人ニ恐怖セラレシカ其兇暴ヲ懲打スル爲雍正元年以來清軍屢々征討ノ軍ヲ擧ケタル結果馘首ノ風ハ漸次薄ラクニ至レリ

乾隆五十一年林爽文ノ亂ニ鳳山縣城賊ノ爲ニ陷ラレ且兵燹ニ罹リシカ偶々卑南蕃族ノ交換ノ爲ニ枋寮地方ニ來リシモノアルヲ利用シ匪賊ノ誅討ニ當ラシメタリ賊黨其不意ヲ討タレ狼狽潰走縣城爲ニ復スルヲ得タリキ此ノ如ク前ニハ則チ朱一貫ノ亂後ニハ則チ林爽文ノ亂ニ際シ匪賊征討ニ大功アリシモノ何レモ常ニ之ト敵視シツヽアル者ニシテ此一事ノ如キハ大ニ注目ス可キ事ナルヲ信ス

嘉慶道光ノ間ハ臺灣ニ於テ最多ク無職ノ遊手ヲ生シタル時代ニシテ當時對岸ナル福建及ヒ廣東等ノ省民ハ臺灣ヲ以テ攫手利獲ノ樂土トシ一定セル目的ナクシテ渡臺ヲ企ツルモノモ甚多カリキ然ルニ當時平野ノ到ル所既ニ悉ク開墾セラレ殆ド餘地ナキニ至リシヲ以テ此等無職ノ遊手ハ進ヲ蕃界ニ入リ以テ山地ノ開墾ニ從ハントシ或ハ種々狡獪ナル手段ヲ以テ「ペイポ」族ノ蕃地ヲ侵佔詐取スルモノ多ク從ヒテ「ペイポ」族ノ大半ハ其耕地ヲ失ヒ生活ノ途ニ窮シ已ムナク故地ヲ去リテ他ニ移住ヲ企テ恒春及ヒ臺東地方ニ至ルモノ多カリキ

同治十三年（明治七年）我國ニ於ケル牡丹社討伐ハ少カラサル刺衝ヲ清國政府ニ與ヘ其結果トシテ大ニ蕃人化育ニ力ヲ用井ルニ至リシハ事實ナリ當時此地方防備ノ任ニ當レル營官陶茂林ノ如キハ「ツアリセン」蕃族ヲ撫邮シ且屯丁制ヲ此蕃族ニ布キ口粮銀ヲ酋長以下屯丁ニ與ヘ以テ彼等ノ離叛ヲ防キタリ但屯丁ノ制實際ニ行ハレタルニアラスシテ蕃人ノ離叛ヲ防カンカ爲ニ唯口粮銀ヲ與ヘテ之ヲ撫邮シタルニ過キサリシナリ是ヨリ此地方ノ蕃社無事ナリシト云フ

恒春ノ地ハ原ト瑯嶠ト稱シ臺灣ノ極南ニ位セル蕃境ナリシカ明治七年我牡丹社征討以來當時清國政府カ殆ト放棄シテ顧ミサリシ東海岸ノ一帶並ニ極南地方ノ忽ニス可ラサルヲ知リ光緒元年初テ瑯嶠ノ地ニ縣治ヲ置クコト、ナレリ即チ今ノ恒春城ハ其縣治ノアリシ地ナリ置縣以前ハ實ニ寥々タル僻村且ツ交通不便ノ地ナリシヲ以テ往々匪賊潛伏ノ地タリシカ置縣以來戸口大ニ増加シテ今日ノ如ク市街ヲ成シ又幾多村落ノ數ヲモ増加スルニ至レリ

茲ニ恒春地方ト稱スル地域ハ舊清政府時代ニ於ケル恒春縣ノ管轄ニ屬スル地方一帶ノ總稱ニシテ其境界ハ西部海岸ニ於テハ莘芒溪ヲ以テ鳳山地方ト界シ而シテ東海岸ニ於テハ阿朗臺溪ヲ以テ臺東ノ地ト接シ居レリ此境界線以南ノ地ヲ恒春地方ト稱ス

地勢並ニ組織

恒春地方ハ臺灣ノ脊梁山脉ノ盡クル所ニシテ漸次其高ヲ減シ最高ノ山岳ト雖五千尺ヲ出ツルモノナシ

恒春ノ地ハ中央山脉ノ斜面ノ地ト極南ニ於ケル高原ト大溪ニ沿ヒタル峽谷及其斜面ノ地ト海岸附近ノ原野等ヨリ成立ス

恒春地方ハ其地域狹シト雖此ノ如ク其地貌ハ複雜シ居レリ

脊梁山脉ニ於ケル斜面ノ地ハ西海岸ニ於テハ傾斜急ニシテ平地少ク而シテ東海岸ハ西海岸ヨリモ一層急峻ナルヲ以テ人民ノ住居ニ適スルノ地域甚タ少クシテ僅ニ八瑤灣及ヒ牡丹灣ヲ除キテハ殆ト無シト云フモ可ナリ恒春城ト猪勝束社トノ間ニ一線ヲ劃シ此ヨリ以南ノ地一帶ハ悉ク高原ニシテ一千尺ヲ出ツルノ高地ナシ此地ノ大半ハ今日荒蕪ニ歸シ僅ニ開墾セラレ居ルノミ大溪ニ沿フタル谷ハ土地肥沃ニシテ耕地ニ適シ現ニ蕃人並ニ漢人ノ少數ハ此處ニ耕地ヲ開キ穀物野菜等ヲ栽培シ居レリ蕃人ノ語ル所ニヨレハ土地豐饒ナルモ風強キ爲ニ野菜ノ如キハ能ク發育セスト此谷ニハ猪勝束、射麻里、蚊蟀、莿竹林、及ヒ大社等ノ蕃人住居セリ

次ニ恒春ノ平野ハ此地方ノ重モナル郷庄ノ在ル處ニシテ南ハ南灣ヨリ起リ北ハ車城附近ニ至ル此地一帶田圃相連リ村落處々ニ散見ス恒春地方中最豐饒ノ地ハ即チ此部分ニアリ唯灌漑ノ便ヲ欠キ居ルヲ以テ旱天ニハ作物ノ枯死スルモノ多シト云フ

海岸

恒春地方ノ海岸ハ概ネ珊瑚礁ヨリ成立シ斷崖ヲナセル部分多ク西海岸ハ枋寮ヨリ車城ニ至ル一帶ノ地ハ傾斜急ニシテ船舶ノ碇繋ニ堪ユル處ナク唯車城ノ附近約一里ノ間ハ砂濱ニシテ稍々灣形ヲ成セルヲ以テ船舶ノ碇繋ニ堪ユルノミ然レドモ此地トイヘドモ風波荒キトキニハ到底碇泊スルコト能ハス明治七年我カ征臺軍ノ上陸セシハ此地ニシテ龜山ノ麓ナル社寮

ハ卽チ其上陸點ナリト云フ社寮ヨリ南西岬ニ至ル一帶ノ地ハ斷崖ノ地多ク南西岬ヨリ鵞鑾鼻ニ至ル間ハ海岸多少灣形ヲナシ船舶ノ碇泊ニ堪ユルモ車城ト同シク風波荒キトキニハ到底碇泊シ居ルコト能ハサルナリ此灣ヲ南灣ト稱ス
鵞鑾鼻ニハ一等燈臺ノ設置アリテ船舶ノ交通ニ便セリ而シテ此ヨリ八瑤灣地方ニ至ル間ハ絶壁ノ地多クシテ一モ港ト稱ス可キ地ナシ唯大溪ノ東海岸ニ注入スル處卽港口ト稱スル地ハ地形稍々灣形ヲナシ南洋ヨリ來ル黑潮ハ此地ニ衝キ當ルヲ以テ此地方ノ海岸ニハ南洋諸島ヨリ流レ來ル所ノ船ノ破片或ハ植物ノ種實等ノ海岸ニ打チ揚ケラレ居ルヲ見ル此近傍ノ海岸ニハ時々難波船ノ漂着スルアリト云フ明治四年琉球人ノ漂着セシ所モ亦此地ナリ

山岳

恒春地方ニ於テハ高山ト稱ス可キモノ甚タ少クシテ其高サ五千尺以上ヲ出ツルモノナシト云フモ可ナリ
大尖山（九百尺）ハ南灣ノ海岸墾丁庄ノ北部ニ位シ甚タ高カラスト雖屹立シテ火山ノ如キ觀ヲ呈シ居ルヲ以テ有名ナリ此山麓ハ往昔林匪ノ餘黨潜伏セル地ナルヲ以テ其名高シ此山ノ附近ニハ龍鑾龜仔兒等ノ蕃社アリ三臺及ヒ虎頭ノ二山ハ共ニ恒春城ノ東北ニアリテ此二山ノ山麓ハ大半耕地トナリ居レリ三臺山ハ高サ殆ト一千六百尺、虎頭山ハ高サ殆ト一千四百尺アリ山ノ東麓ニハ猫仔社射麻里社等ノ蕃人住居セリ
老佛山（一千九百尺）ハ猪勝束山ト共ニ大溪ノ左右ニ相對峙シ猪勝束山（一千五百尺）ハ大溪ノ東部海岸ニアリ老佛山ノ麓ニハ阿眉蕃族ニ屬スル大社アリ
里壠山ハ恒春ノ北部ニ位スル高山ニシテ其高サ四千尺此附近ノ山岳ヲ壓シ山顚草木少ク岩石崩解シテ露出シアルヲ以テ「山下シ」並ニ「谷風」等此地方ニ於テ大ニ發達セリ茄芝萊内外社ハ此山ノ東麓ニアリ
四重溪ノ北岸外茄芝萊社ノ境內ニ温泉ノ湧出スル處アリ漢人部落ヲ去ル甚タ遠カラス
其他達ク內山ニ進ムトキニハ南平山大雲巓並ニ牡丹山等ノ山岳アリテ共ニ四千尺以上ノ高山タリ此等ノ山岳ハ何レモ蕃人ノ住居地ニシテ其山腹又ハ山麓等ハ旣ニ開墾セラレ蕃人ハ耕地ヲ開キ或ハ家屋ヲ築造シ居レリ恒春地方ノ山岳ハ大溪並ニ四重溪ヲ以テ兩分セラレ卽チ大溪以東ノ山岳ハ猪勝束山ニシテ中央ニアルモノハ老佛山其主座ヲ占メ而シテ四重溪以西ハ里壠山其主座タリ中央ナル老佛山及ヒ三臺山以南ハ漸次其高ヲ減シ遂ニ高原ト變シ鵞鑾鼻ニ至リテ盡ク

河流及ヒ湖水

恒春地方ハ其面積小ナルヲ以テ大ナル川流及ヒ湖水ハ到底發達スル能ハサルナリ
此地方ニ於テ川流ノ重モナルモノハ四重溪、大溪、楓港溪並ニ刺桐脚溪等トシ此他ハ何レモ細流ニシテ平時流水ナク唯

砂礫ノ堆積シ居ルノミ此中最大ナルモノハ四重溪ナリ

四重溪ハ水量ニ富ミ旱天ト雖流水絶ユルコトナシ其水源ヲ牡丹山ニ發シ石門ニ於テ五重溪ト相合シ車城ノ南方ニ至リテ海ニ注ク恒春ノ農民ハ此ヨリ水ヲ引キ灌漑ニ供シ居ル者多シ

石門ハ四重溪ノ平野ニ出ツル門口ニシテ又牡丹社ニ出入スル門口タリ我カ牡丹社征討ノ時大ニ此地ニ戰ヒ番人ヲ破リシ處ニシテ實ニ一卒之ヲ守レハ萬夫モ之ヲ過クルコト能ハサル天險ノ地ナリ

大溪ハ其水源ヲ高士佛社ノ山中ヨリ發シ大社蚊蟀埔及ヒ猪勝束等ノ地ヲ流レ大港口ニ至リテ海ニ入ル此流域ハ概ヲ番人ノ耕地ニテ又肥沃ノ地タリ然レモ四時風力強クシテ作物ノ成長ヲ妨害スルコト少カラスト云フ今日此地ノ二分ノ一以上ハ既ニ開墾セラル楓港及ヒ刺桐脚ノ二溪流ハ共ニ小流ニシテ水量亦豐カナラス其水源ヲ上蕃社ノ山中ヨリ發シ平時ハ一涓流ニ過キサルモ降雨ノ時ニハ俄ニ水量ヲ增シ徒渉スルコト能ハス

要スルニ恒春地方ノ川流ハ一モ船舶否小舟ノ往來ニモ堪ユルモノナク何レモ小流ニ過キス

此地方ニ於テ湖水トシテ擧ク可キハ唯一アルノミ卽チ恒春城ヨリ南方半里餘ニアル龍鑾潭是ナリ此湖ハ周圍一里餘ニ過キサル小湖ニシテ水深カラスト雖魚族ノ繁殖シアルヲ以ヲ其周圍ノ庄民其利ヲ得ルモノ少カラス

生物及ヒ物產

恒春地方ハ動物及ヒ植物ノ兩者共ニ他地方ニ比シテ殆ト別天地ヲナス之ヲ換言スレハ臺灣ヲ旅行シ恒春地方ニ至レハ初メテ熱帶地方ニ入リシ感ヲナス其動物ニ植物ニ純然タル熱帶地方ノモノ多ク實ニ恒春地方ハ生物ニ於テハ別天地ヲナセリ

此クノ如ク別天地ヲナセルハ種々ナル原因アル可レト雖風位ト潮流トハ慥ニ其重モナル原因ナル可シト信ス

赤道流ヨリ分岐セル潮流ハ南洋ヨリ流レ來リテ恒春ノ地ニ衝キ當リ此ヨリ更ニ東西ニ分レ一ハ東海岸ニ沿フテ流レ他ノ一流ハ臺灣海峽ニ入ル此潮流ハ南洋諸島ニ於ケル動植物ノ卵及ヒ種實ヲ恒春地方ノ海岸ニ運ヒ來リ之ヲ岸上ニ打チ揚クルハ事實ナリ此等ノ種子ト卵トハ發芽或ハ孵化シテ成長スルヲ以テ漸次南洋ノ生物ヲ恒春ノ地ニ見ルニ至リシナランシ現ニ南洋產植物ノ種子ノ港口附近ノ濱岸ニ於テ發芽シツヽアルハ之ヲ證明スルニ足ル

東洋一帶ノ地夏季卽チ四月ヨリ八九月頃マテノ間ハ西南或ハ南ノ風吹キ來ルヲ以テ强風アルトキニハ飛力アル動物或ハ種子ニ毛ノ附着シ居ル植物等ハ自然風ノ爲ニ吹キ飛ハサレテ移殖スルコトヲ得ルナル可シ盖此クノ如クニシテ移殖スルノ例ハ他地方ニ於テ往々見ルトコロナリ

次ニ恒春地方ハ四時温度ノ變化少ナク其ノ名ノ如ク恒ニ春ノ如キ氣候ナルヲ以テ熱帶地方ノ生物ノ發育ニハ最適合セル地ナリ

此ノ如キ種々ナル原因アリテ今日ノ如ク別天地ノ生物ヲ見ルニ至リシナル可シ

恒春地方ニ於テ特筆ス可キハ山林ニ貴重樹多キ事ナリ卽チ烏心木、茄苳樹並ニ小楠木等ハ普通トシ又想思樹或ハ桄榔ノ純林ハ此地ニ於テ初メテ見ル所ニシテ他ノ地方ニ於テハ嘗テ見サル所ノモノナリ然ルニ高山ニ至レハ落葉樹ヲ見ルアリ卽チ此地方ノ所謂上生蕃社ニ於テハ天然肥料ノ盡キタル畑ニハアベマキヲ種植スルノ習慣アリト云フ

次ニ恒春ニ椰子樹ヲ見ル然レトモ僅ニ一二株ニ止マレリ之ヲ栽培セハ大ニ繁殖ス可シ

此地方ニ於ケル哺乳動物ハ他地方ト異ルコトナキモ猴ノ多キハ他地方ニ於テ未タ見サルトコロナリ而シテ鳥類及ヒ蝶類ハ南洋產ノモノ特ニ多シトス此地方ニ於ケル蕃社ノ農產物ノ數多キハ此地方ニ於ケル蕃人ノ進步ヲ證スルモノナリ落花生、蕃薯、南瓜、芋仔、絲瓜、及ヒ煙草等ハ最普通ニシテ交換品ノ重モナルモノナリ又柚仔及ヒ柑仔ヲ產ス上蕃社ニ於テハ迷信上ヨリ稻ヲ栽培セサルヲ以テ其食物ハ粟、蕃薯、芋仔等ヲ重モナルモノトシ又迷信ヨリシテ雞ヲ食セスト云フ

上蕃社及ヒ下蕃社ニ屬スル牡丹、高士佛、並ニ八瑤灣等ノ蕃社ヨリ籐ノ善良ナルモノヲ產出ス民蕃共ニ染料トシテ使用スル薯榔ハ此地方ノ名產ナリ

此地ノ蕃人ハ炭燒ノ法ヲ知リ之ヲ恒春及ヒ車城等ノ地ニ販賣スルモノアリ此等ハ專務ニ從事スルモノアルニアラスシテ農事ノ閑ナル時ニ之ヲ燒クノミナリ

上下蕃社ニ於テハ農閑ノ時ニ狩獵ニ從事スルモノ多ク從ヒテ鹿皮鹿鞭鹿角麖皮等ヲ以テ交換品トナシ居ルコト他ノ蕃族ト異ルナシ唯下蕃社ニ於テハ上蕃社ノ如クニ盛ナラス此地一帶猴ヲ多ク產スルノ結果トシテ猴皮及ヒ猴骨ヲ以テ交換物トナシ居レリ

家畜ハ盛ニ飼養ス特ニ水牛ハ最モ盛ニシテ牡丹社ノ如キ山中ノ蕃社ニ至ルマテ之ヲ飼養スルニ至リ一人ニシテ十頭內外ヲ有スルモノアリ唯雞ハ迷信上ヨリ之ヲ飼養セサルモ今日平地ニアル蕃社ニテハ之ヲ飼養シ居ルモノアリ

氣候

恒春地方ハ其幅員甚狹クシテ其廣キ部分ト雖十五里ヲ出テサル可シ特ニ恒春城附近ニ至レハ僅ニ三四里ノ間ニアリ

此ノ如キヲ以テ海陸ノ温度常ニ相平均シ海洋的氣候ヲ受クルニ至レリ其結果トシテ四時温度ニ大差無ク且此地方ハ冬季ト雖平地ハ勿論山中ニモ氷雪ヲ見ス實ニ恒春ノ名空シカラサルナリ

又冬天ニ於ケル最寒ノ時ト雖五十度ヲ下ルコトナク盛夏ト雖九十度ニ上ルコト甚稀ナリ實ニ氣候ニ於テ寒暖ノ度其宜シキヲ受ケ居ル地方ナリ

此地方ノ雨期ト稱ス可キ時ハ六七月ノ交ニシテ此交ニハ時々驟雨ノ來リ時トシテハ旬日ニ亘ルコトアリト云フ

風ハ恒春地方ノ名産トイフヘクシテ風力常ニ強ク三四月ノ交ヨリ九月マテハ西南及ヒ南ノ風多ク冬時ハ東北ノ風最普通ナリ此地方ニハ落山風ト稱スル特殊ノ風アリ是レ里隴山おろしトモ稱ス可キ風ニシテ春冬ノ時候斷エス吹キ居ルヲ以テ船舶ノ碇繫甚危險ナリト云フ夏秋ノ交特ニ初秋ニ至レハ必暴風雨ノ來襲アリテ樹ヲ拔キ屋ヲ破リ作物ヲ害スルコト少カラス

要スルニ恒春ノ地ハ四時温度ノ變化ナクシテ恒ニ春期ノ氣候ヲ有シ實ニ臺灣ニ於テ最良ノ氣候ヲ享クルノ地ナリ然レ圧常ニ風強クシテ自然影響ヲ草木ニ及ホシ直立ニ成長スルコト能ハスシテ平面的ニ繁茂スルノ傾向ヲ生スルニ至レリ

此ク恒春ノ地ハ年中氣候ニ大差ナキヲ以テ作物ハ絕エス發芽シ其結果トシテ上蕃社ノ如キハ時節ヲ擇ハス下種栽培スルノ傾向アリ農事ノ如キ幾分ノ進歩ヲ害スルノ傾キアルカ如シ

交通

恒春地方ハ北方ノ蕃社ニ比シテ何レモ山岳ノ高峻ナルモノ少キヲ以テ蕃社ニ到ルニハ交通自在ニシテ他地方ノ如ク險阻ノ坂路ヲ上下スルノ勞少ナシ此ク交通ノ便ナルハ此地方ニ於ケル蕃人ノ他ニ比シテ進歩ヲナセル一原因トナリシナラン

恒春城ヨリ各蕃社ニ至ルニハ多クノ道路開通シ居レリ

(一)恒春城ヨリ射麻里猪勝束及ヒ萬里得等ノ地ヲ經テ牡丹灣ニ出ツル道路ハ既ニ康熙年間ニ於テ開鑿シタルモノニシテ今日ニ至リテハ漸次之ヲ延長シ卑南新街マテ通スルニ至レリ此間ノ里程殆ト二十八里ニシテ四日ヲ要ス沿道ニハ漢人及ヒ蕃人ノ部落ヲナシ居ル處甚タ少シ

(二)恒春城ヨリ大帆轆ヲ經テ鵞鑾鼻ニ出テ更ニ東海岸ヲ過キ港口庄ヲ經テ猪勝束ニ到ルコトヲ得可シ此道路ノ大部分ハ海岸ニシテ恒春城ヨリ鵞鑾鼻マテノ間ハ道路平坦一坂路ヲ見ス此沿道中大帆轆ヨリハ龍鑾社ニ到リ墾丁庄ヨリハ龜仔兒社ニ到ルコトヲ得可シ

(三)猪勝束社ヨリ高士佛並ニ牡丹社ニ到ルノ道路アリ此道路ハ路險ナラサルヲ以テ歩行困難ナラス此地方ヨリ更ニ大社、猫仔社及ヒ莿林格社等ニモ達スルコトヲ得可シ

（四）車城ヨリ茄芝來及牡丹等ノ蕃社ニ到ルノ道路ハ稍々險ナルモ一日ノ里程ヲ出テス特ニ茄芝來社ノ如キハ半日ヲ要セスシテ達スルコトヲ得可シ又牡丹社ヨリ東海岸ナル牡丹灣或ハ八瑤灣ニ出ツルノ道路アリ此外上蕃社ニモ通スルコトヲ得可シト云フ

（五）楓港ヨリ雙溪口ヲ經テ東海岸ナル阿朗壹溪附近ニ出ツルノ道路アリ此道路ハ同治ノ末年初メテ臺防理蕃同知袁文析ノ開鑿シタルモノニシテ今日ニ於テハ絶テ漢人ノ交通スルモノナク唯蕃人ノ僅ニ通行シ居ルニ過キサルノミ

（六）莿桐脚ヨリ莿桐脚溪ヲ溯リテ竹坑、阿乳毛、及ヒ內文、外文等ノ諸社ニ到ルニハ南勢湖庄ヲ經溪流ヲ溯リテ獅頭社ニ至リ此ヨリ內文及ヒ外文ノ兩社等ニ出ツルコトヲ得可シ又此ヨリ更ニ阿遮美薛社ニモ到ルコトヲ得可シ

（七）車城ヨリ西海岸ヲ過キ楓港、莿桐脚等ヲ經テ枋寮ニ出ツルノ道路ハ西海岸ノ斜面地ヲ通行ス恒春ヨリ陸路鳳山ニ出ツルノ唯一ノ道路タリ

要スルニ恒春地方ハ山岳ノ高峻ナルモノナク從ヒテ道路ハ各社ニ通シ往來自在ナルヲ以テ民蕃ノ交通モ亦自然他ノ蕃地ニ比シテ頻繁ナリ是レ此地方ノ蕃人ノ進步シ居ル所以ナリ然レモ上蕃社ノ如キ深山ノ中ニアルモノハ道路モ亦自然急峻ノ坂路アルヲ以テ交通自在ナラス其結果トシテ進步ノ度下蕃社ニ比シ低キカ如シ

住　民

恒春地方一帶ハ往時蕃人ノ住居セル處ナリシカ鄭氏ノ時代既ニ此地方ニ漢人ノ移住者ヲ見ルニ至レリ故ニ此地方ノ蕃人ハ早キ時代ヨリ異族ノ人類ト交通シ居レリ其後平埔及ヒ阿眉ノ兩蕃族ノ移住シ來ルアリテ今日ノ如キ恒春地方ノ住民ヲ形ツクルニ至レリ今此等ノモノヲ類別セハ次ノ如シ

（一）漢人
（二）「スパヨワン」族
（三）「アミス」族
（四）平埔蕃族

恒春ノ地域ハ甚タ狹キニモ拘ハラス此ノ如ク多數ノ種族雜居セリ

（一）漢人

恒春ノ地ニ漢人ノ初メテ移住シ來リシハ今ヨリ殆ト二百五六十年以前ノ事ニシテ鄭氏ノ將卒此地ニ入レル者ヲ以テ其開墾ノ祖トナサヽル可ラス此等ノ遺裔ハ今日モ猶存在シ現ニ朱柯董趙及ヒ黃等ノ姓ヲ有スルモノ皆是ナリト云フ此等

ノ者ハ社寮大樹房大乳々及ヒ網紗等ノ村落ニ住居シ其後更ニ漳泉等ノ地方ヨリモ多數ノ漢人移住シ來リ車城田中央等ノ地ニ墾地ヲ定メ住居スルモノ多キニ至レリ此ノ如ク恒春ノ最初ノ殖民者ハ鄭氏ノ將卒ニ次クニ福建省漳泉二府ノ民ニカヽリ共ニ閩籍ニ屬セリ其後粤籍ニ屬スル廣東省嘉、慶及ヒ潮等諸府ノ民モ亦此地ニ移來シ保力統埔等ノ庄並ニ蕃界ナル射麻里及ヒ蚊蟀埔等ノ庄ヲ開クニ至レリ要スルニ閩人ハ恒春ニ於ケル移住開墾ノ祖ナルヲ以テ重ニ沿海一帶ノ地若ハ恒春車城等樞要ノ地ニ在リ多ハ農商ヲ以テ業ト爲セリ之ニ反シテ粤人ハ閩人ノ移住後移リ來レルヲ以テ平地ハ既ニ開拓セラレテ餘地ナキニ至リシカ爲蕃界ニ接シテ墾地ヲ開キタリ是ヨリ自ラ蕃人ト相親近スルノ必要ヲ生シ互ニ親和スルニ至レリ此等ノモノハ概ネ農ヲ以テ業トナセリ

(二)「スパヨワン」族

此蕃族ハ臺東ニ於ケル「スパヨワン」族ト全ク同族ノモニシテ恒春地方ニ於テ生蕃ト稱スルハ卽チ此蕃族ナリ此地方ニテハ地勢並ニ酋長ノ支配等ニ因リテ二小群ニ分レ居レリ卽チ上蕃社並ニ下蕃社是ナリ

此兩蕃社ノ境界ハ大略牡丹溪ト楓港溪トヲ以テ其界トナスコトヲ得可シ卽チ此境界線以南ノ地ハ下蕃社ニシテ以北ハ卽チ上蕃社ナリ上蕃社ハ莽芒溪ヲ以テ鳳山地方ナル「ツアリセン」蕃族ト接シ阿朗壹溪ヲ以テ臺東「スパヨワン」ト界ヲ接シ居レリ

上蕃社ノ蕃人ハ概ネ深山ノ中ニ生活シ居ルヲ以テ漢人ニ接スル機會少ク爲ニ其風俗漢人化ノ度甚タ少ク多クハ純然タル固有ノ風ヲ維持セリ之ニ反シテ下蕃社ハ地勢上漢人ト接スルノ機會多ク加之漢人ト姻戚ノ關係アルモノモ少カラス從ヒテ漢人化ノ度上蕃社ニ比シテ頗ル高シ彼ノ平地ニ占居スル猪勝束、射麻里並ニ蚊蟀埔等ノ蕃社ノ如キハ大概臺灣土語ヲ解シ瓦葺ノ家屋ヲ造リ居ルモノ多シ

下蕃社中ニ牡丹社ト稱スル蕃社アリ此社ハ三小社ニ分レ居レリ此附近ニ高士佛及ヒ茄芝萊等ノ蕃社アリ此等ハ明治七年我カ牡丹社討伐ノ時ニ打撃ヲ加ヘシ蕃社ニシテ今日ニ於テモ猶當時ノ物語ヲ存シ日本兵卒ノ勇健ナルコトヲ傳ヒ居レリ

臺灣ニ於ケル蕃族中最進步シタルハ下蕃社ニシテ或社ハ殆ト漢人ト同等ノ域ニ進步シ居レリ然レトモ上蕃社ハ未タ此ノ如キマテニ至ラス蓋シ地勢上ノ然ラシムルモノナラン此蕃社ニテハ一種ノ迷信ヨリ一切米ヲ食セサル風アリ是レ米ヲ食スルトキニハ疫病流行スルトノコトヲ固信シ居ルニ原因ス蕃人間ノ迷信ハ如何ナル點マテ彼等ヲ支配シ居ルカヲ知

ルコトヲ得可シ

(三)「アミス」族

阿眉蕃族ハ古來此地方ニ住居セルモノニアラス原ト臺東地方ヨリ移住シ來リ下蕃社ノ土地ヲ借リ耕作ニ從事シ居レリ下蕃社ヨリ地ヲ借リ居ルカ故ニ年々若干ノ租ヲ下蕃社ニ納メ居ルハ勿論下蕃社ノ爲ニ彼等ハ殆ト奴隷ノ如クニ使役セラル、モ猶甘シテ之ニ從ヒ耕作其他ノ勞働ニ至ルマテ命ノ儘ニ服事シ居レリ此ク阿眉蕃族ノ服從シ居ルハ彼等ノ少數ナルニ反シ下蕃社ハ優勢ニシテ且多數ナルヲ以テナラン

現今彼等ハ港口、老佛、萬里得、八瑤灣並ニ八姑兒等ニ住居シ其數既ニ數百人ニ過キス

(四)平埔蕃族

恒春地方ニ於ケル平埔蕃ハ今ヨリ數十年以前鳳山地方ヨリ移住シ來リシモノニシテ此等ノ平埔蕃ハ鳳山地方ニ於テ既ニ漢人ノ爲ニ其古來ノ田園ヲ侵佔セラレ生活ノ道ヲ失フニ至リシヨリ移住ヲ企テ臺東並ニ恒春等ノ地ニ至リシナリ現今彼等ハ山脚庄並ニ五重溪及ヒ四重溪等ノ地ニ住居シ農業ヲ營ミ居レリ其數甚タ少カラス

民蕃相互ノ關係

恒春地方ニハ其種族ヲ異ニセル數多ノ住民雜居シ在ルヲ以テ其相互間ノ關係ヲ知ルコト頗ル必要ナリ

「スパヨワン」族ト阿眉蕃族トノ間ハ殆ト主從ノ關係ヲ有シ阿眉蕃族ハ唯「スパヨワン」族ノ命ニ從ヒ敢テ之ニ反抗スルノ色ナク唯之ニ服事シ居ルノミ是レ阿眉蕃族ハ原ト地ヲ「スパヨワン」族ニ借リテ此ニ住居シ且耕作シ居ルノ關係ト「スパヨワン」族ノ優勢ニシテ常ニ阿眉蕃族ヲ凌駕シ居ルニ原因ス

平埔蕃族ト「スパヨワン」及ヒ「アミス」蕃族トノ間ハ圓滑ニシテ毫モ相敵視シ居ルカ如キ狀ヲ認メサルモ此等ノ蕃人ト漢人トノ間ハ多少圓滑ヲ缺キ居ル如シ然レトモ廣東人ト蕃人トノ間ハ寧ロ親密ニシテ常ニ相往來シ且姻戚ノ關係ヲ有スルモノ多キヲ以テ却リテ閩人ニ疎ニシテ蕃人ニ密ナルノ觀アリ

閩人ト蕃人トノ間ハ前ト反シテ常ニ相敵視シ殊ニ車城田中央等ノ庄民ト牡丹高士佛並ニ茄芝萊等ノ蕃人トノ間ハ古來相敵視シ氷炭相容レス屢々葛藤ヲ生シ相結ヒテ今日ニ至ルモ解ケス而シテ上蕃社ト楓港附近ノ庄民トノ間モ亦圓滑ナラスシテ常ニ相反目シ居レリ此等ノ相融和セサル感情ヨリ些少ノ事端モ其導火線トナリ互ニ爭鬪ヲ惹起セシコト屢々アリキ

有名ナル郷庄

恒春地方ニ於テ有名ナル郷庄トシテ擧ク可キモノハ恒春及ヒ車城等ノ地是ナリ

(一)車城

車城ハ瑯嶠灣ノ海岸ニ在リテ一小市街ヲナシ居レリ鄭氏ノ部臣恒春地方ニ移住シ來リ各地ニ部落ヲ形成スルヤ漸次有無交換ノ必要ヲ感シ車城ヲ以テ賣買貿易ノ地トナシタリキ其後對岸ヨリ多數ノ漢人移住シ來リ今日ノ如キ市街ヲ形成スルニ至レリ

此地方ハ蕃地ニ接シ居ルヲ以テ屢々生蕃ト相衝突シ其襲撃ヲ受クルコト頻繁ナリシカハ住民木ヲ搆ヘテ柵トナシ以テ之ヲ防禦シタリキ此地ヲ柴城(ツァーシアン)(木柵ノ義)ト呼ヒシカ後ニ車城(チャーシアン)ト轉訛スルニ至リシト云フ

今ヨリ殆ト四十年以前社寮ノ庄民ニ張光清トイフモノアリ車城ノ近傍ニ新ニ一市街ヲ開キ此地ニ各庄ノ商民ヲ集メ商店ヲ開キテ交易賣買ヲナシ以テ車城ニ對セントセシカ遂ニ車城ヲ凌駕スルコト能ハサリキ今ノ新街ノ地即是ナリ實ニ車城ハ恒春地方ニ於ケル咽喉ノ地タリ

(二)恒春城

恒春城ハ原ト瑯嶠ト稱スル蕃地ナリ此地ノ中央ニ一小丘アリ土人之ヲ猴洞山ト稱ス此小丘ハ高サ數丈岩石屹立シテ丘狀ヲナセリ此小丘ハ下蕃社ニ屬スル龍鑾社ノ蕃人カ人ヲ殺セシトキ其頭顱ヲ收藏シタル處ナリシト云フ恒春城ハ即チ猴洞山ヲ中心トシテ築城セリ城ハ光緒元年工ヲ起シ後三年ヲ經テ竣工セシモノニシテ其周圍一里東西南北ノ四門ヲ設ケ東西ノ間殆ト十町ニ及ヘリ

恒春ハ明治七年(同治十三年)我カ牡丹社討伐ノ後舊清國政府ニ於テ東海岸防備ノ一トシテ縣治ヲ此地ニ置クコトニ決シ始メテ建設セシ處ナルヲ以テ最初居民甚タ少カリシカ車城ノ庄民ヲ此地ニ移住セシメ又對岸ナル清國ヨリモ移住ヲ奬勵シタル結果今日ノ如ク市街ヲ成スニ至レリ元來恒春ノ地ハ商業上樞要ノ地ニアラス唯官衙ニヨリテ成立セル地ナルヲ以テ今後ト雖モ今日ヨリ更ニ繁盛ヲ見ルコト難カル可シト信ス

此等ノ外楓港並ニ莿桐脚等ノ村落アルモ共ニ寥々タル一村落ニ過キサルナリ

沿革

恒春ノ地ハ原ト瑯嶠ト稱シ往時ハ蕃人ノ住居地ニシテ康熙年間初メテ此地ノ一部ニ漢人ノ移住セルアリ即チ鄭氏ノ部臣此地沿海ノ平野ヲ開墾シテ農事ヲ營ミ以テ彼等ノ住居地ト定メタリシカ其後福建省漳泉等ノ州府ノ者續々來リテ開墾ニ從事セリ此等ノ墾民ハ何レモ沿岸ノ地ニ住シ今ノ車城ノ地ニ市場ヲ開キ以テ貿易賣買ノ處トナセリ

此クノ如ク漢人ノ移住ハ今ヨリ殆ト三百年以前ノ事ナリシカ其蕃人ノ草地ヲ開墾スルニ當リ彼等ト交渉ナクシテ開キタ

ル地モ多カリシカ爲ニ蕃人ノ感情ヲ害シ蕃人トノ衝突常ニ絶エサリシヲ以テ漢人ニシテ蕃人ノ害ヲ受クルモノ實ニ多カリシト云フ

沿岸ノ地ニ於テ閩人既ニ墾地ヲ開キシ後粤人ノ此地ニ移住セルアリ彼等ハ平地ニ空所ナキニ至リシカハ蕃界ニ接シタル保力、統埔或ハ更ニ進ミテ射麻里、蚊蟀埔等ノ地ニ墾地ヲトシ田園ヲ開キタリシカ彼等ノ多數ハ蕃女ヲ娶リテ其妻妾トナシ蕃人ト姻戚ノ關係ヲツクリ以テ相親近セリ

此ク粤人ハ蕃女ヲ娶リテ其妻妾トナシ其子女モ亦蕃俗ニ倣ヒテ其髮ヲ纒頭シタリシカハ彼等カ山ニ入リテ薪ヲ採リ或ハ田園ニ出テヽ耕作スルトキニ常ニ蕃人ノ害ヲ免レタリキ蓋シ蕃人ト同一ノ風ヲナセシヲ以テ蕃人ハ之ヲ見分ケ難カリシ爲危害ヲ加ヘサリシナリ是ニ於テ蕃界ニ接スル地ニ在ル漢人ノ女子ハ何レモ蕃人ノ束髮纒頭ノ俗ニ倣ヒ以テ蕃害ヲ免レタリシト云フ此風ハ因襲漸次俗ヲ成シ漢風ナル梳粧ノ難キヲナサスシテ蕃俗ノ束髮纒頭ノ簡易ヲ學ヒ遂ニ全ク今日ノ風ヲ成スニ至リ車城並ニ沿岸地方ニ於ケル纒足ノ婦女ヲ除キテハ一見シテ漢人ト蕃人ト其外觀ヲ區別スルコト能ハサルナリ

此ノ如ク恒春地方ニ於ケル粤人ハ自ラ蕃化シテ蕃人トノ親密ヲ計リシヲ以テ其間自然圓滑ナリシモ閩人ト蕃人トハ常ニ疎遠ニシテ且蕃人ヲ蔑視シ居ルヲ以テ兩者ノ間親密ナラス常ニ衝突ノ傾アリ粤人カ蕃人ト姻戚ノ關係ヲ作リ以テ相親ミ互ニ交通シタル結果ハ大ニ蕃社ニ影響ヲ及ホシタルハ事實ニシテ下蕃社ニ於ケル農業著ク進歩シ殊ニ平地ノ蕃社ニ至リテハ漢人ト殆ト逕庭ナキニ至レリ啻ニ農業ノミナラス風俗其他彼等日常ノ事モ亦多クハ漢人ニ倣フニ至レリ是レ漢人ト雜居スルノ結果此ノ如キ進歩ヲ致セシモノナル可シト信ス

恒春ノ地ニ此ク漢人ノ移住セル後ニ更ニ平埔蕃族ノ鳳山縣萬丹地方ヨリ移住シ來ルアリ鑾龍社及ヒ其他ノ蕃地ヲ牛ト交換シテ其地ヲ開墾セリ龍鑾社ヨリ交換シ得タル地ハ今ノ恒春城ノ在ル處ニシテ恒春城ヲ築クニ當リ東方山脚庄ニ移リタリト云フ其移來時期ハ道光年間ニシテ今ヨリ六七十年以前ニ在リ

臺東地方ヨリハ阿眉蕃族ノ一部移住シ來リテ地ヲ下蕃社ニ借リテ開拓シ農業ヲ營ミ居レリ其移住ノ年歷並ニ移住ノ原因ハ凡百年前卑南王ノ壓抑ニ耐ヘス避ケテ此地ニ至レルナリトイフ

原來瑯嶠ノ地ハ臺灣ノ極南ニ位シ加之交通頗ル不便ノ地ナルヲ以テ東海岸ナル臺東地方ト同シク舊清政府時代ニ於テハ之ヲ重視セス單ニ鳳山縣ニ隷屬セシメテ此地ヲ管理シアリシニ過キス且其蕃人ニ關シテハ毫モ關渉スルコトナク民蕃ノ自由ニ一任シタリキ唯車城ニハ總通事並ニ軍功匠首各一人アリテ此地ノ民蕃トヲ統理シ居タルニ過キス此等ハ何レモ臺

防同知ノ命ニヨリ事務ヲ處理セサル可ラサルモ路遠ク且不便ノ地ナルヲ以テ此地方ノ事務ハ細大トナク此二官ニ委セラレ蕃社事アレハ頭人之ヲ處理シ又各庄ニ事アレハ庄主アリテ官ニ訴請シ以テ判決ヲ求メタリ此判決ハ軍功匠首ニ於テ之ヲ爲セシヲ以テ軍功匠首ハ此地方ニ於テ隱然官長ノ尊ヲ有スルニ至リシト云フ

此地ハ交通極テ不便ニシテ陸路此地ニ至ラントスルニハ生蕃ノ危害ヲ免レス又海路ニヨルモ狂風怒濤ノ爲ニ往々覆沒ノ難アリ頁シ無事上陸スルモ車城以外ノ地ニ於テスルトキハ往々其貨物ヲ掠奪セラルヽコトアルヲ以テ交通殆トアラサリシカハ置縣以前ノ恒春地方ハ實ニ寂莫タル僻地ニシテ屢々匪賊避逃ノ叢トナリタリキ彼ノ有名ナル林匪ノ餘類ノ大尖山ノ麓ニ潛伏シタルコトノ如キ卽チ是ナリ

明治七年（同治十三年）我カ牡丹社討伐ノ結果ハ著シク淸國政府ニ刺激ヲ與ヘ其結果トシテ瑯嶠ノ地ニ縣治ヲ置クノ議ヲ定メラルヽニ至レリ卽チ恒春縣是ナリキ

瑯嶠ノ中央ニ猴洞山トイヘル小丘アリ此ヲ中心トシテ城郭ヲ築造セリ光緒元年工ヲ起シ三年ヲ經テ竣工シタリ然ルニ城內ノ居民甚タ少カリシヲ以テ車城其他ノ地ヨリ商民ヲ此ニ移住セシメ此外招撫分局ヲ設ケ對岸地方ヨリ墾民ヲ招集シ以テ此地方ニ移住セシメタルコトアリ此ク經營ノ結果光緒五年ニ至リ初メテ百事整頓ノ端緒ニ就キタリシト云フ

置縣以來各處ニ社學ヲ起シ蕃童ヲ敎育シタルコトアリシカ蕃社內ニ起セシ學校ハ總テ六處ニシテ最初多數ノ蕃童來學セシモ漸次ニ其數ヲ減シ遂ニ廢止ニ歸シタル處アリシカ今日ニ於テ蕃人ノ文字ヲ解シ得ルモノアルハ全ク敎育ノ結果ニ外ナラス

光緒十六年車城、田中央ノ兩庄民ト牡丹社ノ蕃人ト衝突シテ爭闘ヲ起シタリ其原因ハ牡丹社ノ蕃人、車城ノ庄民ヲ殺セシコトアリシカ後ニ至リテ車城ノ庄民又復仇ノ爲牡丹社蕃ヲ殺シタリシヨリ其導火線トナリ兩者ノ爭闘ヲ始メタルナリ時ニ恒春縣官呂非潰並ニ營官某等兵ヲ帶シテ相會シ和解鎭壓セントシ勉メタリシモ蕃人頑トシテ肯セス却リテ兵勇ヲ殺シタルヲ以テ遂ニ討伐ヲ開始セリ

是ニ於テ臺灣總鎭萬國本兵約一千人ト大砲數門トヲ以テ十二月中旬車城ニ上陸シ大ニ勢威ヲ蕃人ニ示シタリシニ蕃衆大ニ之ヲ輕侮シ兵勇ヲ伏殺スルコト數次加之蠻烟瘴霧ノ爲ニ病死スルモノ多カリシカハ萬ハ此狀ヲ見テ無智ノ蕃黎ヲ討伐センヨリモ寧ロ之ヲ撫郵センニ如クハナシトシ蕃人ヲ相會セシメテ和約セシメタリ然レ𪜈漢人ト蕃人トノ間圓滑ナラスシテ翌年再ヒ民蕃ノ衝突ヲ生シタルヲ以テ萬ハ再ヒ恒春ニ來リテ和約ヲ爲サシメタルモ皆唯一時姑息ノ手段ニ過キスシテ爾來蕃人ハ屢々出テヽ庄民ヲ殺スニ至レリ

其後光緒十八年ニ上蕃社ト楓港庄民ト衝突セリ是レ下蕃社討伐ノ結果宜シカラサリシヲ以テ蕃人ノ漢人ヲ輕侮スルコト益々甚シク其結果トシテ彼此ノ衝突ヲ起シ上蕃社討伐ハ次テ開始セラレタリ

上蕃社討伐ノ總指揮官ハ亦總鎭萬ニシテ姑息手段ノ到底功ヲ奏シ難カリシヲ以テ根本的ニ打擊ヲ加ヘントシ進ミテ二三ノ蕃社ヲ燒夷スルニ至リ前キノ討伐ニ比シ稍〻功ヲ奏セシカ如キモ亦勝敗未タ決セサルニ通事ヲシテ蕃人ヲ招撫セシメ以テ其局ヲ結ヒタリト云フ

此ク數回ノ討伐ニヨリテ其威ヲ示スト同時ニ蕃人ヲ恩撫懷柔セシメントシ恒春ノ地ニ撫墾局ヲ設ケテ蕃人ヲ招徠シ且各社ノ酋長ニハ口粮銀若干ヲ與ヘテ其離叛ヲ防キタリ加之局內ニ剃髮匠ヲ置キ蕃人ヲシテ辮髮セシメ歸化ト未歸化トヲ區別シ以テ其待遇ヲ異ニシ改風易俗ヲ奬勵シタリ而シテ歸化蕃ニ對シテハ一年二元ノ銀錢ヲ與ヘ且出局每ニ剃髮匠ヲシテ辮髮ヲ爲サシメタリキ今日其成蹟トシテ見ル可キモノハ下蕃社ノ男子ハ概ネ辮髮ナルコト是ナリ

要スルニ恒春地方ノ蕃人ハ殆ト二百五六十年以前ヨリ既ニ漢人ト相交通シ且廣東人ト雜居シ姻戚ノ關係ヲツクリ以テ相往來シタルノ結果今日ノ如ク進步セル人類トナルニ至レルナリ

第八、臺東地方誌

臺灣ノ山後卽チ東海岸ニ二大殖民地アリ宜蘭及ヒ臺東ノ地是ナリ

臺東トイヘル名稱ハ此地方ニ知州衙門ヲ置キ臺南臺北ノ地ニ相對シテ臺東ト名ケタルヨリ起リタル名稱ニシテ原其以前ハ前山ニ對シテ後山トノミ稱シ或ハ卑南又ハ奇萊ト稱シテ此地方一帶ノ總稱ハアラサリキ故ニ臺東ナル名稱ハ光緒十三年以來ノ新地名ニシテ普通ノ土人中ニハ臺東ト云ヘルハ何レノ地ナルカヲ知ラサルモノ多シ

此地方ハ其形狹長ニシテ南北ニ長ク東西ニ短ク殊ニ交通極テ不便ナルヲ以テ往時漢人ノ移住ハ勿論往來スル者モ甚タ少ク從ヒテ此地方一帶ハ蕃人ノ巢窟タリシカ今ヨリ五六十年以前初テ漢人ノ移住スル者アリ是ヨリ漸次其數ヲ增加シ今日ノ如ク樞要ナル地方ニ漢人ノ部落ヲ形作ルニ至レリ

茲ニ臺東地方ト稱スルハ南ハ阿朗壹溪ヲ以テ恒春地方ニ界シ北ハ宜蘭地方ト境ヲ接スルモ其境界判然ナラス然レトモ行政區域ハ奇萊地方ニ屬スル新城ヲ以テ最北ノ地トナセリ西北ハ中央山脈ナル分水嶺ヲ以テ前山ト界ヲ交ヘ居レリ

地勢及ヒ組織

臺東地方ハ三個ノ斜面ノ地ト一ノ峽谷及ヒ二個ノ平野トヨリ成立ス

三個ノ斜面ノ地トハ中央山脉ニ於ケル東方ニ面スル斜面ト海岸山脉ニ於ケル東西兩側ニアル二斜面ノ地ヲ云フ而シテ一ノ峽谷トハ兩山脉ノ間ニアル狹長ナル曠野ニシテ二個ノ平野トハ奇萊及ヒ卑南ノ平野是ナリ

中央山脉ニ於ケル斜面ノ地ハ一般ニ急峻ニシテ僅ニ卑南方面ト里壠方面トニ於テ傾斜ノ度稍々緩慢ナル地ヲ見ルノミ而シテ海岸山脉ニ於ケル斜面ノ地ハ前者ニ比シテ傾斜ノ度稍々緩慢ナルヲ以テ此部分ニハ民蕃共ニ耕地ヲ開キ居ヲトシ居レリ

兩山脉ノ間ニアル峽谷ハ其形狀恰モ体操用ノ亞鈴ノ如ク其兩端ニ於テ膨大シ中間ハ狹長ナリ其南北ノ膨大セル所ハ卽チ奇萊及ヒ卑南ノ二平野ニシテ此二平野ノ間ハ兩斜面ノ縫合スル處ノ峽谷ヨリ成リ南北ニ長ク東西ニ狹キ平原ニシテ此ヲ假ニ秀姑巒ノ平原ト名ク可シ

奇萊ノ平野ハ不規律ナル三角形ヲナシ東方ニアル第一邊ハ殆ト五里ニ亘リ南ハ海岸山脉ノ盡クル所ヨリ起リ北ハ新城ニ至ル海岸線ニシテ南方ニ在ル第二邊ハ其頂點吳全城ニ在リテ此ヨリ第一邊ノ南ノ起點ニ至ル第三邊ハ吳全城ヨリ新城ニ至ルモノニシテ三邊中最長ノ邊タリ

此平野ハ奇萊「アミス」族ノ所有ナリシカ近來ニ至リテ宜蘭地方ニ於ケル加禮宛人及ヒ漢人ノ移住シ來ルモノアルモ今猶蕃人ノ勢力强大ニシテ漢人ハ彼等ノ境域ヲ猥ニ侵スコト能ハサルナリ

卑南平野ハ奇萊平野ニ比シ頗ル曠濶ニシテ其形狀ハ殆ト不等邊三角形ヲナシ北絲閣ハ其頂點ニシテ第一邊ハ北絲閣ヨリ知本ニ至ルノ一線第二邊ハ北絲閣ヨリ利吉理基社ヲ經テ海岸ニ至リ第三邊ハ卽チ海岸線ニシ最長ノ邊タリ

此平野ノ大半ハ「プユマ」族ノ所有ニ屬シ僅ニ「アミス」並ニ臺東「スパヨツン」ノ領地アルノミ

秀姑巒ノ平野ハ狹長ニシテ高低一樣ナラス多クハ河流ノ汎濫スルアリテ砂礫ノ堆積シ居ル部分少カラス此平野ハ水尾ノ地ニ於テ兩斷セラレ水尾ヨリ以南ノ地ニハ新開園ヲ中心トシテ其南北ニ多少ノ曠地ヲ有シ水尾以北太巴望社ニ至ル迄一帶ノ地ハ地味肥沃ニシテ好望ナルカ如シ

山岳

臺東ニハ海岸ニ平行シ南ハ卑南大溪ノ北ニ起リテ花蓮溪ノ南岸ニ盡クルトコロノ一連嶺アリ之ヲ臺東海岸嶺ト呼フ可シ其山腹ハ何レモ急峻ニシテ其傾斜ノ稍々緩慢ナル部分ニハ民蕃居ヲ占メ耕作ニ從事シ居レリ此山脈中主座ヲ占メ居ルモノハ龍巒頭山ニシテ殆ト四千五百尺ノ高ヲ有ス

中央山脈ハ臺東ノ西部ヲ走リ臺東海岸嶺ト平行シ其東方ニ面スル部分ハ向背頗ル急峻唯卑南ト里壠トノ二方面比較上緩

慢ナルノミ新高山ハ大庄ノ西方ニ聳ヒ其附近ニハ卑南主山及ヒ秀姑巒主山等ノ諸山アリ又奇萊方面ニ至レハ木瓜及ヒ鳳凰等ノ諸山アリテ雲際ニ聳ヘ居レリ

木瓜鳳凰等ノ諸山ヨリ新城方面ニ至ル一帶ノ連嶺ヲ漢人ハ南勢山脈ト稱セリ随ヒテ或ハ奇萊「アミス」ヲ南勢番トモ稱スルナリ

臺東ノ山岳ニツキ特筆ス可キハ森林ノ發達シ居ルコト是ナリ前山ニ於ケル森林ハ其二分ノ一ハ既ニ伐木セラレ居レトモ後山ハ然ラス樹木鬱蒼トシテ今猶繁茂シ居レリ

河流及ヒ湖水

臺東ニ於テ河流ト稱ス可キモノ數多アルモ其大ナルモノハ卑南溪、秀姑巒溪及ヒ花蓮溪等ニシテ此外大麻里、知本等ノ諸流アレトモ何レモ小流ナリ

卑南溪ノ流域　卑南溪ハ其源ヲ秀姑巒主山ヨリ發シ二條ノ支流アリテ此ニ會合セリ一ハ鹿寮溪ニシテ他ハ叭耶叭溪ナリ其本流ヲ三武洛溪ト稱ス三流ノ相會流スル所ハ擺仔擺社ノ近傍ニ在リ此合流ヲ卑南溪ト稱ス此レヨリ急ニ其大サヲ增シ臺東海岸嶺ノ南方ヲ廻ハリ卑南新街ノ近傍ニ至リテ海ニ朝ス

秀姑巒溪ノ流域　此河流ハ三大溪ノ中最小ナルモノニシテ無數ノ小流ヲ合セリ其重モナルモノハ清水溪及ヒ綠水溪ニシテ共ニ秀姑巒主山ヨリ發源ス此二流共ニ大庄ニ於テ相合シテ一大支流ヲ形成シ此ニ拔仔庄方面ヨリ來ルモノト水尾ニ於テ相會流シ臺東海岸嶺ヲ横切リテ大洋ニ朝ス其河口ヲ大港口ト稱ス大港口ハ舊清政府時代ニ此地ヲ開鑿シテ水尾マテ小溪船ヲ通セントノ計畫ヲナセシコトアリシカ遂ニ中止セリト云フ卑南溪ト秀姑巒溪トノ分水界ハ公埔地方ニシテ此地ニハ一ノ丘陵ナク唯少シク土地ノ高キヲ以テ分水界ヲナスノミ

花蓮溪ノ流域　花蓮溪ハ三大溪中最河身ノ分岐セル河流ニシテ臺東北部ノ原野ヲ濫流シテ海ニ朝ス花蓮港ヨリ大巴塱ノ間十餘里ノ原野ハ全ク此河流ノ爲ニ砂礫ノ地ト變シ居レリ花蓮溪ハ三大溪中最緩流ナルヲ以テ河身ヲ改更セハ上流大巴塱附近マテ舢板ヲ以テ溯ルコトヲ得可シ

花蓮溪ト秀姑巒溪トノ分水界ハ拔仔庄ノ南方ニアリテ別ニ丘陵山岳ノ在ルニアラスシテ土地ノ稍高キガ爲ニ分水界ヲナスノミ

臺東平野ニ於テ湖水トシテ擧ク可キモノハ唯一ニシテ新開園ノ北部ニ位スル大陂（トアピー）アルノミ然レヒ甚タ小ニシテ周圍僅ニ一里内外ニ過キス其他北木瓜山中及南クラヤオ山頂（蕃人之ヲ霧池トス）ニ一小湖アルモ其周圍甚小ナリ

海岸線

臺東ノ海岸線ハ其長サ殆ト六十餘里ニ亘リ屈曲灣入スル所少クシテ概ヲ直線ヲナシ居ルモ到ル所深クシテ大船ト雖海岸近クマテ到ルコトヲ得可シ然レヒ多クハ斷崖絶壁ニシテ船舶ノ碇泊ニ堪ヘス

海岸ノ稍々灣入セル部分ハ卑南及ヒ花蓮港ノ二ケ所ニシテ此所ニハ現今定期船ノ碇泊スルアルモ冬季ニ至リテ風波荒キ時ニハ到底碇泊スルコト能ハサルナリ此外支那形船ノ碇泊ニ堪ユ可キトコロハ新城、大港口及ヒ成廣澳等ニシテ此等ノ地ニハ時々支那形船ノ碇繫シ居ルヲ見ルコトアリ

元來臺東ノ地タルヤ土地肥沃ニシテ曠地多シ然ルニ今日ノ如ク荒蕪ノ域猶多キハ畢竟良好ノ港灣ニ乏シクシテ運輸交通ノ便ヲ欠キ居ルコト其重モナル原因ナル可シ

氣候

臺東ノ地形ハ細長ニシテ殆ト六十餘里ニ亘リ居ルヲ以テ其受クルトコロノ氣候モ亦一様ナラサルナリ要スルニ卑南地方ハ西海岸ニ於ケル南部ノ氣候ヲ受ケ奇萊地方ハ大体ニ於テハ卑南地方ト同一ナルモ冬時ハ温度ニ於テ大差アリ然レヒ之ヲ西海岸ニ比セハ温度一般ニ高シ是レ洋流ノ影響ヲ受クル結果ナル可シ

卑南地方ニ於テ雨期トモ稱ス可キ時季ハ五六月ノ交ニシテ既ニ七八月ニ至レハ時々驟雨ノ來ルコト西海岸ニ於ケル南部地方ト同一ナリ奇萊地方ハ大体ニ於テ卑南地方ト同一ニシテ冬期ニハ雨少キモ多クハ曇天ナリ寒氣割合ニ甚シク稀ニハ木瓜太魯閣ノ諸山ニ白雪ヲ見ルコトアリト云フ

臺東ニ於ケル冬期ハ風強ク海岸ハ波浪常ニ高シ此時ニ於テ風間トモ稱ス可キ時刻ハ毎日午前七八時ノ交ニシテ定期船ノ貨物其他ノ上陸ハ此時ニ於テセリ若シ此時間ヲ經過スルトキニハ殆ト上陸スルコト能ハサル可シ此ク一定ノ風間アルハ海陸風ノ交代アルカ爲ナリ而シテ海岸ノ最穩ナル時季ハ四月ヨリ七八月ノ頃ナリ要スルニ臺東ノ地ハ海岸ニ接近シアルヲ以テ海陸ノ温度常ニ相平均シ其結果トシテ夏時ハ涼シク冬時ハ暖カナリ然レヒ冬時ニ至レハ高山ニハ二三回白雪ノ降ルヲ見ルコトアリ

卑南ヨリ奇萊ニ至ルノ間一帶ノ地到ル處風土病トモ稱ス可キまらりや熱大ニ流行ス是レ氣候如何ニ原因スルニアラスシテ風土ノ如何ニ關係ス此地方ハ衛生工事ノ如キハ絶テ施サヽルヲ以テ病源トナル可キモノ到ル所ニ繁殖シ居ルナラン若シモ衛生工事ヲ施シ此等ノ病源ヲ除去スル時ハ臺東地方ノ臺灣ニ於ケル健然ノ地ト變ス可キハ疑ヒナカル可シ

生物及ヒ鑛物

臺東ニ於ケル生物ハ大体ニ於テ之ヲ前山地方ニ比シ異ルヲ見ス唯卑南地方ヨリ以南ハ動植物ニ於テ稍々異ルヲ見ルノミ即チ鳥類ト蝶類トハ前山ニ於テ見サル所ノモノ多ク植物モ亦大体ニ於テ前山ニ異ルコトナク山林ニハ楠木、九芎樹、樫及ヒ櫸等繁茂シ草木モ亦前山ト大同小異ナリ田代安定氏ノ調査ニヨレハ三千尺以上ノ高山ニ至リテ始メテ樟樹ノ繁生ヲ見ルト云フ漸次南スルニ從ヒテ前山ニ見サルモノヲ見ルニ至ル

此地方ハ森林大ニ發達シ到ル處樹木ノ繁茂シ居ルヲ見ル此ノ如キ森林ノ發達ハ幸ニシテ此地方ノ漢人ノ濫伐ヲ免レ居ルヲ以テナリ此ク濫伐ヲ免レタルハ臺東地方ノ一般運輸ノ便ヲ缺キ居ル事漢人ノ移住日尚淺キ事其重モナル原因ナリ

次ニ有要植物トシテ擧ク可キモノハ楠木、九芎樹、樟、樫及ヒ櫸等ノ有用材並ニ煙草、胡麻、米、豆類等ノ農作物ヨリ鳳梨、密柑、柚仔、芭蕉及ヒ麪包樹等ノ菓樹最能ク發育シ此外通草ノ繁茂シ居ルモ蕃人ハ未タ其髓ノ有要ナルヲ知ラス此植物ハ秀姑巒地方ニ普通ナリ此外蕃人ノ家屋ノ周圍ニハ檳榔樹ヲ栽培セリ臺東地方ニ於テ最注意スヘキ作物ハ蕃人ノ栽培シ居ル烟草胡麻並ニ豆類等ナリトス蕃人ノ種作スル烟草ハ新開園ヨリ璞石閣ニ至ル間ノ高山蕃即チ「バヌワン」蕃社ノ栽培スル所ノモノニシテ一二月ノ頃下種栽植シ六七月ニ至レハ其葉ヲ摘ミ採リ之ヲ麻縄ヲ以テ長ク連ネ壁間ニ吊ルシテ乾燥シ其後葉ヲ展ハシ幾十枚モ重ネテ更ニ之ヲ圓メ籐ヲ以テ緊縛シ長サ一尺太サ徑二三寸ノモノヲ造リテ貯ヒ置クヲ常トス此クノ如クセル物ヲ一家多キハ七八百本ヲ製スルモノアリ之ヲ支那及ヒ臺南鳳山地方ニ輸出ス此地方ノ烟草ノ有名ナルハ其味ノマニラ烟草ト同一否優レルヲ以テナリ之ヲ保護奬勵スルトキニハ臺東ノ一大物產トナシ得可シ薯榔ハ此地方ノ名產ニシテ蕃人之ヲ採リテ交換用ニ供ス

胡麻ハ咸豐年間鳳山縣枋藔地方ノ水底藔庄ノ通事鄭尚トイフモノ卑南ニ來リテ此地ヲ踏査セシコトアリ此時蕃人ニ胡麻其他ノ作物ノ栽培法ヲ敎ヘテ歸レリ是ヨリ卑南地方ノ蕃人ハ胡麻ヲ栽培スルコトヲ知ルヲ得タリ今日ニ於テハ「プユマ」族ハ勿論「アミス」族モ亦盛ニ之ヲ栽培シ年々一千包內外ヲ輸出スルニ至レリ

豆類ハ奇萊「アミス」ノ盛ニ栽培スルトコロニシテ其收穫モ亦大ナリ然レ𪜈今日ニ於テハ僅ニ宜蘭地方ニ輸出スルニ過キス樹豆ト稱スルモノアリ高サ二尺內外ノ木本植物ニシテ此ヨリ黑キ小豆ノ如キ豆ヲ取ルナリ「アミス」族ハ一般ニ之ヲ栽培シマタアント稱ス傳フル所ニヨレハ未タ米粟ノアラサル時ニハ之ノミヲ食セシ蕃人モアリシト云フ

臺東地方ニ於テハ蕃人ノ狩獵スル普通ノ獸類ハ猴、鹿、羌仔、山猪等ニシテ山羊、山猫、栗鼠ノ類モ亦之ヲ獵ス而シテ稀ニ石豹並ニ熊ヲ獲ルコトアリ但此二ノ物ハ深山ニアラサレハ住セス

此地一帶河原多キヲ以テ鯪鯉（センザンコウ）亦多シ蕃人ノ之ヲ捕フコト甚タ簡單ニシテ七八月ノ交ニ至レハ鯪鯉ハ河原ヲ徘徊シ居ルヲ

以テ三四頭ノ狗ヲ伴ヒ月夜ニ乘シテ河原ヲ徘徊シ若シ狗ノ鯪鯉ヲ見テ忽チ吠ユルトキニ鯪鯉ハ大ニ恐レテ其身ヲ捲縮シ球狀ヲナスヲ見テ蕃人手ニ之ヲ捕フルナリ

家畜トシテ飼養スルモノハ水牛、黄牛、並ニ豚等ニシテ牛ハ「プユマ」、「アミス」共ニ盛ニ飼育シ居レリ多キハ一人ニシテ七八頭ヲ飼育スルモノアリ

次ニ家雞ヲ飼養シ居ルモ甚タ多カラス一家最モ多キモ十羽ヲ出ツルモノナシ

要スルニ臺東ノ動物ハ鳥類ト鰈類トノ二ヲ除キテハ前山ト大同小異ト見ルモ不可ナキナリ而シテ植物モ亦卑南平野以南ハ稍異ルモ其他ノ地ハ前山ト大同小異ナリ

鑛物ハ未タ充分ナル調査ヲ經サルヲ以テ明言スルコト能ハサルモ新城、加禮宛等ノ二溪流ヨリ產スル砂金ハ其重モナルモノナル可シ然レモ何レノ地ヨリ流出シ來ルヤ未タ調査ノ至ラサル所ナリ新城ノ通事李阿隆トイフモノ現ニ之ヲ採掘シツヽアリト云フ

此外中央山脈中ニハ石灰岩ノ產出頗ル多シ此ヲ燒キテ石灰トナスコトヲ蕃人ニ敎ヘナハ彼等ノ歲入ヲ增スコトヲ得ヘシ

交通

卑南ヨリ奇萊地方ヲ旅行スルニ當リ殊ニ意外ニ感スルハ道路ナル可シ臺東ノ道路ハ蕃人修築セルモノナレトモ其道幅ノ廣キト平坦ナルコトハ前山ニ於テ漢人ノ修築セルモノニ比シ遙ニ優レルヲ覺ユ是レ此地方ノ蕃人ハ水牛ヲ飼養シテ牛車ヲ用ユルヲ以テ此ク發達セシナル可シト信ス

然レモ大半ハ河原ニ道路ヲ造リ居ルヲ以テ流水ノ爲ニ時々破壞セラレ何レカ其道路ナルカヲ知ルコト能ハサル箇所モ亦少カラサルナリ

臺東ノ地ハ河流多クシテ降雨每ニ河水汎濫シ加之橋梁ノ便ナク何レモ徒涉セサル可ラス故ニ一旦河水漲ルトキニハ到底徒涉スルコト能ハスシテ交通全ク遮斷セラルヽ至ルコトアリ

要スルニ臺東ニ於ケル道路ハ大麻里ヨリ花蓮港ニ通スル間ノ國道トモ稱ス可キモノハ意外ニ平坦ニシテ路幅廣キモ海岸ニ在ルモノハ絕壁ニシテ險阻ノ地多シ

又良好ナル港灣ニ乏シク否絕無ナルヲ以テ自然船舶航通ノ便ヲ缺キ殊ニ冬時風波ノ荒キ時候ニ至レハ全ク船舶ノ往來絕ユルト云フモ不可ナシ

臺東ヨリ前山各地方ニ通スル道路數條アリ卽チ左ノ如シ

一、巴塱衛ヨリ中央山脉ヲ横リ切テ前山枋寮ニ出ツル道路
二、大麻里ヨリ大麻里溪ヲ溯リ新隘寮ニ出ツル道路
三、卑南ヨリ大滀社ニ出テ大道關社ヲ經テ蕃薯寮ニ出ツル道路
四、新開園ヨリ里隴ヲ經テ臺南地方ニ至ルノ道路
五、璞石閣ヨリ八通關ヲ經テ集々街及ヒ林圯埔等ノ地方ニ出ツル道路
六、秡仔庄ヨリ丹大社ヲ經ヲ集々街ニ出ツル道路
七、新城ヨリ蘇澳ニ至ル道路
八、卑南ヨリ海岸ヲ通過シ恒春地方ニ至ル道路
九、卑南ヨリ海岸ヲ通過シ花蓮港ニ出ツル道路
十、海岸道路ヨリ中央道路ニ至ル道路

(一)巴塱衛枋寮間ノ道路

巴塱衛ヨリ枋寮ニ至ルニハ三四千尺以上アル中央山脉ヲ横キラサル可ラス此ヲ横キリ內蓁庄ニ出テ水底寮庄ヲ經テ枋寮ニ出ツルナリ此道路ハ我國ノ軍隊ニ於テ修築セルモノニシテ十二三里ノ路程アリ二日ヲ要ス此道路ハ舊淸政府時代ニ於テハ隘勇ヲ配置シ行人ヲ保護シタルコトアリト云フ同治ノ末年統領張管督ノ下ニ築成セシモノナリ

(二)大麻里ヨリ大麻里溪ヲ溯リテ新隘寮ニ出ツルニハ中央山脉ヲ横キラサル可ラス道路頗ル險惡ニシテ蕃人ノ僅ニ之ヲ往來シ居ルニ過キス

(三)大滀社ヨリ前山、阿里關ニ出ツルニハ中央山脉ヲ横キラサル可ラス前者ニ比シ道路險峻ナラス大道關社ニ出テ此ヨリ阿里關ヲ經テ蕃薯寮ニ出ツルモノニテ臺東ヨリ五六日ニシテ臺南ニ至ルコトヲ得可シ此間ニ之ヲ開墾セハ田園トナル可キ曠地アリ通事王猪枇トイフモノ之ヲ實地踏査セリト云フ然レ𪜈今ハ漢人ノ往來絶テ無シ

(四)新開園ヨリ里隴ヲ經此ヨリ三武洛溪ヲ溯リ異肉母社ニ出テ更ニ險峻ナル中央山脈ヲ横キリ前山ナル雁爾社ニ出テ蕃薯寮ヨリ臺南其他鳳山等ノ地方ニ至ルコトヲ得可シ此間モ亦五六日ヲ要スト云ツ道路ハ險惡ニシテ今日ニテハ漢人ノ之ヲ通行スルモノ絶テ無ク僅ニ蕃人ノ交通シ居ルニ過キス

(五)璞石閣ヨリ八通關ヲ越ヘテ前山集々街及ヒ林圯埔等ニ通スル道路ハ舊淸政府時代ニ於テ築造セルモノニシテ同治

十三年ニ起工シ光緒二年ニ至リテ竣工セリ路幅ハ約六尺ニシテ石ヲ敷キ樹ヲ排シ以テ開鑿セリ前山ト後山トノ中界ナル新高山ヲ横キル處ニ一ノ關門ヲ造リ之ヲ八通關ト稱セシカ今ハ僅ニ其ノ痕跡ヲ留メ居ルノミ

璞石閣ヨリ阜溪社、異祿閣社及ヒ大崙坑社等ヲ經テ八通關ニ至ル間ハ坂路急峻ニシテ歩行困難ナリ然レモ八通關ヲ下リ東埔社ニ至レハ前ノ如ク歩行困難ナラス從ヒテ坂路ノ向背頗ル緩慢ナリ此道路ハ軍統領吳光亮ノ監督ノ下ニ三年間ヲ費シテ成功セシモノニシテ當時統領吳ハ一千餘ノ兵ヲ督シ工事ニ從事シ傍ラ撫蕃ノ事ニ當リシカ今日猶此地方ノ蕃人中ニハ吳ノ德ヲ慕ヒ居ルモノアリ

此附近ナル後山ノ蕃人ハ交換ノ爲此道路ヲ通過シ時々東埔社ニ往來シ居ルト云フ

(六)秡仔庄ヨリ集々街ニ至ルノ道路

秡仔庄ヨリ丹大社ヲ經テ集々街ニ出ツルノ道路ハ漢人ノ時々往來シタル道路ニシテ此間五日ヲ要スト云フ秡仔庄ヲ發シ二日ヲ經テ丹大社ノ一部分ヲ通過シ其ヨリ溪水ヲ渉リ或ハ山ヲ越ヘ濁水溪ノ沿岸ニ出ツ此ヨリ流ニ沿フテ秡仔埔ニ出テ集々街ニ出ツルコトヲ得可シ

此道路ノ築成ハ光緒十二年ニシテ前山ト後山トノ兩方面ヨリ竣工シ余歩青トイフモノ前山秡仔埔ヨリ統領張ハ奇萊方面ヨリセシカ三ケ月ヲ要シテ竣工セリト云フ前山ト後山トノ連絡ニハ此道路ハ險惡ナラスシテ甚便利ナリシヲ以テ屢々漢人ノ往來スルモノアリシカハ往時ハ隘丁ヲ各處ニ配置シ蕃人ノ害ニ備ヘタリシカ隘丁ト蕃人トノ衝突頻繁ナリシヨリ遂ニ隘丁ヲ撤スルニ至リ爾來交通甚タ稀少ナルヲ致セリ

(七)新城ヨリ蘇澳ニ通スル道路

此道路ハ今日ニ於テ之ヲ通行スルモノ絶テ無シ初メ同治ノ末年舊清政府ニ於テ統領羅大春ヲシテ此道路ヲ開鑿セシメタリシカ此道路ノ築成ト共ニ宜蘭ヨリ漢人ノ移住スルモノアリ今日ノ十六股庄及ヒ其他ノ村落初テ創開セリト云フ

花蓮港附近即チ奇萊地方ノ漢人ノ大半ハ宜蘭地方ヨリ移住セルモノニシテ此等ハ何レモ海岸ニ新ニ築成セル道路ニヨリテ來レルナリ此間殆ト三十里餘アリ其沿道ノ蕃人ハ慓悍ヲ以テ有名ナル大魯閣蕃並ニ南澳蕃ナルヲ以テ屢々行人ヲ害セシカハ屢々之ヲ征討セシモ其結果宜シカラス益兇暴ヲ逞スルニ至リ爾來此道路ヲ通行スルモノ無ク何レモ海路舢板ニ乘シテ宜蘭ト交通スルニ至レリ

(八)卑南ヨリ恒春ニ通スル道路

此間殆ト二十八里ニシテ四日間ヲ要ス今日ハ民蕃常ニ交通シ特ニ郵便線路タリ卑南ヨリ牡丹灣及ヒ八瑤灣等ニ至ルマテハ大概海岸又ハ海岸ニ近ク道路アリ八瑤灣ヨリ以南ハ山路ナルモ坂路急峻ナラス

(九)卑南ヨリ海岸ヲ通過シ花蓮港ニ出ツル道路

此間五十里餘ニシテ卑南ヨリ成廣澳ニ至ル間ハ阿眉蕃社ノ間ヲ通行ス此ヨリ大港口ヲ經テ花蓮港ニ出ツルナリ此間ノ道路ハ海岸ニ近クアリテ急峻ナル山脚ヲ歩行スルヲ以テ極テ險惡ナリト云フ

(十)海岸道路ヨリ中央道路ニ至ルモノ

(イ)彭仔存庄ヤイヘル平埔蕃族(十四戸)ノ小部落アリ此ヨリ大庄ニ出ツルノ道路アリ山道極テ急峻ナリ

(ロ)猫公社ヨリ大巴塱及ヒ秡仔庄ニ出ツル山路アリ前者ニ比シ稍緩慢ナル向背ヲ有スト云フ

住民

臺東ノ地ハ臺灣ノ山後ニ位シ居ルヲ以テ自然交通ノ便ヲ缺キ此地ニ漢人ノ入リ來リシハ僅々五六十年來ノコトニシテ其以前ハ全ク蕃人ノ巢窟ニテアリキ此地ノ住民ヲ類別セハ次ノ如シ

一、漢人
二、「プユマ」族
三、「アミス」族
四、「スパヨワン」族
五、「ヴオヌム」族
六、「アタイヤル」族
七、平埔族

臺東ノ地ハ此ク多數ノ異リタル種族ヲ包括シ居レリ實ニ臺東ノ地ハ臺灣ニ於ケル各蕃族ノ大半ハ占居セリ

(一)漢人

漢人ノ臺東ノ地ニ移住シ來リシハ僅々五六十年以前ニ在ルモ今日ニ於テハ各樞要ナル平地ニハ到ル處ニ住居スルニ至レリ此等ノ漢人ノ移住シ來リシハ三方面ヨリセリ即チ奇萊地方ニ於ケルモノハ宜蘭地方ヨリ、璞石閣地方ニ於ケルモノハ彰化嘉義ノ二方面ヨリ、卑南地方ニ於ケルモノハ鳳山及ヒ臺南方面ヨリ移住シ來レルカ如シ此ク異リタル方面ヨリ來リシハ其地方ノ蕃人ノ日用品交換ノ爲山ヲ出テ、其地ニ往來シ居リシヲ以テ自然此等ノ蕃人ト親ミヲ生シ遂ニ蕃

人ト共ニ蕃地ニ入リ來リ自然三方向ヨリ移住セシ原因トナリタルナル可シ

此ク漢人ノ三方面ヨリ移住シ來ルアリ初メテ漢人ヲ臺東ノ平野ニ見ルニ至レリ此外漢人ノ移住ニ關係ヲ有スルモノハ前山ト後山トノ道路ノ開通是ナリ光緒ノ初年臺灣ニ招撫分局ヲ設ケ西部臺灣及ヒ對岸ナル清國ヨリ住移民ヲ招集シ恒春及ヒ臺東ノ地ニ移殖セシメタルコトアリシカ其結果トシテ今日ノ如キ漢人ノ村落ト人口トヲ增加セリ田代安定氏ノ調査ニヨレハ臺東ニ於ケル漢人ハ其總數三千五百餘人ニ達シ此中粤籍ニ屬スルモノハ殆ト五百人ニシテ其他ハ大概閩籍ニ屬スルモノナリト云フ

(二)「プユマ」族

往時臺東ニ於ケル蕃人中最勢力アリシモノハ「プユマ」族ニシテ其分布ハ殆ト卑南平野ノ全部ニ擴カリ居レリ從來「アミス」蕃族ハ此平野ニ住居セシカ「プユマ」蕃族ノ爲ニ征服セラレ永ク其勞役ニ服スヘキヲ誓ヒ僅ニ其「アミス」族ノ主社ノミ此平野ノ一方ニ住居スルコトヲ許サレタリ卽チ今ノ卑南海岸ニ在ル馬蘭坳社是ナリ此蕃族ハ嘗テ後山ニ於ケル蕃人ノ主權ヲ握リシモノニシテ卑南平野ヲ中心トシテ南ハ枋寮ニ至ル沿道ノ蕃社悉ク其命ヲ聽キ北ハ璞石閣方面ニ至ルノ「アミス」族ヲシテ悉ク隷屬セシムルニ至レリ當時此蕃族ノ頭人タリシハ漢人ノ所謂卑南王是ニシテ其威勢四近ニ振ヘリト云フ然レトモ該頭人死去ノ後漸次其勢力ヲ減シ遂ニ各社離叛シテ今日ノ如ク同族ナル卑南八社ノミ一團ヲナスニ至レリ其頭人ハ卑南王ノ系統ヲ有スルモノニシテ其家ニ生マレシ女子ハ今猶其手甲ニ刺墨ヲナスノ風習アリ

(三)「アミス」族

此蕃族ハ殆ト臺東ノ全部ニ分布シ猶南進シテ遠ク恒春地方ニ移住シ居ルモノアルモ自然中心點アリテ各團体ヲナスニ至レリ卽チ卑南秀姑巒及ヒ奇萊海岸等ニ各團体ヲ成シ居レリ此等ハ方言ニ於テ多少相異ル所アルモ相互談話スルニ當リテ相通セサルコトナシ此蕃族ハ嘗テ卑南地方ニ於テハ「プユマ」蕃族ト主從ノ關係ヲ有シ從ヒテ「プユマ」蕃族ニ隷屬シテ其指揮命令ヲ聽キ居リシモ咸豐年間獨立シテ其羈束ヲ免カレタリト云フ

恒春地方ニ移住セル「アミス」族ハ恒春「スパヨワン」ノ下蕃社ニ隷屬シテ其命令ヲ受ケ居レリ

(四)「スパヨワン」族

此蕃族ハ恒春地方ノ蕃人ト同一ノ種族ニシテ「ツアリセン」及ヒ「プユマ」族ノ蕃人ト近キ緣故ヲ有スル蕃族ナリ其分布ハ知本溪以南ニ在リ言語其他風俗習慣等ニ至ルマテ恒春「スパヨワン」ト同一ナリ大麻里社ノ如キハ平地ニ住シ卑南社ト殆ト同一ノ進步ヲナシ居レリ然レトモ高山ニ住スルモノニ至リテハ其進步ノ度恒春「スパヨワン」ノ上蕃社ト同一ノ

程度ニアリト見テ誤ナカル可シ

(五)「ヴオヌム」族

此蕃族ハ前山ノ濁水溪沿岸ニ分布シ埔里社地方ニ於テ所謂南蕃ト稱スルモノト同一種族ニシテ桵仔庄以南ヨリ鹿寮以北ノ高山ニ分布シ自ラ「バヌワン」ト稱ス蓋シ「ヴオヌム」ノ轉訛ナラン

此蕃族ノ一ニシテ「セブクン」ト自稱スル一部族アリ此部族ハ前山ノ關山ヲ中心トシテ其周圍ニ分布シ口碑ニヨレハ集々街方面ヨリ移住セルモノナリト云フ

此クノ如ク其分布頗ル廣クシテ其言語風俗習慣等ヨリ家產等ニ至ルマテ前ニ記シタル蕃族トハ大ニ異レリ

(六)「アタイヤル」族

此蕃族ハ顏面ニ刺墨ヲ施ス特徵アルヲ以テ一見シテ他ノ蕃族ト區別スルコトヲ得可シ

此蕃族ノ分布ハ後山ニ於テハ魚尾溪以北ノ高山地ニアリテ木瓜並ニ太魯閣等ノ蕃社ハ之ニ屬ス此二大社ハ前山ナル埔里社方面ノ霧社萬社及ヒ斗卡社等ニ類シ東部「アタイヤル」ニ屬ス可キモノナリ

太魯閣蕃ニハ內外ノ別アリテ內太魯閣社ハ埔里社方面ニ、外太魯閣社ハ奇萊方面ニ在ル蕃社ナリ此兩太社ノ常ニ相交通シ居ルヤ否不明ナリ

(七)「ペイポ」族

臺東ニ於ケル平埔族ハ原ト二方面ヨリ移住セルモノニシテ一ハ宜蘭地方ヨリセルモノ、之ヲ加禮宛蕃ト稱ス加禮宛トハ宜蘭ニ於ケル三十六社ノ平埔蕃社中ノ社名ニシテ奇萊地方ノ加禮宛蕃ハ此社ヨリ移住シ來リシヲ以テ其蕃社名ヲ採リテ此種族ヲ呼フニ至リシナリ

此等ノ蕃人ノ此地ニ移住シ來リシハ今ヨリ五六十年以前ノコトニシテ當時彼等ハ米崙山附近ノ海岸ニ上陸シ奇萊平野ニ占居シタリシモ今日ニ於テハ各所ニ分散シ居レリ田代安定氏ノ調査ニヨレハ其部落ハ十餘ケ所アリテ人口殆ト一千餘人ニ達スト云フ

他ノ一ハ鳳山地方ヨリセルモノニシテ亦秀姑巒地方ニ住居ス此等ハ大庄、新庄、新開園、公埔、及ヒ璞石閣等ノ地ニアリテ其部落ハ四十餘ニ達シ人口四千有餘人ニ及フト云フ

臺灣ノ蕃人中最早ク漢人ニ接シタルハ平埔蕃ニシテ最漢人ノ爲ニ苦メラレタルモノモ亦此蕃族ナリ元來平埔蕃ノ臺東ニ移住シ來リシハ彼等カ漢人ノ狡獪ナル手段ニ罹リ彼等ノ耕地ヲ失ヒ生活ノ道ニ窮スルニ至リ遂ニ漢人ノ未タ移住セ

サル地ニ避ケタルナリ然ルニ一難去リテ一難又來リ卽チ復臺東ノ高山蕃ト衝突ヲ惹起セリ然レトモ此衝突ハ漢人トノ如ク耕地ヲ失フカ如キコトナカリシナリ其後臺東ノ地ニ漸次漢人ノ移住シ來ルモノアリ墾地ノ爭ヒヨリシテ如禮宛ノ反スルアリ苛税ニ堪ヘサルヨリシテ秀姑巒地方ノ平埔ノ反スルアリキ此ノ如ク平埔蕃族ノ到ル所ニ於テ漢人ト衝突セルハ其曲常ニ漢人ニ在リシモ漢人ハ常ニ官權ヲ濫用シテ之ヲ抑制セリ

要スルニ臺東ニ於ケル漢人ノ數ハ未タ蕃人ノ十分一ニ至ラサルヲ以テ其勢力モ亦前山ノ如クナラス現ニ奇萊及ヒ卑南地方ノ漢人ノ如キハ全ク蕃人ヲ凌駕スルコト能ハスシテ却テ幾分カ蕃人ノ制肘ヲ受クル傾向アリ

民蕃相互ノ關係

民蕃ノ關係ヲ說クニ當リテ漢人ノ移住前ト移住後トニ於テ多少異ルヲ以テ先ツ移住前ニ於ケル關係ヲ記シ後ニ移住後ニ於ケル關係ニ及フ可シ

卑南地方ニ於テ原「アミス」族ト「プユマ」族トノ間ニ於ケル關係ハ殆ト主從ノ如キ觀アリ「アミス」ハ「プユマ」ノ命ヲ聽キ宛モ奴隷ノ如ク使役セラレシカ「アミス」ハ當時勢力微弱ナリシヲ以テ已ムナク之ニ服從セシモノヽ如シ「プユマ」ハ啻ニ「アミス」族ノミナラス臺東「スパヨワン」ノ一部分ヲモ服從セシメタル如シ

秀姑巒地方ニ於テハ平地ナル「アミス」ト高山ナル「バヌワン」蕃ト衝突シ多少敵視スルノ傾向アリ而シテ奇萊地方ニ於テハ平地ニアル奇萊「アミス」ト高山ニ占居スル「アタイヤル」族ト常ニ衝突シテ爭鬪絕ヘサリシカ次テ加禮宛社ノ蕃人宜蘭地方ヨリ移住シ來ルアリ奇萊「アミス」ハ大ニ力ヲ得タルカ如シ卽チ加禮宛ハ高山ニ占居スル太魯閣社ニ接近シテ墾地ヲ開キシヲ以テ太魯閣社ハ之カ爲ニ抑制セラレテ平地ニ暴威ヲ逞フスル能ハサルニ至レリ是ニ於テ奇萊「アミス」ハ專ラ木瓜社ノ抑制ニ當リシカ木瓜社ニ接近セル七脚川社ノ如キハ木瓜社ニ對シテ所謂畏憚ノ中心タル感アラシメタルナラン

旣ニシテ漢人ノ移住道路ノ開道ト共ニ其數ヲ增加シ之カ結果トシテ民蕃ノ關係モ亦自ラ一變スルニ至レリ

又卑南平野ニ漢人ノ移住セル以來「アミス」族ヲ敎唆シテ「プユマ」族ニ離判セシメ以テ「プユマ」ノ勢力ヲ減削シタリ而シテ秀姑巒地方ニ於ケル平埔蕃族ハ「アミス」族トハ圓滑ナリシモ漢人ト常ニ衝突シ相敵視スルニ至レリ次ニ奇萊地方ニ於テハ「アタイヤル」族ニ屬スル木瓜社ハ奇萊「アミス」ノ優勢ニシテ到底其敵ス可ラサルカ爲此地ヲ物品交換ノ地トナシ馘首ノ地ヲ更ニ大巴塱及ヒ馬太鞍等ノ蕃社ニ轉スルアリテ自然形勢一變スルニ至レリ尚奇來地方ニ漢人ノ移住スルト共ニ墾地ノ爭絕エサリシカ官ニ於テ蕃地ヲ買收シ民蕃ノ墾地ノ分界ヲ明ニセシヲ以テ自ラ葛藤ヲ止ムルニ至レリ

有名ナル郷庄

臺東地方ニ於テ有名ナル郷庄トシテ擧ク可キモノハ卑南新街、成廣澳、璞石閣、水尾、秡仔庄、十六股庄及ヒ花蓮新街等ナリ何レモ新開ノ地ナルヲ以テ其戸數人口共ニ甚タ多カラス

(一)卑南新街

咸豐年間鳳山縣水底寮庄ノ鄭尚トイフモノ初テ臺東ノ地ニ來リ卑南ノ地ヲ視察シテ歸リ殖民ニ適セル曠地ナルヲ傳ヘシ以來漢人卑南ニ移住シ來ルモノアリ海岸ノ地ニ一部落ヲ形成セリ今ノ新街是ナリ卑南廳並ニ軍隊ノ駐在スルコト、ナリシハ光緒ノ初年ニシテ以前ニ在リテハ全ク放棄セシモノ、如シ此ヨリ漸次戸口ヲ增シ光緒十三年更ニ知州衙門ヲ設置セラシ以來今日ノ如キ市街ヲ成スニ至レリ

(二)成廣澳

成廣澳モ亦卑南新街ト殆ト同時ニ建テラレシ一庄ナリ此地ハ支那形船ノ碇泊ニ堪ユルヲ以テ同治ノ末年ニ至リテハ既ニ四十餘戸ノ漢人ヲ見ルニ至レリ今日臺東ノ海岸地方ニ在リテハ有數ノ村庄ナリ臺南及ヒ鳳山地方ヨリ貨物ヲ運送シ來リ此地方ノ產物ト交換スル船舶ノ寄港所トナリ居レリ

(三)璞石閣

璞石閣ハ數十年前平埔蕃族ノ大庄ニ部落ヲ定メシトキ此附近ニハ未タ漢人アラサリシカ平埔ノ口碑ニヨレハ其後數年ヲ經テ二人ノ漢人初メテ奇萊ノ方面ヨリ來リ璞石閣ノ地ニ占居セリトイフサレハ此地ハ秀姑巒地方ニ於テ最古キ時ヨリ漢人ノ移住セシ地ナリトイフヘシ此地ヨリ八通關ヲ通過シ前山ナル集々街及ヒ林圯埔等ニ出ルコトヲ得ルヲ以テ璞石閣ノ庄民モ亦此地方ヨリ移住セシモノ多シ此地ノ家屋ノ周圍ニハ樹木竹林等アリテ其移住年數ノ久シキコトヲ證シ居レリ

(四)水尾

水尾ノ地ハ秀姑巒溪ノ南北兩支流ノ會合スル處ニ在リテ土地豊沃ナリ卑南同知歐陽駿嘗テ水尾ノ地ヲ開キテ此地ニ瀛船ヲ往來セシメ且卑南廳ヲ改メテ臺東州トナシ省ニ直隷セシメ知州衙門ヲ此地ニ設ケントノ計畫ヲナシ既ニ准許ヲ得タリシモ歐陽駿ハ中途ニシテ死シ議遂ニ止ミタリト云フ此地ハ撫墾分局ノアリシ地ニシテ璞石閣ヨリ花蓮港方面マテヲ管轄セシカ後ニ至リテ更ニ奇萊ニ撫墾分局ヲ設ケシ以來秡仔庄ニ移スニ至レリ今日一部落ヲナシ居ルモ二三十ノ戸數ヲ有スル一小村ニ過キス

（五）秡仔庄

此地ハ秀姑巒地方ノ北部ニ位シ花蓮溪ト秀姑巒溪トノ分水ノ所ニアリ集々街ヨリ此地ニ貫通スル道路ノ開通以來建テラレシ庄ニシテ新開ノ部落ナリ

秡仔庄トハ「パツツン」トイヘル番社名ヲ漢字ニ譯セシ地名ナリ人家二三十土地豊沃ニシテ頗ル有望ノ地トス

（六）十六股庄

十六股庄ハ奇萊平野ノ北部加禮宛社ノ南方ニアリテ戸數殆ト二百ニ達シ到ル所田園開墾セラレ居レリ此地ハ光緒ノ初年蘇澳奇萊間ノ道路開通後ニ成立シ庄民多クハ宜蘭地方ヨリ移住シ來ルモノナリト云フ

（七）花蓮新街

奇萊ノ蕃人ハ往時漢人ノ未タ移住セサリシトキニハ宜蘭ノ地ニ到リテ日用品ヲ交換セシヲ以テ自然宜蘭地方ノ住民ト此地方ノ蕃人トハ相親ムヲ得タリシナラン此等ノ關係ヨリシテ宜蘭地方ノ者ニシテ奇萊ノ地ニ移住シ來リテ海岸ニ一部落ヲ結フモノアリキ加之光緒ノ初年道路ノ開通ト共ニ移住民ヲ增加シ同時ニ此地ニ官衙並ニ兵營等ノ設置セラレシヨリ今日ノ如ク市街ヲ成スニ至レリト云フ戸數殆ト八十餘ニ達セリ

（八）新城

此地ノ始メテ開ケシハ今ヨリ殆ト四十年前ニシテ通事李阿隆トイフモノ此地ノ墾主タリ移住ノ當時太魯閣社ノ蕃人屢々兇暴ヲ逞フシ爲ニ殺害セラルヽモノ亦少カラス然ルニ李阿隆ハ銃器ヲ以テ時々蕃人ヲ射撃セシカハ遂ニ全ク威服スルニ至レリ其後蕃人ト物品交換ヲ營ミ傍ラ撫䘏ニ從ヒシ結果今日ニ於テハ全ク阿隆ノ爲ニ生存シ彼ノ盛衰ハ多少蕃人ニ影響ヲ及ホスノ姿ヲナシ益々阿隆ニ服スルニ至リ現ニ蕃人ハ彼ノ唯一ノ爪牙トナリ居レリ此地方戸數僅ニ十五大概阿隆ノ一族ヨリ成ルト云フ

沿革

臺東ノ地ハ臺灣ノ山後ニ位シ交通不便ノ地ナルヲ以テ昔時ハ漢人ノ居住スルモノナク蕃人ノ巢窟タルニ過キサリシカ前山ニ於ケル平野ノ開墾ハ既ニ曠地ナキニ至リシヨリ山後ナル臺東ノ地ニモ漸次漢人ノ移殖ヲ見ルニ至レリ是レ今ヨリ五六十年以前ノ事ナリキ

而シテ臺東地方ノ初メテ漢人間ニ知レタルハ早ク康熙年間ニ在リ藍鹿洲ノ手ニ成レル「紀臺灣山後崇爻八社」ニヨレハ康熙三十二年陳文、林侃トイフモノ暴風ノ爲ニ破船シテ此所ニ漂着シ在留スルコト一年ニシテ歸レリト云フ是ニ於テ初メ

テ臺東地方ノ地理並ニ蕃情ヲ世ニ紹介スルノ端緒ヲ啓キ同三十四年大雞籠ノ通事賴科藩冬等次テ山路臺東ニ赴キテ蕃人ヲ招撫シタル結果此地ノ蕃人悉ク歸付シタリ爾來蕃人ト交換ヲ營マントスルモノハ毎年舟ニ乘シテ布、煙草、食鹽、鍋、釜、及ヒ農具ヲ積ミテ到リ蕃社産ノ獸皮、鹿角、其他ノ物ト交換シテ歸レリ此ク舟行シテ臺東ニ到ルコトハ一年一回西海岸ヨリ出帆シ海ニ沿フテ臺東ニ到リシカ如ク其上陸點ハ舊記ニヨレハ花蓮港ニアラスシテ秀姑巒溪ノ河口大港口ヨリ流ヲ溯リテ入リシカ如シ此ク奇萊並ニ秀姑巒地方ニハ康熙年間ヨリ漢人ノ往來スル者アリテ此地ノ蕃人ハ此時ヨリ既ニ歸附シ居レリ

秀姑巒地方ノ蕃人ノ口碑ニ據レハ亦以上ノ事實ニ暗合スルモノアリ即チ昔時未タ鐵器ノ蕃社ニ入ラサリシ時代ニハ樹枝或ハ鹿角ヲ以テ畑ヲ耕作シ武器モ今ノ如キ銃刀鎗鏢等ノ存スル無ク大概石器ヲ使用セシカ曾々タンヤ、クシヤト云ヘル二人ノ異人來リテ初メテ鐵器木綿其他ノ物ヲ蕃人ニ傳ヘタリトイヘリ今日猶秀姑巒地方ノ蕃人ハ此二異人ヲ恩トシ一年一回彼等ノ爲ニ祭祀ヲ營ミ居レリ而シテ其年歷巳ニ詳ナラス且所謂タンヤ、クシヤトハ果シテ何人ナリヤヲ知ルニ由ナキモ康熙年間此地方ニ漂着セシ陳文林偲ノ二人或ハ此一行中ノモノヲ指スニアラサルカ姑ラク記シテ後ノ考證ヲ待タン

臺東一帶ノ地ニ未タ漢人ノ入ラサリシ時ニ當リ卑南平原ノ南ナル知本溪邊ヨリ起リシ「プユマ」族ハ漸ク北進シテ今ノ卑南地方ニ入リ殊ニ今ヨリ二百年以前ノ頃初テ卑南社ヲ建テタル總頭人「ピナライ」即チ漢人ノ所謂卑南王ノ如キハ其同族及ヒ他ノ附近ノ蕃族ヲ征服シ北ハ璞石閣以南ニ在ル「アミス」族、南ハ卑南ヨリ枋寮ニ至ル沿道ノ「スパヨワン」ニ及ヒ其所管ノ蕃社七十二ニ至リ當時卑南社ハ臺東ニ於ケル集權ノ府タル如キ姿ヲ爲シ總頭人ノ外ニ出ルトキハ同族ノ蕃人之ニ扈從シ又管下各社ハ毎年穀物ノ收穫ノ幾部ヲ納メ山野ニ獵セハ其狩獲ノ幾分ヲ進貢スルヲ例トシ殊ニ卑南平野ノ海岸ニ住居スルヲ許サレシ「アミス」族ニ屬スル馬蘭拗社ノ如キハ殆ト奴隷ノ如クニ使役セラレ農作ノ如キ先ツ主社ノモノヲ耕種シタル後ニアラサレハ彼等各自ノ耕種ヲ爲スヲ得ス且主社ニ屬スル蕃人ノ欲スル所ノ物ハ身體ノ裝飾品ヨリ室内ノ器物及ヒ家畜ニ至ルマテ皆其欲スルカマヽニ與ヘテ拒ムヲ得サリキ此時ニ當リ「プユマ」族ノ毎年收穫ノ終リニ行フ祖先ノ祭儀ニ人身犧牲ヲ供スルノ風アリ此ノ犧牲ニ供スルモノハ管下ノ各社ニ命シ輪次ニ一人ツヽヲ貢獻セシメシカ管下ノ社蕃ハ盡ク威ニ恐レ勢ニ服シ敢テ之ニ逆フモノアラサリシト云フ既ニシテ康熙ノ末葉ニ朱一貴ノ亂アリ匪首ノ誅戮セラルヽニ及ヒ殘黨ノ遁レテ卑南地方ニ入レルモノアリシカハ淸官ハ特ニ總頭人ニ諭シテ其踪跡ヲ探リ且之ヲ剿誅セシメシニ大功アリ總頭人及ノ他ノ蕃人ニ金品衣服等ヲ賞賜スル各差アリキ漢人ヲシテ卑南王トイヘル稱號ヲ總頭人ニ冠スルニ至

ラシメシハ此時ニ在リト云フ之ヲ以テ見ルトキハ卑南方面ノ蕃人ノ漢人ニ知ラレシハ亦康熙中ニ在リテ且當時優勢ナリシコトヲモ知ルニ足ルヘシ巳ニシテ總頭人「ピナライ」死シ其子孫相承ケテ總頭人トナリ亦漢人ニ卑南王ト稱セラレ乾隆ノ末年林爽文ノ亂全臺殆ト賊手ニ歸シ鳳山城モ亦賊ノ包圍ニ陷リシカ偶々「プユマ」族ノ總頭人其部下數百ヲ率ヰテ枋寮ニ來リ交換ヲ爲スアリ即チ清官ノ諭ニ遵ヒテ匪賊ノ討誅ニ當リ奮戰擊退大ニ功アリ縣城爲ニ回復スルコトヲ得シカハ亂平クノ後其功ヲ賞シ總頭人ニ給スルニ銀牌ヲ以テセリ既ニシテ其子孫相繼クニ及ヒ威權漸ク衰ヘテ統御ノ力ヲ失ヒ管下ノ衆蕃亦命ヲ聽カサルモノアルニ至リ或ル年疫病大ニ流行シテ臺東各社ノ蕃人之ニ死スル者極テ多カリシカ各社ノ蕃人之ヲ以テ每年主社ノ祭儀ニ供スル人身犧牲ノ祟孽ナルヘシトナシ終ニ主社ニ要請シ猿ヲ以テ之ニ代ルニ至ラシメタリ當時總頭人ノ威權既ニ昔日ノ如クナラサリシカハ止ムナク之ヲ許容シタリトソ是ヨリ益々總頭人ノ勢力衰微シ終ニ其管下各社獨立ノ基ヲ啓ケリ

是ヨリ先臺東一帶ノ地ハ蕃人ノ占居スルノミニシテ漢人ノ住スルモノ無カリシカハ彼等ハ日用品ナル食鹽、鐵器其他綿布等ヲ得ル爲ニ中央山脈ヲ横キリテ前山ノ各地ニ出テ蕃社ノ產物ト交換シタリ即チ卑南方面ノ蕃人ハ枋寮附近ニ出テ秀姑巒地方ノ蕃人ハ嘉義方面ナル集々街又ハ林圮埔ニ出テ或ハ此附近ノ蕃人ヲ介シ奇萊地方ノ蕃人ハ宜蘭地方ニ出テヽ交換ヲナセリト云フ

以上ハ漢人ノ未タ臺東ノ地ニ入ラサリシ以前ノ沿革ナリ而シテ一タヒ漢人ノ臺東ノ地ニ入リシ以來臺東ノ地ハ更ニ複雜ナル歷史ノ關係ヲ形作ルニ至レリ

咸豐年間鳳山縣水底寮庄ノ通事鄭尚トイフ者アリ「プユマ」族(卑南蕃)ノ總頭人ト共ニ卑南ニ來リ其附近ノ蕃地ヲ踏査シ且卑南附近ノ蕃人ニ胡麻及其他ノ作物ノ耕種法ヲ敎ヘタリシカ此等ノ作物ハ今日大ニ發達シ一大產物トナルニ至レリ鄭ノ水底寮庄ニ歸ルヤ卑南ノ地ノ好望アルコトヲ世ニ紹介セシカハ漢人ノ卑南ノ地ニ往來スルモノ其數ヲ增シ遂ニ卑南ノ海岸ニ一地ヲトシテ部落ヲ形作ルニ至リ秀姑巒地方ノ海岸ナル成廣澳ニモ亦同時ニ墾地ヲ開キ村落ヲ成スニ至レリ傳ヘ言フ鄭ハ一日阿眉蕃ノ頭人ニ說キテ曰ク「今日ニ於テ汝ノ部落ハ卑南蕃人ニ比シ壯丁多ク且家富メリ然ルニ猶依然卑南蕃人ノ支配ヲ受クルハ何故ソヤ獨立シテ其支配ヲ脫シ我等漢人ニ倚ルニ若カス」ト是ニ於テ阿眉蕃ハ深ク此言ヲ信シ遂ニ卑南蕃ノ指揮命令ヲ受ルヲ肯セサルニ至レリ卑南蕃人大ニ怒リ阿眉蕃ヲ討チシニ阿眉蕃人ハ漢人ノ後援ヲ得テ彈丸銃器等ノ供給ヲ受クシヲ以テ遂ニ卑南蕃人ニ勝ツコトヲ得タリ此ヨリ阿眉蕃人ハ全ク卑南蕃人ノ支配ヲ脫シテ獨立スルニ至レリ阿眉族ノ蕃衆謂ヘラク我等ノ卑南蕃人ニ勝ツコトヲ得タルハ全ク漢人ノ後援アルニ因ルト是ヨリ大ニ漢人ヲ德ト

シテ之ニ倚ルニ至レリト爾來阿眉蕃ハ多少漢人ト親ミ卑南蕃人トハ敵視スルノ傾向アルニ至レルハ免レサル所ナリ
漢人ノ此ク卑南蕃ト阿眉蕃トヲ離間セシハ元來卑南ノ地ハ大抵此兩蕃ノ所有地ニ屬シ殊ニ勢力强クシテ漢人常ニ蕃人ノ制肘ヲ受クルノ狀態ナリシヲ以テ卽チ兩者ヲ離間シ其一方ヲ懷撫シ以テ卑南蕃ノ勢力ヲ削キシニ外ナラサルナリ

奇萊地方ハ元來山地ト平地トニ於テ蕃人ノ種族ヲ異ニセリ山地ニハ「アタイヤル」族ニ屬スル木瓜及ヒ太魯閣等ノ蕃人住居シ平地ニハ奇萊「アミス」ノ蕃人占居セリ此兩者ハ常ニ相反目敵視シテ爭鬪絶ヘサリシカ今ヨリ六七十年以前宜蘭地方ヨリ平埔蕃族ニ屬スル加禮宛社ノ蕃人移住シ來リ太魯閣社ニ境ヲ接シテ開墾ヲ始メシヲ以テ奇萊「アミス」ハ大ニ力ヲ得タリシモノヽ如シ

奇萊平野ノ豐沃ナルコトハ宜蘭及基隆其他ノ住民ニモ知ラレ居リシカ咸豐元年黃阿鳳トイフモノ墾民若干ヲ率ヰテ奇萊平野ニ移住開墾ヲ企テタリ黃阿鳳ハ數月ナラスシテ病死シタリシカハ之カ爲ニ一頓挫ヲ生セシモ其他ノ移住民共力一致シテ開墾ニ從事シタリシカ同五六年ノ頃ニ至リテ資本缺乏シ且此地ノ蕃人ト衝突ヲ生セシヲ以テ旣墾地モ漸次荒蕪スルニ至レリ此ク資本ノ缺乏ト蕃人トノ衝突ノ結果遂ニ此地ヲ引キ上ケ或ハ他ニ移住スルニ至リシト云フ其後多少漢人ノ移住者アリテ花蓮港附近ニ小部落ヲ作リ開墾ニ從事シ居ルモノアリタリキ

此時漢人ノ移住者ハ旣ニ璞石閣方面ニ住居シ耕地ヲ開墾スルモノアリシカ此ヨリ先キ旣ニ平埔蕃族ノ一部ノ鳳山地方ヨリ來リテ璞石閣方面並海岸地方ニ移住シ居レリ此等ノ者ハ其移來ノ年歷最モ久クシテ漢人ノ移住前此地ニ旣ニ居住セリ其口碑ニヨレハ道光年間前山ニ於ケル平埔蕃族ノ大移動ノ時期ニ在ルヲ知ラル

此ノ如ク臺東ノ地ハ諸方ヨリ平埔蕃族並ニ漢人ノ移住スルアリテ漸ク複雜ナル歷史ヲ形作ルニ至レリ

同治七年ニ及ヒ英國人某南澳ノ地（蘇澳奇萊ノ間ニアリ）ヲ以テ淸國ノ領地ニアラストナシ此地ヲ開墾セシコトアリシカ種々交涉ノ上遂ニ此地ヲ去ラシメタリ續キテ同治十三年（明治七年）我カ牡丹社討伐以來淸國政府ニ於テハ東海岸ノ忽諸ニス可ラサルヲ知リ從來放棄シテ一兵ノ駐在スルコトナク一官衙ノ設ナカリシ臺東ノ地ニ新ニ兵ヲ駐在セシメ且卑南ノ地ニ臺防廳ヲ移シテ卑南廳トシ東海岸一帶ノ地ノ防備ヲ嚴ニスルニ至レリ而シテ東海岸ノ防備ヲナスト同時ニ蕃人ヲ化育シ且道路ヲ開鑿シ前山ト後山トヲ連絡セシメンコトヲ企テタリ

同治十三年七月統領吳光亮ハ兵ヲ率ヒテ中路嘉義ヨリ進ミ中央山脉ヲ横キリテ璞石閣ノ地ニ至リ兵勇ヲ二分シテ一半ヲ璞石閣他ノ一半ヲ水尾ノ地ニ分紮セリ此時ニ未タ撫墾局ノ設ナク統領吳ハ撫蕃ノ事務ヲモ兼管シ又義塾ヲ開キ蕃童ノ敎育ニモ從ヘリ同年七月統領羅大春モ亦北路ナル宜蘭ノ地ヨリ進ミ十二月ニ至リテ花蓮港ニ達シ此地ニ駐在シ奇萊地方ノ

蕃人ノ撫育開墾ノ事ヲ兼管スルニ至レリ南路ヨリハ同年五月統領袁文祈トイフモノ双溪口ヨリ道ヲ開キ十一月ニ至リ卑南ニ達セリ斯クテ卑南ノ地ニ臺防廳ヲ置キ綏靖軍一隊ヲ此地ニ駐在セシメ又通事ヲシテ蕃童ヲ集メテ教育ノ事ニ當ラシメ加之西部臺灣及ヒ淸國ノ對岸地方ヨリ墾民ヲ招集シ月ニ各六元ヲ給シテ田園ヲ開カシムル等大ニ開墾ノ事務ヲ勉メタリキ此ク南中北ノ三路ヨリ道路ハ開通セラレ其結果トシテ各方面ヨリ漢人ノ移住スル者著シク増加シ加之官ニ於テモ亦此等ノ移住民ニ保護ヲ與ヘテ移住ヲ奬勵セシカハ臺東ノ地所々ニ漢人部落ヲ見ルニ至レリ

又奇萊ノ平野ニハ十六股其他ノ漢人部落ノ建置セラレシカハ漢人ハ一方ニ於テハ加禮宛社ノ方面ニ他ノ一方ニ於テハ「アミス」族ノ蕃社方面ニ漸次墾地ヲ進メシカ彼此境界ノ爭ヒヨリシテ民蕃ノ間ニ衝突ヲ生シタリ即チ漢人ハ頻ニ其墾地ヲ加禮宛社ノ境界ニ進メシヲ以テ加禮宛社ノ蕃人大ニ怒リ漢人ヲ殺傷セリ是ニ於テ淸ノ官兵南北ヨリ進ミ加禮宛社ヲ討伐セシハ實ニ光緒三四年ノ頃ナリキ加禮宛社ハ官兵ト戰ヒ時ニ官兵ヲ敗リシコトアリシモ兵器彈藥ノ供給少ク終ニ降ヲ請フニ至リ此ヨリ加禮宛社ハ四方ニ離散シテ墾地ヲ求メ又昔日ノ觀ヲ止メサルナリ而シテ「アミス」族ノ蕃人ニ對シテハ官ニ於テ其土地ヲ買收シ以テ民人ノ墾地トシ民蕃兩地ノ境界ヲ判明ナラシメタルヲ以テ葛藤初メテ止ミタリト云フ

光緒十二年集々街拔仔庄間ニ道路ヲ開鑿シ前山ト後山トノ連絡ヲ通シ且隘勇ヲ設ケテ路人ヲ保護セシカハ其結果トシテ前山ヨリ移住者ヲ増加シ現ニ秡仔庄ナル漢人部落ハ此時ニ建テラレタルモノナリト云フ

此クノ如ク漢人ノ移住者ヲ増加スルニ從ヒ秀姑巒地方ニ於ケル平埔族ノ蕃人モ亦其耕地ノ境域ヲ侵害セラレ加ルニ官ヨリ苛税ヲ科セラレシカハ彼等ハ之ニ堪ヘスシテ遂ニ官ニ反抗スルニ至レリ是レ實ニ光緒十三年ニシテ直ニ平埔蕃族ノ討伐ヲ開始セラレタリ元來平埔蕃族ハ兵器彈丸ノ供給ナカリシヲ以テ永ク戰爭ヲ續繼スルコト能ハス遂ニ降ヲ請フニ至リ爾來新開園及ヒ拔仔庄ノ地ニハ各一營ノ兵勇ヲ駐在セシメ以テ平埔蕃族ニ備フルニ至レリ

是ヨリ更ニ歩ヲ集メ理蕃並ニ行政等ノ事ニ關シテ記ス可シ臺東地方ニ官衙ヲ初メテ設ケシハ同治ノ末年ニシテ臺防廳ヲ臺南ヨリ移シテ卑南廳トシ卑南ニ置キ奇萊並ニ璞石閣等ノ地ニ營兵ヲ駐在シ移住民ヲ保護シ且防備ノ任ニ當ラシメ併セテ蕃人撫育ノ事務ヲモ兼管シメタリ

又秀姑巒並ニ卑南地方ニ於テ義塾ヲ起シ蕃童ヲ教育シ或ハ光緒五六年ノ頃秀姑巒地方ノ高山地ニ住スル蕃人ノ酋長二人ヲ誘ヒ臺南臺北並ニ廈門廣東等ノ地ヲ觀光セシムルコトアリシカ歸社ノ後觀光ノ酋長ハ蕃衆ニ語リテ曰ク外地人民極テ多シ到底之ヲ殺シ盡スコト能ハス之ニ反シテ我等ハ其數限リアリ故ニ今後須ク官兵ニ抗シ之ヲ殺スコトヲ止ム可シト是ヨリ此地方ノ蕃人平穩ナルヲ得タリト云フ當時蕃人ノ撫育ニ力ヲ用ヰシ事情ハ此クノ如シ

蕃人撫育ノ漸次其歩ヲ進ムルニ從ヒ一帶ノ要地ニ撫墾委員ヲ設ケ蕃人ノ處理ヲ主掌セシメタリ是ヨリ撫蕃ノ事務初メテ文官ニ歸セリ

既ニシテ同知歐陽駿ノ新任シテ臺東ニ來ルヤ大ニ蕃人撫育ニ力ヲ用ヰ先ツ酋長ニハ各口ニ糧糈ヲ給シ各社ニハ通事ヲ配シテ社事ヲ統理セシメタリ是ヨリ蕃人ノ離叛スルモノ少カリシト云フ

同知歐ハ水尾ノ地ヲ開キ大港口ヨリ滊船ヲ通シ且卑南廳ヲ改メテ臺東州トナシ省ニ直隷セシメ知州衙門ヲ水尾ニ置カンコトヲ建議セシカ議容レラレシモ未タ實行スルニ至ラスシテ病死シ同時ニ其事中止ニ歸セリ然レモ光緒十四年ニ至リテ卑南廳ヲ改メテ臺東直隷州トナシ知州衙門ヲ卑南ノ地ニ置キタリ

卑南ニ知州衙門ノ設置以來臺東ノ地ヲ南郷、廣郷、新郷、奉郷及ヒ蓮郷等ニ分チ各郷ニ冊書各一名及ヒ總理各三名ヲ配置シ徴税訴訟等ノ事務ヲ掌ラシメ同時ニ卑南ニ撫墾總局ヲ置キ秡仔庄及ヒ花蓮港ニ各分局ヲ置キ冊書ヲシテ之ヲ兼管セシメタリキ又總通事並ニ散通事ヲ各蕃社ニ配置シテ撫蕃ノ事ニ當ラシム總通事ハ知州衙門並ニ毎郷ニ各一人ヲ置キ散通事及ヒ各社ノ酋長ヲ總管セシメ散通事ハ蕃語ニ精通スルモノヲ以テ之ニ充テ一蕃社内ニ關スルコトヲ掌ラシメタリ

此ノ如ク政務機關ハ漸ク整備セシモ巡撫劉ノ辭任以來臺政ノ百事弛緩ノ態狀ヲ呈シ臺東ニ於ケル撫蕃事業ノ如キハ殆ト之ヲ顧ミルモノナキニ至レリ

第九、宜蘭地方誌

玆ニ宜蘭地方ト稱スルハ舊清國政府時代ノ宜蘭縣管下卽チ今ノ宜蘭廳管轄ノ下ニ在ル地域ニシテ西北ハ北勢山脈ヲ以テ臺北縣ト界シ南ハ南勢山脈ヲ以テ其境界トナセリ而シテ東方一帶ノ地ハ大洋ニ面ス此間ノ地域ヲ宜蘭地方ト總稱ス

宜蘭地方ハ臺灣ノ山後且極東ニ位シ水陸共ニ交通不便ノ地ナルヲ以テ今ヨリ殆ト百年以前ニハ漢人ノ移住セルモノナク全ク蕃人ノ巣窟ニシテ化外ノ地タリシナリ漢人ノ此地方ヲ蛤仔難或ハ噶瑪蘭ト稱スルハ蕃語ノ「クヴァラワン」ヨリ來リシモノナリ

地勢並ニ組織

宜蘭地方ハ略ホ不等邊三角形ヲ爲セル宜蘭ノ平野ト之ヲ環繞スル所ノ山地トヨリ成立ス

宜蘭平野ハ地勢南ニ高ク北ニ至ルニ從ヒテ稍低ク其形略ホ不等邊三角形ヲナシ此地方ノ重モナル部分ヲ構成ス其第一邊ハ海洋ニ面シ宜蘭地方ノ外縁ヲナセル沙丘ニシテ南ハ馬賽溪附近ヨリ起リ北ハ烏石港ニ至ル第二邊ハ北ハ大里簡ヨリ起

リ南ハ叭哩沙喃ニ至ル最長ノ線ニシテ第三邊ハ卽チ叭哩沙喃ヨリ蘇澳ニ至ル最短ノ線タリ此平野ハ今日民蕃共ニ雑居スルモ往時ハ平埔蕃族三十六社ノ割據セル地タリシナリ

此平野ノ盡頭西南方ニ今猶荒蕪ノ地ニ歸シ居ル處アリ此ヲ叭哩沙ノ原野ト稱ス土地多クハ沙礫ニシテ殆ト耕作ニ堪ヘス此原野ノ東方武荖坑附近モ亦然リ然レトモ此等ヲ除クノ外ハ土地多クハ肥沃ニシテ稻田遠ク相連リ多ク米穀ヲ産出スルヲ以テ有名ナリ臺北地方ニ於テハ年々宜蘭地方ヨリ米穀ノ輸入ヲ仰キ居ルコト少カラス

宜蘭平野ヲ環繞スル山脈ハ急峻ナル傾斜ヲ有シ且慓悍ナル「アタイヤル」族ノ占居セル蕃族ニ接近シ居ルヲ以テ漢人ノ此山脈中ニ占居スルモノ甚タ少シ

山岳及河流

宜蘭地方ニハ二大山脈アリテ此地方ノ平野ヲ圍繞セリ其西北ニアリテ平野ノ障壁ヲナセルモノヲ北勢山脈（小藤博士命名）ト稱シ南方ノ障壁ヲナセシモノヲ南勢山脈（小藤博士命名）ト稱ス

北勢山脈ハ宜蘭平野ニ面スル部分多クハ急峻ナル傾斜ヲ有シ斷崖絶壁ヲ爲スモ高山秀嶺ノ聳ユルナク概シテ卑低ニシテ其大半ハ森林ヲ戴カサル草山ナリ之ニ反シテテ南西ニ進ムニ從ヒ漸次生蕃地ニ接近スルヲ以テ森林ノ發達シ居ルヲ見ル

南勢山脈ハ今日猶慓悍ナル「アタイヤル」族ノ蕃人ノ占居スルヲ以テ漢人ノ濫伐ヲ免レ森林ノ鬱蒼トシテ聳エ居ルヲ見ル此山脈中ニハ南スルニ從ヒ高山秀嶺ノ聳ユルアリテ有名ナル東海岸ノ絶壁モ亦此山脈ノ東斜面ノ盡頭ニ外ナラサルナリ而シテ此南北兩山脈ノ相縫合スル所ハ蕃玉山（シルビヤ山）ナラン蕃玉山ハ臺灣第二ノ高山ニシテ一萬一千尺以上ノ高ヲ有ス

宜蘭地方ニ於テ河流トシテ擧ク可キモノハ叭哩沙溪馬賽溪並ニ羅東溪等ニシテ此他ハ何レモ小流ニ過キス叭哩沙溪ハ其水源ハ何レノ地ヨリ發スルヤ詳カナラサルモ恐クハ蕃玉山ヨリ發スルモノナラン此溪流ニ沿フテ進ムトキハ漢人ノ所謂溪頭蕃社ニ至ルコトヲ得可シ南北兩山脈ノ間ヲ流レ叭哩沙ノ平野ニ至リテ二岐ニ分レ其北ニアルモノヲ冷水溪南ニアルモノヲ濁水溪ト稱ス此二流數多ニ分岐シテ宜蘭ノ平野ヲ横流シ居ルヲ以テ洪水ノ時ニハ河水汎濫シテ田園ヲ害スル實ニ少カラサルナリ冷水溪ハ宜蘭城ノ北ヲ繞リ十三股庄ニ至リ急ニ北折シ頭圍街ニ至リテ海ニ朝ス濁水溪ハ叭哩沙原野ヨリ東進シテ宜蘭城ノ南ヲ過キ東港ニ至リテ海ニ朝ス此二流共ニ平地ヲ流ル、ヲ以テ舟行シテ宜蘭城ニ達スルコトヲ得可シ宜蘭地方ヨリ輸出入スル米穀其他ノ貨物ハ重ニ此二流ニヨリテ運搬セラレ更ニ頭圍並ニ東港等ニ於テ支那形船ニ積ミ

換ユルヲ常トス

羅東溪ハ南勢山脈ヨリ發達シ羅東街ノ東南ヲ過キテ東港ニ至リ濁水溪ト相合シテ海ニ朝ス此河流モ亦舟行シテ一二里ノ上流ニ到ルコトヲ得可シ貨物運送ノ便此ノ河流ニヨルモノ多シ

馬賽溪ハ南勢山脈中ヨリ發源シ馬賽庄ニ至リテ海ニ朝ス其上流ヲ武荖坑ト稱ス此河磧ヨリ砂金ヲ産出スト云フ

産物

宜蘭地方ニ於ケル産物トシテ擧キ可キモノハ次ノ如シ

一、米穀　二、藍靛（ヤマアイ）　三、苧仔

四、獸皮　五、鹿角　六、土荳油

米穀及ヒ藍靛ハ漢人ノ種作スル所ノモノニシテ山地ニ占居スル「アタイヤル」族ノ蕃人ハ勿論平埔蕃族ハ米穀ヲ種作スルモ藍靛ハ未タ之ヲ種作スルヲ知ラス此兩者ハ此地方ノ重モナル産物ニシテ其産額モ亦頗ル多シ苧仔ハ民族共ニ之ヲ種作シ此地方ノ一大産物ニシテ其質亦良好ナリト云フ

獸皮ハ「アタイヤル」族ノ蕃社産ノモノトシテ鹿、羌仔並ニ猴等ノ皮等普通ナリ鹿角ハ山地ニ占居スル蕃人ノ重モナル交換物ナリ

此外土荳油ハ羅東附近ノ産物ニシテ臺北其他ノ地方ニ輸出ス

此地方ノ山地樟樹ノ繁生シ居ルモ蕃害ノ盛ナルカタメニ製腦ニ從事スルモノ少ナシト云フ

交通

宜蘭地方ハ臺地ノ山後ニ位シ往時ハ海陸共ニ交通不便ナル處ニシテ此地ニ初メテ漢人ノ殖民セシハ今ヨリ殆ト百年前ニシテ其ヨリ以前ハ全ク蕃人ノ巢窟タリシカ必竟交通不便ノ結果ニ外ナラサルナリ

此地方ノ蕃社ニ屬スル部分ハ全ク蹈査セサル處ナルヲ以テ不明ニ屬ス僅ニ舊記ヲ參照シテ之ヲ記スルノミ

一、宜蘭地方ト前山地方トノ道路

前山地方ニ連絡スル道路ハ三條アリ一ハ基隆宜蘭間ノ道路、二ハ臺北宜蘭間ノ道路、三ハ宜蘭九芎林（新竹方面）間ノ道路等ニシテ此中普通往來シ居ルモノハ第一ニシテ第二ハ稀ニ之ヲ往來シ居ルモ第三ニ至リテハ蕃人ノ僅ニ之ヲ交通シ居ルニ過キサルナリ

(一)基隆宜蘭間ノ道路ハ嘉慶ノ初年既ニ漢人ノ往來シ居リシモ有名ナル三貂嶺並ニ草嶺ヲ越ヘサル可ラサルヲ以テ交通

甚タ困難ナルノミナラス往時ハ此沿道ノ地「アタイヤル」族ノ蕃社ニ接近シ居リシヲ以テ蕃人常ニ出沒シテ行人ヲ害シ隘丁ヲ要所ニ配置シテ行人ヲ保護セリト云然レトモ漢人ノ移住日ニ月ニ增加スルニ從ヒテ此等ノ蕃人ハ何レモ山奥ニ移退セルト同時ニ隘丁ノ必要ヲ感セサルヲ以テ之ヲ撤去スルニ至レリ其後巡撫劉銘傳ノ時更ニ修築ヲ加ヘ幾分ノ交通ヲ便ニセシカ我カ領土ニ屬セシ以來更ニ開鑿ヲ加ヘテ大ニ利便ヲ得ルニ至レリ

(二)臺北ト宜蘭間ノ道路ハ噶瑪蘭廳誌ノ記スル所ニヨレハ頭圍ヨリ石空仔ヲ過キ鹿寮ニ到ル六里(清里以下同シ)再ヒ十二里ニシテ大溪ニ至リ又十二里大坪ニ至リ更ニ二十里雙溪頭ニ至リ雙溪頭ヨリ二十里ニシテ淡屬ノ水返脚ニ出ツ之ヨリ再ヒ二十五里即チ艋舺ニ至ルコトヲ得可シ共計頭圍ヨリ艋舺ニ至ル九十五里蘭城ヨリ艋舺ニ至ル一百二十五里云々トアリ前者ハ二百餘清里ニシテ後者ハ百二十五清里ナルモ道路多クハ深山ノ中ニアルヲ以テ之ヲ交通スルモノ甚タ少シ

(三)新竹方面ノ九芎林ニ通スル道路ハ舊記ニヨレハ叭哩沙原野ヨリ溪流ニ沿フテ進ミ蕃玉山ノ麓ヲ横切リテ九芎林ニ出ツルコトヲ得可シ云々トアルモ漢人ノ之ヲ交通スルモノ絶テナク唯蕃人ノ之ヲ通行シ居ルノミ

二、蕃社ニ到ルノ道路

宜蘭地方ヨリ蕃社ニ到ルノ道路ハ不明ニシテ僅ニ知レ居ルモノハ叭哩沙原野ヨリ溪流ニ沿フテ進ムトキハ溪頭蕃社ニ至ルコトヲ得可シト云フ然レトモ詳細ヲ知ルコトヲ得ス且蘇澳ニモ南澳蕃社ニ到ルノ道路アルモ未タ詳ナラス

三、蘇澳奇萊間ノ道路

蘇澳ヨリ奇萊ニ至ルノ道路ハ同治ノ末年統領羅大春ノ管督ノ下ニ築造セシモノニシテ此間百五十清里内外峻坂險路ノ横ハルアリテ交通甚タ不便ナリ然レトモ今日ハ蕃人ノ慓悍ナルカ爲ニ全ク交通スルモノ無ク往時道路アリシト云フニ過キサルナリ

四、海路

宜蘭地方ニ於テ船舶ノ寄港シ貨物其他ノ運輸ヲナシ居ル所ハ烏石港頭圍東港及ヒ蘇澳等ニシテ此中最好望ナルハ蘇澳ニシテ大船ノ出入自在ナルモ其他ハ港口淺クシテ僅ニ支那形船ノ出入ニ堪ユルノミ

有名ナル鄕庄

一、頭圍

宜蘭地方ニ於ケル有名ナル都會並ニ村庄ハ宜蘭、頭圍、羅東、蘇澳、利澤簡及ヒ帝君廟等ナリ

此地ハ宜蘭平野ノ北方ニ位シ冷水溪ノ海ニ注ク處ニ在ル一小都會ナリ此地ヲ烏石港トモ稱ス此地ハ宜蘭地方ノ咽喉ニシテ此地方ノ百貨悉ク此處ヲ通過ス此地方ハ乾隆五十二年吳沙トイフ者ノ初テ開キシ地ニシテ今猶地ノ寺廟ニハ吳沙其他ノ蘭地開拓ニ功アルモノヽ木主ヲ安置シ住民之ヲ尊崇シ居レリ當時此地方ニ於ケル平埔蕃ノ勢力強大ナリシヲ以テ土圍ヲ築キテ之カ防備ヲナセシカ其第一ノ土圍ヲ築キシ地ナルヲ以テ頭圍ト名ケタリ次テ二圍三圍等ヲ築クニ及ヒ亦之ヲ以テ地名ト爲セリ此附近、藍靛ノ製造頗ル盛ナリ

二、宜蘭

吳沙ノ蘭地ニ入リテ開拓ヲ始メ烏石港ノ地ニ頭圍ヲ築キテ殖民セシ以來漸次南方ニ進ミテ開墾シ二圍ヲ築キ更ニ三圍四圍ヲ築キテ南進シ遂ニ五圍ヲ冷水溪ノ南畔ニ築クニ至レリ嘉慶十五年清國政府ノ初テ蘭地ヲ入レテ其版圖トナシ噶瑪蘭廳ヲ開設スルニ當リ五圍ノ地ヲ選ミ竹ヲ植ヱテ城トナシ環ラスルニ九芎樹ヲ以テセリ其後人口增殖シ全蘭首腦ノ地トナレリ光緒ノ初年廳ヲ改メテ宜蘭縣トナセシ後漸次ニ其繁榮ヲ增セシモ臺北基隆等ノ如ク後來益々好望アル地ニハアラサルナリ

三、羅東街

羅東ハ宜蘭ノ南方三里ニアル市街ニシテ土豆油及ヒ苧仔ヲ產出スルヲ以テ有名ナリ此地方ハ嘉慶十五年前後ニ於テ開始セリ

四、蘇澳

此地ハ宜蘭ノ東南六里ニアリテ海水深ク陸地ニ灣入シテ船舶ノ碇繫ニ便ナリ然レモ土地不便ノ處ニアルヲ以テ此カル良港ナルニモ拘ハラス船舶ノ碇繫甚タ稀ナリ此地方ハ南澳蕃ノ來リテ物品交換ヲ營ム所ナリ

五、利澤簡

此地ハ羅東溪ノ海ニ入ル處ニアル村落ニシテ加禮宛社ノアル處ナリ漢人ノ移住ト共ニ奇萊地方ニ移住セルモノアリ

六、帝君廟

帝君廟ハ沙哩沙原野ニ在リテ戶數甚少キモ此附近ニ於テハ有數ノ村落ナリ舊清政府時代ニハ撫墾分局ノアリシ地ニシテ物品交換ノ爲溪頭及南澳ノ兩社蕃ノ時々往來スル所ナリ

住民

宜蘭地方ニ於ケル住民ハ次ノ如シ

一、漢人
二、「ペイポ」族
三、「アタイヤル」族

此等ノ住民中漢人ト「ペイポ」族ノ蕃人トハ宜蘭平野ニ住居スルモ「アタイヤル」族ノ蕃人ハ平野ヲ環繞スル山地ニ占居ス

一、漢人

噶瑪蘭廳誌ノ記スル所ニヨレハ嘉慶十五年宜蘭ノ全土清國ノ版圖ニ入リシ以來漢人ノ移住スルモノ日ニ月ニ其數ヲ増加シ初メ冷水溪北ノミニ占居開墾セシモ漸次其數ヲ増加スルニ從ヒ南進シテ溪南ニモ占居開墾スルニ至レリト而シテ今日ニ於テハ全蘭到ル處漢人ノ部蕃アリテ「ペイポ」蕃族ト雜居スルニ至レリ

二、「ペイポ」族

今ヨリ殆ト九十年以前ニハ宜蘭ノ地ハ全ク「ペイポ」蕃族三十六社ノ領ナリシカ嘉慶十五年清國ノ此地ヲ版圖ニ編入セシヨリ爾來民蕃雜居スルニ至レリ而シテ移住漢人中ニハ無賴ノ徒多カリシヲ以テ不正ノ手段ヲ以テ侵佔覇耕ヲナスモノ多ク爲ニ民蕃ノ間ニ絶エス葛籐息マサリキ是ニ於テ官ハ加留餘埔ノ制ヲ定メ民蕃ノ地域ヲ畫定セシヨリ「ペイポ」蕃族ヲシテ稍々堵ニ安ンスルヲ得ルニ至ラシメタリ故ヲ以テ此地方ノ「ペイポ」族ハ他ノ地方ニ於ケルカ如ク分散流離ノ甚シキニ至ラサルナリ此地方ノ「ペイポ」蕃族ハ耶蘇敎ノ感化ヲ受ケ居ルコト埔里社地方ノモノト同一ニシテ大ナル蕃社ニハ必ス耶蘇會堂アリ蕃社内ノ男女ハ概ヲ羅馬字ヲ解シ居レリ資性純朴ナル風全臺嘗テ見サル所ナリ

三、「アタイヤル」族

宜蘭地方ニ於ケル「アタイヤル」蕃族ノ分布ハ南勢山脈並ニ北勢山脈ノ南方ニ占居ス而シテ噶瑪蘭廳誌並ニ他ノ舊記ニヨレハ南勢山中ニ占居スル蕃人ハ額ニ王字形ノ刺墨アルモノナリトノコトヲ記セリ王字ノ刺墨アル蕃人ハ前山ニ在リテハ埔里社ノ奥山ニ占居セル東部「アタイヤル」ニ屬スル蕃人ナレハ南澳蕃社ノモノハ或ハ之ト同類ノモノナカランカ而シテ溪頭蕃社ノモノハ言語其他ノ點ニ於テ西部「アタイヤル」ニ類スルヲ見レハ之ニ屬スルモノナラン

此地方ニ於ケル「アタイヤル」族ノ蕃人ハ同族中最進歩ノ度低ク且慓悍ナルヲ以テ民蕃ノ往來極テ稀ニシテ臺灣ノ我カ領土トナリシ以來本邦人ノ此地方ノ蕃社ニ入リシコト一二回然カモ蕃社ノ附近ニ到リシノミナルヲ以テ此方面ノ事情殆ト全ク不明ニ屬セリ

民蕃相互ノ關係

宜蘭地方ニ於ケル民蕃ノ關係ハ他ノ地方ト同一ニシテ敢テ異ルナ見ス漢人ト「ペイポ」蕃族トノ間ハ今日漢人ハ其數ニ於テ數倍シ從ヒテ勢力モ亦「ペイポ」蕃族ヲ壓シ居ルヲ以テ此地方ニ於テ至大ノ勢力アルモノハ漢人ニシテ殊ニ漳籍ニ屬スルモノ其大半ヲ占ム而シテ山地ニ於ケル「アタイヤル」族ノ蕃人トハ常ニ相敵視シ氷炭相容レサルナリ且此地方ノ山地ニ占居スルモノハ性極テ慓悍ニシテ馘首ノ風一層甚シキヲ以テ敵視スルノ度一層甚シキカ如シ

沿革

臺灣ノ山後ニ二大平地アリ一ハ宜蘭ニシテ他ハ卽チ臺東ナリ此兩地ハ海陸共ニ交通不便ノ地ニシテ舊清政府ニ於テモ永ク之ヲ放棄シテ全ク顧ミサル地ナリシカ前山ノ各地ニ於テ漢人ノ移住者其數多ク嘉慶ノ初年ニ及ヒテハ殆ト空地ナキニ至リシモ對岸ヨリ漢人ノ渡來スルモノ已マサリシカハ多ク無職ノ流民ヲ生スルニ至リ危險ナル蕃界開墾ハ此時代ニ於テ開始セラレタリ

宜蘭地方ノ初テ清國ノ版圖ニ入リタルハ嘉慶十五年ニシテ今ヨリ八十九年以前ニ在リ其以前ニ在リテハ全ク蕃人ノ巢窟トシテ記臆セラレ居リシ地ニシテ漢人ノ暴風ノ爲此地ニ飄着スルモノモアリシカ其當時ノ記事ヲ見ルニ蕃人ハ生蠻及ヒ鳥魚ニ鹽ヲ加味シテ生食シ器具甚タ汚レ洗滌數次之ヲ用ヰタリ行ニ臨ミ犒スルニ錢銀ヲ以テスルモ受ケス鹽布舊衣ヲ以テセシニ欣喜過望小舟ヲ以テ送リタリ舟ハ獨木舟ニシテ水入リ易ク時々杓ヲ以テ之ヲ挹ミ出セリ云々ト之ヲ以テ之ヲ見レハ此地方ノ蕃人モ亦水沙連化蕃ノ如ク舟ヲ以テ水流ヲ渡リ魚ヲ捕ヘテ副食物ト爲シタルナラン此時ニ於テハ平野ニハ平埔蕃族占居シ山地ニハ「アタイヤル」族ノ蕃人住居シ此兩者ノ間常ニ反目敵視シ居リシカ如シ

漢人移住以前ニ於ケル宜蘭平野ハ到ル處荊棘茆草繁茂シ處々ニ蕃社ノ散見スルノミナリシト云フ此時ニ當リ初メテ蘭地ヲ開墾シタルハ漳州ノ人吳沙トイヘルモノニシテ初メ吳沙ハ三貂地方ニ永ク住居シ屢々宜蘭ニ入リテ蕃人ト物品ノ交換ヲナシ漸ク蕃人ト親ミヲ生シ且宜蘭平野ノ曠地カ全ク荒蕪ニ委シ居ルヲ見テ之ヲ開墾セント企テ漳泉二州ノ流民若干ヲ率ヰテ宜蘭ニ入リテ開墾ニ從事セリ

乾隆五十二年吳沙ノ蘭地ニ入リ開墾ニ着手スルニ當リ今ノ頭圍ノ地ニ根據地ヲ定メ漸次南方ニ進マントセリ是ニ於テ部落ノ周圍ニ土圍ヲ築キテ蕃人ノ襲擊ニ備ヘタリシカ蕃人之ヲ見テ大ニ驚懼シテ全力ヲ擧ケテ反抗セシヲ以テ爲ニ吳沙ノ部下ニ多クノ死傷者ヲ生シタリシカハ吳沙ハ衆ヲ率ヰテ三貂ノ地ニ退キタリ是ニ於テ吳沙ハ蕃衆ト和スルノ得策ナルヲ悟リ勉メテ種々ノ方法ヲ用ヰテ蕃人ヲ撫卹シ漸次蕃人ノ信ヲ得タルヲ以テ相互ニ誓約ヲ結ヒ蕃俗ニ從ヒ石ヲ埋メテ信トナシ再ヒ蘭地ニ入リテ開墾ニ從事セリ時ニ嘉慶二年ナリキ斯クテ頭圍ヲ根據地トシ是ヨリ漸次南進シテ二圍ヲ築キ更ニ

進ミテ三圍ヲ築キ漸次其根據地ヲ南進シツヽ墾地ヲ擴メタリ然ルニ同五年ニ至リテ吳沙ノ死去シタルヲ以テ其子光裔承墾シ四圍ヨリ更ニ五圍ヲ冷水溪南ノ地ニ築キテ根據地ヲ進メ盛ニ開墾ヲナシタリキ

嘉慶年間ハ臺灣ニ於テ無職ノ流民非常ニ多キ時代ニシテ多數ノ流民多ク蘭地ニ流入スルアリ之ト同時ニ前山ノ平埔蕃族ニシテ固有ノ耕地ヲ失ヒ新ニ墾地ヲ求メテ諸處ニ移動ヲ始メシモノモ亦此地方ニ移住シ來ルアリ彼ノ大甲溪畔ニ在リシ阿里史社ノ如キモ漢人ノ爲ニ耕地ヲ失ヒ其一部ハ此地ニ移住シ來リシカ再ヒ漢人ノ侵佔ニ遇ヒ更ニ此地ヲ去リテ埔里社地方ニ移住セルモノアリシト云フ現ニ埔里社ニ於テ阿里史社ノ一老蕃（七十年以上）ニツキ親ク當時ノ事情ヲ聞クコトヲ得シカ該老蕃ハ憮然トシテ嘗テ漢人ノ爲ニ大甲溪畔並ニ宜蘭地方ニ於テ彼等ノ耕地ヲ侵サレシコトヲ說ケリ此老蕃ハ宜蘭ニ於テ生レ七歲ノ時埔里社ニ移住セルモノナリト云フ是ヲ以テ見レハ阿里史社ノ埔里社ニ移住セシハ道光ノ中葉ニ在ルカ如シ當時彼等ノ往來セシ道路ハ艋舺ヨリ坪林尾ヲ經テ宜蘭ニ至リシニ似タリ

宜蘭ノ地ニ漢人ノ移住日ニ月ニ增加スルニ從ヒ嘉慶十五年之ヲ淸國ノ版圖ニ收メ噶瑪蘭廳ヲ五圍ノ地ニ開設スルニ至リ且各要所ニ兵ヲ派シテ防備ノ任ニ當ラシメ以テ墾民ヲ保護セリ

嘉慶ノ末年姚瑩ノ通判タリシ時心ヲ「ペイポ」蕃ノ化育ニ用ヒ每祝祭日ニハ概ネ平埔蕃族ヲモ參列セシメ以テ儀式ニ習ハシメ姚瑩自ラ和睦親上ノ道並ニ五倫ノ道等ヲ陳說シ蕃語ニ精通スルモノヲシテ之ヲ通譯セシメ蕃人ニ聽カシメタルコトアリ其當時ノ記事ニ曰ク「環聽如堵多泣下者」云々ト蓋シ誇大ノ形容悉ク信スヘカラストスルモ蕃人化育ニ力ヲ用ヒシ一班ヲ見ルヘシ

漢人ノ移住者增加スルニ從ヒテ民蕃ノ關係日ニ月ニ多ク漢人動モスレハ平埔蕃ノ愚ナルヲ奇禍トシテ其耕地ヲ侵佔セシヲ以テ官ニ於テモ亦漢人ノ侵佔ヲ防止セントシ加留餘埔ノ制ヲ定メ蕃社ノ四周一二里ノ間ニハ漢人ノ來リテ地ヲ開墾スルコトヲ禁止シタリ爾來漢人ニシテ禁ヲ犯シテ蕃地ニ侵入スルモノアリ屢々民蕃ノ間ニ葛藤ヲ生シ加禮宛社ノ如キハ遂ニ奇萊地方ニ移住ヲ企ツルニ至リ其耕地ヲ漸次狹メラレシモ他ノ地方ニ於ケル如ク全ク地ヲ失ヒテ生活ノ道ニ窮シ分散流離ノ甚シキニ至ラス各々故土ノ一部ヲ有チツヽアルモノ多シ然レトモ爾來平埔蕃族ノ勢力大ニ衰ヘ漢人ノ之ヲ意ニ介セサルニ至レリ

然ルニ山地ニ占居セル「アタイヤル」族ノ蕃人ハ漢人ノ漸次蕃界ニ接近シテ開墾スルモノヲ生スルニ至リシヲ以テ屢々之ニ反抗シテ盛ニ馘首ヲ企テシカハ要地ニ隘寮ヲ設ケ壯丁ヲ募リテ之ヲ防守セシメ以テ蕃害ヲ防禦シタリキ往時三貂嶺ヨリ遠望坑大里簡ヲ經テ宜蘭ニ至ル間ニモ「アタイヤル」族ノ蕃人絕エス出沒シテ行人ヲ害セシカ今日ニ於テハ既ニ山奧ニ

退却シ絶テ蕃人ノ出沒ヲ見サルニ至レリ然レトモ南勢山脉ニ接近シ居ル村落並ニ北勢山脉ノ西北部ニ於テハ今日猶馘首ノ被害頻繁ニシテ舊淸府時代ニ於テ數十所ニ隘丁ヲ配置シ行人並ニ住民ヲ保護シ居リシカ臺灣ノ我カ領土トナリシ以來全ク廢止ニ歸シ住民自ラ銃劔刀鎗ヲ携帶シ山中ニ出入シ或ハ耕作ニ從事シ居レリ

巡撫劉銘傳ノ時叭哩沙原野ニ在ル帝君廟ニ撫墾分局ヲ開設シ「アタイヤル」蕃族ヲ化育スル目的ヲ以テ溪頭社ノ一部分ヲ月眉山大送坂山並ニ拳頭母山等ノ草山地ニ移住セシメ之ニ耕作ノ方法ヲ授ケ且蕃童ニ臺灣土語ヲ學ハシメシモ久カラスシテ疫病流行シ之カ爲ニ死去スルモノ多カリシカハ蕃人間ニ種々ノ迷信ヲ生シ遂ニ再ヒ山地ニ退去セリト云フ

此方面ニ於ケル「アタイヤル」族ハ兇頑殺ヲ嗜ムコト甚シキヲ以テ近年之カ征討ハ屢々淸軍ニ試ミラレタリ即チ光緒十二年ニハ溪頭蕃ヲ討チ纔ニ靜穩ニ歸シタリシカ南澳蕃ハ依然兇暴ヲ逞クシ十四年統領劉朝帶ノ軍ヲ進メテ小坡塘坑ヨリ山ニ入リ彰化ニ通スル道路ノ開通ヲ爲サントシ凍死人坑ニ至ルヤ老狗社蕃ノ爲ニ圍マレ營官兵勇四百餘八ヲ失ヒ朝帶亦之ニ死セリ是ニ於テ翌十五年巡撫劉ハ爲ニ仇ヲ復セントシ二千ノ大兵ヲ汽船ニ搭シ自ラ統率シテ大南澳ニ上陸シ深ク進ミテ老狗社ノ蕃地ニ入リシニ俄ニ蕃人ノ反擊ヲ受ケ其兵勇ノ半ヲ失ヒ終ニ敗レテ引キ還セリ是ヨリ撫蕃事業ニ一頓挫ヲ來シ其後巡撫劉ノ辭任ト共ニ理蕃ノ方針一變シ殊ニ此方面ニ於ケル撫蕃施設ノ如キハ殆ト措テ顧ミサルニ至レリ

第四篇　沿革志

第一章　理蕃沿革志

臺灣ニ於ケル理蕃施設ノ沿革ヲ叙述センニハ勢ヒ三ノ時代ニ分タサルヘカラス三ノ時代トハ即チ

一、和蘭人ノ理蕃時代
二、鄭氏ノ理蕃時代
三、清政府ノ理蕃時代

是ナリトス中ニ就キ和蘭人ノ理蕃ハ敎化ノ方針ニ於テシ鄭氏ノ理蕃ハ拓殖ノ方針ニ於テシ清政府ノ理蕃ハ撫墾ノ方針ニ於テセル等一ナラサルモノアルヲ以テ更ニ章ヲ分チテ之レヲ記スヘシ

第一、和蘭人ノ理蕃

和蘭人ノ初メテ臺灣ヲ占領シ根據地トナシタルハ西暦一千六百二十四年（即チ我カ寛永元年、明ノ天啓四年）ナルカ當時臺灣ニ於ケル住民ハ少數ナル日本人及ヒ幾多ノ支那人アリシト雖モ其重モナルモノハ土着ノ蕃人即チ土蕃ニシテ今ハ支那人ノ占居區域タル臺灣西半部ノ平地ノ如キモ亦實ニ土蕃ノ棲住區域ナリキ故ニ和蘭人ノ治府ヲ今ノ臺南城ノ在ル所ニ創設スルヤ先ツ附近ノ土蕃ヲ就撫スルヲ以テ施爲ノ一トシ其手段トシテ主ラ宗敎ノ力ヲ以テ之ヲ敎化セントカメリ即チ一千六百二十六年據臺ノ後二年宣敎師「ガンヂ、ウス」トイフモノ蕃人敎化ノ主任者トシテ派遣セラレ先ツ其附近ナル新港社トイヘル土蕃ノ敎化ニ着手セリ新港社トイヘル土蕃ハ所謂ペイポ蕃ト稱セラル、一族中「シライヤ」ト呼フ部族ニ屬スルモノニシテ其口碑ニヨレハ今ノ四鯤身ノ邊ヨリ臺南城ノ在ル地方ノ間ニ占居シ初メ和蘭人ト雜居セシトイヘハ此最近キ土蕃ヨリ敎化ノ着手ヲ爲セシナルヘシ其後三年即チ一千六百三十九年「ジユニウス」トイフモノ來リ代リ漸ヲ以テ其他ノ土蕃ヲモ敎化スルニ力メシカ十年前後ノ頃ニ至リ「大穆降、目加溜灣、蕭壠、蔴荳」ノ四社亦敎化ヲ受クルノ緒ニ就ケリ

當時ニ於ケル和蘭人ノ記錄ニヨレハ新港社蕃ニシテ耶蘇敎ノ洗禮ヲ受ケタルモノ一千餘人ト見ユトイヘハ其好成績ヲ呈セシコトハ明カニシテ而カモ之ト同時ニ敎育ヲモ並行セシメ亦成功ヲ見ルヲ得タリキ即チ一千六百四十三年敎化ニ着手シテヨリ十六年ニ前記各社ノ蕃人中就キテ敎育ヲ受クルモノ六百ノ多キニ及ヒ中ニハ巧ニ羅馬字ヲ用ヒテ蕃語ヲ綴ルコ

トヲ解スルモノアルニ至レリ又各社ヲ通シテ五千四百人ノ受禮者アリ中ニ就キ五十名ハ敎師ニ採用セラレ一月一「レアレー」ノ俸給ヲ受ケ各社ニ派遣セラレタリ既ニシテ一千六百四十八年初メテ新港(今ノ新市街附近)麻荳(今ノ麻荳庄内)ノ二社ニ獨立セル學校ヲ施設シタリ

是ヨリ先一千六百四十五年就撫蕃社ノ各長老ヲ集メ一ノ評議會ヲ開キ和蘭ノ發スル布告ノ趣旨ヲ知ラシメ及ヒ蕃人ニ對スル施政ノ適否ヲ問フノ機關トナセリ(是年全蕃社ヲ南北二部トシ三月八日北部ノ評議會ヲ開キ四月四日南部ノ評議會ヲ開ケリ)爾來每年一回之ヲ開キ每會諭スニ「和蘭人ニ信義ヲ盡シ益々忠實ヲ勵ムヘキ旨」ヲ以テシ且物ヲ給シ宴ヲ張リ來會者ヲ勞フヲ常トセリ而シテ每會來リ集ルモノ七八百ニ下ラサリシト云フ

而シテ以上ノ敎化ト敎育トカ及ホセル結果ニ就キテハ一千六百五十二年卽チ臺灣ノ占領後二十八年ニ和蘭ノ治府「プロヴィテンチヤ」城下ノ移殖支那人反亂ヲ企テ和蘭人ニシテ虐殺セラルヽモノ多カリシカ「ゼーランヂヤ」(今ノ安平)ノ城兵急ヲ聞キテ來リ救フヤ歸附ノ土蕃二千人之レニ應シ競フテ嚮導トナリ奮戰シ反徒四千ヲ殺シ十四日ニシテ事平クルヲ得タルカ如キ以テ如何ニ土蕃ヲ信服セシメ得タリシカノ一例トナスヘシ乃チ和蘭領事ハ其緩急機ヲ失ハス義ヲ守リ死ヲ忘レテ和蘭人ヲ補翼シタルノ功ヲ賞シ各々給スルニ物ヲ以テセリ爾來和蘭ノ命令ハ依違シテ違ハス同族ト雖モ和蘭人ノ爲ニハ敵トシテ顧ミサルニ至シトイフ

既ニシテ一千六百六十一年乃チ淸ノ順治十八年明ノ遺臣鄭成功ノ臺灣還附ノ談判ヲ和蘭領事ニ提起スルアリ和蘭人ハ終ニ逐ハレテ臺灣ヲ退去シ其理蕃施設ハ僅ニ三十四年ニシテ終ヲ告ケタリ

然レトモ此短期間ノ施設ニ比シテ其成績ノ著大ナルハ事實ニシテ其敎化ヲ受ケタル「新港目、加溜灣、蕭壠、麻荳」ノ四社カ鄭氏ノ時ニ四大社ト稱セラレ支那人ノ記錄ニヨレハ稼穡ヲ勤メ蓄積ヲ務ムルヲ知レリトイヘリ以テ其好結果ノ一斑ヲトスヘキナリ加之和蘭人去リ鄭氏亡ヒ淸ノ政治ノ下ニ立ツノ後ニ至ルマテ嘗テ和蘭人ニ傳ヘラレタル羅馬字ヲ用ヒテ蕃語ヲ綴リ之ヲ土地ノ典契等ニ用タリシカ爲支那人ノ佔侵ノ弊ヲ少クスルノ便ヲ得タリトイフ而シテ其敎化ノ及ヒシ區域ハ上記數社ヲ中心トシ北ハ「ペイポ」族中ノ「ロツア」(嘉義)「パヴオサア」(彰化)ノ部族ニ屬スル或ル者ニ及ヒ南ハ「タツオ」(鳳山)ノ部族ニ屬スル或ル者ニ及ヘリ

第二、鄭氏ノ理蕃

鄭成功ノ和蘭人ヲ退ケ臺灣ニ據リタルハ明ノ永曆十五年乃チ淸ノ順治十八年(我カ寛文元年)トス爾來鄭氏ノ臺灣ニ據レ

ル父子三世少カニ二十二年其間内治ノ著シク見ルヘキモノ少ナク隨テ理蕃施設ノ如キモ成績ノ著シキモノアラサレトモ其定都ノ初メ先ツ土着蕃人ニシテ和蘭人ノ時巳ニ撫ニ就キタルモノハ卽チ之ヲ歸附セシメントシ成功親シク新港、目加溜灣、蕭壠、蔴荳ノ四社ヲ巡視シ給スルニ布煙草等ヲ以テシ好言ヲ以テ慰諭セシカハ各蕃人ハ躍跳歡舞措カサリシトイフ卽チ此四蕃社ノ四大社トシテ鄭氏ニ歸附セシハ此時ニ在ルナルヘシ

其翌年明ノ遺臣沈光文トイフモノ流寓シテ臺灣ニ來リ成功客禮ヲ以テ遇セシカ成功ノ死スルニ及ヒ服ヲ變シテ僧トナリ目加溜灣社ニ入リテ蕃童ニ讀書ヲ敎ヘ旁ラ醫藥ヲ施シテ蕃人ノ病者ヲ濟ヒ大ニ力ヲ蕃人ノ化育ニ致セリ之ヲ鄭氏ノ時ニ於ケル撫蕃ノ事迹ノ著ルシキモノトス

是ヨリ先キ成功諸將ヲ會シテ議スラク凡ソ家ヲ齊ヒ國ヲ治ムルノ本ハ食ニ在リ臺地膏腴沃野百里ニ亘ル當ニ兵ヲ農ニ寓スヘシト是ニ於テ遠ク土地ノ拓殖ヲ企テシカ原ト此沃野百里ノ地ハ土着蕃人ノ棲住區域ナリシカ爲卽チ土蕃トノ交涉ヲ生シ其ノ頑然抗持シテ地ヲ致スヲ肯セサルモノハ兵ヲ以テ討剿シ寸地尺土モ之ヲ得レハ土堆ヲ築キ蕃害ヲ防止シツヽ進メリ是所謂ル土牛ノ設ケノ嚆矢ニシテ亦其由來久シキヲ知ルヘシ

之カ結果トシテ拓開セラレシ蕃地ハ北ハ竹塹埔卽チ今ノ新竹附近及臺北ノ平原ニ及ヒ東ハ諸羅ノ原野ヲ夷ケテ林圯埔ニ入リ南ハ鳳山ヨリ瑯嶠卽チ今ノ恒春附近ニマテ及ヒタリシモノヽ如シ而シテ一方ニハ傀儡山蕃（ツアリセン族）ヲ初メトシ半線（彰化）方面ニ近キ斗尾龍岸蕃（アタイヤル族）ヲモ討伐セシカ毎戰常ニ利アラスシテ終ニ中止シタリシモノヽ如シ要スルニ鄭氏ノ理蕃施設ハ少數ナル積極ト多數ナル消極トノ事績ニシテ始アリテ終リナキノ結局ヲ爲セシニ外ナラサルナリ

因ニイフ是ヨリ先キ明ノ宣德中（我カ應永ノ頃）太監三保トイフ人ノ船シテ南洋ニ赴ク途次臺灣ニ至リ土蕃ニ醫藥ヲ與ヘシコトアルモ是レ一時偶發ノ事項ナルヲ以テ姑ク理蕃ノ沿革中ニ省略ス

第三、清政府ノ理蕃

清政府ノ理蕃ヲ敍スルニハ項ヲ分チテ（一）熟化蕃ノ理蕃（二）生蕃ノ理蕃トナスヲ便宜トスヘシ

第一項　熟化蕃ノ理蕃

康熙二十三年清國ノ臺灣ヲ收メテ領土トナスヤ其理蕃政策ハ先ツ蘭人及ヒ鄭氏ノ時巳ニ歸附シ及ヒ歸附ニ近ツキツヽアル土蕃ヲ撫化シ漸ヲ以テ他ノ未歸附土蕃ニ及ホスヲ期セシモノヽ如シ而シテ最初ノ臺灣府知府タリシ蔣毓英ノ如キ自ラ

附近ノ蕃地ニ入リテ之ヲ安撫シ亦タ清ノ治下ニ歸附セシメタリキ其後十五年ヲ經テ（康熙三十六年）採礦ノ目的ヲ以テ臺灣ニ來リ兼ネテ臺灣ノ事情ヲ探討シタリシ郁永河ノ理蕃ニ關スル意見ヲ論述シテ之レヲ公ニスルヤ固ト一私人ノ立策ニ過キサリシモ當局者ノ注意ヲ惹キシモノ、如ク爾後ノ施設ハ之ト同趣ニ出ツルモノ多キヲ見ル郁永河ノ意見ニヨレハ

一、現在已ニ歸附セル土蕃ニ就テハ苟モ能ク化スルニ禮義ヲ以テシ風スルニ詩書ヲ以テシ敎ルニ蓄有備無ノ道ヲ以テシ制スルニ衣服飲食冠婚喪祭ノ禮ヲ以テセハ遠クハ百年近クハ三十年ニシテ卽チ風俗ノ觀ヲ改メ率子禮敎ニ循ヒ全ク中國ノ民ト異ルナキヲ見ルヲ得ヘシ

二、其化育順導ノ方策ハ先ツ彼レ等ニ産ヲ授ケテ其生ニ安ンセシムルヲ要ス而シテ之レト同時ニ支那人通事社棍ノ其間ニ入リ蕃人ノ愚ナルヲ利トシテ攫奪意ノマ、ニシ蕃人ノ貧ナルニ乘シテ力抗スル能ハサラシメ以テ害毒ヲ流スノ弊ヲ絕ツヘシ

トイヘルハ其ノ大體ノ要旨ナリキ此ノ方策ハ如何ナル度マテ實際ニ行ハレシヤハ審カナラサルモ爾來歸附土蕃ノ數ヲ增加セシコトハ康熙五十四年時ノ閩浙總督覺羅保滿ノ「題報生蕃歸化疏」ニ熟化蕃ノ全數六十三社ニ及ヘルコトヲ言ヘリ是時ニ方リ支那人ノ移殖ヲ企ルモノ益々日ニ多キヲ加ヘ或ハ蕃地ヲ覇耕佔侵シ或ハ蕃人ヲ凌虐苦累スルコト甚シカリシヨリ康熙四十四年臺灣巡道王敏政ノ如キ力メテ通事社商ノ朘削アルモノヲ嚴禁シ六十一年臺灣知縣周鍾瑄ノ意見ニヨリ民蕃界ノ區劃ヲ定メタリシモ毫モ其功ナカリシモノ、如クナルカ雍正五年巡臺御史尹秦ハ審カニ彼此ノ事情ヲ確査シ民蕃所有ノ土田ヲ分界劃定シ互ニ犯スコトナカラシメンコトノ奏疏ヲ爲シ卽チ七年敕令ヲ以テ嚴飭セリ是レ臺灣ニ於ケル理蕃政務ノ施設セラレシ起點ニシテ越エテ雍正十二年ニハ臺灣巡道張嗣昌ノ建議ニヨリ南北ノ熟化蕃社ニ土蕃社學ヲ設ケ以テ蕃童ヲ敎育シタリ是ヨリ先康熙三十四年時ノ臺灣知府靳治揚ハ歸附土蕃ノ敎育ニ着手シタルモ止タ今ノ臺南附近ノ蕃社ニ過キスシテ其少クモ南ハ鳳山ノ南邊ヨリ北ハ淡水廳下ニマテ普及セシメシハ此ノ時ヲ初メトス又一方ニハ支那人ノ巧ニ蕃人ヲ煽惑シ終ニ事端ヲ生スルヲ防クノ一手段トシテ乾隆二年支那人ト蕃人トノ結婚ヲ禁止シ之レヲ犯スモノハ民苗結親ノ例ニ照シ笞罰ニ處スルコト、セリ

而シテ乾隆四年閩浙總督赦玉麟ノ奏アリ是歲更ニ佔地ノ禁ヲ公布シ土地ノ實地ヲ査察シテ改メテ民蕃ノ交界ヲ畫定シ土牛ヲ築キテ界域トシ禁牌ヲ立テ、嚴ニ侵佔スルヲ禁スル旨ヲ公示スヘシトイフニ在リテ十七年ニ至リテ實行ノ端ヲ開ケリ然レトモ當時ニ在リテハ唯地方官ヲシテ之ヲ監督セシムルニ過キサリシカハ依然侵佔ノ弊ヲ絕ツ能ハサリシヨリ三十一年特別ナル理蕃ノ一政廳ヲ設クルノ議トナリ南北ノ二路ニ分チテ其歸附土蕃九十三社ヲ統轄シタリ理蕃同知トイフモ

ノ是ナリ(即チ北路理蕃同知ヲ鹿港ニ置キ臺灣府ニ在ル臺防同知ヲシテ南路理蕃ノ事務ヲ掌ラシメタリ)又各蕃社ニ就キ明理ノ才ヲ選ミテ通事土目ニ擧ケ五年毎ニ土地ノ丈量ヲ行ヒテ侵佔ヲ企ツルヲ得サラシメ時ニ之レニ反スルモノハ各々罰ヲ受クルニ至レリ

此ノ施設ノ厲行セラレシ一時ハ理蕃ノ成績著ク擧カリシ時ニシテ今日所謂ル熟蕃トイヘル歸化土蕃ノ多ク形ツクラレシハ實ニ此結果ニ出ツルモノ多シト爲ス是ヨリ先キ乾隆二十三年清政府ハ令シテ歸附土蕃ヲシテ髮ヲ辮ニシ漢衫ヲ着ケシメ爾來期ヲ定メ剃頭師ヲシテ社内ヲ巡回シ辮ヲ結ハシメシカ此時ノ前後ニハ各自辮ヲ結フノ俗ヲ爲シタリシトイフ其言語ノ如キニ至リテモ已ニ半ハ支那語ニ通シタリシカハ其名ノ如キモ亦力メテ支那風ニ擬セシメ且官定ノ姓ヲ與ヘテ之ヲ稱セシメタリ其姓ノ重モナルモノハ「潘、陳、李、王、鑽、林、等トス

乾隆五十一年林爽文亂ヲ作シ殆ト全臺ヲ陷ルヤ歸附土蕃皆出テ、官軍ニ與ミシ平定ニ功アリシコト猶先ニ和蘭兵ヲ助ケテ支那人ノ亂ヲ平定セシカ如シ是ニ於テ五十三年亂平クニ及ヒ支那本土ニ於ケル四川屯練ノ例ニ倣ヒ屯制ヲ施設シ一ハ以テ臺灣ノ警護法トナシ一ハ以テ土蕃資久ノ計トナシタリ屯制ニ關スル事項ハ茲ニ之ヲ詳述スルヲ要セサルヘシ而シテ此屯制ニ伴ヒテ所謂ル熟化蕃トイヘル稱呼ヲシテ益々實ナラシメシ一動力ハ屯田ノ必要上施爲セラレシ耕農法ノ改善ナリ乃チ熟練ナル支那人ノ農夫ヲシテ各蕃社ニ入リ耕作法ノ敎導ヲ爲サシメタル結果ハ土蕃ヲシテ自耕飽安ノ道ヲ得シムルニ至レルコト是ナリ

如何セン爾來支那人ノ移殖日ニ益々多ク時ニ數十若クハ數百隊ヲ成シテ渡來スルアリ人多クシテ土狹キヲ致セル結果ハ勢ヒ既定セル蕃地侵佔ノ禁ヲ破ラサルヲ得ス而シテ嘉慶道光ノ前後ニ至リテハ殆ト其禁ノ名アリテ禁ノ實無ク甚シキハ官ニ在ルノ當局者ニシテ竊ニ通事社商ト結托シ覇耕侵地ノ奸策ヲ逞クシ以テ私利ヲ圖ルモノアルニ至リ臺灣史上ノ一波瀾タル「ペイポ」族(所謂熟化蕃)ノ臺東及ヒ埔里社ニ於ケル二大移動ハ此時ニ於テ其結果トシテ見ラレタリキ乃チ今日殆ト離散零落ノ衰勢ヲ以テ餘喘ヲ保チツヽアル熟化蕃ナルモノヽ支那人ト生存ノ競爭ニ失敗シタル近因ハ此波瀾ヲ以テ燒點トナスナリ左ニ同治十五年噶蘭瑪通判タリシ柯培元ノ熟蕃歌ヲ引キ其末路ノ狀ヲ記セン

人畏生蕃猛如虎。人欺熟蕃賤如土。强者畏之弱者欺。無乃人心太不古。熟蕃歸化勤躬耕。山田一甲唐人爭。唐人爭去餓且死。翻悔不如從前生。竊聞城中有父母。走向城中崩厥首。啁啾鳥語無人通。言不分明畫以手。訴未終官若聾。竊視堂上有怒容。堂上怒呼杖具。杖畢垂頭聽官諭。嗟爾番汝何言。爾與唐人吾子孫。讓耕讓畔胡弗遷。吁嗟乎生蕃殺人。漢人誘熟蕃。翻被唐人醜。爲民父母者慮其後。

第二項　生蕃ノ理蕃

清政府ノ生蕃乃チ未歸附土蕃ニ對シテ取レル方針ハ如何ナリシカ其當初ニ在リテハ實ニ消極的理蕃施設トモイフヘキモノニシテ少カニ支那人及ヒ熟化蕃ノ其地域ニ入リテ交易ヲ行フヲ許シ兼テ馴化ニ力メタル外ハ直接ニ其撫育ニ關シテ施爲スル所アラサリキ中ニハ撫蕃ノ目的ヲ以テ其終生ノ事業トシ交易ヲ以テ之ヲ實行スルノ手段トナセル如キ有志家無キニアラス又未歸化ノ蕃黎ヲ招撫シ以テ王化ニ沾ハシメ其政績ノ一ト爲サント力メタル當局者無キニアラサリシモ共ニ百中少カニ一ヲ見ラルヽニ過キスシテ其餘ハ朝野共ニ消極的ナル無爲策ナリシカ如シ殊ニ其議ノ盛ナリシハ康熙ノ末年朱一貫ノ亂後民心ノ恂々全ク安ンスルニ至ラス匪賊ノ出沒平日常ナク生蕃亦隙ニ乘シテ至ル所殺害ヲ縱ニセシヨリ當時當局ノ有司ハ之レカ經理ノ事宜ニ究シ竟ニ蕃界ニ木柵ヲ繞ラシ深濠ヲ鑿チ人民ノ出入ヲ禁シ其區域ヲ以テ治外ノ地ト爲サントノ極端ナル企畫ヲナスニ至リシカ固ヨリ斯クノ如キノ施爲ノ實行セラルヘキモノニアラス時ノ臺灣總兵トシテ有名ナリシ藍廷珍ノ如キ主トシテ其不可ヲ唱ヒ「疆ヲ開キテ土ヲ拓クハ臣職ノ當然、國ヲ百里ニ蹙ムルハ詩人ノ戒ムル所ナリ故ナクシテ千五百里帶ノ如キノ封疆ヲ擲ントスルハ民ノ爲カ國ノ爲カ土蕃盜賊ノ爲カ（中略）若シ生蕃人ヲ殺スカ爲トスル如キハ一尺ヲ劃去スレハ彼將ニ一尺ヲ出テ來リ以テ好テ民人ヲ射殺セントス知ラス何ノ取ラントスル所アルカ」トノ意見ヲ反覆セリ此前後ヨリ漸ク極積的ナル理蕃施設ヲ決行スヘシトノ議當局者間ニ唱ヘラレ先キニ劃界封鎖ノ議ニ反對セル藍廷元ノ如キヲ初メ雍正六年巡臺御史タリシ夏之芳ノ如キ蓋シ熱心ナル首唱者ニテアリキ其ノ施設ノ理想ニ曰ク

一、徒ニ彼等生蕃ヲ山中ニ封鎖シテ開導セスンハ幾歲ノ後ト雖モ改化ヲ致スノ期無カルヘシ且生蕃ヲシテ益々猖獗ヲ肆ニセシムルノミ決シテ安固ノ長策ニアラス

二、生蕃ヲ駁スルノ策ハ之ヲ威シテ畏レシメ之ヲ撫シテ順ナラシムルニ在リ乃チ威畏ニ次クニ恩撫ヲ以テシ之ヲ制スルニ方アラハ容易ク化ニ向ハシムルヲ得ヘシ

三、生蕃ノ人ヲ殺スハ其先天的ノ常慣然カラシムルノミ故ニ之ヲ自然ニ放棄セハ之ヲ改化セシメ得ル機ナシ要スルニ或ハ威シ或ハ諭シ其天性ヲ改化セハ殺人ノ風乃チ止マン

四、而シテ山ヲ拓キ民人ヲ聚メ以テ彼此ノ交通ヲ繁劇ニシ民蕃相和スルト共ニ蕃人ヲシテ舊來ノ如キ閑日無カラシメハ亦殺人ノ舊慣ヲ薄ラクルノ一助タルヘシ

以上ノ方策ハ悉ク實行セラルヽノ運ヒニ至ラサリシモ大體ニ於テハ採用セラレ雍正ノ初年ヲ期トシテ生蕃ニ對スル理蕃

ノ施設一變シタリ今其施設ノ要旨ヲ擧ケンカ

一、劃界封鎖ハ事理ノ不可ナルモノアルモ直ニ民人ノ墾拓ヲ自由ニ進スハ時機未タ許サヽルナリ

二、威畏馴化ノ目的ヲ達スル爲ニ時ニ兵ヲ進メテ討伐ヲ爲スヘキモ成ルヘク無事ニ就撫セシムヘシ

是ニ於テ通事ヲ官設シ山ニ入リテ生蕃ト交易シツヽ之ト和セシメ其既ニ撫ニ就ケル者ニ對シテハ物ヲ給シテ恩撫セリ當時未歸附土蕃中第一ノ就撫者ナル「ツァオ」族ノ一部乃チ支那人ノ所謂阿里山蕃ノ如キ實ニ熱心ナル通事吳鳳トイフモノヽ獻身的感化與カリテ力アリシトイフ

而シテ「ツアリセン」及ヒ「ヴォヌム」ノ各一部乃チ支那人ノ所謂傀儡山、水沙連諸蕃ノ如キヲ初メ屢々山ニ入ルノ通事ヲ殺シ及ヒ庄ニ出テ、良民ヲ害シ輙ク撫ニ就カサルモノハ兵ヲ擧ケテ討伐シ其力盡キテ降ヲ乞フヤ乃チ恩ヲ施シ之ヲ撫シタリキ

然ルニ一方ニハ支那人ノ移殖加速ノ度ヲ以テ企テラレ單ニ熟化蕃ノ土地ヲ侵佔スルヲ以テ滿足セス進ミテ生蕃ノ地ヲ夷ケントスルノ勢アリ時ニ私ニ隊伍ヲ編シテ自ラ官軍ト稱シ蕃地ニ進ミ蕃人ヲ驅逐シ其地ヲ奪フテ拓耕スルモノスラアリキ殊ニ其事例ノ著シキハ噶瑪蘭(今ノ宜蘭)及ヒ埔里社ノ侵佔ニテ實ニ激烈ナル接戰ヲ用ヒシノミナラス蕃人ヲ殘虐セシハ酸鼻ニ耐ヘサルモノアリ嘉慶中ニ於ケル左ノ一事例ノ如キハ殊ニ其著キモノナリ

嘉慶十九年、有水沙連隘丁首黃林旺、結嘉彰二邑人陳大用郭百年及臺府門丁黃里仁、貪其(埔里社ヲ指ス)膏腴、假已故通事土目、赴府言、積欠番餉、番食無資、請將祖遺水裏埔裏二社埔地、踏界給漢人佃耕、知府某許之、大用隨出承墾、先完欠餉、約墾成田園甲數、仍請陞科以裕國課、二十年春、遂給府示、飭彰化縣、予照使墾、然未之詳報也、其受約者、僅水沙連番社而已、二十四社皆不知所爲、郭百年既得示照、遂擁衆入山、(中略)、已乃僞爲貴官、率民壯佃丁千餘人、至埔里社、囊土爲城、黃旗大書開墾、社番不服、相持月餘、乃謀使番割詐稱罷墾、官兵卽日撤回、使壯番進山取鹿茸爲獻、乘其無備、大肆焚殺、生番男婦逃入內山、聚族以嚎者半月、得番串鼻熟牛數百、未串鼻野牛數千、粟數百石器物無數、聞社中風俗、番死以物殉葬、乃發掘番塚百餘、每塚得鎗刀各一、既棄其地、築土圍十三、木城一、益召佃墾、衆番無歸、走依眉社赤崁而居云々、(埔里社紀略節略)、

勢斯クノ如シ當時政府ノ力ハ之ヲ如何トモスル能ハス道光ノ初年ニ及ヒ責任アル北路理蕃同知鄧傳安ノ如キ主トシテ開山撫蕃ノ方策ヲ取ルヲ可トシ總テノ蕃地ヲ開放シ更ニ之カ統督ノ機關ヲ改造スヘキヲ論述セリ之ヲ生蕃ニ對スル施設ノ二變スル初期トナス

同治七年ノ頃ナリキ一洋人ノ奇萊ノ北方ナル南澳ニ來リ欵ヲ附近ノ土蕃ニ通シテ土地ヲ開墾スルアリ清政府ハ責ムルニ國禁ヲ犯スヲ以テセシニ洋人ハ答フルニ臺灣東部ノ地未タ清國ノ版圖ニ入レルヲ認メサル旨ヲ以テシ力爭數次ノ後漸ク洋人ヲ去ラシメタリ此年米船ローヴァー號船長龜仔兒社蕃ニ害セラル、アリ次テ十年乃チ明治四年牡丹社蕃ノ我カ琉球蕃民五十餘名ノ漂着者ヲ殺害スルアリ是ニ於テ米國軍艦及ヒ我カ大軍ノ前後臺灣ニ向ヒテ罪ヲ問フヤ清政府ハ其版圖ニ屬スル旨ヲ唱ヘテ責ニ任セリ是等ノ刺激ハ痛ク清政府ヲシテ臺灣邊境ノ忽ニスヘカラサルト蕃人撫化ノ輕シクスヘカラサルトヲ覺ラシメ十三年時ノ閩浙總督沈葆楨ノ建議ニヨリ宜蘭及ヒ恒春ニ縣ヲ新置シ南北極端ヲ控制シ中央ノ埔里社ヲ拓キテ蕃域中路ノ咽喉ト爲サントシ又兵ヲ南中北ノ三路ヨリ進メテ臺東一帶ノ蕃界ヲ開ケリ乃チ之ト同時ニ南路ノ臺防廳ヲ臺東ニ北路ノ理蕃廳ヲ埔里社ニ移シ且撫墾委員ヲ設ケテ蕃地ヲ拓墾シ蕃人ヲ安撫スルノ機務ヲ掌理セシメ併テ其手段ノ一トシテ蕃童敎育ノ施設ヲ創セリ又之ト前後シテ臺東ナル秀姑巒方面ノ蕃人ヲシテ西部臺灣ノ盛區及ヒ支那內地觀光ノ途ニ上ラシメ觀感興起ノ啓沃ニ力メ亦多少ノ効ヲ致セシモノニ似タリ

越エテ光緖十二年清政府ハ臺灣ヲ以テ獨立ノ一省トシ劉銘傳ヲ巡撫トスルヤ劉ハ臺政刷新ノ一トシテ未歸附ノ生蕃ヲ悉ク招撫シ到ル所不化ノ山地ヲ拓クニアラサレハ內顧ノ憂ヲ根本ヨリ刈除スル所以ニアラストシ十年ヲ期シテ全臺ノ生蕃ヲ招撫シ了ランコトノ企畫ヲ爲セシ由ナルカ如何セン埔里社以北ノ山中ニ住スル「アタイヤル」ト自稱スル種族ハ宛モ當時以前マテハ殆ト化外ノ異類トシテ放棄セラレ責任アル修志ノ記者スラモ或ハ蛇首ノ如シト形容シ或ハ魔鬼ニ似タリト評シ據リテ考フヘキモノ一モアラサル程ナレハ此百年不羈ノ蕃族ハ輙ク歸附ヲ肯スルノ狀アラサリシヨリ斷然兵ヲ進メテ之ヲ討伐シ先ツ威畏ヲ示サントシ前後總テ五回ノ征軍ヲ擧ケタリシモ常ニ勝敗不定ノ間ニ局ヲ結ヒ時ニハ牽ユル兵勇ノ半ハヲ失ヒ殆ト敗軍ノ姿ヲ以テ軍ヲ還ヘセシコトアルニ至リシヨリ俄ニ方針ヲ變シテ撫順ノ策ヲ取リ同治ノ末年總督沈ノ建議創始セル撫墾委員ノ施設ヲ擴張シ撫墾局ヲ臺灣蕃界ノ全局ニ普及セシメタリ爾來其治化ノ厚薄ニ伴ヒ或ハ蕃地內ニ學堂ヲ置キ或ハ蕃童ヲ臺北城內ニ招徠シ一方ニハ蕃地ヲ拓キテ殖民ヲ勵マシツ、アリシニ十七年巡撫劉ハ任ヲ去リ爾來臺灣ノ政策一變シ理蕃施設ノ如キハ全ク名アリテ實ナキニ至リ隨テ當局ノ官吏其人ヲ得ス一タヒ歸附セル生蕃多クハ脊反シ己拓ノ耕地ハ再ヒ荒蕪ノ原形ヲ爲スニ至レリ即チ清政府二百年間ノ計畫ハ一言之ヲ蔽ヘハ十仞ノ功ヲ一簣ニ缺クニ了レリト言フヘシ

第四、概說

更ニ上記ノ理蕃沿革ニ關スル事項ヲ概括スレハ左ノ如シ

第一時代　ナル和蘭人ノ理蕃施設ハ其施設三十四年間專ラ宗教的ノ感化ヲ經トシ之ヲ緯スルニ教育ヲ以テシタリ而シテ其及フ所ノ區域大ナラサリシモ土蕃ヲシテ和蘭人ノ爲ニハ身ヲ殺シテ辭セサルノ義勇的啓發ヲ爲サシメ得タルト羅馬字ヲ用ヒテ固有語ヲ綴ルノ便ヲ與ヘシトハ其結果ノ著シキモノナリ

第二時代　ナル鄭氏ノ理蕃施設ハ其施設二十二年既ニ熟化セル土蕃ハ素ヨリ之ヲ撫セシモ其歸附セサルモノニ至リテハ兵ヲ擧ケテ之ヲ討チ乃チ威畏シテ馴服セシメタリ斯クノ如クニシテ地ヲ拓クコト殆ト臺西ノ平地ヲ三分シテ其二ヲ夷ケタリキ

第三時代　ナル清政府ノ理蕃施設ハ其施設二百餘年ノ長キニ亘リ第一ニハ蘭人及ヒ鄭氏ノ時已ニ歸附シ及ヒ歸附ニ近キツヽアル土蕃ノ撫化ニ力メ其未歸化生蕃ニツキテハ政府ハ直接ニ招撫ニ關係スルコトナク個人ヲシテ入リテ交易ヲ爲サシメ兼子テ之ヲ順導セシメ其撫ニ就クニ及ヒテ之カ化育ヲ爲スノ方針ナリキ次テ未歸化生蕃ノ招撫ヲ以テ政府自ラ任シ進ミテ山ヲ開キ蕃ヲ撫スルノ方策ヲ取リシガ其功未タ全ク成ラスシテ頓挫シ主權ノ變更トナレリ
而シテ其手段トシテ逆ラフモノハ之ヲ討チ順フモノハ之ヲ撫セシガ第一ノ時期ニ於テハ討伐威畏ノ績著シカリシモ第二ノ時期ニ於テハ多クハ失敗ノ歷史ニ屬セリ
化育ノ機關タル特別政廳ノ設ケラレシモ亦由來久シクシテ熟化土蕃ノ爲ニセルモノヲ理蕃廳トシ未化生蕃ノ爲ニセルモノヲ撫墾局トシ前者ハ第一ノ時期ノ最要機關ニシテ後者ハ第二ノ時期ノ必須機關ナリキ而シテ之カ行動ト共ニ必ス教育ヲ伴ヘリ一言以テ之ヲ蔽ヘバ政治的行動ノ下ニ理蕃ノ運施サレシハ此時代ニアリトス

第二章　蕃人教育沿革志

第一、和蘭人ノ蕃人教育

初メ和蘭人ノ臺灣ヲ根據地トスルヤ其土蕃ヲ撫化スル一手段トシテ宗教ノ力ヲ以テ之ヲ感化シ併セテ教育ヲ並行セシムルニ力メシコトハ既ニ陳フルカ如シ而シテ和蘭人ノ據臺後十三年乃チ一千六百三十九年ニ成レル記錄ニヨレハ目加溜灣社ニ於テハ就學蕃童八十七名、蕭壠社ニ於テハ就學蕃童百三十名、蔴荳社ニ於テハ就學蕃童百四十名、大目降社ニ於テハ就學蕃童三十八名ナリシトイヘリ當時教育ノ事ニ當リシハ熱心ナル宣教師「ジユニウス」ニシテ一千六百四十三年ニハ歸附ノ各蕃社ヲ通シテ六百ノ學生アリ中ニハ巧ニ羅馬字ヲ以テ蕃語ヲ綴リ得ルモノアルニ至レリト云

次テ一千六百四十七年新ニ代レル宣教師「グラヒユス」ハ最蕃語ニ熟達シ熱心以テ教育ノ事ニ當リシカ當年ニ於ケル教育ノ成蹟ハ左表ノ如クナリキ

社名	兒童	成男	成女	計
新港社	四五	六五		一一〇
大目降社	三〇	五八	一六四	二五二
目加溜灣社	四八	四二	一〇〇	一九〇
蕭壠社	—	—	—	一四一
同(新校)	—	—	—	二五三
蔴荳社	—	—	—	一四五

乃チ之ニヨリテ之ヲ見レハ其教育ノ事ノ如キ單ニ兒童ノミニ限ラス成年ノ男女ニモ及ホシタリシヲ知ルヘキナリ而シテ從來施設シ來リシ教育ハ僅ニ教堂ノ一部ニ於テ和蘭ノ宣教師及ヒ土蕃ノ助手ニヨリテ爲サルヽニ過キサリシカ一千六百四十八年更ニ土蕃ノ教員ヲ養成スル爲學校ヲ新設スルノ議ヲ計畫セラレ新港及ヒ蔴荳ノ二社ニ其位置ヲ定メテ新設シタリ是レ實ニ和蘭人ノ蕃人教育上完全ナル施設ヲ爲セシ嚆矢ニシテ其學校ノ要旨ハ乃チ左ノ如シ

(イ)生徒ノ定員　三十名トシ死者脱走者又ハ放校者アルトキ其缺ヲ補フヘシ

(ロ)生徒ノ資格　十歳以上十四歳マテトシ成ルヘク貧究ニシテ父母ナキ孤兒中ヨリ採用シ其資性順良且記憶力ト理解力トニ富メルモノヲ擇フヘシ

(ハ)職員　校長、副校長及ヒ幹事トス

(ニ)教科課程　左表ノ如シ

時間	科目	課程

從午前六時至同八時	學科	副校長ハ蕃語ニテ耶蘇敎問答ヲ授ク
從同八時至九時	朝食	食前食後ニ祈禱ヲ爲ス生徒輪番ニ之ニ當ル
從同九時至十時	學科	讀方及ヒ習字ヲ授ク
從同十時至十一時	學科	校長ハ蕃語ニテ耶蘇敎問答ヲ授ク
正午十二時	晝食	食前食後ニ祈禱ヲ爲ス又生徒ヲシテ順番ニ蕃語ニ譯セシ聖書ノ一節ヲ讀マシム
從午後三時至五時	學科	和蘭語ヲ授ク
午後六時	夕食	朝食ノ例ニ同シ

(ホ)休日　毎木曜日トス

(ヘ)訓練法　ノ要領左ノ如シ

一、生徒ハ日出前ニ起床シ衣服ヲ着、顏ヲ洗ヒ髮ヲ整ヘテ朝ノ祈禱ヲ爲スヘシ

二、生徒若シ校外ニ出ントスルトキハ特認ヲ求ムヘシ

三、副校長ハ罰トシテ生徒ヲ打ツモ一以上ナルヘカラス

四、生徒若シ校外ニ出テ認可ノ時限内ニ歸リ來ラサルトキハ校長之ヲ處分スヘシ

五、生徒中ヨリ毎日二人ヲ擇ミ左ノ行爲アルモノヽ名ヲ錄セシム

諸般ノ失行

或ル定時ニ和蘭語以外ノ語ヲ發セシモノ

六、副校長ハ學校内ノ清潔ヲ保チ又生徒ヲシテ清潔ノ習慣ヲ養ハシムルコトニ注意スヘシ

七、校僕ヲ置キ調食及ヒ洗衣等ノ勞役ヲ執ラシムヘシ

一千六百五十七年更ニ宗敎上ノ敎課科目ヲ定ム曰ク

一、耶蘇敎問答　分チテ二種トス一ハ三十九條、一ハ六十九條ノ問答ヲ載ス前者ハ年長生徒用、後者ハ年少生徒用トス

二、其他宗教上ノ教科目　ハ主ノ祈リ、信仰條目、十戒、食前食後ノ祈禱文、朝夕ノ祈禱文ニ限ル

而シテ臺灣ニ於ケル和蘭人ノ蕃人教育事業ハ此時ヲ以テ昌盛ノ最高度ニ達シタルモノト云フヘク爾後教育上ノ事蹟トシテ認ムヘキ施設アルコト無シ斯クテ二千六百五十八年ニ及ヒ蕃人教育ノ方針ニ一變更ヲ來セリ其甚シキモノヲ擧レハ土蕃ニシテ偶像教ヲ信シ又ハ姦淫等ノ所爲アルモノハ前者ハ公衆ノ前ニ笞チテ追放シ後者ハ公衆ノ前ニ笞チタル後六年ノ禁錮ニ處ス其他不良ノ行爲ハ和蘭人ノ定ムル法ニ依リテ處分ストノ旨ヲ公布スルニ至リシ如キ是ニシテ越テ二年ノ後當時臺灣ヲ管轄セル「ジヤヴァ」ノ「ヴァタビヤ」ナル東印度會社ヨリ「體罰ヲ以テ强テ宗教上ノ感化ヲ完フセントスルハ爲シ能フコトニアラス啻ニ教化ニ功ナキノミナラス却テ教化ヲ受ルヲ厭フニ至ルヘシ然レトモ一タヒ發表シタル命令ハ取消スニ及ハス成ルヘク之ヲ實行セサルコト、スヘシ」トノ訓令ニ接シ事實上無功ニ歸セシモノ、如キモ爾來教化其人ヲ得ス隨テ方策ヲ誤ルモノ多ク和蘭人ノ土蕃教化ハ此時ヲ以テ終焉ヲ告ケシト云フモ不可ナカルヘシ

第二、支那人ノ蕃人教育

一、熟蕃ノ教育

(一)明人ノ蕃人教育

和蘭人ニ次ケル臺灣ノ領有者ハ支那人ナリ而シテ支那人ノ蕃人教育ニ着手セル端緒ハ康熙元年明ノ遺臣沈光文トイフモノ流寓シテ臺灣ニ來リ僧ト爲リテ目加溜灣社ニ入リ蕃童ニ讀書ヲ教ヘ旁醫藥ヲ施シテ蕃人ノ病メルモノヲ救ヒ大ニ蕃人ヲ撫育シタルニ歸スヘシ而シテ沈光文ハ臺灣ノ清ノ版圖ニ歸スルニ及ヒ出テ、臺南ニ住メリト云ヘハ其教育ニ從事セル時期ハ二十餘年間ナリト云フヘシ然レトモ是レ唯一個人トシテノ事業ニ過キサリシカ康熙三十四年乃チ臺灣ノ歸清後十一年ニ初メテ蕃人教育ノ端ヲ清ノ當局者ニ啓カレタリ

(二)清政府ノ最初ノ蕃人教育

康熙三十四年初テ臺灣知府ニ任セラレタル靳治揚ハ任ニ抵リ土蕃ヲ招撫スルニ力メ蕃童ノ未タ禮義ヲ知ラサルモノヲ感化スルノ目的ヲ以テ土蕃社學ヲ立テ師ヲ延キテ之ヲ教育セシメタリ其社學ノ區域及ヒ位置ハ明カナラサルモ臺灣、鳳山二縣下ニ於ケル熟化蕃ノ一部ニ過キサリシモノ、如ク其教科目及ヒ教科書ニツキ舊記ニ散見スルモノヲ綜合シテ記スレハ左ノ如シ

教科目
- 讀書
  - 句讀
  - 背誦
- 習字

而シテ雍正元年ノ頃ニハ其成績宜キヲ得ルモノアリ後ニ巡臺御史タリシ黄敬叔ノ雜記ニ據レハ「業ヲ肄フノ番童拱立背誦句讀鏗鏘頓ニ味離ノ舊習ヲ革ム」ト云ヒ當時勞スルニ酒食ヲ以テシ各々四書一冊ヲ給シ且正朔ヲ奉シ兼テ寒暑春秋アルヲ知ラシメンカ爲ニ曆書一帙ヲ給セリト云フ

是ヨリ先キ此方面ニ在ル熟化番ハ既ニ和蘭人ノ教育ヲ受ケタル結果羅馬字ヲ用ヒテ番語ヲ綴ルコトヲ解シ和蘭人ノ退去後尚之ヲ後人ニ傳ヘ其便ニ賴リツヽアリシカ清ノ當局者ハ此先入ノ便宜アルカ爲困難ナル漢字ノ普及ヲ妨クルノ虞アルヲ慮リ土番社學ノ施設ト共ニ羅馬字ヲ使用スルコトヲ禁シ社學ノ教授ハ主トシテ漢語、漢字ニ依リシカハ童番ハ之ヲ解得スルニ苦ミ漢字ノ傍ニ羅馬字ニテ其音ヲ添記シ辛シテ之ヲ暗記シ得タリシト云フ

（三）土番社學ノ普及

雍正十二年臺灣巡道張嗣昌ノ建議ニヨリ普ク南北兩路ノ番社ニ土番社學ヲ設置シタリ社學ノ位置ハ爾來屢々存廢アリシモ當初設置セラレシ地名左ノ如シ

臺灣縣五社學

新港社口。新港社內。隙仔口。卓猴社。大傑巓社。

鳳山縣八社學

力力社。茄藤社。放索社。阿猴社。上淡水社。下淡水社。搭樓社。武洛社。

諸羅縣十一社學

打猫後社。斗六門社。目加溜灣社。蕭壠社。蔴荳社。諸羅山社。打猫社。哆囉嘓社。大武隴頭社。大武隴二社。他里霧社。

彰化縣二十社學

半線社。馬芝遴社。東螺社。眉裏社。西螺社。猫兒干社。大肚社。柴坑仔社。大突社。二林社。大武郡社。阿束社。感恩社。遷善社。南投社。北投社。猫霧捒社。岸裏社。猫裏社。阿里史社。

淡水廳六社學

淡水社。南崁社。竹塹社。後壠社。逢山社。大甲東社。

而シテ其施設方法ハ支那人ノ文理ニ通スルモノヲ擇ミテ社師ト爲シ一社學ニ一人ヲ置キ蕃童ノ敎授ニ當ラシメ各縣學訓導ヲシテ季ヲ按シテ考察セシメタリ其敎科ハ先キニ實施セル府城附近ノ土蕃社學ニ準セシモノ、如ク乾隆ノ初年ノ頃ニ於ケル成績ニツキ當局者ノ記スル所ニヨレハ

各蕃童能ク四書及ヒ毛詩ヲ背誦シ得ルニ至リ中ニハ詩經易經ヲ背誦シテ訛ナキモノアリ作字モ亦頗ル法ニ楷ヘリ

トイヘリ之ト同時ニ此等就學ノ蕃童ハ既ニ支那風ノ俗ニ改メシモノ、如ク其記錄ノ中ニ「蕃童皆辮髮冠履シ布帛ヲ衣トスルコト漢人ノ如シ」トイヘリ

斯クテ土蕃社學ノ施設ハ乾隆ノ頃ヲ以テ其燒點トシ嘉慶ヲ經テ道光ノ中葉ニ至リ漸ク衰廢中絶ニ歸スルニ至リシモノ、如シ

(四)噶瑪蘭ノ熟蕃敎化

噶瑪蘭ノ淸ノ版圖ニ入リシハ嘉慶十五年ニ在リ此時ニ際リ土蕃社學ノ施設已ニ頽衰ニ屬セシ時ナリシヲ以テ噶瑪蘭蕃地ニハ社學ノ設ナクシテ止ミシモノ、如キモ其末年ニ通判タリシ姚瑩ノ如キ大ニ熟蕃ノ敎化ニ心ヲ用ヒシコトハ左ノ自記ノ文ニ徵シテ知ルヲ得ヘシ

噶瑪蘭、始入版圖、民番未能和睦、時有械鬪、又頻歲有災、瑩鋤除强暴、敎以禮讓、民番大和、乃以秋仲會集三籍漢民生熟各社番、設厲壇於北郊、祀開蘭以來死者、爲漳籍之位於左、泉粤二籍之位於右、列社番之位於地、以從其俗、城隍爲之主、列位於上、是日文武咸集、率各民番、盛陳酒醴牲核以祀之、至者二千餘人、社番亦具衣冠、隨衆跪拜如漢人禮、祀畢又使民番互拜瑩、乃剴切諭以和睦親上之義、陳說五倫之道、使善番語者逐句傳繹之、環聽如堵、多泣下者、

是レ實ニ道光四年ノ事ナス

(五)埔里社ノ熟蕃義塾

光緒元年埔里社一帶ノ地ヲ開キ曩ニ鹿港ニ駐セル北路理蕃同知ヲ移シ改メテ中路撫民理蕃同知ト爲シ大埔城ニ就キテ城垣衙署ヲ建造スルヤ養アレハ尤モ敎ナカルヘカラズトノ議ニ基キ移殖支那人及ヒ熟蕃ヲ敎育スル爲ニ義塾二十六所ヲ設ケタリ今其位置ヲ擧レハ左ノ如シ

埔里社四堡十九義學

大埔城內外五所。枇杷城庄一所。阿史社一所。守城份庄一所。史港坑庄一所。大湳社一所。房裡社一所。大瑪璘

社一所。烏牛欄社一所。林仔城庄一所。興吉城庄一所。水頭庄一所。日南社一所。牛臥山社一所。大肚城庄一所。

五城堡七義學

而シテ當時埔里社ノ熟蕃ハ概ネ其固有ノ土俗ヲ改メテ支那化シ言語モ亦臺灣支那語ヲ解スルニ至レルヲ以テ其敎授ハ支那人ヲ敎フルト一般ノ方法ヲ用ヒ且支那人及ヒ熟蕃ノ雜居スル地ニ於ケル義塾ニハ民蕃ヲシテ同學セシメタリキ爾後義塾ノ施設其名アリテ實ナキモノアルニ至リ特ニ熟蕃敎育ノ爲設ケラレシ義塾ニハ唯左ノ數所ノ其重ナルモノトシテ知ヲルヽノミナリキ

枇杷城庄。阿里史社。大肚城社。守城份庄。史港坑庄。

二、生蕃ノ敎育

(一)特別ナル敎科書ノ編修

同治十三年洋務防護ノ必要ヨリ臺東ノ開拓ヲ爲スヤ撫墾施設ノ開始ト共ニ初メテ生蕃ヲ敎育スルノ事宜ヲ計畫セラレ撫墾委員ヲシテ生蕃敎育ノ事ヲ兼ネシメタリ當時閩淅總督沈葆楨及ヒ福建巡撫王凱泰ノ鑒定ニ成レル「訓番俚言」一篇ハ特ニ生蕃敎育ノ敎科用ト爲スカ爲ニ編セシモノニシテ支那ノ初學ノ敎科書タル三字經ニ倣ヒ五字句トシテ綴リタルモノニシテ生蕃ヲ支那化スルノ要旨諄々細說至ラサルナシ今同書所載ノ綱領ニ就キ畧記スレハ左ノ如シ

先ツ人ハ天地間萬物ノ至貴タルコトヲ言ヒ次ニ中國(乃チ支那)ノ國制ヲ陳ヘ其官府ニツキテ「撫民兼治民。理番專理番」ノ句アリ巳ニシテ移風易俗ノ必要ナルニ說キ及ヒ「人當有衣冠。番在邊野中。苦無綿與糸。所以男與婦。科頭竝裸身。豈無羞耻心。豈無衣冠志。奈處荒僻地。官長難兼顧。今逢聖主朝。爲爾籌長計」ト言ヒ更ニ淸朝ノ撫蕃施設ニ心ヲ用ユル事ヲ告ケタル中ニ「冒險赴爾境。曉諭費苦心。賜爾衣與帛。開闢榛莽路。南北可相通。東西無阻礙。敎爾通言語。得爲中華人。爲爾設義學。讀書識理義」トノ句アリ夫ヨリ人ヲ殺スノ不理ナルコト爭鬪ヲ好ムヘカラサルコト田地ヲ荒蕪ニセス宜シク耕種ヲ勤メ荒地ハ廣ク開墾スヘキコト疾病ニハ必ス藥ヲ用ユヘシ之カ爲ニ蕃地ニ醫局ヲ設クルコト等ヲ諭シ終リニ「長作太平民。豈不共稱快。無分番與漢。熙々億萬世。」ト言ヘリ

光緒五年五月更ニ生蕃敎育ノ旨趣ヲ擴メ「化番俚言」三十二條ヲ制定シタリ此書ノ頒布ト共ニ時ノ開墾撫蕃事務ノ辨理ニ當レル統領吳光亮ノ發セル示諭ニ曰ク

爾等番衆、分聚臺灣後山、未歸王化、未通人道、巳數百年於玆矣、(中略)、上年番情大定、設立招墾局、委員經理、爲爾等、制田里、敎樹畜、以冀爾等化番爲民、第有養不可無敎、復設立番學、延請蒙師、招置番童、敎之以讀書識

字、使爾等沾染聖敎、沐浴皇仁、謳熙朝赤子、惟念爾等番衆、於人情物理、懵然無知、卽蒙師手示口言、亦恐不詳盡、因擬立化番俚言三十二條、刊刷成本、頒發爾等各社各學、以便日逐觀覽、並令蒙師於授學之餘、講解而指示、俾知人情而通物理、(中略)、後開條欵所列者、皆人倫日用之常、使爾等易行、所言者、皆淺近鄙俚之語、使爾等易明爾等逐一遵守、將見蠻夷僻陋之俗、轉成禮義廉恥之風矣、云々、

其敎條ノ目ニ曰ク

一、設局招撫以便民番
二、擧委頭目以專責成
三、首訓頭目知禮法
四、分給工食以資辨公
五、改社爲庄以示區別
六、約束子弟以歸善良
七、禁除惡習以重人命
八、禁止做饗以免生事
九、保護商旅以廣貿易
十、遭風船隻丞宜救護
十一、安分守巳以保身家
十二、彼此各庄宜相和睦
十三、分別五倫以知大體
十四、奉養父母以報深恩
十五、夫婦和順以成家室
十六、學習規矩以知禮義
十七、嚴禁淫亂以維風化
十八、薙髮打辮以遵體制
十九、穿衣着褲以入人類
二十、分別姓氏以成宗族
二十一、分別稱呼以敘彝倫
二十二、分別姓氏以定婚姻
二十三、禮宜祭葬以安先靈
二十四、殷勤攻讀以明道理
二十五、分記歲月以知年紀
二十六、宜戒遊手以絕盜源
二十七、嚴禁偷盜以安閭閻
二十八、疏通水圳以便耕種
二十九、出獵以時免妨耕種
三十、撙節食用以備饑荒
三十一、宜設墟市以便交易
三十二、建立廟祠以安神祖

而シテ此敎條ノ趣旨ハ渾テ通事ヲシテ番語ヲ用ヒテ講解セシムルヲ期セシカ如シ

(二)臺東ノ生蕃敎育

同治十三年臺東ノ開拓ニ伴ヒ撫墾事務ノ一トシテ蕃學ヲ設ケ蕃童ヲ敎フルコト、ナセシカ光緒五年卑南ヨリ新開園及成廣澳ニ至ル間ニ十八所、璞石閣ヨリ花蓮港ニ至ル間ニ二十六所ノ學堂ヲ設クルコトヲ計畫シ是歲卑南、馬蘭拗社、璞石閣、水尾、拔仔庄、花蓮港等ノ要地ニ實施シ蕃童ヲ招徠シテ敎育ヲ施セシカ越テ二年ニハ蕃童ニシテ臺灣支那語ヲ解スルモノ多カリシト云

光緒七年通事張芳茂トイフモノヲシテ蕃童ノ優等ナルモノ數十名ヲ率ヒ臺灣府ニ至リ臺灣ニ於ケル文物ノ盛況ヲ目擊セシメ以テ其改化ノ基礎トナセリ

當時蕃學堂ニ施設セシ敎科目ハ讀書習字ニシテ讀書ニハ「訓番俚言」ヲ用ヒ習字ニハ漢字ヲ摸寫セシメ時ニ通事ヲシテ蕃語ヲ用ヒテ「化蕃俚言」ヲ講解セシメシカ渾テ敎授ニ興味ナク加ルニ蕃童ニシテ其敎フル所ヲ理解セス或ハ無味ノ敎授ニ倦怠シテ作法ヲ失フモノアレハ敎師ハ嚴酷ナル呵責ヲ加ヘ甚シキハ之ヲ毆打スル等ノ所爲アリシヨリ多數ノ蕃童來リ學フヲ好マス敎師モ亦多クハ其職ニ忠實ナラス概ネ在職一年內外ニシテ去リ光緒十年ノ頃ニハ殆ト名アリテ實ナキノ姿ヲ爲セリ

要スルニ臺東ニ於ケル撫墾ノ施設ハ先ツ平地ノ蕃人ヲ主トシタルヲ以テ其敎育ヲ及セル蕃人ハ重ニ「プユマ」及ヒ「アミス」ノ二族ニシテ他ノ「ペイポ」(中央部ノ平埔及ヒ北部ノ加禮宛)族ノ如キハ之ヲ支那人ト同一視シ特別ナル敎育ヲ施スニ至ラサリシモノヽ如シ

(三)恒春ノ生蕃敎育

光緒元年瑯嶠ノ蕃地一帶ヲ開キテ恒春縣ヲ設クルヤ之ト同時ニ撫墾局ヲ置キ一方ニハ遠ク管外ノ支那人ヲ招キ資ヲ給シテ曠地ノ墾拓ニ從ヒ一方ニハ近ク內部ノ蕃人ヲ撫化シ以テ歸附ノ民ト爲スニ力メリ

是歲義學ヲ設ケテ民蕃ノ敎育ニ從ヘリ當初義學ノ數總テ十六所ニシテ其蕃童ヲ敎育セシハ左ノ六所ナリキ

蚊蟀埔	最初就學ノ蕃童數	二名(支那人八名)
虎頭山	同	十二名
射麻里	同	九名(支那人七名)
龍鑾	同	十三名
响林	同	三名
四重溪	同	七名

右ノ義學中尙蕃童ノミナラス支那人ヲモ併セテ敎育セシモアリシカ特ニ蕃童ニハ每月筆紙及ヒ點心料トシテ一名每ニ五百文ヲ給與セリ

其敎科ハ讀書及ヒ習字ニシテ其方法ハ臺東地方ニ實行セルモノト同一ナリシカハ敎授ニ興味ナクシテ蕃童多クハ逃レ歸リテ來學セス十六七年ノ頃ニハ總數僅ニ十三名ノ蕃童ヲ存スルノミニ過キス斯ノ如クニシテ恒春地方ニ於ケル生蕃敎育モ終ヲ克クセスシテ止メリ然レトモ今日尙此方面ノ「スバヨワン」族中稍々漢字ヲ解シ得ルモノアルハ蓋シ此當時ノ敎育ニヨリテ得タリシ餘影トイフヘシ

(四)ナマヵカマ社(ツォオ族)內ノ蕃人敎育

光緒十二年撫墾施設ノ擴進ニ伴ヒテ各蕃界ニ撫墾局ノ設立アリ而シテ「ツォオ」族ニ屬スル蕃人蕃地ノ撫墾ノ爲ニ林圯埔ニ一局ヲ置キ且撫蕃ノ手段トシテ同方面ナル「ナマヵカマ」社內ニ生蕃敎育ノ學堂ヲ設立セリ是レ時ノ雲林知縣ニシテ兼テ撫墾局總辨タリシ陳世烈ノ主張ニ成リシモノニシテ當時中路ノ開通ト共ニ宛モ此社ハ最初ノ沿道ニ當リシヲ以テ先ツ此沿道蕃社ノ生蕃ヲ撫化スルノ必要ヲ認メタリシニヨル卽チ一學堂ヲ「ナマヵカマ」社外數町ノ地ニ建テ陳國安(廣東人)トイフモノヲシテ敎官タラシメタリ斯クテ通事ヲシテ就學ヲ勸誘セシメシ結果開學ノ當初ハ蕃童ノ來リ學フモノ二十餘名ニ上リシトイフモ其敎フル所ノ科目ハ支那風ノ讀書習字ニシテ蕃童ヲシテ理解シ難カラシメ而モ其理解スル能ハサルニ際シ敎官ハ嚴ニ叱責鞭撻ヲ加ヘシヨリ一年ナラスシテ全ク就學蕃童ヲ絕ツニ至リ敎官亦其任ニ耐ヘサルヲ稱シテ職ヲ去リ終ニ其施設ヲ中止シタリ初メ該學堂ヲ創設スルヤ之ニヨリ支那的文明ノ感化ヲ蕃社ニ及サンカ爲其建物ノ如キハ支那ノ書院ニ擬シ規摸宏壯ヲ極メタリシトイフモ敎官去ルノ後蕃人等ハ之ヲ破壞シ其用材ヲ取リ去リ今ハ少カニ殘礎ノ茅荊中ニ存スルヲ見ルノミ

(五)宜蘭ニ於ケル「アタイヤル」族ノ化育

光緒十四年宜蘭方面ニ叭哩沙撫墾局ノ創設アリ卽チ蕃人化育ノ一手段トシテ溪頭蕃ト稱セラル、「アタイヤル」族ノ一部ヲ招徠シ叭哩沙平原ノ一方ナル月眉庄ノ月眉山附近及天送埤庄ノ峯頭毋山中草山ノ麓ニ移住セシメ壯者ニハ耕作ヲ授ケ幼童ニハ文字ヲ敎ヘシカ會々疫病流行シ蕃人ノ死スルモノ多カリシヨリ其移住ヲ凶トスルノ傾アリ依テ更ニ頂鳥破庄附近ニ移セシモ彼等ハ先入ノ迷信ヲ破リ難ク殆ト生息ヲ安セス幾ナラス盡ク逃レテ山中ニ入リ此化育事業ノ施設モ半途ニシテ中止ニ歸セリ

(六)埔里社ニ於ケル生蕃化育ノ計畫

光緒十四年埔里社撫墾局委員ハ撫蕃施設ノ一手段トシテ義塾ヲ設立シテ蕃童ヲ敎育シ敎化堂ヲ設立シテ壯蕃ヲ感化センコトヲ計畫セリ其議ハ當時議定セシ撫蕃章程八條ノ中ニ在リ略ニ曰ク

一、義塾ヲ設立シテ以テ敎化セン　查スルニ生蕃ハ深ク岩穴ニ處リ民ト通スル無クシテ見ル所習フ所皆榛獉狉悍ノ事ニ係ル惟禽獸ニ異ル所ノモノハ人形ヲ具スルニ過キサルノミ然レトモ其詩書禮節揖算權量ハ概ネ素未タ悉サヽル所ニ係ル蕃童ハ斯ニ生レ斯ニ長シ習慣性ヲ成シ遂ニ相沿フテ俗ヲ成サシムルナリ誠ニ生蕃ハ撫ニ難カラスシテ化ニ難シ卽チ附近社寮ノ所ニ在リテ先ツ義塾一所ヲ設ケ通事ヲシテ巳ニ撫セル近社ニツキ其蕃童ノ年紀較々輕ク

資質聰秀ナルモノヲ擇ハシメ蕃目ヲシテ送リテ入學セシメントス蓋シ初メ蕃童ヲ敎ルハ字ヲ辨ヒ音ヲ識ラシムルニ過キサルノミ將來能ク行ヒテ効ヲ成スアリ漸ク課程ヲ進ムルコトヲ得ハ蕃童ノ知識漸ク開ケテ自ラ能ク相習ヒテ俗ヲ成サン

一、堂ヲ設ケ敎化以テ鄙俗ヲ移サン　査スルニ生蕃ハ野性未タ馴レス俗兇悍ヲ尙フ其ヲシテ性情ヲ改易セシメント欲セハ堂ヲ設ケテ開導スルニ非レハ未タ其氣質ヲ變シ易カラス況ヤ敎化ノ道ハ原王政ノ先トスル所タリ尤宜ク時ニ隨ヒ事ニ隨ヒ心ヲ悉シテ勸諭シ其惡ヲ悛メテ良ト爲スハ撫蕃ノ要策ナルヲヤ古人云習善ナレハ善トナリ習惡ナレハ惡トナルト生蕃ハ人形ヲ具有ス豈天良無ランヤ若能ク敎化法ヲ得ハ地方漸ク安謐ニ臻ルヘキニ近カラン卽チ社寮ニ在リテ敎化堂ヲ設ケ若シ生蕃ノ山ヲ出テヽ交易シ寮ニ駐リテ宿泊スルモノアラハ隨時ニ以テ開導スヘシ惟責ニ任スル義塾ノ學師先ツ試辦ヲ行ヒ倘成効アラハ自ラ當ニ永久ニ易ラサルヘシ

此議ハ臺灣巡撫ニ提出セラレシカ其經費ノ多額ニ渉ルモノハ多少減裁セラレ實施スヘキコトヽナリシカ義塾及ヒ敎化堂ハ運施ニ至ラスシテ撫墾施設ノ縮小トナルニ至リテ中止シタリ

(七)臺北城内ノ蕃學堂

最初ノ臺灣巡撫タリシ劉銘傳ハ實ニ撫墾ノ施設ヲ認メテ臺灣經營ノ一トナシ卽チ撫墾局ヲ設ケテ蕃人ノ撫化蕃地ノ開墾ヲ爲スト同時ニ蕃童ヲ敎育スルノ學堂ヲ臺北城内ニ設置シタリ蓋其主要ナル目的ハ

一、各蕃社酋長ノ子弟ヲ招徠シ之ヲ支那化スルノ方針ヲ以テ敎育ヲ施シ成業ノ後歸山セシメ他日酋長トナルニ及ヒ其感化ヲ衆蕃ニ及サシメントセシ事

二、從來支那人ヲ通事トシテ彼我ノ意ヲ通スルハ撫化上隔靴ノ憾ナキニアラサルヲ以テ支那語ヲ解スル蕃人ヲ養成セントセシ事

ノ二項ニ在リテ大嵙崁方面ノ蕃地ヲ討伐セル翌年乃チ光緒十六年三月七日ヲ以テ開校シタリ其招徠セル蕃童ハ大嵙崁ヲ中心トシ屈尺馬武督ノ各社ニ諭シ先ツ二十名ヲ募リ其翌十七年又十名ヲ募レリ左ニ項ヲ分チテ其方法ノ大要ヲ略記セン

(イ)場所　初メ臺北城内天后宮二廊酒樓ノ上ニ於テセシカ次テ大南門内參將府衙門ノ左畔内進ニ移シ後西門内ノ西學堂ニ移セリ

(ロ)敎官　敎頭一人、敎師三人、通事一人トス

敎頭ハ羅步韓（福建省汀州府上杭縣ノ秀才）、敎師ハ吳化龍（芝蘭堡ノ人）、簡受禧（擺接堡ノ人）外一名之ニ任セリ

（ハ）學童ノ資格　招徠セル蕃童ハ凡十歳以上ヨリ十六七歳ニ至ルマテトシ酋長ノ子弟ニシテ資質慧敏ナルモノヲ選擇セリ

（ニ）學童ノ待遇　蕃童ハ渾テ髮ヲ辮ニシ支那風ノ衣服帽鞋ヲ用ヒシメ及ヒ飲食起臥等渾テ支那風ニ摸セシム（初メ髮ヲ辮ニスルトキ蕃童皆之ヲ厭忌シ涕泣シテ之ヲ肯セサリシモ威嚇シテ之ヲ辮ニセシメタリシト云）又固有ノ名ヲ改メシメ新ニ漢姓漢名ヲ附シタリ

衣食文具等ハ渾テ官給トシ衣服ハ一年夏冬二季ニ各二領、帽鞋等之ニ準シ食物ハ普通食事ノ他毎五日ニ一回豚肉ヲ給セリ又衣服ノ洗濯ニ注意シ常ニ淸潔ヲ保タシメタリ

（ホ）敎科　專ラ淸ノ私學（書房）ニ倣ヒ左ノ如クニ分課敎授セリ

時間	科目	要旨
午前	復讀（背誦）	早晨朝食後ヨリ初メ前日ノ敎科ヲ復讀セシム
	授讀（讀書）	支那音ニテ句讀ヲ授ク
	習字（摸寫）	漢字ノ摸寫ヲ爲サシム
午後	復讀（背誦）	晝食後ヨリ午前授クル所ヲ復讀セシム
	習字（摸寫）	午前ニ同シク日暮ニ至テ止ム
餘科	官話及臺灣土語	隨時授讀ノ時間ニ於テ會話ヲ授ク
	蕃語	固有蕃語ヲ忘レサル爲之ヲ演習セシム
	詩文	學業ノ熟セルモノニ簡易ノ詩文ヲ課ス

（ヘ）敎科書　ノ種類ハ左ノ如シ

三字經　初學者ニ課ス

四書
五經ノ內、詩、書、易
(ト)躾方　敎師ハ常ニ支那風ノ禮法習慣ニ化スルニ務メ起寢梳洗等百般ノ作法ニ注意シ且每三日一回統導シテ市街ニ出テ其風俗人情ヲ視察セシメ觀感興起ノ念ヲ起サシムルニ力メリ
(チ)經費　敎官ノ俸給ハ敎頭一月三十圓、敎師一月各十二圓、通事一月六圓トス
蕃童ノ給費ハ文具費一月十錢、食費一日八錢トシ勉勵ノ優劣ニヨリ一月三十錢以內ノ賞與ヲナセリ
其他跟丁一名一月三圓、厨房工一名一月五圓ヲ給セリ
以上ノ方法ヲ以テ之ヲ實施シ十八年ニハ第一期ノ卒業者ヲ出スニ至リシカ是歲巡撫ノ交代アリ新任巡撫卲友濂ハ百事退縮政策ヲ取レル結果其六月ヲ以テ蕃學堂ノ廢止ヲ議定シ在學ノ蕃童ヲシテ任意ニ蕃地ニ歸還セシメタリ
而シテ此三年間ニ於ケル敎育ノ結果ハ支那的感化ヲ受ケタル卒業者ヲ出シ大嵙崁方面ナル「プーチン」ノ如キ屈尺方面ナル「シロン」ノ如キ殊ニ學力優等ヲ以テ卒業セシトイフモ如何セン其敎育ノ本旨ハ支那風ノ撲古的敎育ナリシヲ以テ蕃人ノ日用生活ニ須要ナル智識ノ啓發ニ資クアルコト少ク其在學中ノ所得ハ歸還ノ後之ヲ實地ニ應用スルニ由ナク其敎育ヲ受ケタル蕃童ノ蕃地ニ歸還セルモノハ甞テ受ケタル支那的文明ノ感化テ悉ク棄却シ再ヒ舊俗ニ復原スルニ至リツヽアリ

(附)臺灣蕃地交涉年表

本邦紀年	支那紀年	西洋紀年	事歷摘要
推古帝十五年	隋大業三年	六百七年	羽騎尉朱寬琉球(乃チ臺灣)ノ異俗ヲ訪フ言語通セス一人ヲ掠メテ返ル
十九	七	六百十一	朱寬琉球(乃チ臺灣)ヲ撫ス土人從ハス之レヲ逆擊ス
永享二	明宣德五	千四百三十	大監王三保西洋ニ航スルノ途臺灣ニ至リ藥ヲ水中ニ投シ土蕃ノ病者ヲシテ洗燥セシム
永祿頃	嘉靖末	千五百六十年代	日本人東蕃ヲ擊チ山ニ避ケシム
同	同	同	支那ノ漳泉人初メテ東蕃ト貿易ス

六	四十二	千五百六十三	明ノ海賊林道乾打鼓山社ヲ掠メ殺害ヲ肆ニシ又北部ノ平埔蕃ヲ苦シム
寛永元	天啓四	千六百二十四	和蘭人臺灣ヲ根據地トシ土蕃ト貿易スル支那人ニ課税ス
三	六	千六百二十六	和蘭ノ宣敎師カンヂヾウス土蕃敎化ノ主任者トシテ來ル
十	崇禎六	千六百三十三	雞籠淡水ニ據リシ西班牙人土蕃ニ布敎ヲ企ツ
十六	十二	千六百三十九	和蘭東印度會社ノ視察者臺灣ニ來リ歸附蕃地ヲ巡視ス
二十	十六	千六百四十三	和蘭人ノ敎化ヲ受ケタル土蕃ヲ敎師ニ採用ス
正保二	弘光元	千六百四十五	和蘭人ユニウス蕃語ニテ宗敎問答ヲ著ス
同	同	同	附歸土蕃ノ長老ヲ集メテ評議會ヲ組織ス
慶安元	永曆二	千六百四十八	和蘭人土蕃敎育ノ學校ヲシンカン、モアタウノ二蕃社ニ設ク
承應元	六	千六百五十二	支那人ノ内亂アリ歸附土蕃大ニ和蘭人ノ爲メニ力ヲ致ス
寛文元	清順治十八	千六百六十一	和蘭人グラヴィウス馬太、約翰二傳ヲ蕃語ニ譯ス
同	同	同	和蘭人ノ臺灣ヲ退ク時歸附土蕃二人別ヲ惜ミヴアタビヤニ隨伴ス
同	同	同	鄭成功臺南附近ノ蕃社ヲ巡視シ土蕃ヲ慰撫ス
此頃	此頃	此頃	鄭氏屯田ノ制ヲ創メ大ニ西部平原ノ蕃地ヲ拓クニ着手ス
寛文中	康熙初	千六百六十年代	鄭經兵ヲ統ヘテ斗尾龍岸蕃ヲ討ツ克タス
同	同	同	鄭氏ノ部將林圯水沙連ノ蕃地ヲ拓ク
二	元	千六百六十二	明人沈文光目加溜社ニ入リテ蕃童ヲ敎化ス
天和二	二十一	千六百八十二	鄭氏ノ部將陳廷輝金ヲ哆囉滿蕃地ニ採ル

此頃	此頃	此頃	李滄愿トイフモノ金ヲ雞籠山蕃地ニ採ル
同	同	同	鄭氏ノ部將陳降新港竹塹ノ蕃地ヲ夷ク
貞享元	二十二	千六百八十三	陳文林倪等ノ商船臺東ノ崇爻蕃地ニ至ル
二	二十三	千六百八十五	臺灣知府蔣毓英初メテ附近土蕃ノ安撫ヲナス
此頃	此頃	此頃	鄭氏ノ殘兵鄭鑛蕃地ニ入リ蕃女ヲ娶リテ定居スルモノアリ
元祿八	三十四	千六百九十五	臺灣知府靳治揚臺南地方ノ熟蕃ニ社學ヲ設ク
同	同	同	支那人初メテ蛤仔難蕃人ト貿易ス
九	三十五	千六百九十六	賴科トイフモノ雞籠方面ヨリ深ク山ヲ越エテ臺東ノ崇爻蕃地ヲ探検ス
十	三十六	千六百九十七	清ノ郁永河西部臺灣ノ內地ヲ探検シ傍ラ蕃俗ヲ採訪ス
十二	三十八	千六百九十九	三月清北路參將淡水呑霄社ヲ征討ス
同	同	同	五月北投社蕃氷冷呑霄社ニ通シテ亂ヲ謀リ次テ平ク
寶永二	四十四	千七百五	支那人ノ平埔蕃地ヲ侵佔スル漸ク甚タシク互ニ爭鬪アリ
正德四	五十四	千七百十五	清ノ浙閩總督初メテ土蕃歸附ノ狀ヲ奏ス
此頃	此頃	此頃	吳鳳トイフモノ阿里山蕃地ヲ探検ス
享保六	六十	千七百二十一	阿里山水沙連各社亂ヲナシ翌年諸羅知縣孫魯多方招徠撫ニ就ク[illegible]
此頃	此頃	此頃	支那人ノ卑南覓蕃地ニ航シテ貿易スルモノ漸ヤク盛ナリ
七	六十一	千七百二十二	朱一貴ノ亂ニ乘シ土蕃殺掠ヲ肆ニス乃チ劃界禁交ノ議ヲ立テラレシモ中止ス
同	同	同	漳州ノ把總朱文柄破船シテ蛤仔難蕃地ニ入リ蕃人ト交渉ス

享保中	康熙中	千七百廿年代	支那人初メテ紅頭嶼ニ航シ土番ト貿易ス
八	雍正元	千七百二十三	正月水沙連番撫ニ就キ歸附ス
十一	四	千七百二十六	四月水沙連番兇民ヲ殺シ十月北路參將何勉之ヲ討平ス
十二	五	千七百二十七	巡臺御史尹秦支那人ノ番地ヲ侵佔スルヲ禁スルノ奏疏ヲ上ル
同	同	同	臺灣巡道張嗣昌ノ建議ニヨリ土番社學ヲ熟番ニ置ク
十四	七	千七百二十九	二月清遊擊靳光瀚等山猪毛社ヲ討伐ス
十六	九	千七百三十一	陸路提督大甲社番ヲ討平ス
十九	十二	千七百三十四	各熟番ノ敎化ヲ受ケタルモノヲ社師トシ敎化ニ從ハシム
二十	十三	千七百三十五	十月副將靳光翰ハ眉加臘社番ヲ討伐ス
元文二	乾隆二	千七百三十七	熟化番ノ餉額ヲ裁減スヘキ旨清皇帝ノ上諭アリ
同	同	同	巡臺御史白起圖ノ奏ニヨリ支那人ト蕃人トノ雜婚ヲ禁ス
四	四	千七百三十九	清政府ハ支那人ノ蕃地ヲ侵佔スルノ禁ヲ公布ス
寶曆二	十七	千七百五十二	清政府ハ石ヲ蕃界ヲ立テ、其ノ禁ヲ厲行ス
八	二十三	千七百五十八	清政府ハ熟化蕃ヲシテ清俗ニ傚ハシメ且ツ姓ヲ稱セシム
明和三	三十一	千七百六十六	清政府ハ南北路理蕃ノ政廳ヲ開始ス
五	三十五	千七百六十八	清ノ漢林生蛤仔難蕃地ヲ探檢シテ殺害セラル
此頃	此頃	此頃	清人吳沙トイフモノ三貂岑ヲ越エ蛤仔難蕃地ニ入リ貿易ス
天明六	五十一	千七百八十六	林爽文ノ亂ニ各熟蕃力ヲ清軍ニ致シテ功アリ

七	五十二	千七百八十七	清人呉沙蛤仔難蕃地ノ開拓ヲ企ツ
寛政二	五十五	千七百九十	清政府屯蕃ノ制ヲ布ク
同	同	同	未化蕃界ニ隘ヲ設ケテ蕃害ヲ防禦シ良民ヲ保護ス
同	同	同	林爽文ノ亂ニ殊功アリシ阿里山蕃頭目支那ニ至リ皇帝ニ謁見ス
八	嘉慶元	千七百九十八	清人呉沙蛤仔難蕃地ニ入リ烏石港ヲ根據トス
九	二	千七百九十七	清人呉沙ノ蛤仔難蕃地ノ開拓緒ニ就ク
十三	七	千八百二	呉沙ノ姪呉化蛤仔難蕃地ノ五圍ヲ開キ居ヲ定ム
文化三	十一	千八百六	清ノ蔡牽蛤仔難ヲ犯セシ時蕃人之ヲ防禦シテ功アリ
四	十二	千八百七	清ノ朱濆蛤仔難蕃地ノ蘇澳ヲ犯ス
七	十五	千八百十	四月蛤仔難蕃地ヲ收メテ版圖トシ噶瑪蘭廳ト名ツケ十七年民蕃通判ヲ置ク
十一	十九	千八百十四	水沙連隘丁首等大ニ埔里社蕃地ニ侵佔ヲ企ツ
十四	二十二	千八百十七	埔里社蕃界ニ石ヲ立テ、支那人ノ入ルヲ嚴禁ス
文政六	道光三	千八百二十三	北路理蕃同知鄧傳安埔里社蕃地ヲ開クノ議ヲ立ツ
七	四	千八百二十四	噶瑪蘭通判姚瑩大ニ民蕃ヲ和睦ス
天保十二	二十一	千八百四十一	給事中朱成烈埔里社蕃地ヲ開クノ議ヲ立ツ
弘化三	二十六	千八百四十六	鎮道劉韻珂埔里社蕃地ヲ開クノ議ヲ立ツ
嘉永頃	咸豐中	千八百五十年代	黄阿鳳トイフモノ奇萊蕃地ノ開拓ヲ企ツ
四	元	千八百五十一	鄭尚トイフモノ卑南ヲ探檢ス

慶應三	同治六	千八百六十七	三月米船ロヴアー號臺灣ノ南岸ニ漂着シクアール蕃ニ殺サル
同	同	同	六月米艦ハルトフオルド號同蕃地ヲ討チテ克タス
同	同	同	九月米領事清政府ト交渉シ蕃頭目ノ謝罪ニヨリ事止ム
明治元	七	千八百六十八	洋人ミリシトイフモノ南澳蕃地ヲ開拓シ清政府之ヲ中止ス
四	十	千八百七十一	十一月我カ琉球島民牡丹社蕃ニ殺サル
六	十二	千八百七十三	九月我カ特命全權大使蕃人ノ究辨ヲ清政府ニ交渉ス要領ヲ得ス
七	十三	千八百七十四	四月我レ臺灣蕃人征討ノ軍ヲ發ス
同	同	同	五月我カ征蕃軍蕃地ニ進ミ九月蕃人投降ス
同	同	同	清政府ハ我カ征蕃ヲ是認シ償金ヲ致シ我軍凱旋ス
同	同	同	浙閩總督沈葆楨開山撫蕃ノ議ヲ立ツ又瑯嶠蕃地ニ恒春縣ヲ置ク
同	同	同	清政府ハ兵ヲ南中北ノ三路ヨリ進メ臺東蕃地ヲ開キ卑南廳ヲ置キ撫墾委員ヲ設ク
八	光緒元	千八百七十五	清政府ハ埔里社蕃地ヲ開キ中路撫民理蕃同知ヲ置ク
同	同	同	十一月清政府ハ支那人ノ蕃地ニ入ルノ禁ヲ解ク
九	二	千八百七十六	陸路提督羅大春太魯閣蕃ヲ征ス
十	三	千八百七十七	恒春知縣周有基等紅頭嶼ヲ探檢ス
同	同	同	支那ノ內地ニ招撫局ヲ置キ大ニ臺灣蕃地ノ拓殖ヲ獎勵ス
同	同	同	恒春ニ蕃人敎育ノ學校ヲ設ク又臺東ノ蕃人ヲシテ支那觀光ノ途ニ上ラシム
十	四	千八百七十八	臺東ノ加利宛蕃及ヒ阿眉蕃相次テ反ス次テ討平ス

同	同	同	撫墾局ヲ臺東ニ置ク又埔里社ニ蕃人教育ノ學校ヲ設ク
十二	五	千八百七十九	臺東ニ蕃人教育ノ學校ヲ設ケ教科書ヲ編ス
十三	六	千八百八十	臺東蕃地ヨリ嘉義ニ通スル新路ヲ開ク
同	同	同	七月水沙連化蕃反シ次テ平ラク
十四	七	千八百八十一	臺東蕃地ヨリ鳳山ニ通スル新路ヲ開ク
同	同	同	六月臺東ノ平埔蕃反シ次テ平ラク
十七	十	千八百八十四	率芒社ヲ討ツ
同	同	同	四月統領林朝棟東勢角方面ノ北勢蕃社ヲ討ツ
十九	十二	千八百八十六	撫墾局ヲ全島ノ蕃界ニ置キ又南仔脚社内ニ蕃人教育ノ學校ヲ設ク
二十	十三	千八百八十七	統領林朝東勢角方面ノ馬速社ヲ討ツ
二十一	十四	千八百八十八	八月統領劉朝帶宜蘭ヨリ彰化ノ山道ヲ探ラントシ同方面ノ老狗社蕃ニ襲ハレ中止ス
同	同	同	宜蘭ノ生蕃ヲ教化ス
同	同	同	六月臺東ノ平埔蕃反シ次テ平ラク
二十二	十五	千八百八十九	二月巡撫劉銘傳老狗社ヲ討伐ス
同	同	同	九月巡撫劉銘傳大嵙崁方面ノ蕃地ヲ討伐ス
同	同	同	統領張兆連臺東ノ呂家望社ヲ討ツ
二十三	十六	千八百九十	三月生蕃教育ノ學校ヲ臺北ニ設ク
同	同	同	十二月總鎭萬國本牡丹社ヲ討伐ス

二十四	十七	千八百九十一	再ヒ牡丹社ヲ討伐ス
二十五	十八	千八百九十二	總鎭萬國本率芒社ヲ討伐ス
二十八	二十一	千八百九十五	臺東ノ平埔蕃反ス次テ平ラク
二十八	二十一	千八百九十五	七月我カ總督樺山伯ハ蕃人綏撫ノ訓諭ヲ發ス
同	同	同	九月大嵙崁地方ノ生蕃臺北ニ來リテ我カ總督ニ見ユ
二十九	二十二	千八百九十六	三月我カ撫墾署ヲ全島ノ蕃界ニ置ク（勅令第九十三號）

第五編　結論

上來既ニ篇ヲ分チ章ヲ設ケテ臺灣ニ於ケル各蕃族ノ現狀ヲ叙シ並ニ過去ノ變遷ヲ明ニシ且其諸般ノ進度ヲ比較シテ各蕃族開化ノ歷程ヲ審ニスルヲ勉メタリ而シテ細ニ各蕃族ノ態狀ヲ熟察スルトキハ其開化進度ノ歷程固ヨリ同一ナラスシテ各樣異等ノ蕃族錯處存在スルヲ知ルナル可シ就中其最進步セル蕃族ニ至テハ殆ト漢人ト徑庭ヲ見サルノ程度ニ達シ尚其開化ノ度最低キ「アタイヤル」族ノ如キト雖既ニ稼穡ヲ勤メ衣食ヲ辨シ其他土俗習慣ニ關スル些事ニ至リテモ中ニ或ル一二ノモノヲ除クノ他ハ必シモ甚シキ未開ノ域ニ在ルモノト認ムヘカラスシテ彼ノ濠太利亞土人若ハ亞非利加土人ノ或モノヽ如ク最下低位ノ開化ノ度ニ在ルモノト決シテ同一視ス可キニアラサルナリ然ルニ世人往々臺灣ノ蕃族ヲ認メテ以テ化外ノ異類トナシ其實際ノ狀態ニ比スレハ更ニ數等ノ低キヲ以テ想像スルモノアルハ何メヤ他ナシ今日猶首級戮取ノ風習ヲ現存スルモノアルカ故ニ早クモ此一事實ヲ以テ他地方ニ於ケル同一風習ヲ存スル野蠻人類ト同視スルニ出ルナルヘシ是臺灣蕃族ノ爲ニ深ク遺憾トセサルヲ得サル所ナリ是ニ於テ曩ニ其命ヲ奉シテ蕃情ノ踏査ヲ爲スニ際リ主トシテ其智識ノ進度ヲ觀察シ其開化ノ歷程ヲ勘考シ茲ニ實際ノ眞相ヲ紹介シ併テ世人ヲシテ以上ノ誤解ヲ氷釋セシムルノ資トナサンコトヲ期セリ

蓋シ首級戮取ノ風習ハ野蠻人類ノ常風通習ニシテ固ヨリ文明道義ノ標準ト相容レス隨テ他ノ諸般ノ進步ト伴フ可カラサルニ似タリト雖モ其臺灣蕃族ノ間ニ猶其風習ヲ現存スル所以ノモノ深キ原因ノ存スル無ンハアラス試ニ舊記ニ據リ及ヒ口碑ニ徵シテ推考スルニ往時ニ在リテハ各蕃族ヲ通シテ殺人戮首ノ風ヲ存シタリシハ事實ナリ然ルニ三百年以來異族ナル蘭人及ヒ漢人ト交涉ノ端ヲ開始シ其感化ヲ受ケ交通ヲ累ネシ結果今ヤ漸ク此風ヲ薄ラケ或ハ全ク之ヲ止ムモノアルニ至レリ而シテ特リ依然トシテ此風習ヲ持續スルモノ各蕃族中開化ノ程度最低キ「アタイヤル」族ニ特ニ盛ニシテ是レ一ニハ地理上ノ關係ニモ因ルモノアル可シト雖其重ナル因由ハ從來漢人ノ此方面ニ於ケル地域ノ開墾ヲ爲スニ際リ縱ニ越界侵佔ヲ企テ或ハ隘勇防丁ヲ設ケ以テ蕃人ヲ驅逐シ或ハ夥黨ヲ勾引シテ入山搭寮シ耕耘製腦ニ從ヒ所謂奪ハスンハ饜カサル實情アリシモノ竟ニ此等ノ蕃人ヲシテ生存上ノ競爭ヨリ敵愾ノ心ヲ激發セシメ一人ヲ殺セハ一害ヲ除クヲ得ヘシトノ信念ヲ强クスルト同時ニ益々其先天的ナル戮首稱健ノ風ヲ煽搖セシニ在リト謂フ可シ

此等特殊ノ事情ニ因リテ他ノ諸般ノ進步ト相伴ハス特リ今日ニ至ルマテ依然其風ヲ現存シツヽアリ而シテ此一隅ノ殊風ヲ標準トシ早クモ其三隅ヲ推測シ以テ彼等ノ開化ヲ判定セント欲スルハ蓋シ能ク其正鵠ニ中レルモノト爲ス可カラス殊

ニ「アタイヤル」族ノ古居スル所現今臺灣政治ノ中樞タル臺北ノ附近ニ在ルヲ以テ世人ノ過半ハ概ネ此蕃族ニノミ接シ他ノ各蕃族ニ近ツクノ機會甚タ少キカ爲凡臺灣ニ於ケル各蕃族ヲ同視シテ之ト同一開化ノ程度ニ在ルカ如クニ推定スルモノ多シ然レトモ事實上臺灣ノ蕃族中其或モノハ既ニ漢人ト徑庭ナキノ度ニ進ミ且其低度ノ位置ニ在ルモノト雖決シテ極端ナル最下低位ニ在ル人類ニアラサルコトハ事實上確ク認メ深ク信シテ疑ハサル所ニシテ此等ノ詳細ハ調査報文ノ各部ニ於テ既ニ記述セル所ナリ

夫レ然リ然ラハ則チ將來彼等ノ化育宜キヲ得薰陶當ヲ失ハスンハ以テ順良ノ民トナシ以テ捍護ノ兵トナシ得可キハ毫モ疑ヲ容レサル所ナリ惟如何セン今日彼等ノ狀態ハ交通極テ不便ナル山深谷幽ノ區域ニ古居シ爲ニ日新ノ智識ノ輸入セラルヽ機會少ク加之所謂蕃社通事ノ徒ハ常ニ蕃人ノ愚ナルヲ利トシ蕃人ノ蒙ナルヲ欲シ攫奪惟意ノマヽニスルヲ力メ以テ其利益ヲ壟斷シ却テ新漸ノ智識ヲ蕃社ニ入ルヽヲ妨ルノ傾アルモノ甚多シ事情此ノ如シ彼等ノ永ク悖然タル未開ノ境遇ニ靜止スルモノ亦免レサルノ勢トイフヘキナリ然レトモ彼等ハ既ニ絕對ナル最下低度ノ開化ニ在ルモノニアラストセハ之カ順導薰陶其宜キヲ得テ當ヲ失ハスンハ之ヲシテ蠻夷僻陋ノ固俗ヲ蟬脫シ熙朝ノ赤子タラシメ得ヘキハ過去ノ歷史ノ歷然確ク證スル所ナルノミナラス現ニ近ク清ノ光緒中舊政府カ開化ノ程度最低キ「アタイヤル」族ノ敎育ニ從事セシ結果ニ見ルモ僅ニ三年內外ノ施設ニ於テ彼等ノ蕃童中朴實純良ノ民ト化スルモノアリシハ事實ナリ然ラハ則チ臺灣ノ各蕃族ハ決シテ化育シ得ヘカラサルノ人類ニアヲサルコトハ既ニ疑ヲ容ルヘキニアラスシテ要ハ唯其方法ノ如何ヲ講スルノ適否ニ在ルノミ

臺灣蕃人事情終

明治三十三年三月二十日印刷
明治三十三年三月廿五日發行

臺灣總督府民政部文書課

臺灣臺北新起街一丁目二十四番戸
印刷人　宮部勘七

臺灣臺北城內西門街三丁目十三番戸
印刷所　臺灣日日新報社

解説　伊能嘉矩と『台湾蕃人事情』

笠原　政治

一　台湾原住民研究の礎石

『台湾蕃人事情』は、今からちょうど一〇〇年前の一九〇〇年（明治三三年）に、伊能嘉矩と粟野伝之丞の共著として台湾総督府民政部文書課から刊行された。漢族の台湾移住が始まった一七世紀の前からこの島に住み着いていたマレー系の先住民、すなわち台湾原住民について、初めて全体像を示した古典的な書物と言ってよいであろう。日清戦争後の一八九五年（明治二八年）に設置された台湾総督府では、統治の開始直後に、軍事、行政、資源開発、住民掌握などを目的にして、漢族系の住民や、平地および険しい山岳地帯の原住民を対象とする一連の調査を実施したが、当時の記録の中で、こと山地や東部平地の原住民に関しては、この伊能と粟野の共著ほど体系的なものは他に例がない。そして、学術研究の上でもこの『台湾蕃人事情』は、伊能の時代から現在まで続く台湾原住民研究の、いわば嚆矢に当たる著作と言うことができる。第二次大戦後になって、人類学者の馬淵東一は日本統治時代の台湾原住民研究を回顧した論文の中で同書に言及し、「台湾における民族学的研究の総括的な見透しはこれによって始めて基礎づけられた」と述べているが（「高砂族の分類」一九五四年）、これと同様の認識は、現在でも研究者たちに広く共有されているのである。

ところで、この『台湾蕃人事情』という書名を目にした読者は、おそらくある種の違和感を抱かれるに違いない。「蕃人」という呼び方はいかにも差別的で、古い植民地主義の亡霊に出くわした、という印象である。もちろん現代の感覚では、そう受け取るのがごく普通だと言える。

清国の時代まで、台湾の先住民は漢族から「番」と呼ばれ、漢化・漢族化の進んだ「熟番」と、自律的な世界を失っていない「生番」とを呼び分けることもあった。日本統治時代もこうした慣行を引き継いで、長らく「蕃」「蕃人」などの侮蔑的な名称が用いられていた。日本人によく知られている「高砂族」や、「熟蕃」を指す「平埔族」という言い方は、ようやく昭和期に入ってから使われ始めたものである。そして、第二次大戦後になると、今度は国民党政府の下で、名称は「高山族」や「山地同胞（山胞）」に変わった。時代が移っても、台湾の先住民はつねに自分たちの総称を外部から押しつけられ続けてきたわけである。それが、一九八〇年代に入り、若い世代を中心に権利促進運動が高揚する過程で、彼らは「台湾原住民（ユェンチュウミン）」という自

称名を名乗るようになった。やがてこの新しい名称は広く台湾の社会に受け入れられて、一九九四年には正式名称として憲法にも明記されることになった。

このように名称の変遷をたどってみると、『台湾蕃人事情』という書名があくまでも歴史上の産物であること、「蕃人」という蔑称が現在では旧著の復刻や研究史の叙述などの場合を除いて用いられないことは理解していただけるであろう。一〇〇年ほど前の日本人は一般にこういう呼び方をしていた。今ならば不快な書名であっても、当時の状況では、伊能の用語法は決して特異なものではなかったのである。

『台湾蕃人事情』は二人の共著となっているが、記述の内容や同書に続く研究経歴などから見て、その実質的な執筆者が伊能嘉矩であったことは間違いないであろう。粟野伝之丞については、どのような人物なのか、今でもあまり多くのことが知られていない。そこで、以後は伊能だけに焦点を合わせて、『台湾蕃人事情』の背景に当たる事柄をもう少し詳しく述べていくことにしよう。

二　伊能嘉矩について

伊能嘉矩は一八六七年（慶応三年）、現在の岩手県遠野市に生まれた。後に柳田国男の『遠野物語』で一躍有名になった土地である。若くして自由民権運動に情熱を傾けたこの遠野出身の青年は、岩手県師範学校を自主退学した後、上京してしばらくは教育関係の記者などを勤めた。そうした伊能を台湾研究へと向かわせた一つの契機は、二〇歳代半ばになってからの人類学との出会いだったと言われる。

一八九三年（明治二六年）、伊能は東京人類学会に入会し、東京帝国大学の坪井正五郎に師事して人類学を学び始めた。当時まだ草創段階にあった日本の「人類学」は、今日ならば形質人類学、文化人類学、考古学、民俗学と呼びうるような研究分野を緩やかに包み込んだ、人間研究の総称でしかなかったのであり、研究の内容についても学術色と好事家趣味が相半ばしていたと言ってよい。勤勉な伊能は人類学の知識を貪欲に吸収した。また進んでアイヌ語、朝鮮語、中国語などを学習した。二歳年少の人類学者、鳥居龍蔵と知り合ったのもこの時期である。数年後に鳥居は、伊能と同じ台湾の地で、原住民に関する先駆的な調査を行うことになる。

一八九五年（明治二八年）の秋に、伊能は「新領土」になったばかりの台湾へ渡った。統治開始の早々に渡台した直接の動機については不明な点も多いが、研究への意欲の他に、おそらく青年時代に培った人脈などもそこに絡んでいたのであろう。それは

とにかくとして、渡台前の伊能は、台湾原住民の調査研究とそれに基づく「教化」の活動に従事したい、という並々ならぬ決意を抱いていた。その決意のほどは、自ら記して政府や周囲の関係者に献呈したという文書「余の赤志を陳べて先達の君子に訴ふ」の、次の文章からも窺うことができる。

余、嘗て人類学を修むるに志あり。数年以来力を斯学の研磨に致し、乃ち亜細亜に於ける各種人類の系統を闡明し、聊か萬一の裨補を学界に資せんことを期すや久し。而して今や斯学薄博淵泉たる台湾は、我が版図に属し、啻に学術上のみならず将来治教の須要上、宜しく速かにこれが研究調査を為さざるべからざるの機に逢へり。

ときに伊能は二九歳、満年齢では二八歳。陸軍省雇員として宇品港を出航し、一八九五年一一月一〇日に目的地の台湾へ上陸した。

三　台湾時代の伊能

伊能が渡航した頃の台湾は、日本の統治が始まった直後で、全般に治安が悪く、世情騒然たる状態だった。西部の平地を中心に抗日勢力との戦闘は熾烈をきわめていた。総督府が置かれた台北の付近でさえ殺伐とした雰囲気が漂い、統治基盤の脆さは否定しようもなかった。そのような抗日住民との戦いに明け暮れる日々、混乱した社会の情勢は、樺山資紀、桂太郎、乃木希典の三代にわたる台湾総督の在職期間を通して続いた。ようやく世情が安定に向かったのは、第四代総督に児玉源太郎（在職は一八九八～一九〇六年、明治三一～三九年）、民政局長（長官）に後藤新平が就任して以後のことであった。伊能が台湾で暮らしたのは、ほぼこの児玉総督の時期までと重なる。

伊能の在台期間については、遠野へ帰郷した一九〇八年（明治四一年）二月までという見方もできるが、最後の二年間はほとんど生活の場を「内地」に移していたため、実質上は一九〇六年（明治三九年）一月までの一〇年余りと考えるのが適当であろう。その間にも通算三回、計二年近くを東京などの台湾外で過ごしている。

在台期の伊能は一貫して台湾総督府に職を求めた。身分は嘱託あるいは下級官吏で、最後まで高い官職こそ得なかったが、台湾研究の専門家として、その能力は総督府内でも格別の評価を受けていたようである。たとえば、総督府の肝入りで、蕃情研究会（一八九八年、明治三一年）、台湾慣習研究会（一九〇〇年、明治三三年）、臨時台湾旧慣調査会（一九〇一年、明治三四年）などの

研究・調査機関が創設されると、伊能は相次いでそれらの要職を歴任した。研究や資料編纂などを通した総督府との結びつきは、在台の期間を経て、さらに遠野へ帰郷した後まで続いたことが知られている。

学術研究という観点から見た場合、この総督府官吏の立場が、一方で伊能に資料や情報収集のための便宜を与えたことは確かであろう。しかし他方で、官吏としての職務は、台湾各地の現場で行うべき調査活動を多分に制約したとも言わなければなるまい。実際、一〇年余りという在台期間の長さを考えれば、伊能がその間に費やした現地調査の日数は必ずしも十分なものではなかったように思われる。

「年譜」などに基づいて、台湾在住期に伊能が行った現地調査を整理してみると、およそ以下のようにまとめることができる。

（1）一八九六年七月～一八九七年四月（明治二九～三〇年）の間に、断続的に実施した淡北方面の平埔族調査。
（2）一八九六年一〇月の二四日間にわたる宜蘭地方の平埔族調査。
（3）一八九七年五月～一一月に一九二日間をかけて行った台湾全島の原住民調査。
（4）一九〇〇年七月～九月（明治三三年）に実施した四六日間の南部台湾原住民調査。
（5）一九〇〇年一二月～一九〇一年一月の一八日間、澎湖島の調査。

これらのうち、（1）（2）の平埔族調査で得られた知見を、伊能は次々と論文や調査報告にまとめた。伊能の台湾原住民研究で最も高い評価を受けているものの一つが、この一連の調査成果である。すでに日本統治の初期段階で、平埔族の古い生活様式はどの地域においても著しく変貌しており、その後はほとんど実地調査が困難になってしまったという場合が多い。伊能が書き残した調査記録は、今では貴重な歴史資料になったと言うべきであろう。その一連の記録は、台湾で楊南郡が中国語に翻訳し、『平埔族調査旅行』（一九九六年）という書名で出版された。近年、台湾では平埔族に対する関心が高まっており、それに伴って、過去における伊能の研究にも改めて熱い視線が注がれ始めている。

この平埔族の調査に続く（3）（4）が、中央山地や東部平地一帯の原住民（当時の呼び方では「生蕃」、今でいう狭義の「台湾原住民」）を対象にした調査に当たる。伊能は渡台直後から台北でタイヤル（泰雅）語を学び、来訪した原住民の一団と起臥を共にするなどして、着々と現地へ赴くための準備を進めていた。そして、一八九七年には粟野伝之丞と共に六ヵ月余りを費やして台湾全島を巡り、山地や東部住民の広域調査を実施した。そのときの調査成果が、台湾原住民研究の出発点となった著作『台湾蕃人事情』である。また、一九〇〇年には、約一ヵ月半にわたって南部方面の原住民村落を調査した。収集した資料はまとまった形では出版されていないが、伊能が後に発表した論文の中には、その調査に基づく記述が少なからず含まれているものと思われる。

伊能が一〇年余りの在台期間に実施した山地および東部平地の原住民調査は、要するにこの二回だけであった。日数は、合計でおよそ八ヵ月程度である。

伊能嘉矩、そして同じ頃にやはり精力的な台湾原住民調査を行った鳥居龍蔵と森丑之助は、ふつう初期研究史を彩る三人の先駆者と言われるが、現地調査に従事した期間という点から考えれば、鳥居、森の二人と比べて、伊能の場合は必ずしも十分ではなかったという見方ができる。鳥居は東京帝国大学から派遣されて一八九六～一九〇〇年の間に四回ほど台湾を訪れており（後にもう一回訪台）、台湾原住民に関して行った現地調査は、延べにして二年間近くの長きに及んだ。伊能がとうとう接することのなかった高山地域の住民や、紅頭嶼（蘭嶼）の住民であるヤミ（雅美族──最近ではタオ〔達悟族〕ともいう）など、その調査対象も実に広範囲にわたっていた。また、森の方は一八九六年以降、およそ一八年間、ほぼ単身で台湾山地の村々を巡り歩き、原住民の調査研究に従事したという。タイヤル語やブヌン（布農）語、パイワン（排灣）語などを自ら習得した森が最後まで足を踏み入れなかったのは、わずかにタイヤル居住地の一角だけだったようである。そうした鳥居、森の調査と横並びにしてみたとき、伊能の総督府官吏としての立場が、現地調査の機会をかなり制約したことは否定できないであろう。渡台前、台湾原住民の人類学調査と「教化」活動に並々ならぬ決意を表明していたことを思い返すと、なおさらその感が強くなる。

伊能が原住民調査にも増してその本領を発揮したのは、当時はまだほとんど未開拓の台湾史研究であった。とりわけ在台期間の後半は、漢籍の優れた読解能力を生かして古文書の収集と読破、さらには史料編纂などに没頭したようであり、周囲からも文書に通じた歴史家、台湾史研究の権威という見方をされていたらしい。伊能が在台期あるいは帰郷後に著した台湾関係の単行本は全部で一五点（一八冊）にのぼる膨大なものであるが、その多くは広義の歴史書であり、実地調査をふまえた台湾原住民の研究と言える単行本は、おそらく在台の早い時期に書かれた『台湾蕃人事情』（一九〇〇年）一冊だけであろう。明治期の末頃まで『東京人類学会雑誌』などの専門誌に寄稿し続けた台湾原住民関係の論文や資料紹介も、ほとんどが在台期の前半に行った現地調査に基づくものである。また、一九〇四年に刊行された『台湾蕃政志』は、主題として台湾原住民を扱っているにしても、内容的には外来者の原住民統治に関する歴史研究と言う方がふさわしい。その後に出版された『領台十年史』（一九〇五年）、『大日本地名辞書続編（第三台湾）』（一九〇九年）などを見ると、伊能の台湾研究に占める原住民の比重は、時間の経過に伴って次第に小さくなっていくことがわかる。そして、晩年の伊能が心血を注いだ大著『台湾文化志』（一九二八年）は、生前に自身が書名を「清朝下の台湾」とするつもりだったという事実からも明らかな通り、ほぼ純然たる歴史書と言うべきであろう。渡台前の伊能は、たしかに台湾原住民の人類学研究を志していた。しかし、一〇年余りの在台期間に、研究の関心はかなり別の方向へ推移してしまったのである。呉密察が指摘するように、その間の推移は「人類学者から歴史学者へ」の転換と理解することができるだろう（「従人類學者到歴史學者」一九九八年）。

伊能が実地調査に基づく台湾原住民の研究に取り組んだのは、主として在台期間の前半であった。その研究の中で最も重要なのが、一八九七年に行った台湾全島の調査であり、また、その結果をまとめた『台湾蕃人事情』の出版にほかならない。次に、その全島調査の方から先に背景と経過を紹介しておくことにしよう。

四　台湾全島調査

伊能嘉矩が中央山地や東部方面の調査に出向いた一八九七年（明治三〇年）当時、日本人による台湾原住民の統治はまだ手探りの段階にあった。その時期の総督府は平地の抗日漢族勢力を鎮圧するのに手一杯の状態であり、山地や東部の原住民に対してはおおむね放置主義、あるいは後に「蕃地事無かれ主義」と評されたような及び腰の態度をとっていた。乃木希典が第三代の台湾総督だった頃のことである。山地の情勢が根本から変化し始めたのは、佐久間左馬太が第五代総督に就任し（在職は一九〇六～一九一五年、明治三九～大正四年）、「五箇年計画理蕃事業」と呼ばれる強引な武力平定政策を推進してからのことであり、伊能の調査時には、まだそのような大きい変化は生じていなかった。当時の日本人にとって、山地を中心にした原住民居住地の多くは、何とも得体の知れない未知の世界であった。

伊能は一八九七年五月二三日から一二月一日までの六ヵ月余りをかけて、同僚の粟野伝之丞と共に、台湾原住民の主要な居住地を踏破する調査の旅に出かけた。この調査旅行が実現するにあたっては、総督府学務部の大御所・伊澤修二の力が与っていたものらしい。受け取った出張命令書には、旅行目的として「蕃人教育施設準備ニ関スル調査」とあった。出発前に二人は、それぞれの役割を分けた。粟野が「蕃地地理上の観察、蕃地に於ける生物との関係、蕃人教育上の方針」についての調査、伊能の方が「蕃人の土俗習慣、蕃人の智識発生の度、蕃語の本質、及び古来蕃人に関する歴史的事実」の調査、という分担である。

五月に台北を出発した二人は、通訳や荷物運搬のために雇った平地人を伴いながら、台北近くの屈尺、烏来の山地を皮切りに南下した。北部のタイヤル居住地や、中部の埔里、霧社、東埔社などを徒歩で訪れるときには、たいてい険しい山道や山麓の街道を進んだ。それに対して南部では、打狗（高雄）と恒春（車城）の間、および恒春と卑南（台東）の間は海路を利用し、東部に入ると、再び卑南から花蓮港（花蓮）までは陸路を選んだ。つまり、二人は台北から台湾島を逆時計回りに一周近く巡ったのであり、帰路は花蓮港から船に乗って、今度は時計回りの航路をとり、途中で紅頭嶼（蘭嶼）、澎湖島に立ち寄ってから基隆経由で台北に戻るという旅であった。このときに足を運ばなかったのは台湾島東北の一角だけであるが、その地域は、すでに宜蘭の平埔族調査を経験していた伊能にとって、踏査の必要がない土地だったのに違いない。また、紅頭嶼に住むヤミ（タオ）は、どうやら

このときの調査対象には含まれていなかったようである。

台湾全島を巡る調査は困難の連続だった、と後に伊能は回想している。おそらく伊能にとって、この旅の苦しさは生涯忘れられない体験であっただろう。幸いなことに、一八九七年の調査については、自身の体験を記した回顧録が残っている。また、旅の様子を克明に書きとめた日誌も、『伊能嘉矩の台湾踏査日記』（一九九二年）という書名で出版されている。同書の中の「巡台日乗」が一八九七年の日誌である。以下、それらの記録から二つの場面を取り出して、調査旅行の一端を紹介してみたい。

一つは、現在の台中県東勢から山奥のタイヤル村落に向かった際の情景描写である。

此の方面には、有名なる大甲渓の源流があるので、実に歩行に困難した。水勢は、深くして急であるし、河幅が広いので、之を徒渉するには、一人ではとても渉り切れぬ。そこで数人づゝ手と手を握り合ひ、互に助けて渉るのであるが、深さは乳部に達するので身体自由ならず、若し一人一歩を誤ったら、将棋倒しになるのである。箇様なる急流の大小を渉ること十六、七回で、やっと蕃社の在る所に着いた。

もう一つは、生命を落としかねないような事態に遭遇したときの体験である。この時期、たとえ日本人であっても、山地に入った旅人は馘首の危険と無縁ではなかった。ある北部山地の村に宿泊した伊能一行について、「巡台日乗」には次のような記載がある。

已にして蕃屋に入る、竈辺蕃人の新たに来れるあり而して彼れ等実に殺害の陰謀を企て而して主家夫妻は之を肯んぜざるに似たり、乃ち固く窓を閉ぢ銃を帯び暗に警護を加へき一行は命を天に托して眠に就けり

もちろん実地調査に伴う困難は、こうしたことだけではなかった。住民との意志の疎通には、閩南語を介した聞怠い通訳や、漢字による筆談を頼りにすることが多かった。出発前に伊能は台北でタイヤル語を学んでいたが、もとよりその知識すら、タイヤルの居住地以外ではまったく役には立たなかった。言葉の面でも、伊能は調査の苦労を否応なしに味わったはずである。

行程と期間を併せて考えると、伊能がこのときに行ったのは、台湾原住民の全体を見渡すための広域調査だったと見なしてよいであろう。個々の村落や地域にはさして強い執着が示されておらず、それぞれの場所に滞在した時間も長くはない。また、原住民の家に宿泊し、ジックリ調査をしたという形跡もほとんど見当たらない。浅くとも広い調査を優先させることが、初めから決めていた方針だったようである。

また伊能は、住民からの聞き取り調査の他に、各地で総督府の出先機関に立ち寄って文献筆写や資料収集をすることにも力を注いでいる。当時、撫墾署と呼ばれていた地方機関には、それぞれの管轄住民に関する資料が集められていたのであり、それらを積極的に活用した伊能の調査には、現場の官吏が調べた事柄を系統的に編纂するという一面があったことになる。実際、調査後にまとめられた『台湾蕃人事情』では、伊能の聞き取りに基づく記述と、現場官吏の協力に依存した記述とが、ほとんど分ち難く混在している。同書を読むときには、そのような資料収集の事情を念頭に置くことも必要になってくるであろう。

台湾全島調査が終わった後の伊能は、官職と職務を何度か変更され、また、台湾を離れて約一年間の東京生活も送った。粟野との共著で『台湾蕃人事情』が刊行されたのは、約二年後の一九〇〇年（明治三三年）三月であった。

五　『台湾蕃人事情』と台湾原住民の分類

『台湾蕃人事情』は、当時の民政長官・後藤新平に提出した「復命書」と、本文全五篇から構成されている。まず、各篇の概要を紹介しておこう。

第一篇の「蕃俗誌」は今でいう「民族誌」に相当する内容であるが、この中でとくに重要なのは、伊能が全島の台湾原住民について最初の整然とした民族分類体系を打ち立てたという点である。そこでは、複数の「ペィポ族（平埔族）」はまとめて一グループと数えられ、それを含めて台湾原住民は全部で八民族（種族）とされている。すなわち、アタイヤル、ヴォヌム、ツォオ、ツァリセン、スパヨワン、プユマ、アミス、ペィポがそれであり、「ペィポ」はさらにタッオ、シライヤなど一〇の小群から成る、というのである[表1]。同書の出版と前後して行った講演の場で、伊能はこの台湾原住民の分類に用いた五つの基準というものを挙げている。それらは、体質上の特徴、土俗の現状、思想発生の度、言語の異同、歴史的口碑の五点である。つまり、この伊能説は、単一の分類基準に基づくのではなく、複数の基準を考慮した「総合的判断」の結果ということになる。ただし、その場合に注意が必要なのは、伊能の分類の中に、たとえば「阿里山蕃」「傀儡蕃」のような平地漢族の通念的な区分が少なからず紛れ込んでいる点である。この分類体系は、すべてがゼロから立ち上げた独創的な見解とは考えにくい。むしろそこでは、清国時代から徐々に形づくられてきた地元住民の民族識別を十分に踏まえながら、その上に立って伊能独自の見解が示されたと言うべきであろう。

次の第二篇「蕃語誌」は、一から一〇までの数を表す語彙を「ペィポ族」以外の七つの言語について比較対照した一覧表、それに続く第三篇の「地方誌」は、地方別に台湾の自然と人文を綴った内容である。後者では、「台北新竹」から「宜蘭」まで台湾

伊能嘉矩・粟野伝之丞『台湾蕃人事情』（一九〇〇）			馬淵東一（一九五四）
アタイヤル族(Ataiyal)	―		アタヤル族
ヴォヌム族(Vonum)	―		サイシヤト族
ツォオ族(Tso'o)	阿里山蕃		ブヌン族
ツァリセン族(Tsarisen)	傀儡蕃		ツォウ族
	加禮蕃		ルカイ族
スパヨワン族(Spayowan)	瑯璚蕃＊		パイワン族
プユマ族(Pyuma)	卑南蕃		プユマ族（パナパナヤン族）
アミス族(Amis)	阿眉蕃		アミ族（パンツァ族）
			ヤミ族
ペィポ族(Peipo)	平埔蕃	タッオ小群	ケタガラン族
		シライヤ小群	ルイラン族
		ロッア小群	クヴァラン族
		ポァヴォサァ小群	タオカス族
		アリクン小群	パポラ族
		ヴゥプラン小群	バブザ族
		パァゼッヘ小群	パゼヘ族
		タオカス小群	ホアニァ族
		ケタガナン小群	シラヤ族
		クヴァラワン小群	サウ族

＊「スパヨワン族」の一部に当たる。

表１　『台湾蕃人事情』における民族分類

全体を九つの地方に分け、それぞれの地勢や産物、交通、歴史などを紹介しながら、各地方で暮らす原住民に筆を運んでいる。本書の中でもとくに記述が精彩に富んでいる箇所であり、文筆家伊能嘉矩の面目躍如たるものがあると言ってよい。一九世紀終盤の台湾各地における原住民、その分布や民族間の関係、生活の状況などを知る上で、大いに価値のある記述であろう。

第四篇の「沿革志」は台湾原住民の歴史を通観した部分であるが、正確に言えば、そこで述べられているのは、オランダ、鄭氏、清国それぞれの時代における統治史である。内容は「理蕃」と「蕃人教育」に分かれ、末尾には付録として「台湾蕃地交渉年表」が掲載されている。伊能は後に、この台湾原住民統治史の研究を『台湾蕃政志』（一九〇四年）という大著に発展させた。一八九七年の全島調査は、また歴史への関心を満たす旅でもあったわけである。なお、第五篇の「結論」はごく短い要約なので、紹介を略したい。

台湾原住民の分類と各民族の名称は、『台湾蕃人事情』に伊能説が示されて以降、研究の進展とともに複雑な変遷を遂げることになった。その詳しい経緯を述べるだけの紙幅はないので、ここでは、第二次大戦後に馬淵東一が提唱した見解を参考までに掲げておく［表1］。

では、『台湾蕃人事情』における伊能の民族分類は、その後の研究史から見てどのような問題を孕んでいるのだろうか。とりあえず次の四つの点を指摘したい。

まず第一に、伊能の八民族分類には、なぜか蘭嶼（紅頭嶼）のヤミ（タオ）が含まれていない。一八九七年に行われた全島調査のとき、帰路の船便で、伊能は紅頭嶼に滞在中の鳥居龍蔵を訪ねたことが知られている。しかし、同島の住民であるヤミについては、調査をせず、また『台湾蕃人事情』においてもいっさい言及することがなかった。その時点では考慮の外に置いていたものと推測できるであろう。ただし、伊能は、決してヤミの存在を無視したわけではない。後になって、台湾原住民はヤミを加えて全部で九民族から成る、という修正した見解が別に示されているのである。

第二に、それ以降さまざまな事情があって、名称や分類上の位置が変わってしまった民族がいくつか認められる。たとえば、今でいうサイシャット（賽夏族）を伊能は「アムトゥラア」と呼び、「ペィポ族タオカス小群」の中の一分枝と位置づけた。また、八つの民族の中では、南部山地の「ツァリセン族」という集団が大正期以後の分類では姿を消してしまった。現在のルカイ（魯凱族）、およびパイワン（排灣族）の一部が、その「ツァリセン族」に当たる。

第三に、伊能の分類体系には、「開化」あるいは「漢化」の度合を基準にした各民族の序列づけが見て取れる。すなわち、漢族の影響が浸透している場合を「進歩」、生活文化の固有性が濃い場合を「劣等」と判断して、それぞれの民族を一つの尺度で見渡すという発想である。当時の知識人として、伊能も進歩の思想や進化主義から自由ではなかったのかもしれない。もちろん現代の認識では、この種の序列づけはまったく無用なものである。

そして第四に、八民族をさらに細かく区分した下位の社会単位については、伊能の記載は全体として信憑性に乏しい。村々を便宜的に「東」「西」などの地区に分けてみたり、ときには「蕃」という別の括り方をしてみたり、記述に一貫性が欠けているのである。当時収集できた資料の範囲では、大枠の八民族分類を提示するところまでが限度だったと考えてよいであろう。

民族分類や名称の問題は、たんに学術上の関心や統治行政上の要請という点で重要なだけではない。外部からの分類は、一方で当事者たちの民族的自覚を枠付ける方向に作用するとともに、他方では現在一部で見られるように、与えられた分類や名称に対する反発を引き起こすこともある。つまり、さまざまな歴史の局面で、民族的アイデンティティのあり方と緊密に結びつくことが考慮されなければならないのである。『台湾蕃人事情』に示された伊能の見解は、そのような民族分類の「原点」として、今でもなお歴史上の意義を失ってはいない。

六　高まりつつある伊能への関心

長い間あまり注目されることのなかった伊能嘉矩という研究者に、近年、日本と台湾の双方で次第に関心が高まり始めてきた。その背景には、台湾の民主化に伴う台湾史研究の進展や台湾原住民運動の高揚、そして、それらに対応した日本におけるさまざまな動きがあるものと考えられるであろう。

一九九〇年代に入って、まず未公刊だった伊能の調査日誌が『伊能嘉矩の台湾踏査日記』（森口雄稔編、一九九二年）という書名で出版された。伊能の郷里である岩手県遠野市では一九九五年に市立博物館主催の特別展「伊能嘉矩――郷土と台湾研究の生涯」が開かれ、同市の遠野物語研究所からは、『伊能嘉矩――年譜・資料・書誌』（荻野馨編、一九九八年）や「伊能嘉矩の世界」を特集した雑誌『遠野物語研究』（三号、一九九九年）などが刊行された。また、埋もれていた手稿や資料を掘り起こす作業も進んでいる。その中ですでに出版されたのは、『伊能嘉矩蕃語調査ノート』（森口恒一編、一九九八年）と『伊能嘉矩所蔵台湾原住民写真集』（日本順益台湾原住民研究会編、一九九九年）の二冊である（どちらも日文・中文併記）。

台湾では、楊南郡が伊能の著作を相次いで中国語に翻訳した。先述した『平埔族調査旅行』（一九九六年）、および『台灣踏査日記（上・下）』（一九九六年）である。また、台北の国立台湾大学図書館は一九九八年に特別展「伊能嘉矩と台湾研究」を開催し、その機会に合わせて、同大学人類学系からも『台大人類学系伊能蔵品研究』（胡家瑜・崔伊蘭主編、一九九八年）が刊行された。その他、伊能関係の学術論文は、日本でも台湾でも一九九〇年代の後半から急増し始めている。一〇年前までは想像もできなかったほどの活況だと言えるであろう。

そのような活況は、もちろん大いに慶賀すべきことである。しかし、台湾研究に関する伊能嘉矩の広い視野、夥しい著書・論文・収集資料などを考えると、その学問の全貌を明らかにする試みはまだ始まったばかりだと言わざるをえない。今後に残された問題はあまりにも多いのである。ここでは、『台湾蕃人事情』という一冊の著作だけを取り上げ、台湾原住民の研究という限られた関心に基づいて同書を解説してきた。これから「伊能台湾学」の考証がさらに進んでいけば、ここに述べた事柄は、いくつかの点で修正を余儀なくされることであろう。また、そうでなくてはならない、と思うような次第である。

＊

『台湾蕃人事情』は、台湾総督府の発行本が何冊か日本にあると聞きながら、なかなか目にすることができない稀覯書であった。一〇年ほど前に、私はそのうちの一冊が東京の国際基督教大学に所蔵されていることを突きとめ、当時同大学に勤めておられた人類学者の高桑史子さん（現在は東京都立短期大学）にお願いして、それを借り出していただいた。「Harvard Yenching」という印が押された本である。その晩、借用した本を珍しく枕元に置いて寝たことが懐かしく思い出される。

今回その『台湾蕃人事情』が、草風館の内川千裕氏と、伊能研究の中心人物である江田明彦氏のご尽力で、新たに復刻される運びとなった。内容にいろいろと不満はあるにしても、この著作こそ台湾原住民研究の礎石だと評価する者の一人として、出版一〇〇年後の復刻を心から喜びたい。

《参考文献》

伊能嘉矩『台湾蕃政志』台湾総督府民政部殖産局、一九〇四年。

伊能嘉矩『領台十年史』新高堂、一九〇五年。

伊能嘉矩『大日本地名辞書続編（第三台湾）』冨山房、一九〇九年。

伊能嘉矩『台湾文化志（上・中・下）』刀江書院、一九二八年。

伊能嘉矩（森口雄稔編）『伊能嘉矩の台湾踏査日記』台灣風物雑誌社（台湾）、一九九二年。

伊能嘉矩（森口恒一編）『伊能嘉矩蕃語調査ノート』南天書局（台湾）、一九九八年。

伊能嘉矩（楊南郡訳）『平埔族調査旅行――伊能嘉矩〈台灣通信〉選集』遠流出版（台湾）、一九九六年。

伊能嘉矩（楊南郡訳）『台灣踏査日記（上・下）』遠流出版（台湾）、一九九六年。

『伊能嘉矩――郷土と台湾研究の生涯』遠野市立博物館、一九九五年。

『伊能嘉矩與臺灣研究特展專刊』國立臺灣大學圖書館（台湾）、一九九八年。

荻野馨編『伊能嘉矩――年譜・資料・書誌』遠野物語研究所、一九九八年。

笠原政治「幻の〈ツァリセン族〉――台湾原住民ルカイ研究史（その一）」『台湾原住民研究』二号、風響社、一九九七年。

笠原政治「伊能嘉矩の時代――台湾原住民初期研究史への測鉛」『台湾原住民研究』三号、風響社、一九九八年。

胡家瑜・崔伊蘭主編『臺大人類學系伊能藏品研究』國立臺灣大學出版中心（台湾）、一九九八年。

呉密察「從人類學者到歴史學者――台灣史研究的巨峰伊能嘉矩」『當代』一三五期、合志文化事業（台湾）、一九九八年。

『遠野物語研究』三号（特集「伊能嘉矩の世界」）遠野物語研究所、一九九九年。

日本順益台湾原住民研究会編『台湾原住民研究への招待』風響社、一九九八年。

日本順益台湾原住民研究会編『伊能嘉矩所蔵台湾原住民写真集』順益台湾原住民博物館（台湾）、一九九九年。

馬淵東一「高砂族の分類――学史的回顧」『民族学研究』一八巻一・二号、一九五四年（『馬淵東一著作集』二巻、社会思想社、一九七四年）。

笠原政治（かさはら・まさはる）
一九四八年、静岡県生まれ。現在、横浜国立大学教育人間科学部教授。専攻――文化人類学。

伊能嘉矩年譜

江田　明彦

凡　例

○この年譜は、編者が一九八二年以降作成を続けている「伊能嘉矩年譜」の未定稿である。
○表記については可能な限り全体的な統一を図ったが、なお不十分なところがある。
○典拠資料は、自筆履歴、手記、その他を利用したが、出典名は省略した。
○典拠を確認出来ない事項でも、必要かつ誤りでないと思われるものはとりあげた。
○明治二年から十四年、及び十八年は、『伊能先生の略伝とその業績』（板澤武雄著）所収の伊能の手記「鹿之狸自叙伝」及び「明治十八年中在京日録」を引用した。（句点を読点にしたところがある、また明かな誤りは正した）
○年齢は数え年とする。
○敬称は省略した。
○※は参考事項である。

慶応三丁卯（一八六七）年　一歳
五月九日（新暦六月十一日）　岩手県遠野町新屋敷の伊能邸に誕生。父は江田霞邨次男守雄、母は伊能友壽娘千代子。幼名は容之助、名は嘉矩（カノリと訓む。但し坪井正五郎の手紙には「よしのり」、印刷物には**K.I**の署名もあり）、字は明卿、号は梅龍、梅陰、晩年蕉鹿夢と号す。別に梅月堂、砥斧仙、台史公等の号あり。
※十月　徳川慶喜大政奉還を請う。翌日朝廷これを許可する。

明治元（一八六八）年　二歳
※この年、郷黌信成堂閉鎖。

明治二（一八六九）年　三歳
年甫メテ二歳尚ホ母ノ懐抱ニアリテ能ク坡翁赤壁之賦ヲ誦ス。而シテ母氏昼夜艱難心ヲ労シ抱懐慈育尽サザルナク、己レ未ダ衣食セズシテ先ヅ予ノ飢寒ヲ思ヒ、泣ケバ則チ哺ヲ吐キ、髪ヲ握リ走テ予ノ背ヲ撫ス。為メニ終ニ摂生ヲ身体ニ欠キ、病ニ罹テ起タズ。享年二十有三。実ニ明治二年也。
十一月三十日　母千代子没　享年二十三。

明治三（一八七〇）年　四歳
時ノ予甫メテ三歳、祖母氏之ヲ憂ヒ、糖飴ヲ以テ之ヲ慰シ、日ニ予ヲ抱懐シテ花ヲ東野ニ探リ、月ヲ西園ニ賞ス。祖父及父モ亦朝夕慰撫シ

テ予ノ憂鬱ヲ忘レシム。嗚呼今ヨリ回顧シテ之レヲ思ヘバ、其養育之恩山ヨリモ高ク、海ヨリモ深シ、何ヲ以テカ此大恩ニ奉スベケンヤ。
一月一日　郷校信成堂を再興し寸陰館と改称、外祖父江田霞邨学頭となる。
※十二月　横浜毎日新聞創刊。（日刊紙の初め）

明治四（一八七一）年　五歳
予年四歳、父ハ鵬遊ノ志ヲ持シ、将ニ大ニ医学ヲ修スルアラントシテ、遠ク都下ニ遊ブ。其ノ去ルニ臨テヤ、従容予ヲ膝前ニ召シ、其ノ背ヲ撫シ其肩ヲ摩シテ曰ク、汝爾来無恙安康必ズ疾病ノ煩ス所トナル勿レ。宜シク学業ヲ修メ天下至大ノ功ヲ為スベシト。爾来嬉戯只書冊ヲ弄シ、筆紙ヲ友ニス。近隣ノ諸童ト交ルヲ欲セザルナリ。祖父母其或ハ鬱シテ、病ヲ生ズルヲ憂ヒ書史筆硯ヲ奪テ与ヘズ。予乃チ木炭ヲ窃ミテ板石面障壁ヲ索メテ之レニ書ス、祖父母乃チ予ヲ駆リ出遊ヲ促ス。予乃チ出デテ近隣ノ諸童ト交ル。常ニ其擯斥スル所トナル。或ハ殴打セラレ、或ハ罵詈セラル。百方万端至ラザルナシ。蓋シコレ予常ニ諸子ト交ヲ断チ、又其遊事ニ練熟セザルヲ以テ也。是ヨリ予ハ常ニ門ニ依リ窃ニ群童ノ遊戯ヲ眺メ、或ハ地上ニ徘徊スル蟻虫ノ歩数ヲ算シテ以テ楽トナス。四隣ノ人皆之レヲ称シテ予ノ姑息ヲ笑ヘリト云。
父守雄医学修業のため大学東校へ遊学。
七月一日　曾祖母恵与（唯七郎娘、友壽の母）没　七十六歳。
霞邨宣教使となる。
※七月　廃藩置県。

明治五（一八七二）年　六歳
明治五年一月予年六（ママ）歳、一日祖父従容予ニ告テ曰、汝年已ニ五歳、当ニ学ニ志サヾルベカラズ。宜シク今ヨリ修身学ノ大意ヲ修ムベシト。是レヨリ四書五経ヲ通読セリ。仝二月曾祖父ニ従ヒ珠算ノ大意ヲ学ブ。予ヤ性固ヨリ魯鈍其運算ノ術ヲ覚ルコト能ハズ。終日孜々終ニ能ハズ。然レドモ曾祖父性尤モ温乎猶ホ丁寧反復終ニ一片ノ怒色ヲ見サズ。若シ曾祖父ヲシテ性急ナラシメバ、予ハ将ニ瞋眼怒心之下ニ一叱セラレテ止マンノミ。
※十二月三日　太陽暦実施、この日を明治六年一月と改正。

明治六（一八七三）年　七歳
五月十八日　霞邨横田村一番小学校教師となる。（八年十月二十三日まで）
五月二十五日　瑞応院の一室に横田小学校を創設。

明治七（一八七四）年　八歳
明治七年二月二日予年七歳初テ小学校ニ入ル。予ヤ嘗テ衆人広坐ヲ厭ヒ其家ニアルモ外人来訪アレバ走匿奔潜シテ之レヲ避ク。而シテ俄焉幾百ノ人中ニ交ヘラル、哀気勃興禁ズル能ハズ。或ハ校ヲ脱シ、或ハ泣伏ス。教諭生徒百方尽心之レヲ慰シ、或ハ病ニ疑ヒ、或ハ飢渇ヲ問フ。予益愧恥措ク所ヲ知ラズ。高声涕泣涙流シテ滴ヲナスニ至ル。予ノ因循何ゾ夫レ此ノ如クナルヤ。是ヲ以テ祖母氏ハ常ニ予ニ扈従シテ校ニ至リ、日ニ予ヲ慰撫シテ科業ヲ修メシム。
※四月四日　台湾出兵を命じる。
五月二十二日　台湾蕃社十八社投降する。
十月三十一日　台湾問題に関して清国との協定成立する。

明治八（一八七五）年　九歳
居ルコト年余漸ク文字ノ倒正ヲ弁ジ、句読ノ暗誦ヲ能クスルニ至リ、同校ノ生徒皆尽ク知己トナリ、前日ノ哀泣変ジテ欣喜ト為ルニ至リ、勇焉日ニ昇校スルニ至レリ。是ヨリ綴字算術ノ大意ヲ学ビ、復、心ヲ作文ニ用フ。作ル所ノ悪児戒書アリ。蓋シコレ将来ニ予ガ著書ニ従事スルノ起原ナリ。

明治九（一八七六）年　十歳

明治九年七月十八日予年十歳其定期（試験）ニ於テ下等第八級ヲ卒業セリ。是ヨリ先キ明治八年其定期試験ノ期ニ当リ、予ヤ諸科尽ク誤リ終ニ十分ノ点ヲ得ズシテ落第セリ。同級ノ諸子指目笑シテ予ノ無勉強ヲ嘲ル。此時ニ方リ予ヤ切歯扼腕天ヲ仰デ誓テ曰ク、当ニ十分ノ勉励以テ此十分ノ恥ヲ雪グベシト。明治九年一月祖父ニ乞ヒ、民助小笠原氏ニ従ヒ大ニ小学校教科書ヲ研究シ、退校ノ後ハ知友章庫沖館氏ニ従ヒ算術ヲ修メ、暇アルトキハ習字ニ従事セリ。是ニ於テカ学力少ク進ミ、三月順席第一位ヲ占ムルコトヲ得タリ。時ニ五月二十一日学事巡視ノ官吏本校ニ至ル。遂ニ学業優等ナリトシテ半紙二帖石筆一本ヲ下賜セラレタリ。是ヨリ益々孜々勉励、七月ニ至テハ八級ヲ卒業スルニ及ベリ。是ニ至テ昔日ノ恥愧ヲ償ヒ心大ニ安ズル所ナリ。嗚呼宜ナリ、古人ノ安ズルコト戒ムルヤ。予已ニ志ヲ遂ゲ心大ニ安ズルヤ。遊意再ビ勃起シ、又勉学ノ厭フベキヲ覚ユ。終ニ学友ノ教唆スル所トナリ、家人ヲ欺キ校ニ出デザルモノ殆ド二月、或ハ花ヲ某山ニ折リ、或ハ魚ヲ某川ニ釣リ、甚シキニ至テハ他家ノ外牆ヲ破テ不熟ノ果実ヲ窃シ或ハ社寺ニ至リテ其賽銭ヲ偸シ或ハ水ニ游泳シ、或ハ犬ヲ嗾闘セシム。終日懶惰一業ヲ修メズ。而シテ隠レタルヨリ現ハル、ハナク、微ナルヨリ現ナルハナシ。終ニ予ノ惰遊祖父ノ認ムル所トナリ。懇到訓戒以テ予ノ懶惰ト非行ヲ責ム。則チ太陽一出シテ魑魅迹ヲ収メ、正言一発シテ邪気自ラ止ム。予初メテ心胸醒ムルガ如ク又悟ルガ如シ。爾来断然交ヲ先ニ予ヲ教唆セルノ悪友ニ起チ、昼夜科目ヲ復習シ、了ルニ非レバ未ダ嘗テ遊嬉ニ就カザル也。

明治十（一八七七）年　十一歳

明治十年二月五日予年十一、定期試験ニ於テ下等第七級ヲ卒業シ、仝四月二十五日臨時試験ニ於テ下等第六級ヲ卒業セリ。時ニ予ガ曽祖父七十三歳老テ且病ミ八月二十三日ヲ以テ終ニ長逝ス。予悲慟シテ爾来修算ノ師ヲ失ヘルヲ哀ム。依て出校ヲ欠クモノ十日、此間皇統歌全巻ヲ謄写セリ。而シテ其書今ハ則チ亡ブ。寔ニ遺憾ト云フベキ也。九月予遠野新聞ナルモノ三葉ヲ筆記シ載スルニ遠野ノ雑事ヲ以テス。是予ガ志ヲ操觚ニ立ルノ嚆矢ナリ。仝十二月十九日定期試験ニ於テ第五級ヲ卒業セリ。

伊能九十九（金田一儀移）没　享年七十七。

明治十一（一八七八）年　十二歳

明治十一年五月十九日復学事巡視ノ官吏本校ニ至ル。予学業優等ナリトシテ日本略史一巻ヲ下賜セラル。仝六月二十五日定期試験ニ於テ下等第四級ヲ卒業セリ。時ニ当時我校ノ他一小校アリ。名ケテ東横田学校ト云。常ニ同校生徒ト口論ヲナス。予及ビ知友数名実ニ其首謀者タリ。常ニ之レガ為メニ四方ニ奔走学校ニ出ズルノ外ハ亦書具ヲ顧ミザリキ。仝八月某日、予同級生徒五名ト共ニ一寺院ニ入リ仏像ヲ毀リ仏具ヲ破ル。乃チ大呼シテ曰ク、仏ハ夷狄ノ一法ノミ。信ヲ措クニ足ラザルナリト。乃チ共ニ逃ゲ去ル。而シテ寺僧ノ認ムル所トナリ之レヲ我ガ校ノ教諭ニ訴フ。是ニ至リ予等六人一室ニ懲戒セラル、モノ殆ド五時間始メテ前為ノ非ナルヲ悟リ膝行シテ真心悔悟ヲ教諭ニ訴ヘ依テ漸ク宥免セラルルヲ得タリ。是ヨリ益々仏法ノ悪ムベク忌ムベキヲ覚リ排仏新論一巻ヲ著ス。

明治十二（一八七九）年　十三歳

明治十二年四月二十九日定期試験ニ於テ下等第三級ヲ卒業セリ。此時ニ当リ戯嬉常ニ祭祀ヲ好ミ、日ニ祭具ヲ整ヒ祭祀ノ状ヲナス。是ニ於テ署祝詞一二ヲ暗誦スルニ至レリ又武場ヲ設ケテ撃劔ノ状ヲナシ、或ハ隊伍ヲ分テ戦闘ヲ試ミ、或ハ壇ヲ設ケテ演劇ヲナス。遊事百端至ラザルナク、亦学事ヲ顧ミズ。其甚シキニ至テハ間々出校ヲ欠テ従事スルニ至ル。仝十月二日定期試験ニ於テ下等二級ヲ卒業セリ。是ニ於テ断然往時ノ行為ヲ改メ、諸遊器尽ク之レヲ近隣ノ小童ニ配与セリ。十二月西閉（伊）郡内集合試験ノ挙アリ。予ト同級生徒某抜擢セラレテ同試験ニ応ズ。予則第一位ヲ占ムルヲ得テ渡紙（ママ）若干同郡長米内氏ヨリ

半紙若干当郡書記吉田氏ヨリ渡紙（ママ）五葉筆一対本校ヨリ白紙若干当郡学務員一同ヨリ各賞与セラレタリ。
二月　霞郁横田村初代学務委員となる。（十五年十二月まで）
五月二十三日　岩手病院医生父守雄、母病に付辞職。

明治十三（一八八〇）年　十四歳

明治十三年四月三十日大試験ニ於テ下等小学全科ヲ卒業セリ。乃チ五月二十四日ヲ以テ校ヲ退ク。是ヨリ先キ父業成リ帰テ医術（ママ）ヲ開業セリ。余則チ箕裘ヲ紹カント欲シ専ラ心ヲ医学ノ研究ニ用フ。又贄ヲ敬身塾（江田泉の漢学塾）ニトリ修身歴史文章学ヲ修ム。六月ヨリ祖父ニ従ヒ少シク国学ノ大意ヲ聞キ、夜ハ民助小笠原氏ニ於テ歴史ノ輪講会ヲ開ケリ。
四月三日　父守雄十全病院を開業す。

明治十四（一八八一）年　十五歳

明治十四年ニ至リ専ラ著書ト漢学ニ従事シ、傍ラ医学ニ孜々タリシガ、元来医学ノモノタル高尚ノ学科ニシテ都下ニ出デ修ムルニ非ザレバ到底其良結果ヲ得べカラズ。然レドモ如何セン固ト資費ニ乏クシテ其志ヲ達スルヲ得ズ、終ニ断然医学ヲ廃業スルニ至リタリ。今ヨリ之レヲ回顧スレバ寔ニ断腸ニ堪ヘザルモノアリ。是ヨリ益々漢学ニ従事シ他日大ニ為スアルノ資ヲ養ヘリ。時ニ天下ノ形勢亦昔日ノ比ニアラズ。駸々乎トシテ日ニ高等ノ域ニ進歩シ国会ノ論擾々社会ノ輿論トナリ、有志続々其郷関ヲ辞シ、遠ク同志ヲ遐方ニ求メ、或ハ生誕ノ地ヨリ貶謫ノ身トナリ其親愛ナルノ妻子ヲ捨テ、心ヲ此ニ寄ス。初メ其奏疏ヲ抱テ郷関を発スルヤ誓テ曰、上願モシ納ラレズンバ再ビ家山ヲ見ズト。帝都ニ来リテ之レヲ上ルノ門ヲ求メントスレバ皆コレ奏疏ヲ受理スルノ門ニアラズトシテ却下セラル。僅ニ之レヲ上ルノ門ヲ得レバ緩議時ヲ移シテ其指令ヲ聞クコトヲ得ズ。鶏鳴枕ヲ戒メテ老院ノ門外ニ櫛比往復スルモノ其幾回ナルコトヲ知ラズ。此際或ハ千里檄ヲ飛バシテ同志ヲ求メ、東奔西走有司ノ門ニ斡旋シ、貯蔵私産惜ムニ足ラズ。倚門ノ眷々顧ミルニ遑アラズ。盟根錯節屈スルコトナク深計群議至ラザルハナシ。予モ亦時勢ニ感ジ風潮ニ動ジ、開知社ナルモノヲ創シ大ニ地方ノ開進ヲ計ルニ従事セリ。コレ予ガ結社ニ従事スルノ濫觴ニシテ十分ノ辛労ト十分ノ耐忍トヲ積ミ絶大ノ事業ニ周旋セルノ起原ナリ。

明治十五（一八八二）年　十六歳

夏、一日市町の天楽座で開催された鈴木舎定の政談演説を聞く。

明治十六（一八八三）年　十七歳

四月二日　柄本伊平の自由大濤社（熊本県）に入社。
四月二十四日付　柄本伊平より来信。
四月　敬身塾廃止。
九月二十七日付　林田游亀より来信。
十一月十四日　柄本伊平に発信。
十二月二日　柄本伊平より来信。
手記『鹿之狸自叙伝』（半紙八枚）を著す。

明治十七（一八八四）年　十八歳

一月　『三村地誌略』を著す。著書出版の始め。『征清論』を著す。
三月　横田小学校助手となる。
三月三十一日　霞郁没　享年七十。
九月三日付　柄本より来信。
九月十三日　柄本に発信。
九月二十四日付　柄本より来信。
※十月十二日　坪井正五郎人類学会創設。

明治十八（一八八五）年　十九歳

一月二十七日付　林田游亀より来信。

一月二十九日付　林田より来信。

「十八年三月一日発程ス。仝行浅香、小原、小笠原三氏トス。此日花巻一泊、二日花巻発黒沢尻ニ至リ小学校ニ赴キ学務員奈須川善太郎氏ニ面シ教育談ヲナシソノ後日清ノ事情ニ及ブ。ソノ末著ス所ノ征清論ヲ投ジテ去ル。ソレヨリ金ケ崎、水沢、前沢、山ノ目、一ノ関に達シ菊池屋ニ泊ス。三日狐禅寺河岸ヨリ東江丸ニ搭ジ、舟中高橋国治氏アリ。共ニ内外ノ政略ヲ談ズ。已ニシテ石ノ巻に着シ阿部屋ニ泊シ、四日石巻ニ滞留日和山ニ登ル。五日六龍丸ニ搭ジ石ノ巻ヲ発シ荻浜ニ達シ、午後一時和歌ノ浦丸ニ乗リ込ム。六日日晡横浜ニ入リ、弁天通西村屋ニ泊シ、七日汽車ニ駕シ東京ニ着ス」

麹町区宝田町の斯文黌の入学試験に応じ、成績優秀につき中等科終年期に入学。

十六日　斯文黌生徒寄宿舎に入る。

十七日　学資を弁ずるの道なく退学を余儀なくされた。

「惜哉貧窶ノ身ハコレ真ニ宇内ノ不幸ナリ。資費ヲ弁ズルノ道ナク、切歯憤慨遂ニ志ヲナスコトヲ得ズ。憐ムベシ丈夫ノ志想資費ノタメニ抑留セラレントハ。実ニ彼ノ高山彦九郎氏ノ如キ気概ヲ想見セバ恥懼交々至リ残憤ニ堪ヘザルナリ」

「当時ハ予ハ学資ニ乏ト（ママ）シ雖モ偶々家厳ノ資ヲ恵マル、ニ遷ヒ僅ニ究ヲ免ル、コトヲ得、ソノ教科用書ノ如キハ常ニ傍人ノ書側ニアリテ之ヲ見ソノ見ルニ随テ之ヲ書ス」「此ノ間霞（ママ）村詩集及自著征清論三村地誌略ヲ東京図書館ニ寄附シ謝状ヲ受く」（東京図書館は国立図会図書館の前身、この三冊とも現存す）〔注・「　」内は、手記「明治十八年中在京日録」から引用した〕

五月十二日　三島毅の二松学舎に入り、柳塾第五房に寓居す。当時の学科の手記に云く、

日　休業
月　聴講　文章規範　質疑　自習
火　輪講　易経及孟子　仝　仝
水　休業
木　聴講　大学　仝　仝
金　聴講　荘子　仝　仝
土　聴講　礼記　仝　仝　十ノ日作文二題　五ノ日詩五題

六月十日、夏季休業につき、しばらく笈を収めて家山に帰る。

六月十六日　帰省、八月二十日まで『日本維新外史草案』を校訂す。

六月十二日付　柄本より来信。

八月二十一日　上京のため遠野を発つ。再び二松学舎に入り、余暇に上野公園地博物館内書籍展覧室に赴きて独修し、又上野花園町温知塾馬杉雲外に就き文法を学ぶ。水戸の老儒間中翁に詞章を学ぶ。

九月二十一日　恵喜没（九十九妻）。

十月十四日　広田北海に発信。

明治十九（一八八六）年　二十歳

一月十五日　テフと結婚。明治二年三月七日生。南岩手郡東中野村士族千種成美三女。

一月　衆議院書記官長林田亀太郎の弟林田游亀と義兄弟の盟約を結ぶ。

儀　盟　文

吾輩ハ茲ニ義兄弟ノ盟ヲ結ビ更メテ左ノ条項ヲ盟フ

第一　二体一心ノ活動ヲナシ緩急相救ヒ苦楽相倶ニシ以テ千歳ヲ渝ラザル事

第二　切講習ヲ怠ラザル事

第三　右ノ外百般ノ事物真実ヲ窮極スベキ事

大日本紀元二千五百四十五年一月　熊本県　林田游亀
岩手県　伊能嘉矩

四月　遠野に私立十全病院開院（父守雄経営）

十月　二松学舎を辞す。

十二月　給費推挙生として岩手県立師範学校に入学。

十二月～二十二年三月、盛岡市の山崎吉貞（儒者山崎鯢山の長子）に就き英語を修む。

明治二十（一八八七）年　二十一歳

四月四日　友寿隠居のため家督を相続。

四月十二日　祖父友寿神宮教第四教区岩手県遠野分教会所長。

五月二十五日付　林田より来信。

五月　従兄江田駒次郎横田小学校四代目校長となる。

七月十七日～二十五日　学務の閑を仮り単身杖を曳きて、二戸・鹿角の二郡に遊ぶ。

十七日　盛岡発、渋民・好摩を経て沼宮内に泊。十八日　御堂観音を尋ね、中山峠を経て福岡に泊。十九日　二戸郡書記岩館武敏を訪問、九戸城址を見学、福岡尋常小学校を尋ね校長阿部洋に面談、午後福岡を発ち、途中豪雨に遇い浄法寺に泊。二十日　梨木峠を越え田山に泊、この夕方田山簡易小学校訓導千種成美、産馬議員米川北夫、地蔵寺住職江刺哲道等と子弟教育について談義。二十一日　秋田県鹿角から小坂鉱山へ至り、長沢清、長沢久と面談して此処に泊。長沢久に伴われ、銀鉱石採掘の坑内を見学、毛馬内に泊。二十三日　小真木鉱山に至り津垣松之助に伴われ採掘場及び銀精錬場を見学する。午後小真木を発ち花輪から湯瀬、地蔵寺に泊。二十四日　田山の米川北夫を訪い歓談、午後田山を発ち梨子峠を経て荒谷に泊。二十五日　七時雨山を越え大更を経由して盛岡に帰る。

十月十五日～十六日　修学旅行で岩手山に登る。

十月十六日付　林田游亀より来信。

明治二十一（一八八八）年　二十二歳

五月十五日付　林田游亀より来信。

六月　大日本風俗改良会盛岡支部長となる。菊池房松、鵜飼悦彌等も会員。

七月十六日　学業の暇に繫・網張から葛根田川上流域の温泉地探査の旅を行う。『西遊日録』〇十七日葛根田川上流赤沼の湯人今川某の山小屋に泊。網張温泉を経て大釈に泊。十九日　繫温泉から猪去・太田・本宮・仙北町を経て盛岡に帰る。

七月二十五日　テフと離婚。

十月十六日　友壽後妻シナ入籍。

※三月二十八日「大日本風俗改良会会誌」創刊。

明治二十二（一八八九）年　二十三歳

二月十一日　紀元節大憲章大日本憲法発布の当日、寄宿舎騒動を起す。（菊池房松、鵜飼悦彌、里見朝祐、伊能の誓約書には「吾吾四名之放校者ハ如何ナル場合ニ遭遇シ、如何ナル事情ニ際会スルモ決シテ帰校セザルコトヲ天地神明ニ誓フモノナリ」とあり）

三月四日　岩手県尋常師範学校に反抗し校規を紊乱したる科により退学。

三月十五日　菊池房松と共に上京のため盛岡発す。郡山城址を回り日詰に泊。『奥東探跡紀行』〇十六日　台温泉から繍カ滝を経て花巻泊。花巻城址、二子城址を見て黒沢尻に泊。十八日十八日　黒沢尻より鬼柳・相去・金ケ崎・水沢・前沢を経て衣川に泊。衣川を発し関山中尊寺に至り、衣川に泊。一関に至り、磐井・胆沢・江刺・気仙各郡の開化の歴史に就いて考察、一関に泊。二十一日　一関を発ち岩手宮城県境を越え金成に泊まり、悪路王、坂上田村麿についてふれる。二十二日　宮野に泊。二十三日　三本木に泊。二十四日　二十六日仙台に泊まり仙台城を見学。伊達氏の治政について詳しく観察する。二十七日　塩釜より汽船を利用、東京に向かう。東京では林田游亀を訪ね、兄林田亀太郎に面談観待を受ける。

四月　文学博士重野安繹の成達書院(明治二一年四月～二四年七月)に於て漢学歴史を修む。

八月二十九日「条約改正事件建白書」を草案。
十月～二十七年九月　毎日新聞、教育評論、教育報知、大日本教育新聞の編輯に従事。

明治二十三（一八九〇）年　二十四歳

二月四日付　林田游亀より来信。
三月十九日　江田清生。
十月二日　九月十六日付の「毎日新聞」雑報欄内の記事につき、新聞紙条例違反に問われ軽禁錮一ヶ月罰金五十円（毎日新聞には二十五円）を科せらる。
十一月三日　天長節の佳辰、東京より「奥東探跡旅行」に出かける。

明治二十四（一八九一）年　二十五歳

七月三十一日　毎日新聞に「印刷人伊能嘉矩」とあり、以後なし。
八月一日　教育評論社社員として千葉県教育会第十四回総会に出席、千葉町字寒川に宿泊。
九月 奥羽信越地方漫遊の途に上り地方教育諸家と相会す。
※五月八日　遠野町大火二百余戸焼失。

明治二十五（一八九二）年　二十六歳

二月「教育報知」の編集主任となる。
九月一日　富士登山のため東京を発ち、御殿場に泊。二日　強力を雇い御殿場を発ち、富士山九合目まで登り休息。三日　富士山頂に立つ。浅間神社奥宮に詣でる。
九月　豊岡俊一郎（岩手師範学校教頭）の求めにより御母刀自の七十の賀に寿に寄せて「千代の坂とらむ人の七十路は露も春の花の山口」。

明治二十六（一八九三）年　二十七歳

三月「教育報知」を辞し、「大日本教育新聞」の編集長となる。
九月二十九日　永田町文部大臣官邸に井上毅を訪問する。
十月　人類学会入会、理学博士坪井正五郎に師事し人類学を学ぶ。入会者宿所「東京市神田錦町三丁目十七番地今井館」とあり。
十一月五日　人類学会第九十会例会を午後一時より理科大学人類学教室に開き、坪井博士の報告後、伊能の「朝鮮ノ里程標」の談話あり。人類学会に於ける講演のはじめ。
※一月十二日　間中宜之没 墓所本郷長泉寺。

明治二十七（一八九四）年　二十八歳

四月一日　人類学会第九十五例会を午後一時より理科大学人類学教室に開き、幹事坪井正五郎の報告後、「オシラ神に就き」の談話をする。
五月　人類学雑誌に、「奥州地方に尊信せらる、オシラ神に就きて」を発表。
八月二十日　第二回土俗会を東京富士見町明治義会講堂にて開会。鳥居龍蔵は発起人総代として開会の趣旨を述べ、次で坪井教授が演説。伊能は「科学的土俗の必要及び普通教育に於ける関係」を演説。
十月～二十八年十月　東京文学社編輯所に於て学校用教科書の編纂に従事。
十一月二十二日『戦時教育策』（東京六合館書店）出版。
十二月　鳥居龍蔵と「人類学講習会」を創立。
※八月一日　日清戦争宣戦布告。

明治二十八（一八九五）年　二十九歳

二月十八日　訂正増補『戦時教育策・附戦勝後の教育』（東京六合館書店）出版。
三月十一日『戦時教育修身訓』（東京普及舎）出版。
四月～十月　北海道土人パラサマレック及びパットレンに就きアイヌ語を研究す。朝鮮支那語学協会に於て清国人張滋昉に就き支那語、山崎英夫に就き朝鮮語を修む。

八月二十五日　第三回土俗会を明治義会講堂に於て開会、演説す。
十月二十九日　渡台のため東京を発つ。
十一月三日　陸軍省戸雇員として宇品港より愛国丸にて出航す。
十一月十日　初めて台湾に入る。台湾総督府嘱託を命ぜらる（月俸二十円）。
十一月　田口安定と共に「台湾人類学会」を組織。
十二月一日　人類学会第百十一回例会を人類学教室に開会し、幹事代表として佐藤伝蔵は伊能の「台湾通信」を朗読する。
十二月十五日　「台湾人類学会」創立。
※三月十七日　井上毅没。
　四月九日　林田游亀戦病死。（於澎湖島、墓所青山南四丁目梅窓院）
　四月十七日　下関に於て日清講和条約締結。
　五月十　樺山資紀初代台湾総督となる。
　六月十七日　台湾総督府始政式。

明治二十九（一八九六）年　三十歳
一月一日　芝山巌にて六士先生(楫取道明他)は土匪の襲撃に逢い戦死。伊能も銃を取りて警備に当たる。
一月一日　日下部三之助に発信。
一月六日　台湾総督府文書課雇員、学務部兼務。
一月八日　命により六士先生遭難の調査のため芝山巌に出発。
二十三日　伊能、楠正巳、佐倉孫三、佐野友三郎連名で学務部長代理牧真に報告書提出。
一月下旬　日下部三之助に六士先生の事件を報告する。
一月～六月　台湾土語講習所に於て、吉島俊明、藤田捨次郎、及び陳文卿に就き南部福建語系に属する台湾土語を修む。
一月～三十一年十二月　台湾北部土蕃アイ及びビィヴァンに就き蕃語を研究す。
二月一日　大嵙崁の老老社出身の蕃女アイ十六歳に就き蕃語を学ぶ（アタイヤル語を学習）。
二月五日　日下部三之助に台湾人類学会を組織したこと等を報告する。（書簡）
二月二十一日　日下部三之助に発信。
三月一日　新店付近の湯社の生蕃二十七名の接遇委員となり、起臥を共にする。
四月一日　任台湾総督府国語学校書記（六級俸）兼任台湾総督府民政局属。
四月　従兄江田駒次郎台湾に渡航。
五月五日　学事視察のため台北県下巡回を命ぜらる。
六月一日　台湾人類学会内規を定める。六月十日までの会員は二十一名。
七月二日及十二日　北投社に実査。
七月十五、十七及三十日　毛少翁社に赴き平埔蕃の実査。
七月二十六日　里族社、二十八日　里族社及搭々攸社に赴き実査。
八月七日　錫口社樟樹湾に赴く。
八月九日　蜂仔峙社に実査。
八月十七日　台湾人類学会付属として蕃人教育部を置き伊能が担当する。
九月三日　大稲埕に赴く。四日大直の分水蕃社に赴く。
三十日　八里坌社に実査。
十月一日～二十四日　多田網輔、粟野等と宜蘭地方一帯を踏査、この頃八芝林に居住す。
※五月四日　山崎鯢山没。
　六月二日　桂太郎二代目台湾総督となる。
　七月十五日　鳥居龍蔵は人類学上取調の為東京帝国大学より出張を命ぜられ台湾へ出発。
　九月二十五日　国語学校規則を発布。
　十月十四日　乃木希典三代目台湾総督となる。

明治三十（一八九七）年　三十一歳

一月一日　最北端の平埔蕃を実査せん為、午後滬尾港行の小蒸気船に乗る。

二日　朴実なる支那人嚮導一名を得、圭柔山庄とよぶ支那人部落に至る。

三日　小基隆庄を発し東方老梅庄に達す。

三月二十八日　武勝湾社乃ち新店河の南岸なる港仔嘴付近にある旧社を実査。

四月四日　雷朗社に赴く。

五月十三日　蕃人教育施設準備の調査の為、台北・台中・台南県下に出張を命ぜらる。

五月二十三日～十二月一日　一九三日間蕃人教育施設準備の調査のため台北・台中・台南県下に出張。（『巡台日乗』によると東京帝国大学で人類学的探検のため鳥居氏を台湾に派遣し、台湾民政局学務部で人類学的知識を教育に応用する方針を採って伊能に蕃地探検を命じた）

六月三十日　苗栗地方を調査中苗栗にて坪井博士に発信。

七月二十一日～三十一年四月二十日　任台湾総督府国語学校教諭。（五級俸）

七月三十一日　彰化を発し鹿港に向かう。鹿港国語伝習所内に泊、伝習所教諭江田駒次郎は同郷の従兄なり。乃ち初めて郷状を聞くことを得たり。

十一月二十二日　紅頭嶼にて鳥居龍蔵氏と逢う。

※一月八日　臨時旧慣調査掛を置く。

　三月十九日　十五日より熱病に罹り、生蕃婦アイ没。

明治三十一（一八九八）年　三十二歳

一月一日　新竹城に史跡を探る。

一月九日　台湾人類学会は第一回例会を台北城内淡水館楼上に於て開催、伊能は「本会既往の歴史及び将来の希望」を講演、鳥居は「台北円山貝塚談」を講演。

一月十二日　兼任台湾総督府属。

四月二十三日　蕃情研究会の発会式を台北城内淡水館に於て挙行す。会するもの百三十一名（当日まで総会員二百二名）会の調査委員となり「台湾土蕃の開化の程度」の談話を行う。

四月三十日　非職を命ぜらる（三月二十八日、児玉総督後藤民政局長着任し改革の着手として吏員の諭旨免官非職解雇を行った）台湾総督府事務を嘱托せらる。月手当金四十六円。

五月二十三日　蕃情研究会第一回調査委員会を仮事務所共楽会に於て開催、出席す。心理・土俗・歴史及考古・熟蕃事情の調査を担当する。

十二月一日　願に依り事務嘱託を解かる。（病のために帰国）

十二月一日　基隆港発、五日神戸に上陸。

※二月二十六日　児玉源太郎第四代目総督となる。

　三月二日　後藤新平民政局長となる。

　五月二十一日　蕃情研究会調査委員会開催、研究調査の部門を決定す。

　十一月四日　林田游亀、靖国神社に合祀される。

明治三十二（一八九九）年　三十三歳

一月九日　粟野伝之丞と連名で後藤民政長官に蕃人事情復命書を提出

一月～八月　東京帝国大学理科大学人類学教室の嘱託を受け、仏国巴里に開設すべき万国博覧会へ出品すべき台湾蕃人の部を整理す。この間人類学教室に於て人類学を研究す。

二月～七月　東京私立史学館に於て人類学専科を履修す。

二月五日　東京人類学会第一四三例会を人類学教室に開催「台湾生蕃調査史」を講演す。

二月十二日　鳥居龍蔵等と共に武蔵国分寺近傍石世時期遺迹の遠足探究。

三月十九日　鳥居龍蔵等と共に荒川沿岸の石世時期遺迹の遠足探究。

五月二十七日　『世界ニ於ル台湾ノ位置』（東京林書房）発行。

七月二日　考古学研究会発会式を午後一時より本郷駒込蓬萊町史学館に開く。伊能は「発会の趣旨」を述べる。

七月～八月　米人ユートピアース家塾の夏期講習会に於て英語を修む。

八月二十日　第六回土俗会に出席（明治議会講堂内）人類学会名簿に「東京神田錦町」と記載あり。

八月　従軍紀章を受与せらる。

八月　坪井・大野・八木等と共に足立文太郎の独逸行の送別会を催す。

十二月五日　福岡丸にて神戸発。六日　宇品。七日　門司、馬関に上陸し、安徳天皇の阿弥陀寺御陵及び官幣社赤間の宮参拝。八日　長崎に上陸市中を散策す。十一日　基隆。

十二月十一日　台湾総督府雇を命ぜらる（月俸五拾円）民政部殖産課・学務課・総督官房文書課勤務を命ぜらる。

十二月三十日　小川・杉山の二君に尾して先づ基隆に出で、翌日は三貂の険を越え、三貂平野に入り、次いで新社の平埔蕃を訪れる。

※一月　田中正太郎は、人類学会雑誌上に「タイジヤル見聞録」を発表して伊能の「アタイヤル論」に反論した。

　一月十一日　台湾日日新報に館森鴻の「粟野君を送る」の文が掲載される。粟野伝之丞はこの頃に帰国した。

明治三十三（一九〇〇）年　三十四歳

一月一日　蕃社で元旦を迎え、更に頂双渓、瑞芳地方を経て帰城の途に就く。行程五日間。

三月二十五日　『台湾蕃人事情』（台湾総督府発行）粟野伝之丞と合著。

四月二十日　産業取調の為、台北県管内アジンコート嶋（彭佳嶋）へ出張を命ぜらる。

五月四日　アジンコート嶋探検の命を受け、五日基隆を発す。

五月十一日　アジンコート嶋より帰る。

七月二十八日　地理歴史教科書編纂材料蒐集の為、台南県下へ出張を命ぜらる。日記『東瀛遊記』七月二十九日～九月十二日。

八月三日　小西成章よりアタイヤル族のメシエア社蕃の髑髏一顆を贈られる。

十月三十日　「台湾慣習研究会」発会式挙行、伊能は幹事に任ぜらる。会頭は児玉源太郎十一月　「人類学雑誌」一七六号誌上に於て坪井教授は、伊能が三十三年度中一文も寄せぬ事を指摘した。

十二月十三日　「台湾慣習研究会」幹事会を覆審法院内に開催、伊能も出席。（雑誌は一月二十五日　第一号を発刊することを決す）

十二月二十五日　「台湾慣習研究会」幹事会を覆審法院内に開催、伊能も出席。

十二月二十七日～三十四年一月十五日　地理歴史教科書編纂材料蒐集の為、澎湖庁へ出張を命ぜらる。

十二月下旬　人類学会の学友佐藤伝蔵と会う。

※宇夫方文吾没七十一歳。

明治三十四（一九〇一）年　三十五歳

一月一日　坪井博士に詫状を出し、三十三年中は『台湾総督沿革志』の起稿にのため「人類学雑誌」に寄稿出来なかった理由を釈明す。

三月　台北城外大龍洞円山貝塚探検。

四月五日～七月二十九日　台北地方法院事務嘱託。（但月手当三十五円）

四月　台湾慣習研究会会則改正幹事会より申請、会頭児玉男爵に提出

六月七日　在官満五年以上にして退官に付、月俸二ヶ月半分を給せらる。

三十二年十月より本年六月まで二十一ヶ月　「人類学雑誌」に寄稿せず。

七月　万国聯合理学文書目録体質人類学の部に三十四年度以降の分として編纂委員に選抜せられしものは、足立文太郎、鳥居龍蔵、伊能嘉

矩。
七月二十四日　滞京を命ぜられ、基隆出帆の台北丸にて上京の途に就く。二十九日　宇品着。三十一日　神戸着。
七月三十一日　台北地方法院事務嘱託を解かる。
九月二十一日　キヨと結婚。（明治十二年十月二十五日生盛岡市堀内政業長女）
十月十日　神戸を出発、児玉総督と同船。
十月十四日　台南丸にて早朝基隆に着く。
十月二十五日　台湾慣習研究会発足、幹事となる。会長は後藤民政長官勅令第百十六号を以て同会規則を発布。
十二月十三日　江田駒次郎任彰化公学校教諭。
十二月三十日　新竹に旅行する。
※一月二十五日　「台湾慣習記事」創刊
　三月　新渡戸稲造人類学会入会。（坪井博士紹介）
　三月　新渡戸稲造台湾総督府技師として台湾に渡る。
　十月　三上参次人類学会入会。（坪井博士紹介）

明治三十五（一九〇二）年　三十六歳

一月一日　新竹城にて元旦を迎える。
三日　故北白川宮殿下御露営の跡を拝する。
五日　新竹より台北に帰る。
一月二十三日　『台湾年表』（小林里平と共著 琳瑯書屋）発行。
三月十九日　編纂に関する事務を嘱託。民政部殖産局兼総督官房文書課勤務。（手当五十円）
五月十六日　第五回内国勧業博覧会委員を命ぜらる。
九月三十日　月手当六十円を給す。
十月十一日　台湾慣習研究会幹事会午後一時より開会し出席す。
十一月一日　『台湾志』（東京文学社）発行。
十一月　五日間の交通遮断を仰せつけらる。
十二月二十六日　台湾公学校教諭江田駒次郎兼任台湾公学校長、員林公学校勤務を命ぜらる。
十二月二十七日　熟蕃事情取調の為苗栗・台中庁管内へ出張を命ぜられる。
三十五年～三十七年　在台湾の清国人にて元台湾巡撫劉銘伝の幕賓たりし李少丞に従い清国制度研究の指導を受く。
※九月二十四日　岩手県人会開催。

明治三十六（一九〇三）年　三十七歳

一月一日　『台湾城志・台湾行政区志』合冊（台湾博文堂）発行。
一月八日　第五回内国勧業博覧会出品委員として大阪へ出張を命ぜらる。
一月十五日　弘済丸にて基隆を出航、大阪に向かう。
二月二十三日　増補再版『台湾年表』（台湾琳瑯書屋）発行、小林里平と共輯、後藤新平叙文。
三月十九日　臨時蕃地事務調査掛員を命ぜらる。
四月一日　大阪に於ける第五回内国勧業博覧会開催時に、人類学講演会を土佐堀青年会に於て開会し、伊能は「台湾の人種」、坪井正五郎は「博覧会と人類学」を講演す。
六月十四日　大阪出張より帰台。
六月二十六日　民政部警察本署兼務を命ぜらる。
九月十九日　総督府翻訳官谷信近の送別会を淡水館にて開く。発起人伊能・小川尚義・杉房之助他。（台湾語学同志会）
十月　坪井博士は、伊能が三十五年中一回も「人類学雑誌」に寄稿せぬことを指摘。
十一月十二日　現在人類学会会員の宿所姓名簿に「台北城内府前街南洋商会伊能嘉矩」とあり。（府前街は本町通りと改称、現在の重慶南路で書店街として有名）
十二月十三日　台湾慣習研究会創立以来三年を経過し幹事改選のため

解任となる。

※三月十四日　臨時蕃地事務調査掛を設置。蕃地事務委員会を組織し、蕃地開発の方法及び計　画並びに蕃地事務に関する審議をなす。

明治三十七（一九〇四）年　三十八歳

一月一日　新竹城下に於て東洋史の権威者で同郷の那珂通世博士と逢う。

三月五日　『台湾蕃政志』（台湾総督府民政部）発刊。

三月三十一日　編纂事務嘱託民政部警察本署総務局及殖産局勤務を免す。蕃界事務調査を嘱託す。民政部警察本署勤務を命す。

四月九日　文学博士学位取得のため「台湾蕃政史」を東京帝国大学文科大学教授会に提出。

五月十四日　『領台始末』を発刊。

八月二十六日　台北発一番列車にて後藤民政長官・持地参事官・賀来警部・林田属等と蕃地巡視に出発。

十月二日　東京人類学会創立満二十年記念祝賀会を東京帝国大学付属植物園集会所に於て催し、伊能は人類学研究に志篤く、会誌に寄稿して学会を益すること大なりとして、其功を顕彰し、功牌を贈られる。

十月十五日　後藤民政長官の南巡に扈従し、古戦場（石門）を弔う。この日別を一行に告下、一人の通訳と一人の苦力とを従え牡丹の山中に入る。

※一月十六日　岩手県懇親会那珂博士の歓迎会を兼ね大稲　の日本亭に於て開く。

七月六日　台湾総督兼満州軍総参謀長児玉陸軍大将出征。

明治三十八（一九〇五）年　三十九歳

一月五日　円山公園に登る。

二月十一日　城外に散歩する。

二月二十一日　大稲埕に往った序でに中街の士人書肆へ寄り『四十年来大事記』を買う。

五月七日　終列車で淡水から台北に帰る。車窓外に一入目を慰めたのは螢であった。

六月四日　淡水行きの汽車に乗り、士林北投間沿道の水田に、早や稲の穂を見る。

六月十日　『台湾巡撫トシテノ劉銘伝』（台湾新高堂）発刊。

六月十七日　『領台十年史』（台湾新高堂）発刊。

六月十七日　大稲埕に遊ぶ。

八月一日　新渡戸博士に台湾人形を見せてもらう。

八月二十七日　剣潭の古寺を探査。

九月三日　剣潭倶楽部（陳維英の別業「太古巣」）に遊ぶ。

十月二十八日　台湾神社に遊ぶ。

十一月四日　国語学校の中等部生徒により組織される麗正会の記念会に出席。

十二月二十三日　新竹の文士王友竹（石鵬）より其の著『台陽詩話』二巻を贈られる。

※十二月五日　総督府構内出火、学務課の書庫が燃え台湾に関する貴重な文書は、同書庫最も豊富であったが、悉く烏有に帰した。

十二月十二日　潘文杰没。

明治三十九（一九〇六）年　四十歳

一月二日　台南の延平郡王祠即ち開山神社に参拝。

一月十日　祖母シナ（友壽妻）逝去。（天保一年五月十九日生）

一月二十一日　賜暇帰省の途に就く。

二月二十五日着　小林里平へ送信、略に曰く「小生出発以来風浪のため二日遅れて神戸に着それより雪の奥地に入り候、日々零度以下の烈寒には閉口致居候」。

六月十七日　奥寺勇太建碑除幕式、伊能は申告の祝詞を朗読。

九月　台湾総督府理蕃沿革志編纂事務を嘱託せらる。

十月　人類学会創立二十二年例会において特待会員となる。
十一月二十四日付　小林李坪に発信「当地昨夜雪積ること五分四山は綿の帽子を被り候、夷地の早寒呆然たるのみに候云々」。
※三月十五日　李少丞没。（四十九歳）
四月十一日　佐久間左馬太五代総督となる。
四月「アタイヤルとタイジヤル」論（人類学雑誌）。
四月十四日　警察本署に蕃務課を設置す。
五月十二日「遠野新聞」創刊。
十一月十三日　後藤新平総督府顧問となる。

明治四十（一九〇七）年　四十一歳

一月十三日『台湾新年表』(台湾慣習研究会)発行。
二月　臨時台湾旧慣調査会に於ける蕃情調査一部を嘱託せられ調査編纂に従事。
四月二十日　人類学会二二六回例会を人類学教室に於て開き「台湾蕃人の結縄」を講演す。
五月十一日　人類学会二二七回例会を人類学教室に於て開き「台湾の蕃人の自殺と食人の風とに関する疑問」を講演す。
五月十九日　遠野中学校第六回創立記念日、文芸部討論会参観する。
七月四日付「伊能梅陰君を神田錦町の下宿屋今井館に訪へば、己のが部屋より出で来りて声高にサァ此方へと請す。許されて座に通れば四畳半裡財産と覚しきは新古の書籍あるのみ。又た一の贅沢品を置かず。稍や新しき洋服一着壁間の五寸釘に掛れるを珍とすべきか。只だ床の間に生蕃の器具一二品勿体らしく立て掛けあるは、蓋し目下君が担任しつつある帝国博物館の土俗陳列品にせんとてなるべし。云々」。（「台湾日々」神州）
七月十日　父守雄上閉伊郡医師会会長となる。
九月二十一日　人類学会二二九回例会にて特待会員となる。
十二月十二日　本国より台北着。
十二月三十日　台湾沿岸を探査。
※一月三十一日　乃木希典学習院院長に就任。
二月十三日　波多野伝三郎没、青山墓地。

明治四十一（一九〇八）年　四十二歳

一月六日　沿岸探査より帰北。
二月一日　台湾より帰国。
二月十三日　岩手師範学校に於て「台湾談」を講演す。
三月　板澤武雄初めて伊能家を訪れる。
五月十二日付　坪井正五郎より『大日本地名辞書 台湾之部』の執筆の依頼を受ける。
十月十五日付　村松瞭より来信。
十月　人類学会特待会員となる。
※一月十八日　浅水又次郎没。
九月一日　小泉盗泉出離。
十一月十二日「東北実業界」創刊。

明治四十二（一九〇九）年　四十三歳

二月二十八日『大日本地名辞書 台湾之部』（東京冨山房）発行。
五月二十二日午後十時、祖父友壽没、八十四歳。
七月三十一日　午後東京発、水戸に下車し旧城を尋ね、弘道館の址を訪う。
八月一日　勿来を訪う。
八月二十日　柳田国男、伊能を訪れ『遠野旧事記』を見る。
九月　板澤武雄、伊能家に寄寓。
九月二日付　柳田国男より遠野訪問のお礼の来信。
八月二十九日　渡台のため遠野から花巻まで人力車に乗る。汽車にて一関に向かう。
三十日　上野恵比寿屋に投宿。

九月一日　岡松参太郎博士の自宅で渡台の打合せをし、午後神戸行の汽車に乗る。二日　神戸着午後式内永田神社参詣、築島寺で古物を観る。三日　鎌倉丸に乗る。七日　早朝基隆に着、午後汽車にて台北に入り南洋商会に投宿。八日　総督府民政部及び旧慣調査会に至り諸知己を訪問。九日　敬友小西成章の病を医院に尋ねる。午後岡松博士を駅に送り、台湾神社に参詣。二十五日　執務訪問。二十六日　人力車を雇い、和尚洲を一遊し更に西雲岩廟に詣る。次で新庄に向い、慈祐宮、武聖廟、三山国王廟に詣り、台北に帰る。二十七日〜十月一日　執務訪問。十月二日　汽車に乗り台中に着、万春宮に詣る。三日　汽車に乗り嘉義に下車、城隍廟に詣る。紅毛井を見る。午後汽車に乗り、台南に着く。四日　台南神社に詣で、次で（知人第一公学校校長鈴木金次郎氏の案内）文廟を見る。五日　汽車にて林鳳営に向い、軽便鉄道で六甲に向い、更に土人の導者を雇い、赤山岩を詣る。又台南に帰る。六日　大南門外に至り「五妃墓道」の詩碑を見、次で汽車にて大湖に下車轎夫を雇い湖内庄に向い、寧靖王の墓を訪ねる。竹滬に徒歩で至る。寧靖王廟に達す。七日　台南発の汽車に乗る。午後台北に着。八、九日　執務訪問。十日　士林に遊び六士の墓を芝山巌に弔い、帰路公医呉文明を士林街に訪ねる。次で円山公園を逍遥して台北に帰る。十一日　小沢新竹庁長より北番の古銃、萩原警部より紅頭嶼蕃の木帽、安江五渓より濁水蕃の瓢及び石器を贈られる。十二日　農業試験場に於て生徒のために講演す。午後列車にて基隆に至る。十三日　鎌倉丸に乗る。十七日　未明神戸に着し上陸す。十八日　彦根城を遊覧す。十九日、二十日　東京に泊。二十一日　仙台に泊。二十二日　花巻に下車し、人車を賃して日暮郷山に入る。

十一月十三日付　柳田国男より来信。

十一月十八日　柳田国男に発信。

※五月十九日　小笠原民助没。

　九月十六日　小西成章没。

　十月一日　台湾石坂文庫開館。

明治四十三（一九一〇）年　四十四歳

一月十三日付　柳田国男より来信。

二月十五日付　柳田国男より来信。

四月二十日　名古屋に行くため馬車にて遠野を発つ。二十一日　仙台泊。二十二日　上野泊。二十三日　目沢氏を尋ねる。二十四日　静岡泊。二十五日　名古屋泊。二十六〜七日　名古屋泊。二十八日　伊勢に向かう。二十九日　奈良泊。五月一日〜二日　宇治及び京都史跡を観る。

十月一日　人類学会二五八回例会にて特待会員となる。

鈴木重男等と「遠野史談会」を設立。

柳田国男に鈴木吉十郎編『遠野小誌』を送る。

※六月　『遠野物語』柳田国男自費出版。

明治四十四（一九一一）年　四十五歳

一月十一日　柳田国男より来信。

一月十九日午前七時　父江田守雄没、六十六歳

一月二十五日号（岩手学事彙報）父故江田守雄の遺志に依り、百円を岩手教育会育英資金へ寄附す。

二月四日　柳田国男より来信。

二月十八日　柳田国男より来信。

二月二十五日　柳田国男より来信。

四月十七日　柳田国男より来信。

四月二十三日　鍋倉神社に扁額を納め、境内に槐三株を植樹す。

五月三日　盛岡より遠野に来遊の堀内政定翁を馬車で花巻まで見送る。

四日　花巻より水沢に至り後藤男爵の銅像除幕式に立ち寄り、高野長英の碑を訪ね、のち山ノ目に行き配志和神社、足王大権現の旧跡を見る。五日　厳美渓に至り達谷窟より一関へ。六日　一関より汽車で平泉へ、高館から中尊寺を回り汽車で水沢へ出て泊。七日　汽車で花巻

へ行き、馬車で湯口温泉に向かう。鼬幣稲荷・石亀天神・熊野神社・エゾ塚を経て音羽山清水寺に至り大沢温泉に泊。八日　鉛温泉に移る。九日　鉛村を散策し石斧一個を拾う。十～十七日　鉛温泉滞在。
五月二十四日付　坪井正五郎より海外出立前の挨拶状。
六月二十二日『理蕃誌稿』(台湾総督府民政部蕃務本署)第一編を発行。
七月　仙台、竹駒稲荷神社、岩沼を訪れる。
九月十一日付　台湾統計協会会長内田嘉吉より臨時台湾戸口調査記念号発刊のため戸口調査に関する所感の起稿依頼あり。
※十月一日　清川寛没（師範学校校長）。

明治四十五（一九一二）年　四十六歳

五月二日　台湾再訪のため遠野を立つ。家人等と馬車に乗る。家人等とは花巻で別れ、水沢で一泊。国幣神社駒形に詣でる。三日　水沢発、白河に一泊。四日　同地発午後東京着目沢氏を訪ね、途すがら市中を散策す。五日　東海道線に乗り、三ノ宮で一泊。六日　神戸を発し旧山陽線に乗り那波駅に下車し、馬車に乗り赤穂町に入り人力車を雇い旧城を探る。又、新浜村の式内伊和都比売神社を詣でる。七日　赤穂発、那波より汽車で神戸に入る。八日　湊河神社を参拝。午後十一時台湾汽船笠戸丸に乗る。十二日　午後十一時基隆着、汽車にて台北に入り、大津麟平蕃務総長を訪ねる。十三日　蕃務本署に到り事務打合せ。十四日　蕃務会議傍聴。十五日　蕃務会議傍聴。午後魚金の懇親会に臨む。十六日　蕃務会議傍聴。十七日　蕃務会議傍聴。十年ぶりに中村辰治と会う。十八日　館森袖海を府中街の官舎に訪問。十九日　台湾神社に参拝。大稲埕公学校長迫田氏を訪い、午後中村辰治を訪い、羅の古仏像を贈られる。夜古亭村に散策。二十日　蕃務会議本日終了蕃政史料の蒐輯に従事する。夜に入り蕃族土俗標本を購求。二十一～二十五日　史料蒐輯。二十六日　休暇。円山公園を散策し、表忠碑を見る。二十七日『金門志』を読み新たな事実を知る。二十八日　蕃務に縁故ありし諸士招かれて大稲埕の東薈芳に支那料理の餐を受く。後藤、賀来の二警視、萩原、毛利、原田の三警部、尾崎、矢田の二記者出席。宿に遠野の人荻野深松来訪。三十、三十一日　午後総長の大津本署の蕃政施設の方針を聴聞す。六月一日　台北を発し基隆に向う。義重橋街の石坂荘作氏を訪う。午後笠戸丸に乗船。五日　神戸に上陸。人車に乗り三ノ宮停車場に至り馬場行の汽車に乗り一泊す。六日　大津に至り園城寺に詣づ。七日　石山寺に詣づ。馬場より汽車に乗り新橋で一泊す。八日目　沢氏を神田寓に訪れる。九日　上野公園に至り博物館を観る。十日　東京発。十二日　遠野に帰る。
七月一日付、柳田国男より来信。

大正元（一九一二）年　四十六歳

※七月三十日　明治天皇崩御。
九月十三日　乃木希典没。
十二月三十一日　遠野に電灯つく。

大正二（一九一三）年　四十七歳

六月三日　大阪拓殖博覧会の見学を兼ね京阪の史蹟探究のため家山を出発す。四日　飯坂温泉旅館舛屋に泊。五日　佐野駅下車安蘇郡役所訪問北村郡長に面談。六日　夜来の雨をおして阿曽沼氏関係の史跡を探査。午後佐野駅を発ち塩尻に下車。七日　諏訪に至り上諏訪神社を参詣、同社関係史跡を調査。八日　上諏訪発、大垣駅下車。九日　養老神社、養老寺を参詣し、午後大阪梅田の金龍館に泊。十日　天王寺公園で開催の明治記念大阪拓殖博覧会を見学。台湾館の事務所を訪問して歓談す。十一日　大阪発、京都下車、五条橋畔の旅館に入り、再び汽車で山科に行き、大石良雄の隠れ家跡を探索。十二日　京都発、浜松駅に下車、駅前の旅館に泊。十三日　浜松発、新橋着、万世橋辺の旅亭旭楼に泊。十四日　東京観光。乃木邸、青山墓地の乃木希典の墓を詣で、泉岳寺の四十七士の墓を詣でる。十五日　常磐線で仙台に着き、仙台ホテルに泊まる。

十一月八日　『上閉伊郡志』（編纂委員長伊能）岩手県教育会上閉伊部会。

十一月十四日　上閉伊郡教育会部会の発起、第二回教育品展覧会を遠野小学校に開会、伊能は「台湾総督時代の乃木将軍」を講演す。

※四月五日　「上閉伊新報」創刊。

　五月二十六日　坪井正五郎露国にて客死。

大正三（一九一四）年　四十八歳

八月十六日　遠野町多賀座に於て、上閉伊郡教育会部会主催の通俗講演会を開く。久留島武彦は「国民としての心」、伊能は「生蕃の心」を講演す。

※三月二十六日　「大正版」発刊。

　十二月十四日　花巻行馬車廃止。

大正四（一九一五）年　四十九歳

二月五日　草稿のため伊豆修善寺に旅立つ。病気治療の妻を東京まで同道する。午前七時三十分軽便鉄道で遠野を発ち、一関の山本ホテルに泊まる。六、七日　鎌先温泉滞在。八日　宇都宮白木屋ホテルに泊。東京神田雀町の旭楼に泊。十日　東京毎日新聞社主催の戦捷記念博覧会を見学。十一日　神保町に目沢氏を訪問して終日歓談。十二～十四日　宮本光麿の紹介で、妻を東京病院で手術して加療すること決める。十五日　妻は東京病院に入院させ、草稿の適地を求め小田原に向かう。伊豆山に向かい古屋旅館に投宿。熱海の来宮神社を詣で熱海八景などを遊覧。十八日　宿より初島を遠望して「初島の記」一篇を草す。十九日　『群書類従』を読み巻三六九の「陸奥話記」及「後三年記」をことに興味をもって読む。二十日　伊豆山権現に参詣。二十一日　「伊豆権現考」を起稿。二十三日　宿を井ノ口楼に変更。三月二日　遠野より届いた新聞を読む。午後より伊豆権現社近くの前鳴沢、奥鳴沢、弁天岩の奇勝を探る。五日　入院中の妻より、退院の知らせ来る。六日　夏目漱石の『我輩は猫である』を読む。七日　東京に向い目沢氏を訪問、旭楼に泊。八日目　沢氏を訪問。九日　上野帝室博物館を見学。十日　新設の乃木室を見学、のち目沢邸に帰り、宮本君と共に内田弁護士を訪問。乃木室に行き、深堀大尉の碑文を抄写する。十二日　乃木邸及び墳墓に詣でる。十四日　仙台に行き陸奥ホテルに泊。十五日　市内遊覧、雲龍院の林子平の墓に詣で、のち花巻に向かう。十六日　花巻より列車と馬車を利用して遠野に帰る。

四月十四日　堀内政定没。

大正五（一九一六）年　五十歳

一月一日「新年交賀会」を遠野小学校に催し出席。一月七日　硯耕少しく閑なるを以て南遊の途に上る。午前岩手軽便鉄道に乗り午後花巻駅着。九日　午前上野着。大成社を訪問の序でに日比谷公園を散策する次で冨山房を訪問するが主人坂本氏不在。文会堂に至り漢籍の在否を問ふ。此の日偶然旧師豊岡先生に逢ふ。十日　市中散策。且つ法曹閣に至る。次で本郷の麟祥院に詣る。次で上野公園を経て浅草公園に至る。十一日　上野の博物館に至る。十二日　浅草の浅倉書店を訪ふ。珍書を見、且つ購入し、次で公園を散策す。十三日　陛下を二重橋前に赴きて拝観す。次で高輪の東禅寺に詣る。また泉岳寺に詣る。十四日

　国津に至り、十五日　同地を発し、三島に下車一泊。十六日　駿豆鉄道に乗り大仁駅に下車。直に馬車にて修善寺に至る。野田屋支店に僑居を求め、次で散策す。家郷の信書数通認む。十七日　修善寺地方を散策す。十八日　桜ヶ岡の桂谷文庫に赴き蔵書中の二三を閲して此の地の史実を査す。帰途桂川南涯の熊野神社址を訪ふ。帰路日枝神社に詣る。十九日　奥の院に詣る。二十日　修善寺より大仁に至り、汽車にて三島に下車し、三島神社に詣る。次で汽車して三島に至り、妻を迎え修善寺に返る。二十一～二十八日　修善寺滞在、硯耕に着手。二十九日　北条地方の史跡を探る。大仁より汽車して三島町に下車し、電車に転乗して沼津に至る。千本松原に遊ぶ。また汽車にて江尻に下

車、更に軽便鉄道に乗り草薙に下車し、草薙神社に至る。草薙より軽便鉄道にて静岡に到り、更に西行汽車に乗る。十一日　京都着。御所及び二条離宮を拝観す。次で電車にて桃山御陵に参詣す。十二日　大坂に到り、四天王寺に詣る。十三日　京都発、沼津着。十四日　千本松原を遊賞す。十五日　修善寺に於て涅槃会執行。

十六～二十九日　硯耕。

五月十八日　田口小作の主唱により、久子翠峯七十年祭を瑞応院に挙行す。

同日、同氏の遺墨展を併せ行う。

教育会定例会にて「国史と郷土史との関係」を講演す。

『南部彦次郎実継公逸事』発行。

十二月十九日　尋常小学校修身書資料の懸賞募集に三等に入選し金拾円「師を敬へ」（第四学年用）。

※三月二日　豊岡俊一郎没。

　十月十九日　原敬遠野に来遊し、多賀座にて講演し、のち公会堂の歓迎会に臨む。

大正六（一九一七）年　五十一歳

一月一日　「新年交賀会」を公会堂に催し出席。

九月十四日　東大文科学生某と歴史的地理を踏査するため鷲鹿山に赴く。

※五月三日　伊澤修二没、六十七歳。

　五月十一日　山名海見没。

　八月三日　東京帝国大学教授文学博士田中義成氏史料蒐輯のため遠野に来り、四五両日滞在して其事にあたる。

　九月二日　露国大学派遣日本留学生ニコライ・ネフスキーが遠野に於て民俗の調査を行う。

大正七（一九一八）年　五十二歳

一月一日　「新年交賀会」を遠野小学校に催し出席。

一月四日　郷の碩学田口小作の金婚式に出席「金婚寿詞」を朗読す。

一月二十五日～三月二十九日頃まで旅行。硯耕のため勝浦に滞在。その間、遠見岬神社、勝浦熊野神社、埼玉県白岡、篠津久伊豆神社、上野電気博覧会などを見る。

一月二十六日、三月十日　仙台第二高等学校在学中の板澤武雄に会う。

一月二十八日　駒込声教社に上村売剣を訪問。

三月一日　江田駒次郎没。

五月二十二日　伊能遠祖三善清行卿一千年祭を自宅に挙行し、記念として絵ハガキ（二葉）を発行し、之を遠近の知人に頒布し、且つ此の日を以て清行詳伝編修の開始を為すべき旨を神霊の前に宣誓したり。

六月十七日、『伝説ニ顕ハレタル日台ノ連鎖』（台北新高堂）発行。

九月二十七日　『及川恆次翁の事歴』及川忠兵発行（大正五年十月十五日、及川恒次の外山開墾二百五十記念祭を挙行せられし日に起稿）。

※一月二十二日　吉田東伍没。

大正八（一九一九）年　五十三歳

一月一日　「新年交賀会」を遠野小学校に催し出席。

十月二十七日　南部男爵家第二十一代の主、清心尼公墓前にて史蹟講演をする。

※三月二十五日を限り遠野高善旅館の高橋善次郎廃業。

　四月十八日　岩手県知事大津麟平徳島県知事に転任。

　五月十二日　三島毅没。

　十月四日　田中義成没。

大正九（一九二〇）年　五十四歳

一月一日　「新年交賀会」を遠野小学校に催し出席。

三月二十七日　四月十日付ネフスキイより来信。

七月二十日　「赤穂義士の感化を受けたる乃木大将」（土淵村義士通俗

講演会）を講演す。
八月十三日　柳田国男遠野町に来る。十四日　有志のためにフォークロアを宣伝す。
八月三十日　ネフスキイ、オシラ神研究のため遠野に来り。三十一日町内実査、且つ伊能家に於けるオシラ遊びの式に臨む。（遠野警察署は露国の来町すと聞き、過激派の潜入と疑察。刑事巡査をして行動の内偵を行う）
十二月十四日「山科を中心として京都まで」（土淵村義士通俗講演会）を講演す。
※七月十九日　土淵山崎観音境内に吉隆号（馬）の除幕式執行。

大正十（一九二一）年　五十五歳

一月一日「新年交賀会」を遠野小学校に催し出席。
四月十四日～五月十一日まで旅行。新盛岡温泉（沢松閣）に長期滞在。福島二本松神社、二本松城址、名取郡愛島村道祖神社、一ノ関、土沢北成島毘沙門天、斯波城址、新盛岡温泉付近の仏沢の観音と阿部足神社、巻堀村巻堀神社、東禅寺、三ツ石、五百羅漢など歴訪。この間、二十三～二十四日は、遠野警察署所管消防組織全部演習の精神講話のために、一旦遠野に帰る。二十五日、新盛岡温泉に戻る。
五月一日　新渡戸仙岳氏より菅江真澄の「委波底廼夜麻」を借覧する。
五月十一日　盛岡を経て遠野に帰る。
六月二十四日　遠野小学校に於て名勝調査会第一回総会、伊能顧問講演す。
七月一日付　外遊中の柳田国男よりパリからの近況の来信。
八月十九日　自宅にてオシラ遊びを挙行す。（市子は佐々木ナカ、広田北海、佐々木喜善（旧七月十六日）参席）
『遠野史叢』「猿ケ石川に於ける上代の発展」発行。
『綾織越前之事績』発行。

大正十一（一九二二）年　五十六歳

一月一日「新年交賀会」を遠野小学校に催し出席。
四月十一日　高等女学校に宅地の一部を寄付。
七月二十四日　台湾総督府に史料編纂委員会の設置せらるるや、挙げられて委員となる。同十三年　該事業の中止せらるるまでその職にあり。
九月五日　実科高等女学校校舎上棟式挙行す。求めに応じ「松川姫の事畧」を講演す。
九月十八日『遠野史叢』篇外「金剛集裏書に顕はる〻遠野南部氏勤王之逸事」発行。
九月二十二～二十三日　土沢、黒沢尻を訪れ、毘沙門堂、安俵凌雲寺、立花村十三菩提塚を見学。
十月三日　信成堂木版を買取り、遠野高等小学校に寄付。（伊能、是川縺造、館林精一）
『遠野史叢』第二篇「悪路王とは何ものぞ」著者発行。
※一月八日　鈴木吉十郎没。
二月十二日　原敬の追悼会を遠野善明寺にて執行。

大正十二（一九二三）年　五十七歳

一月一日「新年交賀会」を遠野小学校に催し出席。
三月二十三日　嘗て遠野大火より三十三年目に相当し、本日旧暦の初午をトし火防の祈禱を執行す。
五月二十五日　遠野小学校開校満五十年式挙行。『遠野小学校五十年誌』（伊能の抜文あり）頒布。同日、夜に入り盛大なる提燈行列を行う。
十月二十五日　市子おなかの元にてオシラ遊びを行う。（数日前余は風邪の気味なりしに託宣の際此事に及ぶ。霊感可畏）
『遠野史叢』第三篇「遠野に於ける維新以前の教育及び学藝」著者発行。
『石器時代遺物発見地名表』内田書店発行、鈴木重男と合著。
※四月三十日　田原天南没。

六月七日　菊池与作没。
八月十六日　持地六三郎没。
九月一日　関東大震災。

大正十三（一九二四）年　五十八歳

一月一日　「新年交賀会」を遠野小学校に催し出席。
一月八日　遠野郷土館の初開に出席。
五月二十九日　台湾関係資料蒐集のため仙台に向かう。
九月一日　『遠野史叢』第四篇「猿ケ石川流域に於ける不地震地」著者発行。
※一月二日　日下部三之助没。

大正十四（一九二五）年　五十九歳

一月一日　「新年交賀会」を遠野小学校に催し出席。
四月七日　『岩手県史』資料採訪のため盛岡に出向き陸奥館に泊。（「史蹟しらべ」）
四月八日　県庁に行き関学務課長に面談資料採訪について相談。午後盛岡銀行の太田孝太郎を訪ね、新渡戸仙岳を交え『南部叢書』刊行規約、書目の立案を行い一致をみる。日新館で晩餐会、関、新渡戸、太田と共に午後十一時過ぎまで快談。
九日　県立図書館で参考図書閲覧、図書の館外携出の許可を得る。十日、盛岡市内の天神・住吉・八幡を参詣、東中野沢田金精堂でリンガの実物を見て由来利益を聞き書きする。十一日、盛岡より平泉へ移り十三日まで滞在、御所遺跡・中尊寺・毛越寺などを回り文書を閲覧して記録す。十四日、平泉より遠野に帰る。
五月十日　『遠野史叢』第五篇「遠野郷に於ける公衆浴場」著者発行
八月九日　マラリヤ発病、盛岡病院などで治病。
九月三十日午後二時逝去。十月三日、遺言により自宅で神式により告別式を行う。福聚山大慈寺に葬る。午後一時より自宅に於て飛内神官の払いで始まり菊地神官の告詞があり、終わって菊地遠野町長弔辞を朗読し、次で北田盛岡市長代理の弔辞の後、柳田国男外数十通の弔電を朗読。終わって遺族の拝礼、親族一般客之に続いて拝礼。三時式を終了、参列者は二百余名。
十月十三日　尾崎秀真（ゾルゲ事件尾崎秀実の父）、中野顧三郎両氏の発起で、午後四時半より台北市新起町（現在の龍山区長沙街附近）大悲閣に於て追悼会が行われる。
十一月九日　柳田国男より来信。（未亡人きよ子あて）

大正十五（一九二六）年

一月十五日　「伊能先生記念郷土学会」（代表鈴木重男）設立。
三月二十七日　板澤武雄、伊能文庫及び標本類を台北帝国大学に寄贈のため移川子之蔵を同行し伊能家を訪問。
五月　『遠野史叢』第六篇「過去の遠野」（伊能先生記念郷土学会）発行。
七月三十日　遠野大慈寺に於て追悼式。柳田国男、松村瞭・金田一京助と共に遠野小学校で講演。遠野町開町三百年祭挙行。

昭和二年（一九二七）年

※四月　板澤武雄、オランダに留学。

昭和三（一九二八）年

九月二十日　『台湾文化志』上・中・下（刀江書院）発行。福田徳三序、柳田国男小序（遺稿、原題は「清朝治下ノ台湾ニ於ケル文治武備機関ノ変遷」）。
『遠野史叢』第七篇「波木井公対日蓮上人の史的関係」（伊能先生記念郷土学会）発行。
三月十七日　台北帝国大学文政学部に土俗人種学研究室を設置。開学前に遠野の伊能家より譲渡された伊能嘉矩収集書籍を整理し具有す。
※三月十六日　田代安定没。

昭和四（一九二九）年

二月十三日　徳富蘇峰台湾大学にて「伊能文庫」を見る。（固より今日のところにては、図書も十分ではないが、台湾研究の篤志者伊能嘉矩君の遺蔵全部を収容するを得たるは、大学に取りて、先ず何よりの祉である。伊能君の遺蔵中には新聞の切抜帳も少なくなかった。而して其中には予の国民新聞に掲げたる「日曜講壇」「東京だより」其他小品文の類、其の一少半を占めていた。此れは台湾には直接関係なきことながら、伊能君の目に何か留った為めであろう。予は此の篤学者と遂いに相見るの機会を逸し、今更ら遺憾の情に勝えない）

昭和五（一九三〇）年

五月二十日　『支那百笑』（東北評論社・東京支社発行）。

昭和十一（一九三六）年

十一月十日　史蹟名勝天然記念物保存協会（会長文部大臣平生 三郎）より創立二十五周年を迎えるに際し、木杯一筒及び表彰状を受く。

昭和十四（一九三九）年

四月二十三日　江田清（日本鋼管株式会社技師）夫人キミ子及び長女重子と共に伊能家に入籍。

八月三十日　伊能嘉矩十五年祭挙行に当り『伊能友壽翁年譜・伊能嘉矩先生小伝』（板澤武雄著）出版。

昭和二十二（一九四七）年

四月五日　嘉矩養子清没。

昭和二十九（一九五四）年

九月三十日　伊能嘉矩三十年祭挙行、板澤武雄「伊能先生の生涯・業績及び精神」を講演。

※十二月　遠野市誕生。（十番目）

昭和三十四（一九五九）年

九月三十日　『遠野夜話』発行。

昭和三十七（一九六二）年

※七月十五日　板沢武雄逝去、享年六十七歳。

昭和三十八（一九六三）年

六月二十日　嘉矩夫人キヨ没、八十三歳。

昭和四十（一九六五）年

八月～十月　『台湾文化志』上・中・下復刻。

昭和五十二（一九七七）年

四月一日　『遠野史叢』（遠野市教育文化振興財団発行）。

昭和五十五（一九八〇）年

六月一日　遠野市立博物館において「伊能・佐々木・柳田」の系譜を展示。

昭和五十七（一九八二）年

九月六日　伊能嘉矩先生顕彰碑序幕式。（記念講演、法政大学総長中村哲）

九月十一日～十三日　第三十四回日本民俗学会年会を遠野市で開催し、冊子『伊能嘉矩氏と台湾研究』を配布す。

昭和六十一年（一九八六）年

※四月九日　「漫画新聞　白龍」復刻版発行（中舘都興）。

平成元（一九八九）年
※八月一日　復刻「遠野新聞」発行。

平成三（一九九一）年
六月十日　『台湾文化志』中文訳台北で出版。

平成四（一九九二）年
七月　『伊能嘉矩の台湾踏査日記』森口雄稔編（台湾風物雑誌社発行）。

平成六（一九九四）年
九月　『台湾文化志』復刻（台湾南天書局出版）。
十月三十一日　『遠野の民俗と歴史』（三一書房発行）。

平成七（一九九五）年
八月一日〜九月二十四日　遠野市立博物館第三十一回特別展「伊能嘉矩渡台百年記念展」開催。八月五日明治大学教授後藤総一郎「伊能嘉矩の人と学問」を講演す。
八月一日　特別展図録『伊能嘉矩　郷土と台湾研究の生涯』（遠野市立博物館出版）。
八月二十六日　記念シンポジウム「伊能嘉矩と台湾研究」パネラー曹永和、洪敏麟、楊南郡、張炎憲。

平成八年（一九九六）年
九月十五日　『平埔族調査旅行』（伊能著）楊南郡訳註（台北・遠流出版発行）。
十一月十五日　『台湾踏査日記』上・下（伊能著）楊南郡訳註（台北・遠流出版発行）。

平成九年（一九九七）年
『台湾史檔案・文書目録』（三）国立台湾大学蔵伊能文庫目録附蕃地開発調査報告書（台北国立台湾大学発行）。

平成十（一九九八）年
八月二十一日　『遠野物語』ゼミナール in 遠野（遠野市民センター中ホール）講演・明治大学教授後藤総一郎「柳田国男と伊能嘉矩の草創―山人をめぐる二人の出会い―」遠野物語研究所研究員荻野馨「伊能嘉矩の生涯」東京外国語大学大学院生邱淑珍「『台湾文化志』の意義」。
十一月　『伊能嘉矩　年譜資料書誌』（荻野馨著・遠野物語研究所発行）。
十一月二十〜二十五日　台湾大学に於て「伊能嘉矩与台湾文献展暨研討会」開催。

江田明彦（えだ・あきひこ）
一九四七年、青森県生まれ。現在、湘南工科大学教務課勤務。

台湾蕃人事情

平成一二年六月二〇日　復刻版発行

著　者　伊能嘉矩・粟野伝之丞
解　説　笠原政治・江田明彦
発行人　内川千裕
発行所　株式会社　草風館
東京都千代田区神田神保町三─一〇
印刷所　平河工業社

tel:03-3262-1601 fax:03-3262-1602
e-mail:info@sofukan.co.jp
http://sofukan.co.jp
ISBN4-88323-116-X